阳高年鉴

2018

中共阳高县委党史研究室
阳高县地方志研究室 编

山西出版传媒集团
山西经济出版社

图书在版编目（CIP）数据

阳高年鉴. 2018 / 中共阳高县委党史研究室，阳高县地方志研究室编. -- 太原 : 山西经济出版社，2019.6

ISBN 978-7-5577-0502-2

Ⅰ. ①阳… Ⅱ. ①中… ②阳… Ⅲ. ① 阳高县－2018—年鉴 Ⅳ. ①Z522.54

中国版本图书馆CIP数据核字(2019)第093407号

阳高年鉴. 2018

YANGGAO NIANJIAN 2018

编　　者	中共阳高县委党史研究室　　阳高县地方志研究室
责任编辑	梁灵均
装帧设计	梁灵均
出 版 者	山西出版传媒集团·山西经济出版社
地　　址	太原市建设南路21号
邮　　编	030012
电　　话	0351-4922133（市场部） 0351-4922085（总编室）
E－mail	scb@sxjjcb.com（市场部） zbs@sxjjcb.com（总编室）
网　　址	www.sxjjcb.com
经 销 者	山西出版传媒集团·山西经济出版社
承 印 者	大同市智乔印刷有限公司
开　　本	889mm×1194mm　1/16
印　　张	16
字　　数	432千字
版　　次	2019年6月　第1版
印　　次	2019年6月　第1版印刷
书　　号	ISBN 978-7-5577-0502-2
定　　价	138.00元

《阳高年鉴》编纂委员会

主　　任　冯晓雷（县委书记）
　　　　　丁国华（县委副书记、县长）
副 主 任　兰学欣（县委常委、县委办主任）
　　　　　王爱党（副县长）
　　　　　景彦斌（县委史志研究室主任）
委　　员　李　春（县委办副主任）苏仿彻（县政府办主任）
　　　　　袁　江（县人大办主任）高利才（县政协秘书长）
　　　　　牛俊林（县委组织部副部长、机关工委书记）
　　　　　李生茂（县纪委副书记、监委副主任）
　　　　　尉建飞（县委宣传部副部长）
　　　　　臧首岗（县委政法委副书记）
　　　　　祁金林（县发改局局长）李世春（县工信局局长）
　　　　　张　宁（县财政局局长）孙富纯（县教科局局长）
　　　　　孙昌新（县统计局局长）于　彪（县档案馆馆长）
　　　　　李焕福（县电视台台长）史　亮（县新闻中心主任）

《阳高年鉴》编辑部

主　　编　景彦斌
副 主 编　马　润（特邀）　杨润梅
执行编辑　刘芳仿　贺玉霞　张　雯　高　杰（特邀）
编　　辑　宋雪平　陈　果　陈菊明　赵　右　王世贞
摄　　影　史　亮　范子明　贺振纲　闫继东　郭平新
　　　　　睢贵光　尚振晋　包　扩

数字阳高 2017

YANG GAO DIGITAL

综　合

地区生产总值（GDP）**333785**万元

工　业

规模以上工业现价工业总产值179711万元

规模以上工业增加值44760万元

建筑业总产值10782万元

农　业

农林牧渔业总产值235628万元

农作物总播面积57780公顷

粮食总产量273835吨

造林面积2156公顷

果园面积2630公顷

水果产量18325吨

畜牧业产值113798万元

猪饲养量653847头

羊饲养量529841只

大牲畜存栏38816头

农业机械总动力214570千瓦

农村用电量3838万千瓦时

第三产业

第三产业增加值160012万元

固定资产投资

固定资产投资330072万元

贸　易

社会消费品零售总额123173万元

城镇消费品零售总额87006万元

乡村消费品零售总额36167万元

交　通

公路运输客运量133万人

公路交通货运量362万吨

财政金融

公共财政总收入12352万元

公共财政支出235704万元

金融机构各项存款余额939942万元

金融机构各项贷款余额278678万元

文化教育卫生体育

艺术表演团体2个

电影院2个

文化馆1个

公共图书馆1个

普通高中2所

初中11所

小学52所

新农合参合人数19.34万人

城乡居民健身锻炼站点150余个

单项协会和各类人群体协25个

人口　社会保障

总人口285166人

城镇人口81137人

乡村人口204029人

男女性别比103.6:100

城镇居民人均可支配收入20687元

农民人均可支配收入7262元

城镇职工基本养老保险参保人数15402人

城乡居民社会养老保险参保人数169352人

城镇基本医疗保险参保人数20333人

失业保险参保人数9209人

工伤保险参保人数12793人

生育保险参保人数15010人

（阳高县统计局）

领导关怀

● 2017年3月6日，省委副书记黄晓薇（中）与省委常委、市委书记张吉福（前排右一）到阳高县调研指导脱贫攻坚工作

● 2017年11月22日，省人大常委会副主任高卫东（前排右三）到阳高县调研指导工作

● 2017年8月1日，省委常委、省委政法委书记商黎光（中）到阳高县调研指导工作

● 2017年10月24日，省委组织部副部长张晓峰（中）到阳高县调研指导工作

● 2017年3月24日，省统计局局长翟振新（前排左二）到阳高县调研指导工作

● 2017年5月11日，省地方志办公室党组书记、主任张志仁（中），副市长郭蕾（左一）到阳高县指导评审《阳高县志（1991—2015）》

● 2017年8月29日，省水利厅厅长潘军峰（中）到阳高县调研指导工作

● 2017年5月23日，省委党史办公室副主任钟启元（前排中）到阳高县调研党史征集编纂工作

脱贫攻坚

● 2017年10月30日，省委常委、市委书记张吉福（右）到阳高出席全县苦干一整年，坚决打赢脱贫攻坚战誓师大会并为工作队授旗

● 2017年11月23日，市委副书记、代市长武宏文（中）到阳高县调研指导工作

● 全面部署，合力攻坚，阳高县擂响脱贫攻坚战鼓

脱贫攻坚

● 阳高县委常委会召开扩大会议，专题研究脱贫攻坚工作

● 阳高县扶贫产业——村级光伏扶贫电站产业

● 阳高县扶贫产业——设施蔬菜产业

● 阳高县扶贫产业——杏果产业

● 阳高县扶贫产业——寒富苹果产业

● 阳高县扶贫产业——全产业链生猪养殖产业

● 阳高县扶贫产业——特色养殖产业

● 阳高县扶贫产业——旱作农业（小杂粮）产业

脱贫攻坚

● 阳高县扶贫产业——黄花产业

● 阳高县扶贫产业——中药材产业

● 为解决“一方水土养不了一方人”的问题，阳高县实施易地扶贫搬迁工程。图为鳌石乡均田村安置点

重点工程建设

● 建设中的大张高铁（阳高南站）

● 建设中的守口堡水库

重点工程建设

● 建设中的同煤阳高低热值煤电厂

● 建设中的大同古长城旅游公路（阳高段）

● 2017年9月1日，大同市国腾生物有机肥有限公司20万吨生物有机肥项目开工

● 2017年7月15日，阳高县与正大集团合作建设新型农牧产业综合开发项目开工

●国家安全产业示范园区试点单位、省级循环经济园区——阳高龙泉工业园区全景

基础设施建设

● 安居工程建设深得民心

● 北环路改造工程竣工通车

● 阳和公园喜迎游人

精神文明 建设

● 2017年7月，阳高县举办第三届道德模范暨阳高好人评选颁奖活动

● 2017年8月，阳高县冠霖建筑装饰有限公司经理闫县（中）入选山西“诚实守信”好人

● 2017年3月，阳高县夏家场村村民董存梅（中）获“感动山西十大孝星奖”

文化 旅游

● 2017年4月22日，一年一度的阳高杏花节在风景如画的守口堡村开幕

● 2017年12月29日，2017首届亚洲康养产业国际高峰论坛在阳高举行

阳高名片

全国粮食生产先进县
中华人民共和国农业部
二〇一〇年十二月

全国粮食生产先进县(农场)
中华人民共和国农业部
二〇一二年十二月

全国科普示范县(市、区)
(2011—2015年)
中国科学技术协会

全国生态文明先进县
全国生态文明先进县推介委员会
全国生态文明建设发展论坛组委会
二〇一三年四月

山西省阳高县
2013年度苏商投资中国首选亲商城市
(最具投资潜力城市)
2013苏商投资中国首选亲商城市推选活动组委会
二〇一三年六月

荣誉证书
HONORARY CREDENTIAL
山西省阳高县 荣膺“2012年度
中国最具投资潜力中小城市百强县”
特发此证

山西省高速公路建设模范单位
山西省人民政府
二〇一二年十二月

授予：山西省阳高县
国家养生(养老)示范基地
The National Health (Endowment) Demonstration Base
世界养生大会组委会
International Conference On Health Preservation Organizing Committee
2013年9月

授予：山西省大同市阳高县
中国二人台艺术之乡称号
中国民间文艺家协会
二零零七年九月

全國體育先進縣

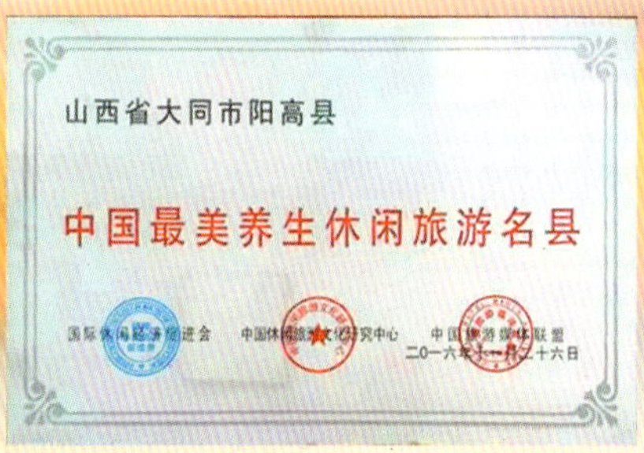
山西省大同市阳高县
中国最美养生休闲旅游名县

编辑说明

一、《阳高年鉴》是中共阳高县委、阳高县人民政府组织编纂，由中共阳高县委党史研究室（阳高县地方志研究室）具体承办，组织搜集资料、撰稿编辑审定的一部全面了解今日阳高的综合性史料工具书。

二、《阳高年鉴》作为一种地域性史册和信息载体，逐年记载阳高县政治、经济、文化、社会、生态、工业、农业、财政、贸易、科技、军事、法制、教育、卫生等各个领域的现状及新成就、新进展和新经验。它具备权威性、时效性、连续性、系统性和密集性，为读者了解阳高提供可靠的基础信息和线索，且为续修县志提供较为详尽的史料。

三、本版年鉴以马列主义、毛泽东思想、邓小平理论、“三个代表”重要思想、科学发展观、习近平新时代中国特色社会主义思想为指导，贯彻落实十九大会议精神，坚持实事求是，力求资料性、科学性、思想性统一，秉笔直书，如实录史。

四、本版年鉴的记事断限为2017年1月1日至2017年12月31日。特载内容中县委、县人大、县人民政府、县政协等工作报告中涉及2018年部分，增强年鉴所载内容的时效性。有的资料范围突破2017年范围。

五、《阳高年鉴》采用条目式分类编辑法，共分四个层次编排，即类目、分目、次目、条目。本版年鉴共设27个栏目，总字数43.2万字。

六、《阳高年鉴》的条目资料均由各乡镇和县直、条管有关单位提供，并经县委党史县志研究室专业人员分类整理审核撰编。其中有关全县的主要数据、统计资料均源于县统计局提供的最新数据。因统计口径等原因，有关部门所用个别数据与“统计资料”中的数据不尽一致之处，引用时以阳高县统计局数据为准。大事记以新闻媒体播放的稿件为主。

七、《阳高年鉴》在征稿、编纂过程中得到社会各界的大力支持和通力合作，县委党史县志研究室和《阳高年鉴》编辑部借此表示崇高敬意和衷心感谢。虽然我们在编辑中恪尽职守，但由于经验不足，加之成书仓促，多有疏漏不足之处，敬请各界朋友和有识之士直言赐教，力臻尽善尽美。

八、《阳高年鉴》编辑部设于中共阳高县委党史研究室（县地方志研究室），地址：县政府楼四层左侧；电话：0352——6623761；电子信箱：18234128981@163.com。

《阳年年鉴》编辑部

2019年5月19日

目 录

特 载

年度要闻

大事记

县情概况

中国共产党阳高县委员会

阳高县人民代表大会常务委员会

阳高县人民政府

中国人民政治协商会议阳高县委员会

中国共产党阳高县纪律检查委员会

阳高县工商业联合会

群众团体

人民武装

法　治

经济管理与监督

目录

工业经济

农林水利

目录

住房和城乡建设　环境保护

目录

交通　邮政　电信

商　业

财政　税务

金　融

科教　文化

卫生 体育

社会生活

人　物

乡镇概览

附　录

打赢脱贫攻坚战
全力绘制“五型阳高”新蓝图（节选）

——在中共阳高县委十四届四次全会暨经济工作会议上

冯晓雷

（2018 年 1 月 24 日）

2017 年，是阳高发展进程中极不平凡的一年。一年来，县委常委会认真学习宣传贯彻落实党的十九大精神和习近平总书记视察山西重要讲话精神，紧紧围绕市委“136”发展战略要求，持续引深“五型阳高”建设，团结带领全县干部群众攻坚克难，砥砺前行，较好地完成了年度各项目标任务。

政治建设不断加强。扎实推进“两学一做”学习教育常态化制度化，深入开展“维护核心、见诸行动”主题教育，坚持以习近平新时代中国特色社会主义思想为指引，全面加强党的政治建设，全县各级党组织、广大党员干部的政治定力更加坚定，“四个意识”明显增强。不断加强和改进县委对人大、政府、政协工作的领导，巩固壮大爱国统一战线，加强国防后备力量建设，充分发挥工青妇等群团组织和工商联的作用，县委常委会政治站位进一步提升，政治领导作用明显增强。

经济发展稳步提升。坚持以转型发展为路径，牢牢把握稳中求进总基调，向全面深化改革要动力，积极应对经济运行下滑、社会投资信心不足等不利因素，在困境中求发展，各项主要指标超额完成预期任务，经济总量进一步扩大，呈现出稳中有进、稳中向好的良好发展势头。

改革开放深入推进。认真贯彻落实中央全面深化改革精神，精准对接省市改革任务要求，有序推进农业供给侧结构性改革、商事制度改革、旅游体制机制改革、县城环卫市场化改革等一批带动全局、具有引领作用的改革项目。改革的系统性、

中共阳高县委十四届四次全体会议暨经济工作会议

整体性明显增强，全县上下统筹协调、相互配合抓改革的领导力进一步提高。

脱贫攻坚再战再胜。深入贯彻习近平总书记精准扶贫精准脱贫战略思想，坚持以脱贫攻坚统领全县经济社会发展全局，扎实开展二十四项扶贫专项行动，精准识别、资金整合、易地搬迁、产业扶贫、群众满意度等重点工作同向发力，齐头并进。全县42个贫困村、15253名贫困人口如期退出贫困序列，圆满完成了年度脱贫任务。易地扶贫搬迁规模全市第一，一期搬迁工程如期完成，二期工程顺利开工。全市易地扶贫搬迁现场会在我县顺利召开。

主导产业稳步发展。坚持以项目建设为抓手，新型工业发展取得突破，成功引进签约项目7个，落地开工项目7个，重点储备项目36个，山纳集团首次实现扭亏为盈，同煤热电项目建成试运行。营商环境进一步优化，第八次入列“中国最具投资潜力百强县”。深入推进农业供给侧结构性改革，设施蔬菜、杏果、生猪三大传统优势产业稳步发展壮大，正大集团100万头生猪全产业链项目落地开工，杏韵小镇全国农村产业融合示范园项目获得国家发改委批复，15个农产品通过了品牌认证；康养旅游产业发展势头看好，投资10亿元的佳峪生态农林科技示范园项目通过重组焕发出勃勃生机，建设进度明显加快，预计2月7日投入运营。成功举办了杏花文化旅游节和首届亚洲康养产业国际高峰论坛，我县被亚洲康养产业高峰论坛组委会评为“亚洲康养产业示范基地”，康养阳高的影响力进一步扩大。

人居环境全面优化。持续加大县城绿化力度，创新开展县城环卫市场化改革，县城生活垃圾无害化处理率达到99%以上，荣获“省卫生县城”称号；全面推进安居工程建设，启动实施了云林寺周边棚改工程和农村危房改造工程，完成了县城北环路改造，建成了阳和公园，宜居县城建设初见成效。

*民生福祉持续增进。*坚持用政府过紧日子换群众过好日子的思想，将可用财力的85%投入到了民生事业。着力办好人民满意教育，“薄改”项目顺利通过国家评估验收，高考二本B类达线率由2016年的17.9%提高到27.7%；积极推进城乡卫生服务均等化，建成并投入使用贫困村卫计服务室82个，健康扶贫“双签约”活动扎实开展；不断提升社会保障水平，转移农村劳动力4438人，新增城镇就业1541人，城镇登记失业率下降到2.35%；加快平安阳高、法治阳高建设，组织开展了“净化社会风气，助力脱贫攻坚”及整治村霸和宗族恶势力专项行动，调动多元力量化解社会矛盾，严格落实责任，强化信访维稳，人民群众的安全感进一步增强。

*生态环境显著改善。*围绕“天蓝”“水清”“山绿”，扎实开展“铁腕治污”、大气污染综合治理、城乡采暖“煤改电”试点和工业粉尘改造工作，严肃查处了中央和全省环保督查组移交案件，大力实施养殖场粪污治理和县污水厂扩容工程。扎实推进生态建设，完成荒山造林2.6万亩，全县森林覆盖率达到26.2%，荣获“全国防沙治沙先进集体”称号。通过综合整治，全县二级以上良好天数达到300天，较去年增加37天，真正为“大同蓝”做出阳高奉献。

*从严治党全面加强。*坚持全面从严管党治党，落实抓党建主体责任，思想建党、制度治党双向发力，“强腰行动”全力推进，“三基建设”全面加强，农村“两委”换届工作圆满完成，“1+5”“1+6”创建活动持续引深，农村集体经济“破零”工作扎实开展，非公和社会组织党建工作不断强化。积极探索完善考核前移工作机制，开展“不作为、慢作为、乱作为”集中整治活动，充分激发和调动各级干部干事创业的积极性。持之以恒加强纪律作风建设，认真落实“两个责任”，有力推进监察体制试点改革，实现派驻纪检监察机构全覆盖，用好监督执纪“四种形态”，有序铺开巡察工作，源头防腐取得明显成效；以扶贫领域监督执纪问责为重点，从严查处了一批违法违纪案件，受到上级纪委的肯定。强化对意识形态工作的领导，不断完善工作机制、营造氛围、拓展阵地，为全县发展提供了强大精神动力、思想保证和舆论支持。

一年来，之所以能够取得这样的成绩，关键在于我们始终坚持党对一切工作的领导，牢固树立“四个意识”，坚决维护党中央权威，始终在思想上政治上行动上同以习近平同志为核心的党中央保持高度一致。发挥县委总揽全局、协调各方的作用，引导全县各项事业沿着正确的方向前进；关键在于我们始终坚持全面深化改革，扎实推进各项改革落地生根，为全县经济社会发展注入强大动力；关键在于我们始终坚持以人民为中心的发展思想，不断满足人民群众日益增长的美好生活需求，增强人民群众的获得感和幸福感；关键在于我们始终秉持绿水青山就是金山银山的理念，坚决在一个战场打赢两场战役，推进形成绿色发展方式和生活方式，推动人与自然和谐发展；关键在于我们始终坚持全面从严管党治党，不断自我净化、自我完善、自我革新、自我提高，推动全面从严治党向纵深发展，为改革发展提供坚强政治组织和纪律作风保障。这五个关键，是我县发展的基本经验，弥足珍贵，必须长期坚持。

2018年是全面贯彻落实党的十九大精神的开局之年，也是我县深入推进“五型阳高”建设、决胜脱贫攻坚、推动转型崛起的关键之年。做好全年各项工作，意义十分重大。

经县委研究，今年全县的发展思路是：以习近平新时代中国特色社会主义思想为指引，全面贯彻落实党的十九大、中央经济工作会议和省、市委全会暨经济工作会议精神，坚持稳中求进工作总基调，坚持高质量发展理念，坚持以脱贫攻坚统揽经济社会发展全局，坚持党对经济工作的领导，统筹推进“五位一体”总体布局，协调推进“四个全面”战略布局，围绕市委“136”发展战略，全面实施“一个先行区”“两个尖兵”“三大振兴”新理念，不断完善和拓展“356”发展思路，奋力谱写“五型阳高”建设新篇章。

按照以上思路，我们必须坚持高质量发展理念，把高质量发展作为当前和今后一个时期谋发展、抓发展的根本要求，贯穿到经济社会发展各方面各领域。

（一）推动高质量发展，必须要奏响五型阳高“新乐章”。

坚持“356”发展思路，加快“五型阳高”建设，经过实践检验，符合阳高县情，顺应时代潮流，是实现全面建成小康阳高的必由之路，必须一张蓝图绘到底，努力适应新时代新要求，突出转型发展，突出对外开放，不断拓展新路径，丰富新内涵。

工业经济发展上，深入实施工业振兴战略，结合阳高实际，统筹谋划布局。要注重量的扩张，既要盘活存量，依托园区现有土地、厂房、设备等存量资源开展二次招商，借助存量引项目；又要引进增量，用好用活我省“转型项目建设年”各项优惠政策，以园区为平台，加大招商引资和项目建设力度。通过盘活存量、引进增量，进一步提升总量，扩大工业经济规模，壮大全县经济实力。要注重绿色转型，坚持工业经济绿色发展，严格落实环保准入门槛，坚决淘汰落后产能，推动存量经济绿色化改造、增量经济绿色化构建。要注重要素聚集，出台相关政策措施，为承接京津冀、雄安新区产业转移创造先决条件，打造对外开放新高地；整合生产、经营、服务诸多要素，建立专门招商引资队伍，突出园区整体打包运营，打造对内营商洼地，营造洼地效应引项目、聚产业、促发展。要强化改造升级，抓好现有企业技改扩能，以市场为导向延伸下游产业链条，提升企业整体效能。

绿色农业发展上，坚持绿色发展新理念，进一步做大做强设施蔬菜、杏果、畜牧三大优势产业，以农业供给侧改革为抓手，进一步优化产业结构布局。突出市场引领作用，加大实用技术推广力度，强力推进种子革命，进一步发展壮大设施蔬菜和杏果产业，推动产业提质增效。突出养猪大县品牌，充分发挥正大集团生猪全产业链项目的示范带动作用，推动家庭养殖提质，不断扩大规模化、标准化养殖，着力打造全国生猪生产大县。突出加工营销，立足优势产业发展龙头加工企业，瞄准首都、省会两个大市场狠抓产品营销，不断延伸产业链条，提高农产品附加值。突出品牌建设，紧紧围绕打造京冀蒙“菜篮子”和优质小杂粮基地定位，着力打造火山周边生态农业品牌，做大做强火山周边生态有机农业。

康养旅游产业发展上，以全市文旅振兴战略为契机，加快推动全县康养旅游产业融合提档升级。要突出重点，全力抓好农村一二三产融合发展的杏韵小镇项目建设，打造成特色产业高效发展、城乡一体化建设高度统筹和产业扶贫有效带动的样板小镇。要打造亮点，着力打造玉安、佳峪、杏泉峪、大泉山、罗文皂温泉、镇边古堡各具特色的康养旅游基地。要抓住节点，以杏为媒，高档次高品位办好旅游节庆活动。

生态文明建设上，牢牢把握“管控治、保建调”六字工作法，全面治理和优化生态环境。要大力实施生态建设双“123”工程，紧紧盯住生态有为、生态富民这一目标、传承大泉山精神，既要绿水青山，又要金山银山；认真落实省委骆书记“坚决在一个战场上打好生态治理和脱贫攻坚两场攻坚战”的要求、精心建设好专业管理和专业造林两支队伍，在生态建设中实现荒山增绿、农民增收；突出“山、路、村”三个重点，以“山”为主战场、以“路”为聚集带、以“村”为主阵地，着力打造“村在林中，林绿村美”的社会主义新农村。突出打好大泉山的红色品牌、绿色品牌和旅游品牌，推动生态建设与经济发展融合共赢。要坚决打好大气、水、土壤污染防治“三大战役”，建立健全生态保护体制机制，完善落实“河长制”、生态补偿、绿色考核和责任追究、环境执法监管等制度，强力推进环境整治，全面提升环境质量。

宜居县城建设上，以打造绿色美丽县城为目标，由重投入向重改革转变，紧紧围绕整合管理职能、优化执法力量、规范执法行为、强化综合管理、创新治理方式、健全保障机制，深入推进城市执法体制改革，增添城市管理新动能。由重兴建向重提升转变，积极开展省级文明、平安、食品安全、环保、园林、卫生、双拥县城创建工作，逐步提升整体文明素质，塑造对外良好形象。由重街面向重深巷转变，以城乡结合部、小街小巷综合整治为重点，推进县城美化、绿化、硬化、亮化、净化工程全覆盖。由突击性管理向精细化管理转变，改革创新管理体制，完善综合执法机制，实施分区域监管。探索群众参与管理城市制度机制，真正做到人民城市人民管，共同管好自己的家园。

（二）推动高质量发展，必须要打赢精准脱贫攻坚战。今年是我县脱贫攻坚的决胜之年，脱贫攻坚是我县三大重点工作之一，家有三件事，先从紧处来。全县上下要紧紧围绕市委市政府提出实现“三个转变”的要求，凝心聚力，咬定目标，坚决打胜脱贫攻坚战。

要树立全局意识，从思想认识上打赢攻坚战。习近平总书记指出，“扶贫开发是当前和今后一个时期新的经济增长点”。全县各级各部门一定要深刻领会这一重要思想，坚持用脱贫攻坚工作统揽全局，在

加快脱贫攻坚中推动阳高经济发展，在加快阳高经济发展中决胜脱贫攻坚。切实把握好战略与战术的关系，努力实现战略战术衔接统一，经济发展长远目标、近期目标有机结合，下足非常之力，用足恒久之功，着力实现农村基础设施大提升，农村生产条件大改善，农村经济社会大发展。

要把握工作重点，从脱贫质量上打赢攻坚战。坚持由重减贫进度向提升脱贫质量转变，从五个方面推动脱贫攻坚提档升级。紧紧把握贫困村提质这个机遇，坚持“实事求是、因地制宜”“分类指导、一村一策”抓提质，着力做好改水、改厕、改路、改电、改网、改圈和治污水、治垃圾，实现贫困村绿化、美化、亮化、净化、文化和街道整齐“六改两治、五化一整”为主的贫困村提质工程。同时在后续管理上强化乡规民约、自我服务，注重让包括贫困户在内的村民参与到建设和管理中来，通过乡规民约的激励约束使群众在自我服务中享受优美环境。紧紧扭住易地搬迁这个龙头，严格按照全县易地扶贫搬迁工作统一安排部署，细化目标任务，明确时间节点，倒排工期、挂图作战，加快推进易地扶贫搬迁二期工程，完成既定的“双十”目标。紧紧抓住产业扶贫这个重点，统筹整合各类资金，推进设施蔬菜、特色种植、特色养殖、光伏扶贫、康养旅游、富民生态等多种产业精准扶贫到户模式。按照“一人一亩杏，致富有保障”“一户一栋棚，脱贫拔穷根”的思路，培育壮大特色产业。紧紧用好专项行动这个抓手，全面落实社会保障、健康扶贫、教育扶贫、就业扶贫、生态扶贫、光伏扶贫等政策。紧紧扣住群众满意这个目标，深入做好进村入户对接工作，做到宣传政策到位、帮助制定脱贫措施到位、落实帮扶责任到位、加强感情沟通到位、工作成效体现到位。

（三）要汇聚扶贫力量，从扶贫格局上打赢攻坚战。坚持物质脱贫与精神脱贫并重的工作理念，深入宣传贯彻中央和省、市、县脱贫攻坚的重大战略部署，大力弘扬大泉山精神、李培斌精神、赵晋国精神，营造扶贫工作良好社会氛围。及时总结全县精准脱贫、精准扶贫的好经验、好做法，大力宣传脱贫攻坚中涌现出的先进典型。完善自主脱贫奖励机制，设立自主脱贫奖励基金，以更大的力度引导和激发贫困户自主脱贫的内在力量。要广泛动员社会力量，积极引导各类企业、社会组织和个人与贫困村、贫困户结对帮扶，深入推进“扶贫超市”试点，扩大项目覆盖范围。继续引深和推进“农民夜校”“大喇叭”工程，把党的十九大精神、习近平新时代中国特色社会主义思想、惠农政策、实用技术送到每一个村庄，覆盖到每一位乡亲。

要强化责任担当，从组织领导上打赢攻坚战。全县各级干部要进一步增强打赢这场脱贫攻坚战的政治自觉、思想自觉和行动自觉，担起脱贫攻坚主体责任。县级领导要以上率下、主动作为，带头深入基层，协调解决问题，督促落实各项重点任务。各乡镇要牢固树立责任意识和担当意识，瞄准贫困村和贫困群众，兼顾非贫困村和非贫困群众，压实主体责任，做到同步用力、同步提升。帮扶单位、驻村工作队和“第一书记”要严格落实帮扶责任，协调实施扶贫项目、宣传各项惠农政策，通过真帮实扶助力脱贫攻坚。为了打胜这场硬仗，按照市委安排，县委研究决定，脱贫攻坚期间，乡镇和部门班子要保持相对稳定，原则上不脱贫不调整、不摘帽不调离。

要严格责任追究，从制度保障上打赢攻坚战。全县各级各部门和广大党员干部要严格落实县委做出的“五个三”制度安排，准确把握“越往后监督越严、执纪越严、问责越严”的新要求。纪检监察机关要加大扶贫领域监督执纪问责力度，特别是对落实不力、未完成年度减贫任务或弄虚作假搞“数字脱贫”的严肃追究责任。工作队、第一书记以及帮扶责任人帮扶不到位的，既要追究乡镇党委书记的主体责任和包村乡镇干部责任，又要追究派出单位一把手的主要责任和派出单位工作人员的直接责任。

（四）推动高质量发展，必须要答好民生保障“满意卷”。全县各级各部门要自觉践行以人民为中心的发展思想，聚焦民生实事，补齐民生短板，在发展中增进民生福祉，不断满足人民美好生活需要。

要谋划好民生大事，把今年确定为我县教育提质年，继续深化教育教学改革，统筹好城乡教育资源配置，全力实施教育强县“1234”工程；落实好就业创业扶持政策，实施农民技能提升和职校毕业生就业质量提升工程；完善好农民工工资支付保障制度，确保农民工欠薪“三个清零”；发挥好县级医疗集团综合优势，构建优势互补、利益共享的县、乡、村医疗卫生服务一体化格局。

要解决好民生难事，精心精准做好低收入人员、经济薄弱村的脱困转化工作，不断缩小“地平线”与“平均线”的差距，兑现“全面小康路上一个不少、一户不落”的庄严承诺。

要落实好民生急事，针对城乡低保、城市三无、农村五保、大病对象、困难儿童、残疾人等困难群体和低保边缘户家庭，建立健全“救急难”工作机制，着力推进“支出型”救助工作，让群众在困难面前心里有底、生活有靠。高度重视文化事业发展和精神文明建设，让人民群众的生活更加丰富多彩、安心舒心。

（五）推动高质量发展，必须要打好乡村振兴“组合拳”。必须按照十九大报告中提出的“产业兴旺、生态宜居、乡风文明、治理有效、生活富裕”二十字方针，以新时代“三农”工作为总抓手，大力实施乡村振兴战略，努力增加农民收入、补齐农业农村现代化短板。

要把增加农民收入作为乡村振兴的根本任务。加快推进农业生产经营体系、市场营销服务体系和科技支撑体系建设，不断增加农民经营性收入；用活用足土地政策，推动土地适度规模经营，落实好各项惠民政策，增加农民财产性收入；强化农民技能培训，有序做好劳务输出，拓宽外出务工农民就业渠道，增加农民工资性收入。

要把壮大各类新型市场主体作为乡村振兴的关键举措。围绕杏果产业、设施蔬菜、畜禽养殖、农产品加工等区域特色优势产业，采取土地流转、土地入股等方式，扶持新型经营主体向农户提供全产业链服务，带动农户发展。按照资源变股权、资金变股金、农民变股民的扶贫新思路，折股量化到农户，投资入股到龙头企业、合作社发展产业，确保扶贫对象长期稳定精准受益。

要把推进项目建设作为乡村振兴的重要载体。以适应市场需求能力强的优质企业为重点，大力开展“靶向”招商、产业链招商，力争引进一个项目、带动一个链条、壮大一个产业。引导社会资本和企业投资乡村，鼓励“能人”回乡投资创业。

要把优化发展环境作为乡村振兴的核心内容。把优化乡村发展环境与贫困村提质有机结合起来，加快推进水利、交通、电力、通信等基础设施建设，提升乡村产业发展承载能力。强化公共服务均衡供给，大幅提升乡村教育、医疗卫生和文化等方面的服务水平，为引进项目、发展企业、留住人才创造良好条件。

（六）推动高质量发展，必须要跑出全面深改“加速度”。深化改革关键要加快营造与高质量发展相适应的环境，重在充分激发全社会创造力和发展活力。

切实加强对改革工作的领导。各级各部门要认真贯彻落实中央和省市全面深化改革重大决策部署，自觉履行全面深化改革主责，树立改革创新思维，把握改革正确方向，积极做好承接中央、省市的改革试点工作，扎实推进各领域改革事项在阳高落地生根。

统筹推进各领域改革。突出提质增效，以推进供给侧结构性改革为抓手，不断强化经济建设领域改革；突出公平正义，以推进司法体制、人大监督、民主协商改革为重点，不断强化政治建设领域改革；突出人文和谐，以推进社会主义核心价值观体系建设，激活壮大文化产业为手段，不断强化文化建设领域改革；突出民生优先，以医药卫生、文化教育为重点，不断强化社会建设领域改革；突出标本兼治，以建立健全自然生态保护机制、环境污染防治制度为保障，不断强化生态文明建设领域改革；突出党的执政能力建设、先进性和纯洁性建设，以保持政治生态持久风清气正为目标，不断强化党的制度建设，深化纪律监察体制改革。

创新抓改革方式方法。认真落实习总书记抓改革“四个亲自”、省委骆书记抓改革“三个三”、市委张书记“四个高度融合”的工作要求，坚持具体改革项目化管理、挂图作战，确保改革取得实效。

（七）高质量发展，必须要营造和谐稳定“大坚持环境”。推动高质量发展必须不断深化社会治理，着力推进法治阳高、平安阳高建设，营造和谐稳定的社会环境。

要打造共建共治共享的社会治理格局，坚持问题导向、需求导向、发展导向有机结合，专项治理与系统治理、综合治理、依法治理、源头治理综合施策，形成治理合力。

要加强预防和化解社会矛盾机制建设，完善社会矛盾排查预警机制，做到早发现、早预防、早处置。完善重大决策社会稳定风险评估机制，从源头上预防和减少矛盾。

要加快社会治安防控体系建设，建立联警联动联勤“三联”工作机制，充分调动多方力量，有效整合各方面资源，实现对违法犯罪的有效打击。以“全域覆盖、全网共享、全时可用、全程可控”为目标，加快实现治安防控联网集约化、联网规范化、应用智能化。

要深入推进平安阳高建设，加强社会

治安隐患排查和整治工作，继续保持严打整治的高压态势，加大对黑恶势力、侵财犯罪、“黄赌毒”等各类违法犯罪的打击力度。深入推进平安乡镇、平安村庄、平安家庭、平安学校等活动，不断延伸平安建设触角，拓宽平安建设覆盖面，着力提升人民群众的获得感和安全感。

要创新精神文明服务体系建设，坚持发展社会主义先进文化与弘扬优秀传统文化相结合，开展形式灵活多样、群众喜闻乐见的文化活动，注重发挥乡规民约的作用，营造文明健康的社会环境。注重人文关怀和心理疏导，大力宣传美德义行善举，促进公民道德素质不断提升，培育自尊自信、理性平和、积极向上的社会心态。

新时代彰显新气象，新时代要有新作为。打铁必须自身硬，全面从严治党永远在路上。全县各级党组织一定要警惕“减减压、松口气、歇歇脚”心态，按照新时代党的建设的总要求，紧紧抓住工作重点，把制度建设贯穿始终，坚决扛起管党治党主体责任，始终做到党要管党、全面从严治党，着力为全县经济社会发展提供坚强的组织保障。

（一）切实加强政治建设。旗帜鲜明讲政治是我们党作为马克思主义政党的根本要求。我们要坚持把政治建设摆在首位，全县所有党员干部要牢固树立“四个意识”，坚定“四个自信”，坚决维护以习近平同志为核心的党中央权威，坚决服从党中央集中统一领导，坚定执行党的政治路线，严守政治纪律和政治规矩，在政治立场、政治方向、政治原则、政治道路上，同以习近平同志为核心的党中央保持高度一致。要严格尊崇党章，严格执行准则，切实增强党内政治生活的政治性、时代性、原则性、战斗性；要认真落实民主集中制各项制度，发展积极健康的党内政治文化，弘扬忠诚老实、公道正派、实事求是、清正廉洁等价值观，不断培厚良好政治生态的土壤。要切实加强党性锻炼，提高政治觉悟和政治能力，把对党忠诚、为党分忧、为党尽职、为民造福作为根本政治担当，说老实话、办老实事、做老实人，永葆共产党人政治本色。

（二）切实加强思想建设。党的十九大报告强调，“思想建设是党的基础性建设”。加强思想建设、坚定理想信念、牢记党的宗旨，必须用习近平新时代中国特色社会主义思想武装头脑。要把学习贯彻落实党的十九大精神作为一项长期的政治任务，深入学习领会习近平新时代中国特色社会主义思想的科学体系、精神实质、实践要求，真正做到学通、弄懂、做实。要把坚定理想信念作为党的思想建设的首要任务，扎实开展好向优秀共产党员李培斌同志、赵晋国同志学习活动，教育引导全县党员干部牢记党的宗旨，挺起共产党人的精神脊梁，解决好世界观、人生观、价值观这个“总开关”的问题。要大力弘扬马克思主义学风，扎实推进“两学一做”学习教育常态化制度化，开展好“不忘初心、牢记使命”主题教育，推动全县党员干部更加自觉地为实现新时代党的历史使命不懈奋斗。要牢牢掌握意识形态工作主导权，加强网络舆情监管，深入践行社会主义核心价值观，用主流思想引领社会思想，用主流文化引领大众文化，不断巩固主阵地，汇聚正能量。

（三）切实加强作风建设。认真贯彻落实习总书记关于进一步纠正“四风”，加强作风建设重要批示精神，以更大力度整治形式主义和官僚主义，求真务实、埋头苦干，不浮躁、不浮夸，追求实实在在的工作业绩，以艰苦奋斗、崇尚实干的工作作风，以勤俭节约、崇尚清廉的家风，带动民风社风向善向上，让大泉山精神焕发出时代的光华。要坚持问题导向，继续开展好“不作为、慢作为、乱作为”集中整治活动，营造风清气正的良好政治生态。要认真落实省委提出的“五个倡导、五个反对”，认真贯彻落实县委、县政府《关于进一步严格贯彻落实中央八项规定精神的实施办法》，发扬钉钉子精神，一锤接着一锤敲，打赢作风建设持久战。

（四）切实加强反腐倡廉建设。要进一步加大反腐力度，以壮士断腕的决心严惩腐败，坚决铲除腐败这个最致命的“污染源”。强化监督执纪问责，深化运用监督执纪“四种形态”，开展经常性、针对性、主动性的纪律教育，让党员干部知敬畏、存戒惧、守底线。要发挥派驻机构“探头”作用，加强对被监督单位领导班子及其成员、其他领导干部的监督，做到守土有责、守土尽责。要坚持严管和厚爱结合、激励和约束并重，加强对党员干部特别是领导干部日常管理监督、坚持抓早抓小，用好谈心谈话、提醒、函询、诫勉等手段，多做咬耳扯袖、防偏纠错的工作。

（五）切实加强干部队伍建设。新时代赋予新使命，新使命需要好干部。我们要按照党的十九大部署要求，切实把各方面优秀人才集聚到建设“五型阳高”的伟大实践中来。要落实好干部标准，坚持重政治品格、重能力素养、重基层锻炼、重个人清廉的原则，把党和人民需要的“培斌式”好干部精心培养起来、及时发现出来、合理使用起来。完善干部考核评价机制，组织要为担当的干部担当，领导要为负责的干部负责，把广大党员干部的精气神引导到改革发展上来。要加强人才队伍建设，按照《阳高县贯彻落实 < 大同市实施“凤凰人才”三年发展规划（2017-2019）> 实施办法》，实施八大工程、六大计划，在人才“引育留用”上下功夫，最大限度发挥各类人才作用。

（六）切实加强基层组织建设。严格落实党建责任，进一步强化县委常委带头抓党建责任落实；严格党建述职评议考核制度，督促各级党组织书记带头抓主业、履职责；坚持诫勉约谈、督查通报等制度，严格问责问效，确保党建责任落到实处。以组织生活规范提质为重点，进一步强化“三会一课”教育功能，完善基层组织生活纪实、通报和督查制度，不断推进党内政治生活正常化、规范化。紧扣基本队伍、基本制度、基本保障、基本建设“四个基本”，突出集体经济、村务监督、社区党建、“两新”覆盖四个重点。全面加强“三基”建设，持续引深农村党建“1+6”创建活动，全面提升基层党组织单元战斗力，不断提升基层党建质量。

举全县之力 完胜脱贫攻坚 推动县域经济提质增速（节选）

——在中国共产党阳高县委十四届四次全体会议暨经济工作会议上

丁国华

（2018年1月24日）

一、发扬成绩，把握机遇，坚定打赢脱贫攻坚战，壮大县域经济的信心和决心

2017年，我们不折不扣贯彻落实中央、省、市关于经济工作的决策部署和工作要求，坚定不移按照“356”发展思路，以脱贫攻坚为统领，扎实推进各项工作，全县经济较好地实现稳中有进、稳中向好的发展态势。

*从发展速度看，经济运行稳定向好。*全年地区生产总值完成33.38亿元，比上年增长8.3%，增速比上年提高了3.4个百分点。增长的支撑，主要是源自工业经济和第三产业，其中规模以上工业增加值完成4.48亿元，比上年增长8.5%，增速比上年提高了3.2个百分点；第三产业增加值完成16亿元，比上年增长11.5%，增速比上年提高了6.6个百分点。全年公共财政预算收入完成1.24亿元，比上年增长13.8%，由上年的负增长转为快速增长。2017年是近三年经济增速最快的一年。

*从发展质量看，产业结构不断优化。*全年第一产业增加值完成11.13亿元，占到全县经济总量的33%，比上年降低了1.4个百分点。第二产业增加值完成6.25亿元，占到全县经济总量的18.7%，所占比重连续三年稳步提高，其中高新技术产业、战略新兴产业在工业增加值中所占比重明显提高，分别达到了19%、35.7%。特别是山纳公司首次达到3万吨的设计产能，产销两旺，实现扭亏为盈，全年上交税金5506.9万元。第三产业增加值占到全县经济总量的47.9%，所占比重持续提高的同时，发展质量实现了新提升。

*从发展动能看，发展内生力持续增强。*全年共整合涉农资金2.9亿多元，实施了脱贫攻坚八大工程二十四项行动，为全县贫困人口配套了设施蔬菜、特色种养、光伏扶贫等可持续的脱贫产业，为部分贫困村基本配齐公共服务设施，为3296户8030名贫困人口建成移民住房并分房到户。与此同时，我们统筹推进金融、教育、就业、健康等扶贫工作，对贫困人口进行了全方位保障和兜底，15253名贫困人口顺利脱贫，42个贫困村整

村退出。积极推进农业供给侧结构性改革，减少籽粒玉米种植面积13万亩，按照基地化的模式发展小杂粮、杏果、寒富苹果、黄花等特色产业。毫不放松抓项目，同煤热电项目、晨昀碳素搬迁项目全面建成，佳峪生态园项目基本建成，国电下深井风电一期项目、正大集团100万头生猪养殖全产业链一期项目建设过半，国腾生物有机肥项目、阳和药业项目、采凉山文冠果种植全产业链项目、德丰养生养老大健康项目落地开工，杏韵小镇国家农村产业融合发展示范园项目的征地、规划等基础性工作基本完成。这些项目的实施，为全县发展提供了新支撑，注入了新动能。

从发展环境看，宜居宜业宜游环境实现新提升。修编了全县城镇体系规划和乡村建设规划，完成了县城北环路改造、69.86公里农村公路硬化、48.9公里农村公路安全防护、47个村的饮水安全提质、2.6万亩造林绿化等工程，铺开建设县城生活污水处理厂扩容提标、白登河大白登段河道治理等工程，开展了同煤热电厂至县城供热管网建设等工程的前期工作，基本完成堡子湾水库建设工程，关停“散乱污”企业51家，淘汰县城建成区、龙泉工业园区燃煤锅炉28台，划定了全县畜禽养殖禁养区，全面落实河长制，实施乡村清洁工程，积极配合大张高铁、大同市古长城旅游路建设，全县可持续发展的基础不断夯实。启动城市管理综合行政执法体制改革，推进旅游体制机制、工业园区体制机制、农业供给侧三大关键性改革，深化转型综改、商事制度、农村产权制度、科技成果转化等经济领域四项专项改革，发展体制机制不断完善。积极打造“六最”营商环境，助商、安商、便商、惠商的氛围更加浓厚。加快建设社会诚信制度体系，统筹推进各项民生事业，全面加强安全监管和风险防控，积极化解改革发展中出现的各类矛盾和问题，确保了社会大局的和谐稳定。

一年来的努力工作，为我们今年经济稳中求进、为今年贫困县摘帽奠定了坚实基础。展望未来，新时代赋予我们新机遇，新时代也对我们提出新挑战。习近平总书记视察山西重要讲话精神，为山西发展指明旗帜、格局、基调和要求，也为我县指明了前进方向。国务院专门针对支持我省转型发展出台国发42号文件，明确支持我省率先复制推广全国各类体制机制创新经验，先行布局重大改革试点试验。在保障措施中明确，要因地制宜将我省纳入有关部门已启动或拟开展的重大改革试点范围，意味着全国的好政策好办法，基本上都可以为我所用，意味着有利于转型的好体制好机制，我们基本上都可以加以试验。中央经济工作会议确立了习近平新时代中国特色社会主义经济思想，提出的“七个坚持”，部署的“三大攻坚”“八大重点”，为我们推动经济高质量发展提供了基本方法。省委经济工作会议针对今年和今后一个时期的经济工作，确立了示范区、排头兵、新高地“三大目标”（即建设资源型经济转型发展示范区、争当能源革命排头兵、构建内陆地区对外开放新高地），做出“十个关键”重大部署。刚刚闭幕的市委十五届四次全会暨经济工作会议，围绕贯彻落实中央和省委经济工作会议精神，做出打造资源型经济转型发展示范区的先行区，当好能源革命排头兵和对外开放新高地“两个尖兵”，推进三大振兴（即工业振兴、乡村振兴、文旅振兴），以五大行动（即能源革命十大工程突破行动、对外开放排头兵之尖兵五大工程提升行动、工业振兴“百项转型项目”建设行动、国家级产业转移承接行动、开发区建设提质行动）引领五项工程（即县域经济壮大工程、文旅产业引领工程、城建质量提升工程、脱贫攻坚工程、民生福祉普惠工程）的战略部署，并密集出台了一系列具有开创性的政策措施。当前，阳高面临着前所未有的政策机遇、战略机遇、改革机遇、发展机遇，我们要借势用势，借力用力，坚决把阳高的发展推向新高潮，不辜负党和人民的殷切期望。

二、强化举措，奋力作为，决胜脱贫攻坚，推动县域经济提质增速

今年是贯彻党的十九大精神的开局之年，是我县打赢脱贫攻坚战的决胜之年，也是新时代推进实体强县、产业富民的关键之年。按照中央、省、市经济工作会议精神和县委部署，2018年我县经济社会发展主要预期目标是：全县地区生产总值增长7%左右；第三产业增加值增长7.5%；规模以上工业增加值增长8%左右；固定资产投资增长10%；全社会消费品零售总额增长7.2%；公共财政预算收入增长7%左右；城乡常住居民人均可支配收入分别增长7%左右和8%；居民消费价格指数控制在3%以内。约束性指标和其他考核指标完成省市下达的任务。

在统筹做好各项工作的基础上，重点要抓好以下五个方面。

（一）举全县之力，赶进度、保精准、抓提升，确保完胜脱贫攻坚。

今年的财政资金，集中投放到脱贫攻坚的战场上，重点抓好“基本生活、基本住房、基本教育、基本医疗”和“改善条件、提高能力、创造机会”七件事，确保剩余的1.2万名贫困人口、41个贫困村全部退出，全县整体脱贫摘帽。统筹推进各项工作的同时，要突出抓好三大重点。

一要如期完成易地扶贫搬迁工作。以“双十”目标为底线，全面加快移民新村建设，一期工程力争6月底前完成全部建设工程，实现入住；二期工程必须在春节前完善手续、完成招标，并做好人房匹配和精准工作，力争8月底全部完工，确保10月份分房入住，并健全完善所有移民搬迁住房的管理。与此同时，要对2014年、2015年脱贫退出户的住房情况进行“回头看”，对未享受过易地扶贫搬迁和危房改造项目、目前还居住土坯房或土窑洞的脱贫户，采取补贴新建、补贴置换等灵活多样的方式，全面加以解决，确保所有贫困户都住上安全房。各乡镇要切实做好已搬迁贫困户、整体搬迁自然村的旧宅基地腾退工作。国土部门要及时跟进实施土地复垦项目。

二要精准做实扶贫产业。农委要尽快完成全县建档立卡贫困户产业覆盖情况的摸底工作，为今年补齐短板提供准确依据。各乡镇、承担产业扶贫任务的各部门，要按照“一村一品一主体”要求，密切协作、精心谋划，一村一策、一户一方，以村立业、以户定项，大力发展优势产业、特色产业。今年实施的所有扶贫产业项目，春节前必须挂网招标，一开春必须开工实施，年内必须见到效益。此外，要加大劳务输出力度，公益岗位优先安排贫困户，切实增加贫困群众的财产性、工资性、经营性、转移性收入，力争实现户

特载

户有增收项目、人人有脱贫门路。为激发自主脱贫的内生动力，近期将出台财政奖补政策，县财政拿出1500万元，对贫困户进行激励奖补。针对部分贫困人口“抗体弱”、易返贫的特征，要构建教育、健康、兜底等多重防线，织密保障网络，保障无业可扶、无力脱贫“两无人口”的基本生活。

三要全面完成贫困村提升工程。重点围绕贫困村的水、电、路、网、房、环境整治等短板，按照“缺什么、补什么”的原则，全面实施贫困村14项提升工程，统筹做好非贫困村的基础设施建设。发改和电力部门要对容量不足的49个已脱贫村、41个未脱贫村，实施电网升级改造工程，确保年内贫困村的生产生活用电得到全面保障。水利部门要对水质不达标的21个贫困村、16个非贫困村，实施水质处理工程；对供水设施和管道老化的31个贫困村、27个非贫困村，实施饮水安全巩固提升工程；对未通饮水工程的4个移民新村，实施水源和管网建设工程，确保年内实现饮水安全“全覆盖”。经信和电信部门要对未通网络的10个贫困村、5个已脱贫村、22个移民新村和11个非贫困村，实施网络覆盖提升工程，确保年内实现村村通网络目标。卫计部门要对未达标的124个贫困村、19个非贫困村的卫生室，进行新建或改造，同步完成全县乡村医疗机构的健康扶贫信息化建设，确保年内农村卫生室达到标准化要求。交通部门要对“畅返不畅”、标准低的126公里农村公路，进行拓宽改造，为所有建制村配齐候车亭，确保年内达到“四好农村路”标准。供销部门要对没有电商的41个贫困村、37个已脱贫村、22个移民新村，实施电商扶贫工程，确保年内实现贫困村电商全覆盖。民政部门要建设一批农村日间照料中心，解决孤寡老人、留守儿童的生活问题。林业部门要对26个1000口人以上的贫困村、22个移民新村，完成村庄绿化工程，进一步提升贫困村整体形象。在做好以上水、电、路、网、卫生室等工程的同时，贫困村内其他必须完成的道路等基础设施建设、危房改造和环境卫生整治，全部由乡镇因地制宜、精准规划、分类指导、组织实施，开春必须开工，11月份确保达标。

（二）用恒久之功，挖潜力、保速度、增效益，不断提升发展质量。

紧紧围绕全市实施的转型发展“五大行动”引领“五大工程”的具体任务，立足县情实际，兼顾质量与速度，做大做强工业，做优做精农业，加快培育康养旅游产业，推动一二三产协同发展、融合发展。

一要扶持企业提质增效。全力帮助山纳公司、瑞鑫塑业等企业争取上级优惠政策和奖励资金，积极申报技术创新项目。支持山纳公司完成脱瓶颈技改，上马新型防水材料项目，年内力争销售收入达到10亿元。支持金源新材料、晨昀碳素、通泰橡胶、好医生药业、国润制药5家企业技改、增产、降耗，鼓励和引导企业增品种、提品质、创品牌，力争年内销售收入达到亿元以上。培育并扶持杏果、小杂粮、牛羊肉、脱水蔬菜等4个有承载能力的农产品深加工企业，力争年内销售收入达到2000万元以上。包装培育并扶持1个优势农副产品特色企业，力争年内销售收入达到亿元。整合现有的松散型农副产品深加工营销渠道，扶持电商营销发展壮大。加大“个转企”“小升规”培育力度，关心成长型企业的发展。对新进入规模以上的各类企业，给予资金奖励，力争年内净增5家以上规模以上企业。全县各级各部门要牢固树立“送服务、送环境、送效率、送资源、送市场”五送理念，主动为企业发展提供全方位服务。围绕落实市里刚出台的振兴工业的十条激励政策，我们结合县情实际，研究制定相应的政策举措，出台后各相关部门要运用好，使其达到应有效果。

二要打造特色农业。紧紧抓住脱贫攻坚农业产业化项目的实施，继续加大农业供给侧结构性改革，鼓励种植青贮玉米、水果玉米、糯玉米，规划建设旱作农业示范基地5000亩，发展设施蔬菜大棚5000亩，优质杂粮1万亩，马铃薯、胡萝卜1万亩，杏树1.5万亩，黄花、中药材5000亩，林下经济2万亩。继续加强“三品一标”认证工作，着力打造阳高大接杏、阳高京杏、大白登黄瓜、长城马铃薯、下深井糕面、黄彦沟羊肉、神泉堡驴肉等一批优势品牌。探索实施县域品牌和企业品牌“双品牌”战略，对企业申报品牌给予财政奖补。

三要培育康养旅游产业。以养心、养生、养老、宜居、宜养、宜游为发展方向，突出培育以康养为主的旅游产品，努力构建集养老、休闲、旅游、康复、保健、文化、服务为一体的康养旅游产业体系，努力把阳高打造成“长寿之县，养生福地”，到2020年康养旅游产业成为全县支柱产业。一是通过政府推动、政策引导，鼓励企业整合现有温泉、农家乐等旅游资源，扩大规模，增加康养内容。二是大力开发康养食品，主动对接大企、大院、大所、大校，加大功能挖掘、产品开发和包装营销力度，打造功能食品品牌。要加强食品监管，保证安全健康，创建省级食品安全示范县。三是围绕阳高二人台等非物质文化、特色农业、功能食品、文物古迹、自然景观等，以“旅游+”“+旅游”的模式，推动旅游业与相关产业融合发展，开发旅游产品，形成康养旅游产业的独特优势，培育新业态。四是营造尊老爱老敬老、鼓励老人健康长寿的社会氛围。制定出台90岁以上老人老年补助政策、70岁以上老人的免费服务政策。五是大力发展社会养老事业，规范现有养老机构，发展各种形式、适宜不同人群的养老服务体系。人社部门要开展养老服务技能培训，为康养产业发展提供高素质的从业人员。

（三）强转型之势，创环境、抓项目、增动能，加快壮大实体经济。

今年是省委省政府确定的转型项目建设年。我们要紧扣转型抓项目、抓招商，围绕项目创环境、强服务，谋划一批、开工一批、建成一批重大项目，不断增强发展动能，壮大实体经济。

一要打造对外开放平台。一是搭建好工业经济发展的平台。深化龙泉工业园区“三化三制”改革，继续优化园区的总体规划和详细规划，按照规划分类布局项目用地，全力以赴把龙泉工业园区创建为省级经济技术开发区。要加大园区土地储备力度，谋划包装项目，提前办理土地审批手续，将农用地征收为国有建设用地，确保项目敲定后能快速落地。全面落实市政府出台的优惠政策，在地价优惠上、投资奖补上进一步加大力度，支持工业类项目向园区集聚。跟进项目建设，配套园区道路、绿化及供电、供气、供水、供热、污水处理等。二是搭建好一二三产融合发展的平台。全面铺开建设投资15.13亿元的杏韵小镇国家农村产业融合发展示范园，年内按照市场化运作的思路，完成园区的“六通一平”，为项目入园创造基本完备的基础条件。三是搭建好扶贫产业发展的平台。在龙泉工业园区专门划出500亩土地，作为扶贫产业园区，以优惠的地价，支持能够辐射带动贫困户的农产品加工企业和电商入园发展。四是搭建好康养产业发展的平台。在抓好杏韵小镇开工建设的同时，在罗文皂镇温泉资源富足区，再规划出2平方公里，合理确定准入门槛和优惠政策，并全力进行招商，鼓励有实力的企业整体打包开发，建设以温泉养生为主、功能齐备、特色突出、宜养宜居宜游的温泉小镇。

二要打造“六最”营商环境。不折不扣落实省委、省政府推行的政府统一服务、企业承诺“五统一”项目审批机制。即将企业投资项目报建审批事项的条件和标准，以统一清单一次性告知企业；统一使用省投资项目在线监管平台，实现网上申报、并联审批、信息共享、协同监管、限时办结；抓住供地、开工、竣工投产等重要节点，统一简化流程；设立开工前多图联审统一接件窗口，各部门同步联合审查，限时办结；对报建阶段所涉收费事项实行统一管理，变多头多次缴费为“一费制”。借此政策，我们要加快建立政府靠前服务、企业信用承诺、事中事后服务监管的管理机制和模式，实行一个项目、一个包联领导、一个全程服务代办员的“三个一”项目推进机制，保证项目的快速落地开工。

三要全面加强招商引资。进一步解放思想，拓宽思路，动员方方面面的力量招商引资，努力营造全民招商引资的工作格局。一是创新招商机制。全县各级各部门特别是主要领导身上，都要有招商的责任。县招商引资服务中心在龙泉工业园区设办公室，设立专人负责代办项目审批服务事项。探索引入第三方帮助招商、能人帮助招商等各种招商模式，近期筹划召开雄安新区和京津冀地区项目招商推介会。二是完善优惠政策。工业项目供地实行“租让结合”“先租后供”政策，降低投资商前期投入成本。对科技含量高、投资强度大、带动能力强的项目，在土地出让价格、税收等方面给予大力支持。对企业引进的人才，政府采取“一人一策”“一事一议”的方式，给予资金、住房等全方位支持。三是聚焦靶向招商。更加主动地融入“京津冀”“乌大张”协同发展，依托工业园区，重点盯住京津冀、雄安新区转移产业，力争引进一批搬迁企业；依托正在建设的正大集团生猪全产业链项目，以及筹建的扶贫产业园区等项目，建立完整的农产品深加工产业体系；依托我县靠近京津冀的区位优势、生态环境优势，谋划引进一批康养旅游产业项目；借助大同市实施能源革命、对外开放新高地“两个尖兵”行动，依托我县丰富的风能、太阳能、地热能、生物质能，大力发展绿色能源产业。

四要全力加快项目建设。推动同煤热电项目投产，佳峪生态园项目开放运营。完成16兆瓦村级光伏扶贫电站项目、农光互补智能大棚扶贫产业项目。加快推进8个投资亿元以上产业项目，国电下深井风电一期项目、正大集团生猪全产业链一期项目、阳和药业一期项目、国腾20万吨生物有机肥一期项目，年内要建成投产；华润长城风电三期项目、国电下深井风电二期项目、普源废旧机油回收再利用项目，确保开春后开工建设，力争年内建成；通用机场已列入省重点项目，年内确保开工。与此同时，盯紧雄安新区塑料制品和水泵制造两个产业园一体化搬迁、生活垃圾发电、润佳3万千瓦光伏发电等项目，持续推进同煤矿用电缆和同煤实业总公司下属企业搬迁合作项目，力争年内再有一批新项目落地。

（四）兴强农之举，强基础、补短板、激活力，实施乡村振兴战略。

实施乡村振兴战略，是做好新时代“三农”工作的总抓手，也是我县决胜脱贫攻坚、全面建成小康社会的关键。因此，今年和今后一个时期，县城建设重点放在补短板上，全县投资建设的重点要转向农村，不断缩小城乡差距，实现城乡一体化发展。县城建设今年重点实施自来水管网改造、污水处理厂扩容提标、小街小巷改造、公厕建设、同煤电厂至县城供热管网建设等与民生密切相关的工程，同时稳妥有序推进云林寺周边棚户区改造，进一步深化环卫市场化改革成效，推行县城综合执法。乡村振兴要按照“产业兴旺、生态宜居、乡风文明、治理有效、生活富裕”二十字总要求，围绕冯晓雷书记讲的四个方面意见，认真推进各项工作，加快推动农业全面升级、农村全面进步、农民全面发展。这里，我就四个方面的具体工作，再做一些强调。

一要抓紧制定规划。突出农业农村现代化这个核心，坚持“因村施策、规整适度、量力而行”的原则，按照“好、中、简”三类标准，尽快编制完成乡村分级提质实施方案。要建立政府主导、部门联动、乡镇组织实施的工作机制，在完善各项基本功能和公共服务的基础上，实施净化、亮化、硬化、绿化、美化等工程，因地制宜打造别致多样、干净整洁、留得住乡愁的特色村庄。今年，每个乡镇至少要建成1个示范村。

二要夯实农业基础。实施京津风沙源水源工程，新增水浇地2500亩。积极争取资金，实施高效节水灌溉9000亩，其中为贫困户的塑料大棚扶贫产业项目配套4000亩微灌。在桑干河两岸的鳌石乡、友宰镇、东小村镇、古城镇、马家皂乡等6个乡镇15个村，实施节水喷灌2万亩。完成王官屯镇、下深井乡2个乡镇1.4万亩高标准农田建设项目。此外，要完成堡子湾水库建设工程，加快推进守口堡水库建设工程。

三要加强生态治理。实施京津风沙源治理工程1.7万亩。推进古长城沿线绿化工程。建设白登河湿地净化工程。实施黑水河河道治理项目，治理河道14公里，保障沿河两岸防洪安全。对罗文皂镇正大沟下游进行全面治理，保障罗文皂镇、北徐屯乡2个乡镇1.8万人2万亩耕地的防洪安全。推进城乡垃圾收运无害化处理系统建设。

四要激活发展动力。县财政已争取回上级资金1000万元，支持村集体兴办农产品加工企业、农业产业服务性企业，壮大村集体经济，每个乡镇要尽快拿出具体承接意见，并在开春后实施。深入推进农村土地“三权分置”改革，完成土地承包经营权确权登记颁证工作。开展好13个村的集体经济产权制度改革试点工作，形成样本后在全县复制推广，10月底全面完成改革任务。按照“依法、自愿、有偿、有序”的原则，制定相应的政策，鼓励农户将土地承包经营权通过入股、出租、互换等方式，实现土地规模流转和规模经营。精心培育农民专业合作社示范社，年内新发展50家，创建省级示范社3家、市级示范社5家。实施好科技兴农项目，培训科技实用人才200人，培育科技示范户100户、示范村20个。

（五）谋民生之利，重共享、保安全、防风险，构建和谐宜居阳高。

坚持以人民为中心的发展思想，全力增进民生福祉，不断提升人民群众的获得感、幸福感和安全感。

一要着力加强公共服务。巩固义务教育均衡成果，促进城乡教育均衡发展、公平发展、优质发展，学前教育、义务教育、高中教育、职业教育协调发展，年内出台鼓励小学、初中、高中各学校提高教学质量、教师爱岗敬业的奖补措施。全力加快推进去年已实施的改薄工程，今年要全面完成。要结合脱贫攻坚，充分发挥现有教育培训资源的作用，广泛开展新型农技、务工技能、家庭手工等培训，提高农民增收能力。全力推进县级公立医院综合改革，合理配置医疗资源，完善信息化建设。完成中医妇幼医院综合楼主体建设。以医疗体制改革、标准化村卫生室建设为载体，推进基本公共服务和优质资源下沉，提升基层医疗服务水平。落实好医疗、医药、医保各项政策，切实解决好“看病难、看病贵”的问题。抓住我县被列入省级创建农村劳动力转移示范县机遇，进一步健全县、乡、村三级就业服务网络，提升就业服务水平。切实维护农民工权益，努力从根本上解决欠薪问题。抓好公租房建设和分配工作。继续实施文化惠民工程，积极推动公共文化服务资源向农村特别是贫困村倾斜，不断满足人民群众日益增长的文化需求。

二要着力维护安全稳定。要加强安全隐患排查与突出问题整治，对道路交通、化工和危险化学品、校车、食品药品、消防、非煤矿山和尾矿库、建筑施工、市政运营、特种设备、冶金工贸、治超工作等进行安全隐患大排查、大整治，严格落实挂牌责任制，严守安全底线，确保安全责任、投入、培训、管理、应急救援“五到位”，坚决杜绝重特大事故，努力减少一般性事故。扎实开展水污染防治，严格落实河长制，全面实施养殖场禁养限养工作。做好大气污染防治，加强建筑工地扬尘控制，开展餐饮油烟污染整治，完善禁止焚烧垃圾和秸秆的管控机制，推进燃煤锅炉、黄标车淘汰工作。启动落实土壤污染防治工作。严格环保执法，从重从快打击破坏生态环境的违法行为。健全人民调解、行政调解、司法调解“三调联动”和排查、化解、稳控、处置“四位一体”机制，加强矛盾纠纷排查化解，做到早发现、早防范、早处置。加强治安防控体系建设，重拳打击违法犯罪，强化公共安全管理，努力营造和谐稳定、安居乐业的环境。

三要着力防范化解重大风险。大力开展政府隐性和间接债务清理核查，严防政府性债务风险。强化金融监管和风险处置，深入开展互联网金融风险整治，控制增量，处置存量，坚决守住不发生系统性、区域性金融风险的底线。严厉打击非法集资、恶意逃废金融企业债务、金融诈骗等行为和非法金融机构，持续优化金融生态。

三、咬定目标，担当实干，确保决胜脱贫攻坚、壮大县域经济的各项目标任务落到实处

今年的经济工作目标已经确定，开局就是决战，起步就是冲刺。我们要牢固树立完成意识，和时间赛跑，以拼搏为美，天天抓紧，月月抓实，恒久用力，确保落实。

一要扎实干事。全县已经进入了建设美丽富裕幸福阳高的新时代。新时代要有新气象，新时代要有新作为。全县各级领导干部必须按照中央、省、市和县委要求，进一步磨炼抓落实的过硬作风。要强化务实的作风，紧紧围绕脱贫攻坚、壮大县域经济，谋实策、出实招、用实功，多为发展想办法，少为推脱找理由，确保完胜脱贫攻坚，推动县域经济发展再上新台阶。要强化敢抓的担当，守土知责、主动履责、敢于担责，以高度负责的态度抓落实。要强化善抓的能力，对上争取政策善表苦衷，对下严格要求展露情怀，对外招商引资怀抱真诚，确保手上有招、脚下有路、善作善成。要强化常抓的韧劲，夙夜在公、勤勉工作，卯足干劲、一以贯之，不达目标、誓不罢休，确保各项工作一抓到底、决战决胜。

二要精准干事。对年度经济任务，严格执行项目化管理，以最严的标准推进工作落实。要按照挂图作战的要求，制定“任务书”，明确“时间表”，层层细化量化，编制目标任务进度清单、责任清单，把每项任务落实到岗到人，严格划分时序期限，以周以月以季以年明确阶段性目标，依图作战，高效落实。加强工作督查督办，县委、县政府督查室要对实施情况，对标督导检查，并通过“13710”电子督办平台通报。要加强动态考核评价，奖优罚劣。

三要激情干事。全县广大干部特别是主要经济部门领导干部，要在其位，谋其政，司其责，让岗位增光、让职位出彩，真正干出一番不平凡的事业。要自我加压、负重前行，既出谋一时、谋一域的“显绩”，更出谋长远、谋全局的“潜绩”，为阳高发展做出应有贡献。广大企业要切实增强全局观念，将企业兴旺与阳高发展融为一体，争相为脱贫攻坚、县域经济壮大出谋划策，为实体经济助力加油，为社会和谐贡献力量。

四要清廉干事。严格落实管党治党责任，认真履行“一岗双责”，营造清廉干事的浓厚氛围。要厘清政商交往定位，既反对亲而不清、牟取私利，又防止清而不亲、袖手旁观，做到干部与企业坦荡真诚打交道、拿出真心搞服务，企业在地方遵纪守法搞经营、光明正大促共赢，形成感情共融、合作共建、成果共享的生动局面。要用好每一笔财政资金，尽可能把每一分钱都用在保脱贫、保民生、保发展上，发挥最大效益。要节约财政开支，大力提倡勤俭，严格按照中央八项规定精神，狠纠“四风”特别是形式主义、官僚主义，最大限度降低行政运行成本。

政府工作报告（节选）

——在阳高县第十七届人民代表大会第三次会议上

丁国华

（2018 年 3 月 21 日）

2017 年，我们以习近平新时代中国特色社会主义思想为指引，全面贯彻党的十九大精神和习近平总书记视察山西重要讲话精神，认真落实省委“一个指引、两手硬”重大思路要求，按照全市“136”发展战略和全县“356”发展思路，以脱贫攻坚为统领，全面推进政治、经济、社会、改革、发展、稳定、民生、生态等各项工作，圆满完成了年初确定的各项目标任务。

一、经济发展稳步提升，运行态势好于上年

全年地区生产总值完成 33.38 亿元，同比增长 8.3%，增幅比上年提高了 3.4 个百分点；城镇居民年人均可支配收入首次突破 2 万元，达到 20687 元，同比增长 6.9%；农村居民年人均可支配收入达到 7262 元，同比增长 7.9%；社会消费品零售总额完成 12.32 亿元，同比增长 7.5%；固定资产投资完成 33 亿元，同比增长 7%，上述指标增速均位居全市中上游水平。公共财政预算收入完成 1.24 亿元，同比增长 13.8%，扭转了上年负增长的局面。

二、脱贫攻坚再战再胜，实现过程更加扎实

坚持精力、财力、人力、物力“四力”汇聚，举全县之力抓脱贫。全年累计投入扶贫资金 8 亿多元，实施了脱贫攻坚八大工程二十四项行动。其中整合涉农资金 3 亿元，用于发展设施蔬菜、寒富苹果、杏果经济林、黄花、中草药等特色产业，用于贫困村基础设施提质，用于教育救助、就业培训等。投入易地扶贫搬迁资金 3 亿元，一期项目 6259 间住房全部建成，3296 户 8030 名贫困人口分到了新房；二期项目 6886 间住房已经开工或近期开工。发放小额扶贫贷款 3948 笔 1.97 亿元，全年贫困户获得贷款分红 1184 万元，覆盖 3948 户 9870 人。开展了全市“扶贫超市”试点，企业主动认领 27 个贫困村 82 个扶贫项目，捐资 789 万元，已完成项目 46 个。推进电商扶贫，建成末端网点 85 个。吸收 1167 名贫困人口参与造林护林，人均工资性收入达到 6000 元以上。按照应扶尽扶、应保尽保的原则，全面落实健康扶贫“三保险、三救助”“双签约”和“136”医疗保障机制、民政救助等政策措施，构建起了全方位的脱贫保障网。全年享受“136”医保政策 1152 人、免费技能培训 1859 人、教育救助 3538 人，新增低保对象 1795 人。42 个贫困村、15253

阳高县第十七届人民代表大会第三次会议

名贫困人口顺利脱贫，实现了再战再胜。

三、项目建设成效显著，转型发展取得突破

山纳公司首次达产达效，上缴税金实现零突破，全年达到5506.9万元。同煤热电项目、佳峪生态农林科技示范园项目建成试运行。晨昀碳素搬迁项目全面建成。国电下深井风电一期项目建设过半。正大集团新型农牧产业综合开发一期项目全面开工，完成投资9500万元。采凉山文冠果种植全产业链项目、国腾公司生物有机肥项目、阳和药业项目、普源公司废旧机油回收再利用项目成功落地。农村产业融合发展示范园项目征地、规划等基础性工作基本完成，已列入首批国家级示范园创建名单。继续加大招商，成功签约引进项目7个。深入推进农业供给侧结构性改革，减少籽粒玉米种植面积13万亩，按照基地化的模式发展了小杂粮、杏果、寒富苹果、黄花等特色产业。15个农产品通过了品牌认证，成功申报“阳高杏”“阳高杏脯”2个地理标志证明商标。成功举办了杏花文化旅游节、首届亚洲康养产业国际高峰论坛，我县被评为亚洲康养产业示范基地。

四、生态环境正在改善，绿色发展得到加强

围绕“天蓝、水清、地绿”，扎实开展了“铁腕治污”、大气污染综合治理、城乡采暖“煤改电”试点工作，淘汰县城建成区、龙泉工业园区燃煤锅炉28台，关停“散乱污”企业51家，开展了同煤热电厂至县城供热管网建设工程的前期工作；划定全县畜禽养殖禁养区，开展了养殖场粪污治理，启动了顺鑫猪场大白登养殖区搬迁工作；全面落实了河长制，铺开建设了县城生活污水处理厂扩容提标、白登河大白登段河道治理等工程，完成了堡子湾水库主体工程；造林绿化2.6万亩，全县森林覆盖率由上年的25.1%提高到了26.2%，荣获“全国防沙治沙先进集体”称号。全年空气质量二级以上天数达到300天，较上年增加37天，为“大同蓝”做出了贡献。

五、民生福祉持续增进，群众获得感不断增强

全年民生支出达到16亿元，占财政支出总额的85%，重点投向了教育、医疗、就业、安居、宜居等群众关注的民生领域。实施了总投资1.6亿元的义务教育薄弱学校改造项目，顺利通过国家评估验收。加大激励奖补力度，努力提高教育质量，高考二本B类以上达线率由上年的17.9%提高到27.7%，比上年增加98人。深入推进城乡卫生服务均等化，82个贫困村卫计服务室建成并投入使用。实行市、县12家医疗机构“一站式”服务，给予困难家庭医疗救助3794户次。全面推进安居工程，分配公租房1496套，完成了2016年棚户区改造安置房、公租房建设项目主体工程，启动了云林寺周边棚改工程，实施了农村危房改造工程。建成了占地116亩的阳和公园，实施了县城北环路改造、北门口拆迁，人居环境进一步改善。在县城新装路灯1000盏，小街小巷基本实现了亮化。推进农村饮水安全提质工程，解决了47个村3.7万人的饮水不安全问题。启动了城市管理综合行政执法体制改革，推进了环卫市场化改革，强化综合整治，环境卫生明显改观，被评为“省级卫生县城”。加强就业创业服务，全年转移农村劳动力4660人，城镇新增就业1644人，城镇登记失业率控制在2.35%。新建了众益苑养老服务中心和8个农村日间照料中心，调整了城乡低保标准，保障水平进一步提高。深入开展平安阳高、法治阳高建设，稳步推进社会诚信制度体系建设，全面加强安全监管和风险防控，调动多元力量化解社会矛盾，有力地维护了社会和谐稳定。群众的获得感、幸福感和安全感不断增强。在全省群众安全感和满意度测评中，我县位居全市第一。

六、政府建设扎实推进，服务能力有效提升

自觉肩负党要管党、全面从严治党政治责任，认真学习党的十九大精神，扎实推进“两学一做”学习教育常态化制度化、“维护核心，见诸行动”主题教育，牢固树立了“四个意识”。加强“三基建设”，政府系统党组织的凝聚力、战斗力得到增强。认真开展“巡视整改自行回头看”，整改成效得到进一步巩固和提升。严格落实中央八项规定精神，持之以恒纠治“四风”，作风建设更严更实。自觉接受人大、政协监督，办理市、县人大代表意见建议53件、政协委员提案93件。全面推行了政府法律顾问制度，制定了政府重大行政决策程序规定细则，行政决策更加规范。深入推进“放管服效”改革，按照上级精神取消行政审批事项20项、承接20项，清理中介服务事项2项。加强“三公经费”管理，全年支出392万元，实现了零增长。加强审计监督，全年审计重大项目31个，确保了资金使用规范安全节约。落实“13710”工作制度，并建立了政府工作周报制度，行政效能进一步提升。开展了转型综改、商事制度、旅游体制机制、工业园区体制机制等一系列改革，改革的系统性、整体性明显增强，发展体制机制不断完善。积极打造“六最”营商环境，我县第九次被评为“全国投资潜力中小城市百强县”。

与此同时，国防教育深入开展，国防和后备力量建设得到加强，统计、科技、民族宗教、体育、史志、老龄、残联、红十字会、机关事务、档案、供销、保密、气象、检验检疫、防震减灾等工作取得新进步，工会、共青团、妇联等群团组织在经济社会发展中发挥了重要作用。

上述成绩的取得，是习近平新时代中国特色社会主义思想科学指引的结果，是省委、省政府、市委、市政府和县委正确领导的结果，是县人大、县政协监督支持的结果，是全县各级各部门、广大干部群众共同奋斗的结果。

在肯定成绩的同时，我们也要看到，当前我县县域经济壮大难、招商引资难，农业粗放、工业弱小、新型产业培育步履艰难的问题依然存在。在决战脱贫攻坚中，无论是贫困村还是非贫困村，面临的彻底解决基础设施建设、公共服务提升、基层组织服务能力建设的困难和任务，十分艰巨并迫在眉睫。行百里者半九十，打通脱贫攻坚中“最后一公里”面临的困难和矛盾更加艰巨。此外，政务服务、营商环境，以及干部的发展理念、创新意识、破解难题能力、工作作风同新时代的工作要求还存在差距，亟需优化提升。对此，在新的一年里，我们要有一个清醒的认识，将准确把握新时代新要求，牢固树立以人民为中心的发展观，本着对人民高度负责的态度，采取更加务实有力的举措，切实加以解决。

2018年，是全面贯彻落实党的十九大精神的开局之年，是我县打好脱贫攻坚战、实现贫困县摘帽的决战之年，也是决胜全面小康、实施“十三五”规划承上启下的关键一年。

做好今年的政府工作，意义重大，影响深远。我们将认真贯彻落实党的十九大精神，始终坚持党对经济工作的领导，践行“五大发展”理念，努力推动全县经济社会高质量发展。

全县经济社会发展的主要预期目标是：地区生产总值增长6.5%；第三产业增加值增长7.5%；规模以上工业增加值增长7%；固定资产投资增长10%；社会消费品零售总额增长7%；公共财政预算收入增长4.26%；城乡常住居民人均可支配收入分别增长6.5%和7%左右；居民消费价格指数控制在3%以内。安全生产、环境保护、节能减排等约束性指标完成省市下达目标任务。脱贫攻坚年底达到贫困县退出的标准要求，全县实现整体摘帽目标。

围绕上述目标，按照县委十四届四次全会暨经济工作会议确定的工作思路，突出“贫困县摘帽、壮大县域经济”两大重点，着力抓好以下七个方面的工作：

一、突出精准抓脱贫，确保实现整体脱贫摘帽

牢固树立军令状意识，立志苦干一整年，打好脱贫攻坚战，贯彻精准方略，坚持现行标准，不掉一村、不漏一户、不落一人、全面覆盖，年内确保1.1万名贫困人口、39个贫困村退出，实现脱贫摘帽目标。

（一）加大资金投入，强化产业脱贫。整合各类项目资金，扎实推进“一人一亩杏、增收能致富”“一户一栋棚、脱贫拔穷根”的扶贫措施。扩建或新建10个设施蔬菜园区，新发展移动大棚4000栋，建设5个千亩规模的杏果产业园，建设2个2000亩规模的黄花产业园，建设6个千亩规模的中草药产业基地，覆盖建档立卡贫困户9200户，使有劳动能力的贫困户都有1—2项脱贫产业。新建30兆瓦光伏扶贫地面电站和15.4兆瓦光伏扶贫村级电站，4月初开工，6月底建成并网，实现118个贫困村光伏扶贫全覆盖。在全面实施特色扶贫产业到户到人项目和其他各类扶贫项目的过程中，要强化扶贫资金监管，健全公告公示制度，各类扶贫资金的分配结果一律公开，乡、村两级扶贫项目安排和资金使用情况一律公告公示，接受群众和社会监督，做到阳光扶贫、廉洁扶贫。

（二）坚持精准施策，完成易地搬迁。一期工程6月底完成全部工程搬迁入住。二期工程10月底完成全部工程分房到人，11月底搬迁入住。按规定完成旧房拆除、整村复垦。统筹做好2527户贫困户的危房、土窑洞改造。全面铺开72个整体搬迁自然村的旧宅基地拆除复垦工作。

（三）扶持创业创新，促进就业脱贫。筹资1500万元，出台财政奖补政策，对自主脱贫的贫困户进行激励奖补，激发贫困户脱贫内生动力。建设扶贫产业园，促进贫困劳动力向非农产业转移，增加贫困户资产性收入。通过专业合作社造林、生态保护、退耕还林、干果经济林提质增效、林业产业“五个一批”的办法，继续做好林业生态扶贫。充分利用现有教育培训资源，广泛开展新型农技、务工技能、家庭手工等培训，加大劳务输出力度，公益岗位优先安排贫困户，切实增加贫困群众的工资性、财产性、经营性收入，努力实现户户有增收项目、人人有脱贫门路。

（四）落实兜底政策，织密保障网络。坚持扶贫与扶志、扶智相结合，全面落实教育扶贫资助政策，确保建档立卡贫困家庭子女顺利完成各学段学业。加大健康扶贫政策宣传力度，继续落实“三保险、三救助”政策，最大限度解决群众支出型贫困难题。围绕确保“两不愁、三保障”和提高“三率一度”，扎实开展脱贫攻坚“回头看”行动，找差距、补短板，全面改善村容村貌、户容户貌、精神面貌。

二、突出落地抓项目，全力壮大县域经济实力

以当好能源革命、对外开放“两个尖兵”为引领，落实全省“转型项目建设年”重大部署，推动一二三产业协同发展融合发展。

（一）全面实施工业振兴战略。牢固树立“工业立县、工业强县”发展理念，加大对现有规上企业的技改挖潜力度，鼓励引导和支持金源新材料、晨昀碳素、通泰橡胶、好医生药业、国润制药5家企业实施技改增产降耗，增品种、提品质、创品牌，力争年内5家企业销售收入均达到亿元以上。支持山纳公司实施脱瓶颈改造和新上防水材料项目，年内投产达效，力促山纳公司年内销售收入达到10亿元。

加大“小升规、个转企”培育力度，关心成长型企业发展，年内净增5家规模以上企业。今年，县财政将对财政贡献率大的现有规模以上企业及新入规的工业企业，加大政策性奖补力度。

（二）打造现代特色农业。以农业供给侧结构性改革为抓手，努力把原有的农业特色支柱产业做精做强。继续调整农业产业结构，划定特色农产品功能区和粮食生产功能区，鼓励青贮玉米、水果玉米、糯玉米种植，规划建设旱作农业示范基地5000亩，发展设施蔬菜大棚5000亩，优质杂粮1万亩，马铃薯种薯扩繁1万亩，胡萝卜4500亩，杏树1.5万亩，黄花、中药材5000亩，林下经济2万亩。加强“三品一标”认证工作，着力打造阳高大接杏、阳高京杏、阳高草莓、鳌石黑李、尉家小堡葡萄、大白登黄瓜、长城马铃薯、下深井糕面、黄彦沟羊肉、神泉堡驴肉等一批优势品牌。以绿色为基调，创建绿色蔬菜园区和农业科技园区。探索实施县域品牌和企业品牌“双品牌”战略，对企业申报品牌给予财政奖补。

（三）培育康养旅游支柱产业。按照“旅游+康养”“康养+旅游”的思路，本着“养心、养生、养老、宜居、宜养、宜游”一体化、特色化的发展方向，加快规划、培育和建设步伐。年内在产业规划、产业融合和康养产品培育上加大力度。要进一步发挥特色农业、功能食品、自然景观、文物古迹和阳高二人台等非物质文化的资源优势，推动康养旅游产业与相关产业融合发展。紧紧依托相关产业和优势，培育和发展我们的康养旅游产业。通过政府推动、政策引导，鼓励现有的温泉、农家乐增加康养内容，开发特色康养产品，努力构建集养老、休闲、旅游、康复、保健、文化、服务为一体的康养旅游产业体系。在温泉核心区高起点谋划2平方公里的康养温泉小镇，成为支柱产业的核心。完成通用机场项目前期手续办理，新建王官屯中心敬老院和5个农村老年人日间照料中心，继续办好“杏花文化旅游节”，打造“采摘节”，进一步唱响阳高“长寿之县，养生福地”的品牌，力争到2020年把康养旅游产业培育成为全县的支柱产业。

（四）开展转型项目建设年活动。积极争取并用好全市的县域经济发展专项资金，加快项目建设投产，全年转型项目投资完成额占固定资产投资的比重达到60%。力促同煤热电项目投产，确保正大集团新型农牧产业综合开发一期项目年内建成投产，确保国腾公司生物有机肥项目、阳和药业一期项目、普源公司废旧机油回收再利用项目、华润长城风电三期项目、国电下深井风电一期项目等5个项目4月份开工、年底建成投产。力促国家农村产业融合发展示范园项目中杏韵小镇、设施蔬菜产业示范园区建设工程4月份开工。继续推进采凉山文冠果种植全产业链项目。此外，要加快已签约的雄安新区产业转移项目、大同富乔垃圾发电循环经济项目、国电下深井风电二期项目、北京草原鑫茂农牧业肉羊养殖屠宰产业化项目、河北巨神泵业水泵生产项目等5个项目年内落地建成。

三、突出服务抓招商，努力打造“六最”营商环境

坚持目标导向，以完善园区平台促开放，以招商引资引智促发展，进一步优化发展环境。

（一）筑巢引凤，完善园区整体功能。继续加快园区基础设施建设，全力引资建设园区污水处理厂，推进华润天然气到厂、高压线和供水管网建设工程，确保企业建到哪里，水、电、气、道路和绿化就跟进配套到哪里。主动对标转型综改，把工业园区建成转型发展的主战场，建成招商引资、招才引智的大平台。完善优化园区的总体规划和详细规划，力争把龙泉工业园区创建为省级经济技术开发区。

（二）创优环境，推行企业投资项目无审批承诺制。建立政府靠前服务、企业信用承诺、事中事后监管模式，推行“五统一”，即统一清单告知，统一平台办理，统一流程再造，统一多图联审，统一收费管理，能审验的决不审批，能后置的决不前置，能并联的决不串联。继续深化“放管服效”改革，着力打造审批最少、流程最优、体制最顺、机制最活、效率最高、服务最好的“六最”营商环境。

（三）亲商安商，提供周到满意服务。兑现优惠政策，确保已出台的招商引资、税收、地价、企业上市、入规、技术改造、品牌创新、人才引进和吸引就业等9条优惠政策落到实处。加大园区土地储备力度，实行“租让结合”“先租后让”的工业用地供应政策，入园项目“熟地”供应，确保签约项目快速落地。实行项目前期代办式服务，在龙泉工业园区设立招商办公室，由项目代办员负责对接各业务部门，一周内办结必办手续。创新招商机制，要形成全民招商的格局，强化部门招商的责任，落实领导干部招商的任务，一个项目、一个包联领导、一个责任部门，进工地、到一线、解难题，全力保障重点工程、重点项目建设无障碍。

四、突出基础补短板，加快实施乡村振兴战略

坚持“三农”重中之重地位，突出“产业兴旺、生态宜居、乡风文明、治理有效、生活富裕”的总要求，推进城乡一体化发展。

（一）夯实农业发展基础。实施京津风沙源水源工程，新增水浇地6000亩。积极争取资金，实施高效节水灌溉9000亩。争取资金3600万元，在桑干河两岸的5个乡镇发展节水喷灌两万亩。完成王官屯镇、下深井乡2个乡镇1.4万亩高标准农田建设项目。全面完成堡子湾水库建设工程，推进守口堡水库建设，加快农业机械化和农机装备产业转型升级步伐。

（二）壮大特色龙头企业。培育并扶持杏果、小杂粮、牛羊肉、脱水蔬菜等4个有承载能力的农产品深加工企业，力争年内销售收入达到2000万元以上。包装培育并扶持1个优势农副产品特色企业，力争年内销售收入达到亿元。整合现有松散型农副产品深加工营销渠道，扶持电商营销发展壮大。

（三）激发农村发展活力。深入推进农村土地“三权分置”改革，在完成土地承包经营权确权登记颁证扫尾工作的基础上，年内全面完成农村集体经济产权制度改革试点县工作任务。鼓励农户将土地承包经营权通过入股、出租、互换等方式，实现土地规模流转和规模经营。培育壮大

特载

新型农业经营主体，新发展农民专业合作社示范社50家，创建省级示范社3家、市级示范社5家。加大科技兴农力度，鼓励科技人员带项目、带技术、带成果开展“一对一”科技帮扶，培训科技实用人才200人，培育科技示范户100户、示范村20个。

（四）完成贫困村提质改造。县财政在预算安排时，压缩了一大批支出，挤出1个亿，下一步还将通过向上级争取、向银行申请贷款等多种途径，再筹措2个亿，用于农村提质改造。年内要在完善农村公共基础服务、壮大村集体经济实力的基础上，对所有贫困村和不达验收标准的非贫困村，按照“因地制宜，一村一策，补短板，强弱项，保基本”的原则，全面完善“水、电、路、网、房”等公共基础设施，重点实施水质达标和饮水安全改造、电网配套、污水管网改造、通村公路硬化、网络覆盖和电商扶贫、危房改造和土窑洞户土坯房改造、村级卫生室建设、农村日间照料中心建设、村庄绿化、环境综合整治等10项提质改造工程。要把完成贫困村提质改造与拆除残垣断壁、违章建筑结合起来，与拆除不安全的、闲置的土窑洞土坯房结合起来，与土地腾退复垦结合起来，加大整治力度，动员村民不等不靠、自愿投工出力，主动参与乡村整治，为群众创造舒适安全、干净整洁的生活环境。今年，每个乡镇至少要高标准树立1个乡村整治的样板村。

五、突出持续抓生态，坚决打好污染防治攻坚战

牢固树立“绿水青山就是金山银山”的理念，加大环境执法力度，认真落实中央、省委环保督查反馈意见整改，全面开展全国第二次污染源普查，为建设美丽阳高提供保障。

（一）开展水环境保护行动，建设“阳高清”。编制水网建设规划，严守水资源开发利用、用水效率、水功能区限制纳污“三条红线”。加大河道巡查力度，保持河道清洁，全力提升河道水质，严格落实河长制。完成白登河湿地净化工程。全面落实禁养区禁养限养，4月底关闭搬迁顺鑫猪场大白登养殖区。

（二）开展大气污染防治行动，保住“阳高蓝”。持续整治“散乱污”企业，加大老旧机动车淘汰力度，加强建筑工地扬尘控制，开展餐饮油烟污染整治，完善禁止焚烧垃圾和秸秆的管控机制，关闭供热公司4台锅炉。推进“煤改气”“煤改电”工程，持续改善空气环境质量。

（三）开展国土绿化行动，厚植“阳高绿”。完成京津风沙源治理工程1.7万亩，在10个千人以上的村庄实施绿化工程。加大城乡垃圾收运无害化处理力度。认真落实“土十条”，积极开展土壤污染防治工作。配合省、市有关部门完成生态保护红线划定工作。

六、突出共享抓民生，让发展的成果更多更好地惠及阳高人民

增进民生福祉是发展的根本目的。我们要始终坚持以人民为中心的发展思想，大力实施民生福祉普惠工程。

（一）统筹推进县城建设。今年，县财政投资的重点将放在解决城乡发展不均衡的问题上。县城建设的重心将放在补短板、强管理、促提升上。年内完成《县城控制性详规》全覆盖，实施暄阳街东延雨水管网、同煤热电厂至县城供热管网建设等与民生密切相关的工程。抓好公租房建设和分配工作，稳妥有序推进云林寺周边棚户区改造。进一步巩固环卫市场化改革成效，推进城市管理综合行政执法体制改革。积极开展省级文明、平安、食品安全、环保、园林、卫生、双拥县城创建工作，逐步提升整体文明素质，塑造对外良好形象。

（二）抓好重点民生事业。全面完成义务教育“改薄”工程，巩固义务教育均衡成果，促进义务教育基本均衡向优质均衡发展。优化学校布局，统筹推进县域内义务教育一体化改革发展。全面实施素质教育，推动学前教育、义务教育、高中教育、职业教育协调发展。县财政拿出600万元，设立班主任津贴、爱岗敬业津贴、校长基金，稳步提高我县教育质量和教育水平。招聘一批医疗卫生专业技术人才，继续引深医疗体制改革、县级公立医院综合改革，完善县乡医疗机构一体化改革信息化建设，实现标准化村卫生室建设全覆盖，中医妇幼医院综合楼主体工程完工。落实医疗、医药、医保各项政策，努力解决“看病难、看病贵”问题。进一步完善县、乡、村三级就业服务网络，切实加强职介工作，扩大城乡就业，鼓励外出务工人员返乡创业。规范项目单位农民工工资专户支付，切实维护农民工权益。关心关注困难下岗职工的生产生活问题。加强食品监管，创建“省级食品安全示范县”。落实高龄老人、失能老人、残疾人的生活补贴政策。继续实施文化惠民工程，加强文化市场监管，不断满足人民群众日益增长的文化需求。

（三）全力维护社会稳定。坚持党政同责，加强安全隐患排查整治，严格落实挂牌责任制和企业主体责任制，坚决杜绝重特大事故，努力减少一般性事故。深化平安阳高建设，健全人民调解、行政调解、司法调解“三调联动”和排查、化解、稳控、处置“四位一体”机制。加强社会矛盾纠纷预防和排查化解，解决好群众合理诉求。加强社会治安防控体系建设，开展扫黑除恶专项斗争，严厉打击违法犯罪活动，努力营造和谐稳定、安居乐业的社会环境。

（四）精心办好惠民实事。人民对美好生活的向往就是我们的奋斗目标。今年，县政府郑重承诺，为全县人民办好10件实事。一是实施“四好农村路”建设，年内完成窄路基拓宽改造120公里，实现所有建制村都能通公路、通客车。二是实施66个村的饮水安全工程，实现所有行政村饮水安全目标；实施县城自来水管网改造工程，县城居民饮水标准达到规定要求。三是完成污水厂扩容改造工程，提高县城污水处理能力。四是新建1所九年一贯制义务教育学校，新建4所农村幼儿园。五是新建1个集劳动技能培训、职工教育、演艺、会议报告厅于一体的综合大楼，配套建设足球场和社区全民健身中心。六是硬化县城小街小巷1万平方米，新增5所水冲式厕所。七是实施孝老敬老工程，为90岁以上老人每人每月发放100元的高龄津贴，为百岁以上老人每人每月发放300元的长寿补助，出台全县70岁以上老人免费乘车、就医等优待政策。八是实施全民技能提升工程，培训农民4000人，培训下岗职工500人。九是进一步扩大残疾预防重点干预和残疾儿童抢救性康复项目实施规模。十是将免费“两癌”检查服务由建档立卡农村妇女扩大到全部农村妇女，继续为怀孕妇女提供免费产前筛查与诊断服务。

七、突出高效抓落实，全面加强政府自身建设

新时代新使命对政府自身建设提出新的更高要求。面对改革发展的艰巨任务，我们将以政治建设为统领，努力建设人民满意的服务型政府。

（一）加强党的建设。树牢“四个意识”，坚定“四个自信”，始终把握“加强党的全面领导”这个首要任务，认真落实全面从严治党主体责任和“一岗双责”，切实抓好“三基”建设，加强政府系统的基层党组织建设，把全面从严治党要求落实到从严治政之中。深入推进“两学一做”学习教育常态化制度化，扎实开展“不忘初心、牢记使命”主题教育，守公德，严私德，努力造就信念过硬、政治过硬、责任过硬、能力过硬、作风过硬的干部队伍。

（二）坚持依法行政。深入推进“法治政府”建设，对宪法法律始终保持敬畏之心，严格依照法定权限、规则、程序行使权力履行职责。严格执行人大及其常委会的决议决定，认真办理人大代表建议议案、政协委员提案，主动接受人大的法律监督和工作监督、政协的民主监督、司法监督、群众监督和舆论监督，及时将合理意见纳入政府决策，不断提升公众参与度和满意度。按照上级部署，做好政府机构改革工作，继续推进综合行政执法体制改革。严格落实“谁执法谁普法”责任制，发挥好政府法律顾问作用，规范公正文明执法。开展第四次经济普查和非公有制经济统计调查。

（三）强化责任担当。大兴学习之风、调查研究之风、干事创业之风，进一步磨炼抓落实的过硬作风，鼓足真抓的干劲，使足敢抓的狠劲，用好善抓的巧劲，保持常抓的韧劲，全面深化、拓展和延伸“13710”信息化督办制度，及时跟踪督办重大决策、重点项目、重点工作，以激励促落实，以问责求实效，推动政府系统形成越是艰巨的任务越主动请战、越是困难的事情越要干出业绩的良好风气，汇聚担当尽责、干事创业的正能量。

（四）持廉洁本色。牢固确立“大道之行，天下为公”的思想，深入推进政府系统党风廉政建设和反腐败斗争，严格落实中央八项规定实施细则，驰而不息纠正“四风”。全面推进政务公开，着力防范化解政府债务和金融风险，强化财政支出、工程建设、公共资源交易等重点领域和重要环节的监管，加强审计监督和巡视巡察结果运用，切实扎牢制度笼子。过紧日子，压减公用经费保脱贫，严控“三公”经费支出，完善厉行节约长效机制，以清正廉洁的良好形象促进发展、取信于民。

阳高县人民代表大会常务委员会工作（节选）

——在阳高县第十七届人民代表大会第三次会议上

李晓红

（2018年3月22日）

一年来，县人大常委会在县委的坚强领导下，以习近平新时代中国特色社会主义思想为指引，深入学习贯彻党的十九大精神和习近平总书记视察山西重要讲话精神，坚持党的领导、人民当家作主、依法治国有机统一，紧紧围绕县委“356”发展思路，依法行使职权，有力发挥作用，扎实开展各项工作。共召开县人大常委会会议9次，主任会议14次，听取和审议“一府两院”专项工作报告12项，开展视察调研17次、执法检查2次、专题询问2次，做出重大决定决议6项，任免国家机关工作人员21人，罢免县人大代表职务1人。较好地完成了各项目标任务，为促进全县经济社会平稳健康发展做出了积极贡献。

一、增强“四种意识”，依法履职助推经济发展

一年来，县人大常委会进一步增强政治意识、大局意识、核心意识、看齐意识，围绕“五型阳高”发展理念，注重统筹谋划、部署和推进人大工作，确保中央大政方针和省、市、县委重大决策部署在人大工作中得到全面贯彻执行。

一是保持正确工作方向，旗帜鲜明讲政治。过去一年，常委会加强思想政治建设，切实把讲政治的要求落到实处，严守政治纪律和政治规矩，推进“两学一做”学习教育常态化、制度化，认真贯彻落实中央八项规定实施细则和省市县委有关规定，始终在思想上政治上行动上同以习近平同志为核心的党中央保持高度一致；认真学习贯彻党的十九大精神，坚持用习近平新时代中国特色社会主义思想武装头脑、指导实践、推动工作，确保人大工作正确的政治方向。严格履行政治责任，加强常委会党组班子建设，坚持民主集中制，提高议事决策水平；健全请示报告制度，凡重点工作、重要事项及时向县委请示报告，保证人大各项工作与县委决策部署同频共振、同向发力。

二是围绕经济健康运行，依法监督促规范。按照《预算法》要求，重点对全县财政预算调整情况开展专项视察，两次听取和审议县政府提出的关于对本级财政预算进行调整的请示报告，同意对2017年县本级收支预算进行调整，并及时做出决议；常委会听取审议2016年度全县审计工作、全县工业经济运行、县城重点项目建设和工程质量的情况报告。视察调研了正大集团100万头生猪养殖项目、光伏发电和易地扶贫搬迁项目进展情况，建议政府通过现有项目打造富有阳高特色的农牧业发展模式，真正实现产业富民、产业强县。去年12月份，常委会对全县文化旅游工作进行专题询问，认真细致为旅游发展“把脉问诊”，找准制约旅游发展的瓶颈和症结，分析问题原因，提出解决办法，进一步促进了我县文化旅游产业健康有序发展。

三是立足人大自身职能，助力脱贫勇担当。常委会牢牢把握县情，以脱贫工作统揽全局，带领机关干部和广大代表积极投身脱贫攻坚主战场。

视察调研献计脱贫。常委会听取和审议了关于全县产业扶贫和易地扶贫搬迁工作情况的报告，制定了《县人大常委会关于对扶贫工作的监督方案》，人大扶贫调研指导组多次开展扶贫专题调研，形成并提交调研报告10余篇。

帮扶联系带动脱贫。常委会领导分别联系2至3个重点贫困村，机关7名党员干部结对帮扶两个贫困村19户贫困户，3名机关干部组建了驻村帮扶工作队，派驻两名“第一书记”扎根群众，帮扶村的基础设施、富民产业和群众的生产生活条件都大有改善，有效加快了贫困户脱贫致富的步伐。

刚性监督提升脱贫。去年11月份，常委会集中对全县脱贫攻坚“八大工程”24项行动进行视察调研，对14家县直单位的扶贫工作开展专题询问，共有21名代表提出28个问题，共同查找出我县脱贫攻坚存在的困难和制约因素，进一步增强脱贫攻坚工作的责任感和使命感，确保我县坚决打赢脱贫攻坚战。

代表联动助推脱贫。去年10月份，组织市、县、乡三级人大代表对全县脱贫攻坚工作进行调研和督查；年前，常委会又出台《阳高县人大常委会关于开展市、县、乡三级人大代表“下基层、转作风、促脱贫”主题活动的实施方案》，组织我县各级代表充分发挥代表主体作用和联系群众的桥梁纽带作用，利用行业优势，为脱贫攻坚献计出力。

此外，常委会对县监察委员会的组成人员进行依法选举和任命，有效保障了我县监察体制改革的顺利推进。

二、突出以民为本，继续完善监督方式方法

常委会顺应人民群众对美好生活的新期盼，围绕热点难点问题，积极回应社会关切，切实增强监督实效，积极支持民生改善，有力保障了全县社会和谐稳定。

一是推进民生改善。常委会组成人员对全县的教育卫生、城市管理等群众关心的难点热点问题加大监督力度。

加强教育工作监督。去年6月份，常委会组成人员对全县教育系统校车安全管理工作进行了调研视察，第六次常委会听取审议了关于全县校车安全管理情况的报告，督促县政府按照山西省《校车安全管理条例》的要求，完善校车登记报备、驾驶员上岗培训、定期保养和安全检测等制度，加强对学校周边交通安全管理，对沿线路况进行定期监测，发现问题及时修补，消除隐患；去年12月份，常委会组成人员对全县中等职业技术学校教育情况进行视察调研，建议县政府创新完善职业技术教育办学体制，以市场需求为导向、以促进就业为目标，提升就业创业能力，学校要在产教融合和校企合作等方面作为突破口，为我县经济社会发展提供更加有力的人才支撑和技术支持。

加强医疗卫生监督。去年10月份，常委会组成人员对我县农村医疗卫生现状、深化医疗卫生体制改革情况进行视察调研。督促政府把卫生工作和脱贫攻坚紧密结合起来，加强基层卫生机构的基础建设，破解制约基层卫生建设的难题。建议县政府要形成支撑乡村卫生的制度性安排，加强制度性保障，简化服务程序，提高服务质量，全力做好公共医疗卫生服务工作。

加强城市管理监督。组织代表对全县城市管理工作进行视察调研，第十一次常委会听取了县政府关于县城环卫市场化运营政府购买服务情况的报告，建议政府加大资源整合力度，积极推广政府购买公共服务模式，建立权责明确、协调统一、科学高效的工作格局，同时要加大依法治理力度，坚守法治思维和法治方式，全面提升县城管理工作水平；此外，常委会组成人员还对全县公共卫生安全和饮用水安全进行监督检查，并现场提出整改意见。

二是推进绿色发展。常委会牢固树立社会主义生态文明观，始终将推进绿色发展作为依法履职的一项重要内容，积极主动作为，守护阳高的绿水青山。第六次常委会听取审议了2016年度全县环境状况和环保目标完成情况的报告。去年11月份，常委会组织市、县、乡三级人大代表对全县城乡“煤改电”试点工作和部分企业的锅炉“煤改气”工作进行视察调研，对山纳橡胶公司和县污水处理厂污水处理系统提标扩容进行检查，建议相关部门加大落实《环境保护法》的力度，企业要严格遵守环保法律法规，诚实守法经营，确保全县环境质量持续改善，为建设“和谐宜居”阳高打造生态优势。

三是推进法律监督。常委会始终把配合省市人大的执法检查和立法调研作为自身工作的重点。去年以来，配合省人大常委会就涉法涉诉信访工作、推进法治建设服务转型发展开展视察调研；配合市人大常委会开展了三级代表联动助推精准扶贫的监督和调研。常委会组成人员对全县的科技项目资金使用状况、县人民法院多元化解矛盾纠纷开展情况、“人大代表之家”运行等情况开展了视察调研和执法检查，督促相关部门着力推动解决检查中发现的问题，有效促进依法行政、公正司法。常委会还认真办理群众来信来访，加强对重要信访件转办督办，保障人民群众合法权益，维护社会和谐稳定。

三、发挥代表作用，不断汇集为民代言力量

常委会牢固树立代表主体意识，不断完善服务保障机制，创新工作载体和形式，代表工作取得了长足进展。

一是夯实代表履职平台。常委会认真学习贯彻落实省市委“县乡人大工作”会议精神及市委县委的安排部署，结合人大实际，及时提出贯彻实施的具体方案，在人员编制和经费预算方面均达到上级要求；常委会先后组织乡镇人大主席和省市县三级代表参加市县组织的履职培训、业务学习和视察调研等活动，平时为乡镇和代表订阅人大文件、刊物杂志等学习资料，动员各级人大代表积极关注市人大微信公众号，拓宽代表的知情知政渠道；筹备的人大门户网站目前已经全面开通，标志着我县人大对外宣传工作步入网络信息化时代。此外，今年3月初，常委会组织省市县乡人大代表为我县“乡贤基金”现场募捐56万元，代表们用实际行动践行着代表职责，用责任担当诠释着代表风采。

二是增强代表活动实效。在全县组建“代表之家”和代表活动小组等履职平台21个。集中开展常委会组成人员联系县代表和县代表联系选民活动，市县乡代表向选区选民进行述职并接受评议。第八次常委会听取了县人民政府关于对2016年代表建议意见跟踪督办情况和2017年代表建议意见办理进展情况的报告。截至目前，县十七届人大二次会议期间收到的50件代表建议意见全部办结，办理速度和质量进一步提高。

三是提高服务保障水平。按照县委的统一部署，常委会党组和机关深入开展“两学一做”常态化制度化学习教育，进一步增强牢固树立“四个意识”的自觉性、主动性和坚定性。按照市委巡查组的巡查反馈意见，及时修订了常委会2017年工作要点，并按时做好其他整改工作。常委会认真贯彻从严治党要求，严格落实“两个责任”，认真履行“一岗双责”，持之以恒反“四风”。详细制定并认真落实好人大党组主体责任清单、廉政建设主体责任清单和第一责任人责任清单，强化人大干部的廉洁从政意识，保证党的政治规矩和政治纪律在班子中有力执行，从而保证人大各项工作的高质量落实。

常委会工作虽取得了一点成绩，但同时我们也清醒地认识到，这与宪法和法律赋予的职责、与人民群众的期待相比，还存在一定的差距：一是回应社会关切，在增强监督工作刚性、督促审议意见落实、推动问题解决方面还需持续发力；二是回应代表履职需求，在加强服务保障、推动建议办理落实、更好发挥作用方面还需继续努力；三是应对新形势新问题，在法律素养、理论水平、依法行权能力方面还需不断提升。为此，常委会将积极采取措施、努力改进工作，更好地依法履职。

2018年是全面贯彻落实党的十九大精神的开局之年，也是我县深入推进“五型阳高”建设、决胜脱贫攻坚、推动转型崛起的关键之年。任务艰巨，使命荣光。今年工作的总体要求是：以习近平新时代中国特色社会主义思想为指引，全面贯彻落实党的十九大精神，深入学习贯彻习总书记视察山西重要讲话精神，认真落实省市人代会精神、县委十四届四次全会暨经济工作会议精神，坚持以脱贫攻坚统揽工作全局，紧紧围绕县委决策部署，不忘初心，牢记使命，依法行使职权，发挥代表作用，服务高质量发展，建成作风过硬、人民满意的权力机关、密切联系群众的代表机关，为我县决胜脱贫攻坚和全面建成小康社会做出更大贡献。按照这一总体要求，建议重点抓好以下工作：

一、增强监督实效，加快阳高发展步伐。

党的十九大报告要求，支持和保证人大依法行使法定职权。常委会将视使命为生命，以服务“356”发展思路和脱贫攻坚为重点开展监督，促进“一府一委两院”依法行政、依法监察、公正司法。

一是聚焦重点项目。采取依法审议、履职评议、深入调研等方式，对全县脱贫攻坚工作加强监督检查，对标贫困村、贫困户退出标准，继续加强县人大扶贫调研指导组对全县扶贫工作的调研指导，助力我县2018年整体脱贫摘帽；对全县环境状况和环境保护目标完成情况进行视察调研；对全县企业提质增效、特色农业、康养旅游产业和乡村振兴战略的实施情况进行视察调研，推动“一二三产”协同发展、融合发展。

二是助推转型升级。抓住“转型项目建设年”的机遇，围绕壮大我县实体经济和产业发展情况开展视察调研，听取招商引资和项目建设的专项报告，同时，常委会将坚持问题导向，加强对相关法律法规实施情况的监督，全力助推我县加快形成经济转型发展新格局，在建设“五型阳高”中争当“两个尖兵”。

三是关注民生实事。继续将保障改善民生作为人大工作的出发点和落脚点，不断加强民生工作监督，专项听取城乡卫生服务、食品安全、大病救助、社会保障体系建设、保障性住房等情况的报告，对民政部门的城乡低保工作开展专题询问；完成人大预算联网监督的前期规划和硬件配套工作；常委会还将对县监察委员会依法开展监督；加强规范性文件备案审查，增强备案审查实效。

此外，常委会将紧紧围绕党委的工作中心、经济建设的重大事项、人民群众关注的热点问题，广泛调研论证，遵循法定性、全局性、民主性和可行性原则，依法行使好重大事项决定权；继续坚持党管干部和人大任免相统一的原则，依法行使好人事任免权。

二、拓展监督方式，增强代表工作活力。

党的十九大报告要求，更好地发挥人大代表作用，使各级人大及其常委会成为同人民群众保持密切联系的代表机关。常委会将加大力度，依法保障代表权利，支持代表充分履职，发挥代表主体作用。

一是加大“双联”工作力度。健全常委会组成人员联系县人大代表制度，推进县人大代表向原选举单位述职工作，密切县人大代表与原选举单位和人民群众的联系，对代表和群众提出的问题认真督办，及时反馈。将“双联”工作和市县乡三级代表联动助推脱贫攻坚有效结合起来，以选区为单位，把代表与贫困村和扶贫项目捆绑起来，做好帮扶联系工作，紧扣脱贫重点、脱贫实效和脱贫责任开展监督，常委会机关干部、广大代表将同贫困群众一道苦干一整年，打赢阳高脱贫攻坚战。组织乡贤代表继续发挥好示范引领和联系人民群众主体作用。加强对县人大代表的履职考核管理，探索建立动态管理机制，督促代表认真履行义务。

二是丰富代表活动内容。组织代表开展有针对性的学习培训活动，提升履职能力；结合代表职业特点、业务专长，邀请更多代表列席常委会会议，参与视察调研、执法检查、专题询问和工作评议等活动；加强人大新闻宣传平台建设，着力宣传代表履职情况，尤其要聚焦和推介代表在助力脱贫攻坚方面的先进典型；建立建议办理结转机制，对没有办结的建议，转入下一年度继续办理，加强跟踪督办，直至办结，让每一件建议都能办出实效。

三、提升监督水平，强化自身队伍建设。

党的十九大报告要求，使各级人大及其常委会成为全面担负起宪法法律赋予各项职责的工作机关。常委会将努力加强自身队伍建设，切实提升工作水平。

一是增强与时俱进的学习力。把学习贯彻十九大精神和习近平新时代中国特色社会主义思想作为加强自身建设的重要工作。深入推进“两学一做”学习教育常态化制度化，结合“不忘初心、牢记使命”主题教育，按照增强“八种能力”的要求，加强政治理论和业务知识的学习，进一步提高人大机关干部的业务素质、工作水平和创新能力，坚决保证党委的决策部署在人大工作中得到全面贯彻和有效执行。

二是练好调查研究的基本功。建立常态化调研机制，组织常委会机关干部深入基层、深入群众，真心实意地察民情、知民意、聚民智，切实增强所提建议的针对性和可操作性。在此基础上不断改进执法检查、专题询问、听取审议专项报告等监督方式，开展满意度测评，跟踪问效，一抓到底，切实发挥人大在推动发展、保障民生、促进法治等方面的积极作用。

三是注重作风建设的长期性。始终牢记“作风建设永远在路上”，坚持全面从严治党，加强常委会党的工作和建设，驰而不息反“四风”，严格执行党风廉政建设责任制，严肃党内政治生活，严明党的纪律规矩，提升机关干部和广大代表的政治素养，引导机关干部和广大代表忠诚、干净、规范履职。

关于阳高县2017年国民经济和社会发展计划执行情况与2018年国民经济和社会发展计划的报告（节选）

——在阳高县第十七届人民代表大会第三次会议上

祁金林

（2018年3月21日）

一、2017年全县国民经济和社会发展计划执行情况

2017年，是阳高发展进程中极不平常的一年，是奋力实现“十三五”规划的一年。在县委、县政府的正确领导下，全县上下按照“356”发展思路，以脱贫攻坚为统领，突出改革创新、责任担当、真抓实干，扎实推进各项工作，全县经济平稳健康发展，社会大局和谐稳定，基本完成县十七届人大二次会议确定的各项目标任务。

（一）经济平稳健康运行。全年地区生产总值完成33.38亿元，比上年增长8.3%；第三产业增加值完成16亿元，增长11.5%；规模以上工业增加值完成4.48亿元，增长8.5%；公共财政预算收入完成12352万元，增长13.8%；固定资产投资完成33亿元，增长7%；社会消费品零售总额完成12.32亿元，增长7.5%；城镇常住居民人均可支20687元，增长6.9%。农村常住居民人均可支配收入完成7262元，增长7.9%，城镇登记失业率、居民消费价格涨幅、各项约束性指标均控制在预期目标以内。

（二）重点改革纵深推进。商事制度改革方面，推进“五证合一、一照一码”登记制度，并全部实现了全程电子化登记注册。取消、下放、清理规范了一批行政审批和中介服务事项，制定了项目并联审批意见，累计减少行政职权1192项，进驻政务大厅单位由原来的15家增加到25家，审批窗口受理事项办结率99.5%。

旅游体制机制改革方面，出台了《阳高县旅游景区（景点）体制机制改革创新工作推进方案》，成立了阳高县旅游发展委员会、阳高县文化旅游有限公司。

医药卫生体制改革方面，推进县乡医疗机构一体化改革，成立了县公立医院管理委员会，阳高县医疗集团正式挂牌运行。

县城环卫市场化改革方面，全力推动县城环卫市场化改革，增加环卫一线工人数量，添置环卫车辆、垃圾箱等设备，有效改善了

县城环境卫生质量，城市综合管理水平不断提高。

（三）脱贫攻坚再战再胜。全年共整合涉农资金2.9亿多元，实施了脱贫攻坚八大工程二十四项行动，全县15253名贫困人口顺利脱贫，42个贫困村整村退出。我县累计投入产业扶贫资金4532万元，建成日光温室135栋、塑料移动大棚1090栋，千吨马铃薯储藏窖和蔬菜恒温库、育苗基地各1处。6兆瓦的光伏扶贫村级电站项目并网发电，惠及60个贫困村、1200户贫困户；推进实施了易地扶贫搬迁工程，为3296户8030名贫困人口建成了移民住房并分房到户。

（四）农业供给侧结构性改革稳步推进。在种植业方面，出台了《阳高县2017年农业结构调整指导意见》和《振兴杂粮产业发展规划》，全县农作物总播种面积89.91万亩，杂粮种植面积达到25.88万亩，减少籽粒玉米种植面积13万亩，按照基地化的模式发展了小杂粮、杏果、寒富苹果、黄花等特色产业。在养殖业方面，正大集团100万头生猪全产业链养殖项目一期工程落地开工，新建改扩建标准化养殖小区23家，全县标准化规模养殖小区已达到95家。15个农产品通过了品牌认证。

（五）实体经济加速发展。项目建设不断推进。同煤热电项目建成试运行，晨昀碳素搬迁项目全面建成，国电下深井风电一期项目进展顺利，国腾生物有机肥项目、阳和药业项目、采凉山文冠果种植全产业链项目落地开工，农村产业融合发展示范园项目的征地、规划等基础性工作基本完成。

园区承载力不断提升。完善了园区道路、绿化及供气、供水等配套基础设施。入园企业预计完成工业增加值5.39亿元，销售收入17.72亿元，上缴税金9391万元，园区的服务能力和招商引资的吸引力得到了全面提升。

招商引资力度不断加大。利用国家重大建设项目库三年滚动投资计划，重点储备了绿色农业、新型工业、康养旅游、文化产业、商贸物流5大类36个招商引资项目，成功引进签约7个项目。第九次成为“全国最具投资潜力百强县”。

电商产业不断壮大。“乐村淘”“供销e家”“农芯乐”等电商平台发展不断壮大，拓宽了特色品牌农产品外销渠道，“乐村淘”“农芯乐”“供销e家”等农村电商体验店达到了139家，网上交易业务额完成600多万元。

民营经济不断发展。今年培育“小升规”企业5家，民营经济增加值占比提高4个百分点，中小微企业全年营业收入完成33.1亿元，同比增长4.77%。

（六）康养旅游产业日益壮大。德丰养生养老大健康项目落地开工，九龙温泉、玉安生态园改扩建项目已完工，佳峪生态园主体功能区已建成并试营业，开工建设了缘源文化生态园暨红楼梦文化产业园项目；

完成农村产业融合发展示范园总体规划并列入首批国家农业产业融合示范园创建名单；开展了我县知名景点列车冠名工作；举办了首届亚洲康养产业国际高峰论坛、杏花节、旅游发展大会暨守口堡明清一条街启动和古韵长城摄影节等系列活动。2017 年，全年共待海内外游客 230 万人次，同比增长 39.39%；完成旅游收入 16.5 亿元，同比增长 57.14%，全市排名第五。

（七）人居环境不断改善。加快县城扩规提质。县城北环路道路改造工程顺利完成，建成了阳和公园。大力实施旧城棚户区改造工作，拆除面积 2.2 万平方米。完成了 2016 年 8.2 万平方米棚户区改造项目主体工程建设，实施了 2017 年棚户区改造安置房工程。改造硬化县城小街小巷 1.5 万平方米，新安装太阳能路灯 1000 盏。开工建设了县城生活污水处理厂扩容提标工程。

加强农村环境整治。开展了白登河大白登段河道治理工程，硬化农村公路 69.86 公里，完成农村公路安全防护 48.9 公里，完成 47 个村的饮水安全提质和 2.6 万亩造林绿化等工程；积极开展农村环境集中整治行动，以治乱、治垃圾、治污水、治农业面源污染、治路、治本为重点，对农村环境进行了综合治理，乡村清洁常态化管理水平进一步提升。全县二级以上天气达到 300 天，生态环境进一步改善。

（八）民生保障持续加强。社会事业取得新进步。一是教育方面，积极推进“全面改薄”工作，进一步完善了图书、教学仪器等教育装备配置。狠抓教师队伍建设，39 名教师获评市级教学骨干，25 名教师获评市级学科带头人，并通过了全国教育均衡发展验收。二是医疗卫生方面，完成了县人民医院传染病区改扩建和 3 所乡镇卫生院改建工程，建成了 82 个贫困村标准化卫生室。新建了 8 个农村老年日间照料中心。城乡居民基本医疗保险整合工作圆满完成。免除了贫困产妇住院分娩费用，累计免除 26286 元。三是就业创业方面，免费培训各类人员 4606 人，转移农村劳动力 4438 人，城镇新增就业 1541 人。四是安全监管方面，进一步强化道路交通、建筑施工、工矿企业、森林防火、防汛、特种设备、危险化学品、易燃易爆物品和人员密集场所的安全管理。同时，全面加强食品药品监管。五是社会治理方面，积极排查化解各类矛盾纠纷，不断完善天眼工程和网格化管理，开展了冬季严打整治、夏季风暴、“迎接十九大、全警保平安”等专项行动，严厉打击“盗抢骗”“黄赌毒”等各类违法犯罪，营造了和谐稳定的社会环境。

在过去的一年里，我县经济社会各项工作都取得了一定成绩，但是，我们也清醒地认识到，全县经济社会还存在不少困难和问题。一是现代农业发展不够快，龙头企业少，农业产业链短、附加值低，现代农业的建设规模、推进速度、科技含量还需进一步提升。二是加快经济转型升级难度较大，科技型、支柱性产业项目数量占比很小；“小巨人”企业和高新技术产业增长缓慢，创新发展的新动能还没有形成，转型发展任重道远。三是贫困人口较多，脱贫任务很重，人口分布零散，脱贫难度大。四是融入雄安新区、京津冀、环渤海的工作需要不断加强，招商引资水平有待进一步提高，营商环境也有待进一步优化。五是社会治理能力尚需提高，一些改革部署和重大政策措施需要进一步落实。六是节能减排和环境保护任务较重，必须提供更多优质生态产品以满足人民日益增长的优美生态环境需要。这些都需要我们在今后的工作中不断加以解决和完善。

二、2018 年全县经济社会发展总体安排和主要任务

2018 年，是贯彻落实党的十九大精神的开局之年，是改革开放 40 周年，也是实施“十三五”规划承上启下的关键一年，更是我县打赢脱贫攻坚战的决胜之年。全县经济社会发展的总体要求是：

以习近平新时代中国特色社会主义思想为指引，全面贯彻落实党的十九大、中央经济工作会议和省、市委全会暨经济工作会议精神，坚持稳中求进工作总基调，坚持高质量发展理念，坚持以脱贫攻坚统揽经济社会发展全局，坚持党对经济工作的领导，统筹推进“五位一体”总体布局，协调推进“四个全面”战略布局，围绕市委“136”发展战略，深入践行“一个先行区”“两个尖兵”“三大振兴”新理念，不断完善和拓展“356”发展思路，奋力谱写“五型阳高”建设新篇章。

2018 年全县经济社会发展的主要目标是：

预期性指标：地区生产总值达到 35.55 亿元，增长 6.5%；第三产业增加值达到 17.2 亿元，增长 7.5%；规模以上工业增加值达到 4.79 亿元，增长 7%；固定资产投资达到 36.3 亿元，增长 10%；公共财政预算收入完成 12878 万元，增长 4.26%；社会消费品零售总额达到 13.18 亿元，增长 7%；城镇常住居民人均可支配收入达到 22032 元，增长 6.5%；农村常住居民人均可支配收入达到 7770 元，增长 7%。

约束性指标：城镇登记失业率控制在 4.2% 以内，万元 GDP 综合能耗降低 3.5%；安全生产、环境保护、污染物排放量等各项约束性指标，控制在省市规定的范围内。

实现以上目标，必须重点做好以下六个方面的工作：

（一）加快产业结构调整和转型升级，不断提高经济发展质量。

大力振兴工业经济。扎实推动转型项目建设年各项重点工作，深化龙泉工业园区“三化三制”改革，力争创建为省级经济技术开发区，进一步加强园区配套基础设施建设。抓住“一带一路”建设、京津冀协同发展、乌大张金三角合作等战略机遇，以及全省实行企业投资项目承诺制试点的契机，坚持引进来和走出去相结合，主动承接京津地区溢

出产业和雄安新区外迁企业。进一步简化审批、优化流程，打造“六最”营商环境，全面提升招商引资水平。大力发展新型工业。年内力争实现同煤热电项目投产，国腾20万吨生物有机肥、阳和药业一期、普源废旧机油回收再利用、华润长城风电三期、高昶3万千瓦光伏发电、古城镇15.4兆瓦农光互补扶贫产业园等项目建成投产，大同富乔垃圾焚烧发电、河北巨神水泵生产、承接雄安新区塑料制品产业园等3个项目开工建设；着力实施企业技术改造工程，支持山纳集团实施脱瓶颈技改项目，支持山西好医生药业完成生产线升级改造和成品库建设工程，支持山西国润药业公司完成生产线升级改造工程。大力实施“小升规”培育工程，年内计划发展5家企业，促进企业提质增效。

大力推进特色农业发展。深入推进农业供给侧结构性改革，积极引导农民适应市场需求合理调整种养业结构，适当调减籽粒玉米种植面积。年内建设旱作农业示范基地5000亩，发展设施蔬菜大棚5000亩，优质杂粮1万亩，马铃薯、胡萝卜1万亩，杏树1.5万亩，黄花、中药材5000亩，林下经济2万亩。加快推进北京草原鑫茂肉羊养殖屠宰产业化项目落地，农业产业融合发展示范园开工建设，正大集团生猪全产业链一期建成完工。继续加强“三品一标”认证工作，着力打造一批特色优势品牌。

大力培育康养旅游产业。着眼到2020年将康养旅游产业打造成为全县支柱产业，努力构建集养老、休闲、旅游、康复、保健、文化、服务为一体的康养旅游产业体系。力争突出践行全域理念。按照“旅游+”“+旅游”的思路，充分发挥我县自然景观、特色农业、功能食品、文物古迹等资源优势，扩大康养旅游产业规模，形成康养旅游产业独特优势。突出开发康养产品。着力加强旅游产品开发、食品功能挖掘和产业包装营销，打造一批康养产品品牌。突出完善康养服务。积极发展社会养老事业，规范现有养老机构，培养高素质从业人员，努力构建完善的养老服务体系。加快通用机场和九龙滑雪场2个项目的前期手续办理，力争年内开工建设。

（二）深入推进精准扶贫精准脱贫，全面打赢脱贫攻坚硬仗。今年实现全县剩余的1.01万名贫困人口、39个贫困村全部退出，贫困县整体摘帽。在产业扶贫上，按照“一村一品一主体”要求，大力发展设施蔬菜、杏果、黄花、中草药等特色产业，30兆瓦地面扶贫电站、15.4兆瓦光伏扶贫村级电站年内实现并网发电；在易地扶贫搬迁上，年内完成两期工程建设，配套基础设施和公共服务，实现搬迁户全部入住；在贫困村提升上，按照“缺什么、补什么”的原则，重点实施电网升级改造、水质处理、饮水安全巩固提升、水源和管网建设、网络覆盖提升、农村标准化卫生室全覆盖、“四好农村路”、电商扶贫、农村日间照料中心建设、村庄绿化等工程，开展贫困村内道路等基础设施建设、危房改造和环境卫生整治等工作，全面

特载

改善群众生产生活条件。同步落实好教育、健康等各项兜底政策。

（三）深化关键领域和重点环节改革，不断增强发展活力。一是落实企业投资项目承诺制试点工作。按照政府靠前服务、企业信用承诺的方式，进一步简化审批、优化流程，推行统一清单告知，统一平台办理，统一流程再造，统一多图联审，统一收费管理的“五统一”机制，营造项目建设良好环境。二是深化“三农”领域改革。推进农村土地“三权分置”改革，完成土地承包经营权确权登记颁证工作。全面完成集体经济产权制度改革试点工作。三是深化龙泉工业园区“三化三制”改革。按照“整合改制扩区调规”的思想，坚持“两离两合”的原则，加快建立专业化、市场化、国际化的开发区管理运行机制和领导班子任期制、全员岗位聘任制、绩效工资制等制度。

（四）实施乡村振兴战略，推进城乡一体化发展。一是筑牢农业发展基础。实施好农田水利、土地治理等农业基础建设项目，持续改善农业生产条件。推进堡子湾水库、守口堡水库、农村饮水安全等工程建设。二是创新农业发展方式。着力推进农业产业化，鼓励土地规模流转和规模经营，支持村集体兴办农产品加工企业、农业产业服务性企业，培育发展农业龙头企业、专业合作社、家庭农场等经营主体，壮大村集体经济。着力推进农业科技化，加大农产品精深加工科研投入力度，提升产品附加值，积极推广绿色农业生产技术。着力推进农业机械化，积极争取农机购置补贴和电动农机奖补示范等项目，不断扩大机械化生产规模，同步推进有机旱作农业和农业标准化生产。三是改善城乡人居环境。在美丽乡村建设方面，坚持“因村施策、规整适度、量力而行”的原则，大力开展乡村分级提质工作，实施净化、亮化、硬化、绿化、美化等工程，不断完善乡村基本功能和公共服务。在宜居县城建设方面，实施自来水管网改造、污水处理厂扩容提标、小街小巷改造、公厕建设、同煤电厂至县城供热管网建设等工程，推进云林寺周边棚户区改造。

（五）加大生态保护治理力度，推动形成绿色发展方式和生活方式。一是加强生态保护与修复。继续实施古长城旅游路沿线生态修复、京津风沙源治理、退化防护林改造、通道两侧绿化、交通沿线荒山及环城荒山绿化、未成林造林抚育管护、白登河湿地公园、森林公园建设等工程。二是铁腕治理环境污染。加强“大气、水、土壤”污染防治工作，努力打赢污染防治攻坚战。推进大气污染防治。推进重点行业污染物减排，全面落实禁烧限放、建筑工地扬尘控制、餐饮油烟污染整治等要求，进一步改善空气环境质量。推进水污染防治。加强水源地保护，持续落实好河长制，做好桑干河、白登河等河流综合治理。开展养殖场禁养限养工作。推进土壤污染防治。加强农业面源污染防治，加快建设城乡垃圾收运无害化处理系统，努力推进城乡生活垃圾处理设施全覆盖和稳运行。将节能环保作为项目准入重要条件，加强环境监察执法，广泛开展环保宣传教育，坚决打赢污染防治攻坚战。

（六）加强和改善民生，不断增强人民群众的获得感。一是提高教育发展水平。推动城乡义务教育一体化发展，推动学前教育、义务教育、高中教育、职业教育协调发展。持续改善办学条件全面改善义务教育薄弱学校基本办学条件，完成义务教育改薄工程，努力消除辍学现象。年内开工建设保障房小区配套九年一贯制学校及幼儿园建设项目。二是改善城乡医卫环境。紧密结合贫困村提升工程，进一步提高基层医疗服务水平。推进县级公立医院综合改革，加快信息化建设，完成中医妇幼医院综合楼主体工程。认真落实医疗、医药、医保各项政策，努力提升全民健康水平。三是健全社会保障体系。实施全民参保计划，着力扩大社会保障覆盖面。进一步完善最低生活保障、特困人员供养、受灾人员救助以及医疗、就业、教育、住房、临时救助等专项救助在内的社会救助制度体系，健全农村留守儿童和妇女、老年人关爱服务体系。做好保障房建设和分配工作，保障人民群众住有所居。四是加强就业创业工作。把促进就业作为重要指标纳入产业布局和招商引资评估体系，积极发展就业容量大的劳动密集型产业，促进经济发展与扩大就业的良性互动。健全县、乡、村三级就业服务网络，完善创业扶持政策，鼓励大学生自主创业，支持农民工和农民企业家返乡创业。强化职业教育和职业培训，提高城乡居民增收能力。五是繁荣文化体育事业。继续实施“送戏下乡”等文化惠民工程，完善公共文化基础设施和服务体系，努力做到广覆盖、保基本、重实效，满足人民群众日益增长的文化需求。加快推进文化事业和文化产业发展，加大非物质文化遗产保护传承力度，为全县经济社会发展不断前进提供强大精神保障。大力开展全民健身活动，培养高水平体育后备人才，促进全县体育事业持续健康发展。六是保障社会安全稳定。强化安全红线意识，严格落实安全生产责任，夯实安全生产基础，坚决遏制重特大安全生产事故，减少较大事故和一般事故。健全公共安全保障体系，加强食品药品安全监管，提高减灾救灾能力，完善立体化社会治安防控体系，加大社会矛盾纠纷预防和排查化解力度，进一步提升社会治理能力。

此外，年内要推动气象、地震、应急、人防、史志、统计、档案、宗教、妇女、儿童、老龄、残疾人和红十字会等各项事业全面发展。

关于阳高县2017年财政预算执行情况及2018年财政预算草案的报告（节选）

——在阳高县第十七届人民代表大会第三次会议上

张　宁

（2018年3月21日）

一、2017年预算执行情况

2017年，在县委、县政府的坚强领导下，深入学习习近平新时代中国特色社会主义思想，全面贯彻党的十九大精神，认真落实全县“356”发展思路，坚持稳中求进工作总基调，财政收入稳步增长，支出结构不断优化，紧紧围绕脱贫攻坚、供给侧结构性改革、“三基建设”等重点任务，攻坚克难，开拓创新，基本民生持续改善，财政改革深入推进，为全县经济社会各项事业的发展提供了坚强的财力支撑。

全县公共财政收入完成12352万元，占预算10860万元的113.74%，同比增长13.77%，增收1495万元。

2017年公共预算财力242703万元，由以下项目组成：公共财政收入12352万元；上级补助收入181370万元，其中返还性收入2781万元；一般性转移支付收入103796万元（含体制补助170万元，均衡性转移支付补助63299万元，县级基本财力保障奖补资金6405万元，各项结算补助2263万元，成品油价格和税费改革转移支付140万元，公检法司转移支付1613万元，教育转移支付4266万元，社会保障和就业转移支付4127万元，农村综合改革转移支付1445万元，贫困地区转移支付5981万元，固定数额补助12663万元，产粮大县奖励1008万元，重点生态功能区转移支付248万元，其他一般转移支付168万元）；专项拨款补助74793万元。上年结转17593万元。债券收入3825万元。调入资金27563万元（预算稳定调节基金调入26890万元，基金调入673万元）。

2017年公共财政支出235704万元。上解支出442万元，安排预算稳定调节基金1792万元，结转下年支出4765万元，当年财政收支平衡。

2017年政府性基金收入5891万元，上级补助收入4808万元，专项债券3800万元，上年结余4609万元，基金支出15687万元，上解支出4万元，调出基金673万元，年底结余2744万元。

2017年国有资本经营收入2556万元，支出2556万元。

大会会场

2017 年三公经费支出“零增长”，全年支出 392 万元，其中公务用车运行维护费 297 万元，公务接待费 95 万元。与年初预算持平。

二、2017 年工作回顾

（一）努力增强财政保障能力

一是加强税收和非税收入征管，努力促进应收尽收，公共预算收入和政府性基金收入达到预期目标。财政局积极发挥牵头协调作用，认真落实财税联席会议制度，加强对收入预算执行情况的调度分析，每月协调联系国税、地税等执收部门，解决征收过程中存在的问题，确保收入按时间和计划进度均衡入库。二是大力培植财源。以加快转变经济发展方式为主线，统筹安排财政资金，合理利用金融资金，撬动民间社会资本，大力支持发展新型工业、绿色农业、康养产业、文化旅游等现代绿色产业，培植税源，壮大地方经济实力。三是积极争取上级补助。全年多争取均衡性转移支付资金近亿元，用于政策性增支因素缺口。争取回 3800 万元新增债券资金和 3825 万元扶贫债券资金，增强了财政保障能力。

（二）全力保障和改善民生

继续调整优化支出结构，在保基本运作、保重点项目的基础上，坚持把财力优先向民生领域倾斜，努力推进和谐阳高建设。

一是继续支持教育事业发展。继续完善义务教育经费保障机制，按在校学生人数及相关标准分配资金，实现“两免一补”和生均公用经费基本定额资金随学生流动可携带。全年筹集“两免一补”资金 199.4 万元；

免除普通高中建档立卡等家庭经济困难学生学杂费，财政补助资金 68.66 万元；支付义务教育薄弱学校改造资金 7863.52 万元，全面提升办学条件；积极支持学前教育，投资 110 万元，用于城乡幼儿园设备设施购置；落实义务教育营养餐改善计划；大力发展高中教育，筹资 1620 万元用于阳高一中教学楼建设；支持中等职业教育发展，加强实训基地建设。投资 52 万元用于县职业技术学校建筑实训设备采购，投资 34 万元用于录播设备采购及安装，投资 100 万元用于计算机网络技术实训基地建设，投资 100 万元用于机电技术应用重点专业建设。全年教育投入 41679 万元。

二是促进文化事业繁荣。努力丰富群众文化生活。投资 44 万元用于王官屯农民体育健身工程灯光篮球场及健身场地建设项目；投资 86 万元用于农家书屋图书采购；筹集 122 万元支持二人台艺术发展。

三是支持卫生计生事业发展。积极推进公立医院改革，落实农村合作医疗筹资，落实乡村卫生院室实施基本药物制度补助经费，完善预防保健、重大传染病防治等公共卫生服务体系，保障城乡居民身体健康。支持中医事业发展，筹集专项资金 1104 万元用于中医院建设。全年医疗和计划生育经费支出 15572 万元。

四是加大社会保障力度。进一步完善城镇职工、城乡居民养老保险制度和医疗保险制度，提高对城市和农村低保、社会救助以及优抚对象的保障水平，加大对职业培训和职业介绍的支持力度，各项补助资金和提标资金按时足额拨付。全年社会保障和就业经费支出 46402 万元。

（三）重点项目有效保障

加强城市基础设施建设，宣传阳高人文精神，大力改善人居环境，提升城市形象。

一是大力支持宜居县城建设。支付 1463.68 万元用于污水处理厂污水处理扩容工程设备采购；支付 72 万元用于大泉山水土保持教育基地配厅及剧场装修工程；支付 1380 万元用于县城环卫市场化运营政府购买服务项目；筹集专项资金 2503 万元用于白登河流域治理。二是积极支持平安县城建设。支付 28 万元用于公安局特通前端设备链路改造项目；支付 134.62 万元用于神泉堡公安检查站安检用房建设；支付 467.57 万元用于公安系统智能安全系统建设；支付 31.54 万元用于公安特警训练器材采购。同时确保政法部门其他办案经费和装备经费、县乡两级社会综合治理经费和信访维稳经费及时足额拨付，促进了社会综合治理工作的有效开展。三是加强交通道路建设。全年共筹集农村公路建设资金 6700 万元；农村街巷硬化“全覆盖”资金 946 万元。

（四）助力全县脱贫攻坚

紧紧围绕全县脱贫攻坚目标和任务，把脱贫攻坚工作作为头等大事和第一民生工程，积极筹措整合涉农资金近 3 亿元，为打赢脱贫攻坚战提供了有力的资金保障。同时积极做好扶贫资金的管理工作，充分发挥财政资金在扶贫开发中的主导作用和聚焦效应，县政府出台了《阳高县人民政府关于统筹整合使用财政资金实施精准扶贫的资金管理办法》，财政会同扶贫等部门对扶贫专项资金进行监督检查，促进了资金使用的精准度和效益。加强绩效监管，压实工作责任，开展项目评估和绩效评价。

（五）大力支持“三基建设”

为推动基层组织全面加强、基础工作全面进步、基本能力全面提升，积极筹措资金，为“三基建设”提供强有力的资金保障。一是支持基层组织建设。筹集村级党建活动经费932万元，非公组织和社会组织党建专项经费30万元，促进基层组织加强党的建设。二是保障基层基本运转。筹集乡镇运转经费949万元，村级运转经费1557万元，保证乡村两级日常工作的正常开展。安排社区补助资金257.5万元，提升社区服务能力。安排第一书记工作经费110万元和驻村工作队工作经费40万元，保证驻村工作队和第一书记正常开展工作，加强对驻村扶贫工作的组织领导。三是强化激励保障机制。筹集乡镇干部周转用房建设资金360万元，新建房屋939平方米，维修改建6445平方米，努力改善乡镇办公条件和生活条件。支付乡镇职工食堂补助资金162万元，提高乡镇干部生活水平。拨付村级两委主干固定工资318.81万元。四是支持队伍能力全面提升。下达农村党员培训费12.81万元，努力提高农村党员干部素养。全县用于三基建设的费用达4729万元。

（六）持续深化财政体制改革

一是全面开展政府综合财务报告编制工作。在以前年度试编政府综合财务报告的基础上，组织全县预算单位全面开展了政府综合财务报告编制工作。二是全面推进财政票据电子化管理改革。上线票据电子化管理系统，实现手工开票向电脑开票方式的转变，切实加强非税收入源头管理。三是试行协议供货采购制度。出台了《阳高县县级政府采购协议供货管理办法》，选择若干通用货物和服务，在全县试行协议供货制度。

（七）规范政府债务管理

一是加强预算管理，政府性债务按规定分类列入预算管理，足额安排还本付息资金。二是严格限额管理，确保债务控制在省下达的政府债务限额之内。三是根据国家相关政策，不搞违规融资举债，切实防范和化解政府债务风险。

（八）加强财政监督管理

为充分发挥财政监督的职能作用，有力维护财经秩序，促进预算单位进一步提高财政财务管理水平，推动政策制度落地、资金资产安全、管理目标实现，重点围绕“三公经费”、农村转移支付资金、涉农惠农资金、重点经济建设项目资金、卫生专项资金、资产管理、政府采购等涉及民生和社会关注度高的重点资金及重点领域开展了专项检查。

2017年财政收支预算取得比预期更好的成效，是县委、县政府坚强领导的结果，是县人大、县政协代表委员们监督指导的结果，是各部门、各乡镇和全县人民共同努力的结果。同时我们也清醒地认识到财政面临的一些问题仍比较突出，如：公共财政收入总量小，质量不高，新兴产业形成现实税源仍需一个过程；刚性支出增长快，建设和发展对公共财政期望值很高，收支矛盾依然突出；保工资、保运转、保民生面临较大的压力；财力紧张与支出进度慢同时并存，部门支出主体责任意识亟待加强等等。这些问题，我们高度重视，将采取有力措施切实加以解决。

三、2018年财政预算安排草案

按照县委对财政工作的总体要求，2018年财政工作的指导思想是：坚持稳中求进的工作总基调，主动适应经济发展新常态，充分发挥财政职能作用，促进经济增长；进一步优化财政支出结构，增强公共财政保障能力，全力脱贫攻坚，着力保障和改善民生，促进社会和谐；坚持依法理财，努力增收节支；坚持“保工资、保运转、保民生”的原则，压减一般支出，有保有压，努力服务全县各项事业持续健康发展。

落实上述指导思想，2018年财政收支计划按以下原则编制：一是收入预算编制坚持实事求是、积极稳妥；二是支出预算坚持统筹兼顾、突出重点，既要体现实际需要，又要考虑财力可能，做到收支平衡，不列赤字；三是提高预算编制的完整性，政府收支全部纳入预算管理。今年财政预算草案初步安排如下：

（一）一般公共财政收支预算

1. 公共财政收入及财力

2018年公共预算财力为144191万元，其中：公共财政收入12878万元，上级补助收入120670万元（包括上年度提前下达的专项转移支付24036万元），上年结转4765万元，调入资金5878万元。

2. 公共财政支出

按照收支平衡的预算编制原则，2018年公共财政支出预算安排144191万元。

按支出经济科目划分：基本支出68126万元（包括工资和补贴性支出64103万元，商品和服务支出4023万元）；项目支出75065万元；预备费1000万元。

三公经费支出预算392万元（公务用车运行费297万元，公务接待费95万元），与上年持平。

按支出功能科目划分：

一般公共服务支出14002万元；国防支出41万元；公共安全支出6448万元；教育支出35921万元；科学技术支出310万元；文化体育与传媒支出1648万元；社会保障和就业支出21244万元；医疗卫生与计划生育支出10968万元；节能环保支出2903万元；城乡社区支出3914万元；农林水支出30949万元；交通运输支出2419万元；资源勘探信息等支出202万元；商业服务业支出408万元；国土气象等支出902万元；住房保障支出10001万元；粮油物资储备支出245万元；其他支出666万元；预备费1000万元。

至本次会议召开之前，公共财政预算支出31308万元，其中：上年结转支出933万元，当年财力支出30375万元（含上级专项转移支付16677万元）。

（二）政府性基金收支预算

政府性基金当年收入预算7374万元，提前告知专项基金114万元，上年结余2744万元，基金预算总收入10232万元，基金支出预算10232万元。其中专项指标支出2180万元。

可平衡基金支出预算8052万元，土地出让价款6665万元用于全县重点项目支出，国有土地收益基金934万元，农业土地开发资金154万元，城市基础设施配套费200万元，污水处理费99万元。

至本次会议召开之前，基金支出218万元，其中专项支出218万元。

（三）国有资本经营预算情况

国有资本经营预算收入3800万元，支出3800万元。

（四）政府性债务情况

至2018年初，政府债务余额13242万元，其中中小学校舍安全工程国开行贷款本金2846万元，新增债券10396万元。举债规模在政府债务余额限额之内。

今年的收支预算安排，收入中充分考虑县级经济发展水平，力求收入与经济发展水平相适应；支出预算中实行零基预算、定额预算，适当考虑部门单位特殊支出项目，力争做到统筹兼顾，不列赤字。但由于财力有限，预算支出安排比较吃紧，平衡财政预算的任务很艰巨。

四、全力做好2018年财政工作

（一）进一步加大收入的力度

一是全力组织财政收入。主动加强与税务部门的协调沟通，及时了解、分析收入形势，注重税源跟踪，推进收入征管精细化，做到应收尽收。二是大力培植财源。积极落实招商引资优惠政策，吸引外地品牌企业在我县扎根落户，提高龙头企业辐射带动能力，不断培育新型税源。充分发挥融资平台作用，有效解决中小企业筹资难的问题，帮助具有竞争优势和具备创新能力的中小企业做大做强，促进中小企业达产增效，积极涵养税源。三是积极争取上级资金。坚持对上进行经常性对接，做到吃透政策、盯准项目、跟进及时，努力争取上级财政资金。四是继续盘活存量资金。继续清理预算单位基本账户结转结余资金，统筹用于发展急需的重点领域、重大项目，提高和扩大财政资金使用效益。

（二）进一步优化支出的结构

继续加大调整优化财政支出结构的力度，从严控制一般性支出，坚持民生优先导向，完善民生支出保障机制，特别是要加大统筹整合财政资金用于脱贫攻坚的力度，推进基本公共服务均等化，将新增财力更多地用于保障改善民生，确保各项民生政策落地扎根。一是认真落实中央“八项规定”和《党政机关厉行节约反对浪费条例》的规定精神，按照出台的县直机关差旅费、培训费、会议费控制标准，严控日常公用经费支出，降低行政运行成本。二是科学调配财力，确保重点项目建设和民生政策有效落实。进一步改进和完善支出结构，加大对扶贫、教育、科技、文化、社会保障、医疗卫生、民生事业和全县重点项目等的支持力度。继续加大教育、文化基础设施投入，改善义务教育基本办学条件和居民文化生活；继续关注弱势群体，认真落实城乡居民医疗保险、农村养老保险补助政策，认真落实优抚救济政策，认真推进居民养老服务社会化，认真落实廉租房住房补贴政策，加大经济适用房的建设力度；继续促进农业农村发展，全面落实惠农补助政策，完善一事一议财政奖补机制，努力提高农业生产节约集约化程度，加速农村城镇化建设；继续加大对重点项目的支持力度，提高城市品位，改善人居环境，推动经济发展。三是继续加大扶贫攻坚力度。进一步加大统筹整合财政资金用于脱贫攻坚的力度，及早谋划，及早动手，进一步建立和完善扶贫资金项目库，实现统筹整合财政资金“三个 90%”的具体目标。进一步优化统筹整合财政资金管理流程，加强扶贫资金绩效评价和监督管理，县级安排脱贫攻坚专项资金 3000 万元，村级提升专项资金 5000 万元，整合盘活资金 5000 万元，确保全县脱贫攻坚任务圆满完成。

（三）进一步提高管理的水平

一是继续健全完善监督管理制度。从梳理财政政策入手，找出各项资金和项目管理的风险点，进一步明确财政监管的重点，并提出有针对性的管理措施和办法，加强源头控制，提高财政管理水平。二是继续加强财政监督检查。充分发挥财政监督职能作用，加强对资金使用情况的跟踪检查，突出“事前、事中、事后”监督，提高资金的安全性和有效性。三是继续加强对项目资金的预算评审和绩效评价。试点开展项目支出预算评审工作，强化预算编制管理。通过预算评审，剔除项目预算申报中的不合理支出，促进项目预算编制的准确性和规范性；进一步完善项目绩效评价工作。不断扩大评价范围，逐步建立科学合理的评价方法、指标体系及操作规程等，强化对绩效评价结果的合理运用，通过绩效评价，发现项目建设和管理中存在的问题，督促和倒逼项目主管部门加强项目管理和自我评价工作。四是继续加强对预算单位督促指导。加大对预算单位财经政策的培训力度，提高预算单位相关人员的业务素质和能力，规范预算单位的内部控制管理，促进预算单位在财政财务管理上提质增效。

（四）进一步凸显改革的成效

一是继续完善部门预算编制制度。认真贯彻落实《预算法》，完善政府预算体系，将政府的收入和支出全部纳入预算管理；健全预算标准体系，充分发挥支出标准在预算编制和管理中的基础支撑作用；探索中期财政规划管理，建立跨年度预算平衡机制。二是继续强化非税收入收缴管理。进一步加大征缴力度，确保非税收入按标准按要求及时征缴；围绕财政票据管理系统升级，进一步加强票据购、销、存及年检管理；围绕非税收入管理目标，继续强化服务意识，加强稽查监督，进一步提高管理水平。三是继续深化国库集中支付改革。做到收入一个“笼子”，支出一个“口子”。四是继续规范政府采购工作。进一步加强政府采购政策宣传，提高采购人主体责任意识，自觉完善内部控制制度，规范政府采购行为；进一步规范政府采购操作程序，加强政府采购业务标准化建设，确保政府采购质量；进一步完善协议供货制度，努力降低采购成本；进一步完善政府采购财政监督管理制度，精简优化政府采购审批流程，提高政府采购工作效率。

阳高县人民法院工作报告（节选）

——在阳高县第十七届人民代表大会第三次会议上

力 军

（2018年3月22日）

2017年，阳高县人民法院紧紧围绕中央“五位一体”总体布局和“四个全面”战略布局，认真贯彻落实党的十九大精神，以习近平新时代中国特色社会主义思想为指引，以“努力让人民群众在每一个司法案件中都感受到公平正义”为目标，以司法为民、公正司法为主线，以严格规范管理、认真落实司法责任制为抓手，以狠抓案件质效为突破口，以推进司法公开为重点，在县委的正确领导下，在县人大和上级法院的监督指导下，在县政府、县政协和社会各界的关心支持下，全面开展各项审判工作，为全县经济社会发展提供了强有力的司法保障。

一、立足审判工作，全力服务大局

2017年，我院坚持立足审判和执行工作，服务经济社会发展，保障民计民生，维护公平正义，营造良好的社会法制环境。共受理各类案件812件，结案783件，结案率为96.42%，实现了收结案良性均衡循环。

（一）充分发挥刑事审判职能，维护社会稳定。全年共受理各类刑事案件52案74人，结案49案70人，结案率为94.23%。在重点打击严重危害社会治安的暴力犯罪、毒品犯罪和严重影响社会治安和群众安全感的多发性侵财犯罪等案件的同时，始终保持对严重刑事犯罪高压态势，坚定不移严把案件质量关，坚持罪刑法定、罪刑相适应原则，全面推进和深化量刑规范化。全年共审结故意伤害、强奸、抢劫等暴力性犯罪12案25人；审结危险驾驶犯罪2案2人，审结交通肇事犯罪6案6人；审结盗窃、诈骗等侵财类犯罪23案31人；审结贪污、贿赂、渎职等犯罪案件2案2人；审结贩卖毒品、非法持有毒品等案件4案4人。为最大限度减少对抗，修复社会关系，加大了对轻微刑事案件和解、刑事附带民事案件的调解力度，刑事附带民事案件的调撤率达到了90%。积极参与平安建设，提高人民群众安全感，促进完善社会治安防控体系，保障人民群众安居乐业。

（二）运用民商审判的调节职能，保障经济社会健康发展。全年共受理民商事案件532件，结案514件，结案率为96.61%，以调解撤诉方式结案325件，调解撤诉率为63.2%。把谋民生之利、解民生之忧作为工作的出发点和落脚点，妥善审理婚姻家庭、道路交通、医疗卫生等事关民生方面的各类案件，继续做大做强医疗纠纷、交通事故等专业合议庭；坚持能动司法理念，强化为经济建设发展保障和服务的能力，加强与重点项目、重点企业的联系，审理好涉及建设征地、投资发展环境的案件，平等保护各类市场主体的合法权益。依法审理了涉及借款合同、保险等案件157件，维护了公平竞争的市场交易秩序；妥善审理了婚姻家庭、继承、抚养等案件268件，着力将家庭这一社会稳定基石加固筑牢；依法审结土地流转、农业承包经营权及其他权属、侵权纠纷等案件84件，有力地促进农村稳定和农民增收；依法审理了承包征收补偿费用分配纠纷5件，为改善投资发展环境，保障农民合法权益，促进经济可持续发展发挥了积极的职能作用。

（三）切实加强执行工作，彰显护法守法意识，树立法律权威。全年共受理执行案件215件，结案207件，结案率为96.27%。2017年是人民法院基本解决执行难题的关键一年。我院进一步加大执行力度，将执行工作重点放在提升实际执行率、执行标的到位率等关键、实质性的指标上，不片面追求所谓的结案率。大力运用执行威慑机制，以限制高消费、限制出境、罚款、拘留等措施为抓手，加大反规避执行力度，促使被执行人履行义务。共采取拘留措施20人。深化执行联动机制建设，认真实施失信被执行人“黑名单”制度，在执行信息网上发布失信被执行人75人。

（四）认真审查，调处并济，确保非诉行政执行案件质量。全年共受理非诉行政执行案件13件，审结13件。围绕工作大局，我院对符合受理范围和申请条件的非诉执行案件，都依法予以受理，杜绝将疑难复杂、执行难度大的非诉行政执行案件拒之门外；在具体办理案件过程中，加强与行政机关的沟通协调，通过典型的执行案例剖析，有针对性地提出具体的司法建议，一年来共向相关行政机关提出司法建议11条。

（五）完善多元化调解新机制，加强司法救助力度。根据最高人民法院《关于扩大诉讼与非诉讼相衔接的矛盾纠纷解决机制改革试点总体方案》要求，我院夯基础，求创新，努力树立调解新理念，积极构建调解新格局、不断探索新的调解机制，在组织建设、机制创新、奖励激励等方面做了大量工作，努力把各类矛盾纠纷解决在基层、化解在萌芽、消除在诉讼之外，打造了“李培斌调解工作室”“民事温馨调解室”“商事特色调解室”等法院品牌。在树立法律权威的同时，不忘彰显人文关怀，一年来共为当事人缓、减、免交诉讼费6.3万元，司法救助5案5人，发放司法救助金31.8万元，切实解决了部分社会弱势群体打不起官司、部分当事人因权利受到侵害无法获得有效赔偿、陷入生活困难的问题，有效促使当事人息诉息访，及时化解了社会矛盾、促进了社会和谐稳定，真正地树立了司法权威和公信力，达到了法律效果和社会效果的有机统一。

二、落实司法责任，提升管理水平

我院深化司法改革，以智慧法院为目标，以信息化建设3.0为契机，以制度完善为重点，全力实现管理方式由人工到智能、由粗放到精细的转变，促进了审判管理、队伍管理、司法政务和纪律作风的全面规范。

（一）以司法责任制为核心，规范审判管理。按照省、市法院改革方案精神和我院司法改革方案，全院有18名政治素质过硬、法律业务精通的法官进入员额。根据案件数量、性质和队伍实际情况，我院组建了立案、民事第一、第二、刑事、执行、综合等六个审判团队，分别按照员额法官、法官助理和司法辅助人员1:1:1或者2:2:2等不同形式组建团队，实行扁平化管理新模式，明确了每名员额法官及入额院领导的办案数量，同时对普通法官的办案绩效制定了切实可行的办法。

本着强化司法责任制、放权于独任法官、合议庭，压缩审判管理层级的理念，我院共出台了六项规章制度，明确了院庭长、员额法官的权力清单；完善了裁判文书签发制度；改革了审判委员会制度，缩减讨论案件范围，强化总结审判经验、统一同类案件判罚尺度、统一法律适用和发还改判案件讨论等职能；严格落实案件“四评查”制度，完善案件质量监督功能。切实做到审判权力有放有收，做到真正让审理者裁判，让裁判者负责。

（二）以制度建设为中心，规范法院日常管理。2017年，我院坚持贯彻严格管理、强化考核，注重督促、强化责任的原则，努力在抓制度修订、制度落实和求实效上下功夫。着手开展了对以往的制度规定的整理、修订和完善工作，共修订、完善了审判管理、司法礼仪、着装考勤、廉政纪律、教育培训等方面的制度21项。开展了制度的集中学习活动，利用每周四下午的政治业务学习时间，组织干警对新修订的制度进行学习，提高干警对制度的重视程度，掌握、了解、执行、落实各项制度和对每项工作的新要求。

（三）以信息化基础建设为中心，规范服务和保障工作。按照司法公开的要求我院建设了科技法庭和直播法庭，实现了应公开案件的庭审网络现场直播。信息化手段的运用在增强审判工作的科技含量、体现司法为民的主旨的同时，也对加强审判工作规范管理、提升司法能力、促进司法公正起到了良好的助推作用。

三、强化司法公开，提升审判质效

我院把司法公开作为维护司法公正，提升司法公信，树立司法权威的一项基础性工作来抓，不断加大司法公开力度，切实做到以公开促公正、以公正促公信，展现了法院公开透明、阳光司法的良好形象。2017年，共公开各类审判、执行工作信息1000余件，庭审公开直播342件，裁判文书上网400篇，发放各类诉讼提示材料5000份。

（一）加强组织领导，强力推进司法公开。2017年年初成立了由院长任组长的司法公开领导小组，按照上级要求和我院的实际情况，多点联动，卡住时间节点，明确质量标准，倒排工期，确保按照时间规定高水平完成。目前，已经开通了内外网站、官方微博、微信公众号，较高水平的诉讼服务中心、科技法庭、直播法庭，司法公开的软件硬件刚性要求已逐步落实到位。

（二）延伸司法公开内容，便利群众诉讼。依托诉讼服务中心平台，通过提供“诉讼指南”，摆放或悬挂展板、设立显示屏等方式，我院已全面公布各类审务信息，及时让当事人和社会公众了解法院工作；公开审判流程，除法律规定不能公开的以外，对立案、庭审、宣判、执行等诉讼过程的各个环节各类信息，我院综合运用图文、音频、视频等方式及时公开，为公众和当事人提供全方位、多元化的司法服务；为进一步明确文书上网工作的主体责任，我院将文书上网纳入年度绩效考核内容，对于不按时上网、文书存在重大瑕疵的庭室和个人定期进行通报，从2017年始，我院已发生法律效力的裁判文书在中国裁判文书网和本院网站上已全部公开；依法公开执行过程，告知当事人执行案件的执行流程、执行期限、当事人、承办人、被执行人的财产状况、执行措施、结案方式及原因等情况，让办案流程看得见、摸得着、感受得到；加强与新闻媒体、金融、工商、税务等部门的合作与信息共享，加大对拒不执行判决的“老赖”的曝光力度，进行信用惩戒；充分利用官方网站、微博、微信公众号等平台，及时发布审判信息，主动回应社会关切，既让群众在法院之外迅速了解到案件审理过程，满足了群众的知情权，同时也促进了法院审判工作的公开公正。截至目前，已在官方网站、微博发布各类信息300余条。

（三）以司法公开倒逼司法公正和司法效率。司法公开有力增强了法官办案质量意识与责任意识，极大地满足了人民群众对司法的新期待，强化了法官队伍的司法能力。司法公开工作特别是庭审直播、裁判文书上网等制度的实施，产生的倒逼作用，促使法官不断改进司法作风、提升司法能力，案件质量和效率明显提升。各类案件审理周期缩短，其中刑事案件平均审理天数由27.0天缩短到22.8天，民事案件平均审理天数由78.7天缩短到52.7天，执行案件平均审理天数由84.7天缩短到49.8天。整体案件呈现一升二降趋势，调撤率明显上升，案件审理期限、上诉率明显下降，与2016年同期相比，调撤率上升了10个百分点，上诉率下降了30个百分点。

四、把握新时代的更高要求，落实全面从严治党责任

院党组牢牢把握十九大对坚持党的领导的更高要求，进一步增强全院干警特别是党员干部“四个意识”，深入推进“两学一做”常态化、制度化，坚决维护以习近平同志为核心的党中央权威，不折不扣地贯彻落实中央决策部署，找准审判工作着力点，更加自觉地融入大局、服务大局、保障大局，切实增强防控风险、服务发展的意识和能力。

（一）坚持将学习贯彻十九大精神作为首要政治任务，准确把握习近平总书记十九大报告和习近平新时代中国特色社会主义思想的丰富内涵和精神实质，做到内化于心、外化于行，知行合一，真正做到用十九大精神统一思想和行动。

（二）坚持党对法院工作的绝对领导，严格执行重大问题请示报告制度，把定期向县委报告工作作为一项制度长期坚持，紧紧依靠党的领导加强和改进法院工作，确保正确的政治方向。

（三）扎实开展“两学一做”学习教育常态化、制度化工作，深入学习习总书记系列讲话、党的历史和党章党规，在日常的教育培训中把社会主义核心价值观教育、法官职业道德教育等融入法官教育培训。

（四）加强网络思想引导，制定完善法院网站、微博、微信等自媒体管理制度，抓好网站、微博、微信的监督审查，帮助党员干警站稳政治立场，分清是非界限。

（五）加强审判权运行监督，健全完善司法权力清单制度，细化独任法官、合议庭与院庭长、审委会的权力配置，推行随机组成合议庭、加强合议庭内部监督的做法，完善审判团队监督制约措施，强化院庭长的宏观管理指导职责，实现充分放权和有效控权的有机统一。

（六）加强“四风”问题监督，对立案登记制、诉讼服务中心、司法公开平台建设等情况进行梳理，及时清理不符合群众需求的服务措施，坚决杜绝“冷硬横推”“吃拿卡要”等问题。加强廉洁司法监督，坚持开展司法廉洁集中教育，突出对审判执行、委托鉴定、评估拍卖等重点岗位以及改判发回案件比较多、当事人反映问题比较多的重点人员的监督，加大审务督察力度，最大限度降低廉政风险，以“零容忍”态度惩治司法腐败。

五、多措并举，助力精准扶贫

自全县精准扶贫脱贫攻坚工作开展以来，院党组高度重视，成立了以院长任组长的精准扶贫工作领导小组，实行院长负责、住村第一书记督导、包户干警落实三级责任制。院党组多次召开会议明确活动的重要性，及时跟进具体工作部署，督促干警迅速进入工作角色，坚决落实责任到人、到村到户的方针。包户干警切实发挥职能作用，集中时间、精力入户考察了各帮扶户的贫困状况，并分别建档立卡，按时间节点填写各类表册、上报各类数据。在具体帮扶中我院着力从扶贫先扶志、平安建设、扶贫扶到点子上、解决贫困户实际困难四个方面，对贫困农民从严、从实、从细精准帮扶，得到分包的三个贫困村两委、近千户三千多群众以及受帮扶的贫困户的广泛认同。

县法院取得的成绩离不开县委的坚强领导，离不开人大及其常委会的有力监督，离不开政府、政协以及社会各界的关心和支持。在此，我谨代表阳高法院全体干警表示衷心的感谢和崇高的敬意。

在看到成绩的同时，我们也清醒认识到工作中存在的不足和困难。一是部分法官的司法能力尚不适应司法责任制改革的要求，审判监督还有薄弱环节，裁判不公、同案不同判的情况仍然时有发生，二是司法体制改革有待进一步深化，相关配套举措需进一步完善，改革效能尚未完全释放，三是执行工作与人民群众的期待仍有距离，“执行难”问题需进一步强化各方合力，加大破解力度。对这些问题和困难，我们将继续通过深化改革，在今后的审判实践工作中努力加以解决。

2018 年是贯彻落实十九大精神的开局之年、改革开放 40 周年，实施“十三五”规划承上启下之年，也是脱贫攻坚、决胜全面建成小康社会的关键年。县法院将以习近平新时代中国特色社会主义思想为指导，贯彻落实党的十九大和省第十一次、市第十五次党代会精神，以改革创新为动力，深入落实县委“356”发展思路，努力打造一流业绩，为全县脱贫攻坚、建成小康社会、美丽乡村建设提供更加有力的司法保障。

（一）强化党的领导，提高政治站位。

坚持把学习贯彻落实党的十九大精神作为首要政治任务，在“学懂、弄通、做实”上下功夫、见实效，以习近平新时代中国特色社会主义思想武装头脑、指导实践、推动工作，全面贯彻落实党的基本理论、基本路线、基本方略，在政治立场、政治方向、政治原则、政治道路上始终同以习近平同志为核心的党中央保持高度一致，坚持党的绝对领导，坚决做到维护核心、绝对忠诚、听党指挥、勇于担当，坚决贯彻执行县委的重大决策部署，坚持重大事项向县委和上级法院党组请示报告制度，确保法院工作正确的政治方向。

（二）强化司法责任，提高案件质效。

坚持以改革压责任、增活力、提质效，全面落实司法责任制。坚持“让审理者裁判、由裁判者负责”的原则，突出法官的办案主体地位，严格落实独任法官或合议庭办案责任制，改进审判委员会工作制度，建立完善司法绩效考核、法官业绩评价、法官职级晋升、法官责任惩戒等制度，强化办案质量终身负责制和错案责任倒查追究问责制，筑牢“制度铁笼”。加强审判监督管理，确保放权不放任，监督不缺位。自觉接受人大、政协、纪委监委和检察机关的监督，确保每一起案件经得起历史和人民的检验，坚决维护好社会公平正义最后一道防线。

（三）强化执行攻坚，提高社会诚信。

2018年是全国法院“用两到三年时间基本解决执行难问题”的总攻收官之年。我们将切实增强执行攻坚的责任感、使命感和紧迫感，围绕“被执行人规避执行、抗拒执行和外界干预执行现象基本得到遏制；人民法院消极执行、选择性执行、乱执行情形基本消除；无财产可供执行案件终结本次执行的程序标准和实质标准把握不严、恢复执行等相关配套机制应用不畅的问题基本解决；有财产可供执行案件在法定期限内基本执行完毕”的“四个基本”总体目标，紧扣“查物难、寻人难、变现难、打击难、规范难”五大执行难题，充分发挥“党委领导、人大监督、政府支持、政法委协调、法院主办、部门配合、社会参与”的执行大格局优势，加大执行力度，穷尽执行措施，规范执行行为，坚决打赢基本解决执行难这场硬仗，推动社会诚信体系建设。

（四）强化为民司法，提高服务水平。

深刻领悟新时代社会主要矛盾已经转化为“人民日益增长的美好生活需要和不平衡不充分的发展之间的矛盾”的重要论断，准确把握新时代社会主要矛盾在人民法院工作中表现为“执法办案能力水平还不能完全满足人民群众日益增长的司法需求，提供的司法服务和司法产品还不能充分保障人民群众日益增长的美好生活需要”。继续强化以人民为中心的司法理念，不断提高司法服务能力和水平，充分发挥审判职能作用，妥善审理各类案件，惩恶扬善，定纷止争，保障权益，维护公正，切实服务和保障民生，使人民群众有更多的安全感、获得感和幸福感。

（五）强化队伍管理，提高司法能力。

牢牢把握“政治、业务、责任、纪律、作风”五个过硬的总要求，巩固强化“两学一做”常态化、制度化的丰硕成果，坚持党要管党、全面从严治党，以党的政治建设统领法院队伍管理，持续推进法院队伍正规化、专业化、职业化建设，着力调动全院干警的积极性、主动性、创造性，不断提高司法能力。全面推进党的各项建设和反腐败斗争在法院不折不扣落实。要以零容忍的态度惩治司法腐败，持之以恒正风肃纪，多措并举变纪律“宽松软”为“严紧硬”，不断推进全面从严治党向纵深发展，为审判执行提供坚强的政治、思想、组织和纪律保障。

新思想引领新时代，新使命开启新征程。在新的一年里，我们将更加紧密地团结在以习近平同志为核心的党中央周围，在县委的坚强领导下，认真贯彻落实本次大会决议，不忘司法为民初心、牢记公正司法使命，忠诚履职、砥砺奋进，推动新时代人民法院工作实现新发展，再创新辉煌！

阳高县人民检察院工作报告（节选）

——在阳高县第十七届人民代表大会第三次会议上

田爱农

（2018年3月22日）

2017年是检察事业发展史上不平凡的一年。国家监察体制、司法体制、刑事诉讼制度“三项改革叠加”，改革成为贯穿全年检察工作的主线。阳高县人民检察院在县委和上级检察院的正确领导下，坚持以习近平新时代中国特色社会主义思想为指引，全面贯彻党的十九大精神，认真落实习近平总书记视察山西重要讲话精神，紧紧围绕县委“356”发展思路，站在推进检察工作与阳高经济社会同步发展的高度，主动适应经济发展新常态，忠实履行法律监督职责，凝心聚力，攻坚克难，全力推动检察工作转型发展，各项工作取得新的进步与发展。

一、围绕中心服务大局，保障社会稳定经济发展

我们坚持以促进检察工作与县委中心工作深度融合为方向，主动把检察工作融入全县工作大局中谋划推进，确保检察工作与全县经济社会发展同频共振。

（一）服务保障发展大局。认真贯彻县委工作部署，始终把服务全县发展大局作为检察工作的着力点，主动服务全县脱贫攻坚战略。依托“互联网+阳光百姓工程”，加大对涉农扶贫资金、项目、流向、结果网上全程动态监督的力度，监管涉农扶贫等民生资金2.08亿元。深入开展扶贫帮困活动，按照县委扶贫方针，配优配强扶贫村第一书记、驻村工作队。经过多方努力，确保帮扶的深度贫困村乱石村2017年如期精准脱贫。

（二）全力维护安全稳定。积极投身平安阳高建设，严厉打击暴力犯罪、黑社会性质犯罪等严重影响群众安全感、幸福感的犯罪活动，共批准逮捕42人，提起公诉64人。认真贯彻宽严相济刑事司法政策，加强逮捕必要性审查，依法不捕20人，尽力缩小社会对抗面。坚持将矛盾化解贯穿执法办案始终，接待来访群众108人次，受理申诉案件5件，所办案件均作妥善处理。

（三）助力优化营商环境。紧跟阳高发展步伐，准确把握优化营商环境对检察工作提出的新要求，进一步调整、完善和落实检察工作为经济发展服务的措施。扎实开展五个专项检察活动，办理破坏社会主义市场经济秩序案件2件2人。深入推进社会信用体系建设，开展行贿犯罪档案查询2114次，坚决杜绝“不良记录者”参与市场招投标，切实营造良好的营商环境。

二、紧紧围绕民生检察，主动回应人民美好期待

始终贯彻以人民为中心的理念，坚持检察机关的人民性，聚焦县委、县政府保障和改善民生的工作部署，积极履行检察职能，努力增强人民群众的幸福感和获得感。

（一）全力守护生态环境。牢固树立“生态检察”理念，关注生态环境，加大公益诉讼生态环境保护力度，办理破坏生态环境案件4件，督促支持有关部门依法关停污染企业3家，全力守护阳高的绿水青山蓝天。

（二）切实保障食药安全。扎实开展危害食品药品安全专项立案监督活动，联合公安、食药监等部门开展联合执法，对于涉及食药安全的犯罪活动，坚决依法从严从重打击，绝不手软，绝不让一名危害食品安全的不法分子逍遥法外，全力守护百姓“舌尖上的安全”。

（三）依法保护弱势群体。加大对农民工、残疾人、老年人、未成年人等弱势群体合法权益保护力度，为30多名农民工讨回被拖欠工资59万元。开展“防治校园欺凌，护航未成年人成长”专题检察开放日和“法治进校园”活动，形成全方位对未成年人司法保护合力，积极保障未成年人合法权益。

三、深耕检察监督主业，构建多元化监督新格局

我们牢固树立诉讼监督向事前、事中延伸，被动监督向主动监督转变的理念，不断拓宽监督领域、丰富监督方式、增强监督实效，努力构建检察监督新格局。

（一）强化刑事侦查监督。加大对公安机关侦查的监督力度，依托驻公安侦查监督检察室，打造侦查监督前沿“堡垒”，依法监督公安机关立案4件4人，法院做出有罪判决4人；纠正侦查活动违法26件次，追诉漏罪、漏犯4件次；介入命案现场勘查4次，提出取证意见3次，公安机关采纳率100%，命案侦破质量明显提高。

（二）深化刑事诉讼监督。加强对刑事审判活动监督，纠正审判活动违法3件次，依法对83人提出量刑建议，人民法院全部采纳，列席县法院审判委员会5次。加强刑事执行监督，紧盯社区矫正中脱管漏管环节，积极开展监管活动检查25次，纠正社区矫治不当34件34人，纠正监管场所执法不当35件35人，进行羁押必要性审查3件次；开展判处实刑罪犯未执行刑罚专项检察活动，收监执行1人，有力地规范监管活动。

（三）拓展民事行政监督。全面加强民事检察工作，监督民事审判活动8件次，监督民事执行活动24件次，支持起诉10件，认真做好当事人的服判息诉工作，息诉1件。扎实推进行政公益诉讼工作，打造检察监督新亮点，立案4件，结案3件。将全县4家民营医院医保资金纳入“互联网+阳光百姓工程”监管范围，对医保报销实行全程核查、监督，确保医保资金安全有效运作。

四、全面深化改革创新，释放检察工作发展活力

始终把改革创新作为推动检察工作科学发展的不竭动力，顺利完成司改各项任务，全力配合搞好国家监察体制改革，抓好各项改革措施落细落实。

（一）全面落实司法改革。全面完成了人员分类改革，择优遴选员额检察官12名（转隶监委4名）。完成内设机构整合和编制、机构、人财物的省级上划。积极推进司法责任制，构建了权责利相统一的检察权运行新机制，坚持谁办案谁负责，改革效果逐渐显现，人均办案量和办案效率有明显提高，办案质量和办案责任心明显增强。

（二）全力配合监委改革。坚持把积极配合搞好监察体制改革作为首要政治任务来抓，始终把思想和行动统一到中央和省委决策部署上来，按照省委确定的时间表和路线图，顺利完成转隶工作。积极探索与监察委员会办案衔接办法，成立与监察委员会办案对接部门，对监察委员会移交的案件，认真做好审查起诉工作，积极支持配合监察委员会办案，确保办理职务犯罪案件平稳过渡，有序衔接，更好地服从服务反腐败斗争。

（三）积极推进“阳光检察”。主动邀请县人大代表、政协委员、人民监督员等社会各界代表参加“检察开放日”活动，进一步拉近与人民群众的距离。依托人民检察院统一业务应用系统网上办理案件127件，依托案件信息公开网发布案件程序性信息167条，公开法律文书54份。全面深化检务公开，开通“两微一端”检察新媒体，发布检察信息89条，增强检察工作透明度。

五、紧抓过硬队伍建设，夯实检察事业发展根基

我们始终把建设过硬队伍作为永恒主题，坚持以政治建设为主线，以党的建设为龙头，着力打造“忠诚、为民、公正、廉洁”的检察队伍。

（一）坚持政治建检不动摇。坚持用习近平新时代中国特色社会主义思想武装头脑。深入开展“两学一做”学习教育常态化制度化、开展维护核心见诸行动主题教育，牢固树立“四个意识”，坚定政治站位和政治觉悟。落实意识形态工作责任制，牢牢把握检察工作正确政治方向。加强党风廉政建设，夯实管党治党“两个责任”，强化责任传导。加强对落实中央“八项规定”精神、检察人员遵守工作纪律等情况的监督检查，全年无一名干警发生违纪违法现象。

（二）抓牢队伍专业化建设。坚持以班子带队伍，大力加强院领导班子的思想、组织和作风建设，始终坚持民主集中制原则，严格按程序决策、按规矩办事，提高科学决策能力和水平。认真落实党组中心组学习制度，倡导班子成员发挥模范引领作用。注重业务理论学习和岗位实践练兵，组织干警积极参加省、市院组织的业务培训，切实提高干警理论水平和法律素养。一年来，有2人顺利通过司法考试，有1人在读硕士研究生，有27篇干警撰写的文章分别被《山西法制报》《检察周刊》等报刊刊登。

（三）主动接受内外监督。认真贯彻落实县人大及其常委会的各项决议和决定，坚

县人民检察院开展法律咨询宣传活动

持重大工作部署、重大工作情况向县人大及其常委会报告。真诚广泛接受政协民主监督和社会监督，主动通报检察工作情况，重视人大代表和政协委员意见和建议的落实。着力构建案件管理、控申检察、专项整治、纪检监察四位一体的内部监督新格局。全面落实网上办案要求，依托统一业务应用系统紧盯关键部位和薄弱环节，实现对案件的全程动态监督。

过去的一年，阳高检察工作的进步和发展是县委和上级检察机关正确领导的结果，是县人大有力监督、县政府大力支持、县政协和社会各界民主监督的结果，是各位代表、委员关心、支持和帮助的结果，是全体检察干警同心同德、开拓进取、奋力拼搏的结果。在此，我谨代表县检察院和全体干警表示崇高的敬意和衷心的感谢！

在看到成绩的同时，我们也清醒地认识到存在的不足，主要表现为：一是服务大局的能力需要进一步加强，通过司法办案服务保障经济社会发展的措施还不够到位；二是面对法治建设新要求，检察监督的方式需要进一步加强，监督力度和监督水平有待提升；三是队伍专业化建设需要进一步加强，创新意识还不够，队伍素质能力与司法体制改革的有关要求还不相适应。对此，我们将予以高度重视，在以后的工作中努力加以解决。

2018 年是深入学习贯彻党的十九大精神开局之年，也是阳高检察工作立足新起点、迈上新台阶的关键之年！我们将坚持以习近平新时代中国特色社会主义思想为指引，全面贯彻落实党的十九大精神，紧紧围绕县委工作重点、围绕全县工作大局，以强化检察监督为根本，以深化改革创新为动力，以队伍建设为保障，聚焦监督主业，努力确保经济社会稳定发展、执法司法公平正义、人民群众安居乐业，为打造美丽、富裕、幸福的小康阳高贡献检察力量。

一、立足检察职能，服务发展大局

紧紧围绕县委、县政府“356”发展思路谋划推进检察工作，积极服务重大项目建设，积极服务脱贫攻坚战略，更加自觉地服从、服务于县委的中心工作。扎实开展扫黑除恶斗争，严厉打击黑恶势力犯罪，坚决打击扰乱市场秩序犯罪，坚决打击危害食品药品安全、破坏安全生产、损害生态环境犯罪，保障人民群众安居乐业。

二、聚焦监督主业，维护公平正义

认真贯彻修改后的《刑事诉讼法》《民事诉讼法》和《行政诉讼法》，努力实现检察监督与侦查、审判、司法行政的有效衔接，切实将诉讼监督主业做大做强。全面加强对司法活动的法律监督，努力让人民群众在每一起司法案件中都感受到公平正义。强化对刑罚执行、刑事强制措施执行的监督。加强对民事行政诉讼活动的监督，特别是对虚假诉讼、裁判不公的监督。扎实推进行政公益诉讼工作。树立以审判为中心的执法理念，严把证据关，把防止和纠正冤假错案作为执法办案的生命线。

三、严格规范执法，提升司法公信

深化和巩固“执法司法规范化”建设年成果，集中解决检察工作中存在的突出问题，努力提升司法公信力。围绕检察权运行关键环节，建立权力清单，健全监督制约机制。全面深化检务公开，主动接受社会各界监督，着力构建开放、透明、便民的阳光检察工作机制，切实保障检察权在阳光下运行。

四、坚持从严治检，建设过硬队伍

坚持政治建检，加强党的建设，全面从严管党治党，坚持和自觉维护党对检察工作的绝对领导，牢固树立“四个意识”；加强党风廉政建设和自身反腐败工作，严格落实“两个责任”，切实做到“两手抓，两手都要硬”。全面加强队伍思想政治素质和业务素质，努力打造专业化、职业化的检察队伍，夯实检察事业发展根基。

新时代呼唤新作为，新征程决定新使命。在阳高率先建成小康社会的征程中，阳高检察工作将在县委和市院的坚强领导下，在县人大及常委会有力监督下，认真贯彻落实本次会议精神，忠实履职，锐意进取，不忘初心，砥砺前行，不断开创阳高检察工作新局面，为决胜脱贫攻坚，全面建成小康阳高提供有力的司法保障。

阳高县第十七届人民代表大会第三次会议公告

第 1 号

阳高县第十七届人民代表大会第三次会议于二〇一八年三月二十三日选举武志勇同志为阳高县监察委员会主任。

现予公告。

阳高县第十七届人民代表大会
第三次会议主席团
二〇一八年三月二十三日

县委对人大工作的希冀（节选）

——在阳高县十七届人民代表大会第三次会议闭幕式上

冯晓雷

（2018年3月23日）

阳高县第十七届人民代表大会第三次会议，经过全体代表和与会同志的共同努力，圆满完成各项议程，即将胜利闭幕。今年我县人代会、政协会适逢全国“两会”召开，大家在开好我县会议的同时也关注着全国“两会”，并自觉地将会议精神贯彻体现到依法履职、建言献策中，会后我们还要更加深入地贯彻落实全国“两会”精神，指导和推动我县工作。在第十三届全国人民代表大会第一次会议闭幕会上，中共中央总书记、国家主席、中央军委主席习近平发表了重要讲话，深情讴歌我们伟大的人民、伟大的民族、伟大的民族精神，勉励国家机关工作人员始终把人民放在心中最高位置，始终全心全意为人民服务，始终为人民利益和幸福而努力工作，让全体中国人民和中华儿女在实现中华民族伟大复兴的历史进程中共享幸福和荣光。这一鲜明的执政理念、深厚的为民情怀，是我们落实人民当家作主、坚持人民代表大会制度乃至做好全县工作的科学指南和基本遵循，需要全县各级各部门和各级人大组织、人大代表更加深入地学习领会和贯彻落实。

县第十七届人民代表大会第三次会议期间，各位代表肩负全县人民重托，始终以饱满的政治热情和强烈的责任担当，认真履行职责，依法行使职权，积极建言献策，体现了高度负责的政治自觉，展现了昂扬向上的精神风貌。会议审议通过了人大常委会工作报告、“一府两院”工作报告以及计划、财政等六个报告，选举产生了县监察委员会主任、补选了县人大常委会委员。这次大会，是一次改革创新、凝聚共识、提振信心、团结奋进的大会，对于团结动员全县人民为深入推进“五型阳高”建设，决胜脱贫攻坚，全面建成小康社会，必将产生重要的推动作用。在此，我代表中共阳高县委，对会议的圆满成功表示热烈的祝贺！对新当选的县监察委员会主任、县人大常委会委员、两个专委会成员表示热烈的祝贺！向为大会召开付出辛勤努力的全体代表和同志们表示衷心的感谢！

各位代表、同志们！2017年，全县上下深入学习宣传贯彻落实党的十九大精神和习总书记视察山西重要讲话精神，以习近平新时代中国特色社会主义思想为指引，按照省、市委的决策部署，持续引深“356”发展思路，以脱贫攻坚统揽经济社会发展全局，攻坚克难，砥砺前行，全县经济实力稳中有升，脱贫攻坚再战再胜，康养旅游不断壮大，

县委书记冯晓雷在县十七届三次人代会闭幕式上讲话

社会民生显著改善，党风政风为之一新。这些成绩来之不易，是全县广大干部群众凝心聚力、砥砺前行的结果，也是在座各位代表和同志们和衷共济、履职尽责的结果。对此，我代表县委，向全体人大代表和社会各界人士，致以崇高的敬意！

今年是全面贯彻落实党的十九大精神的开局之年，也是我县深入推进“五型阳高”建设、决胜脱贫攻坚、推动转型发展的关键之年。做好全年各项工作，意义十分重大。年初召开的县委十四届四次全会暨经济工作会议，明确了今年全县经济社会发展的总体思路和目标任务。这次人代会通过法定程序把县委的决策进一步制度化、具体化，转化成为全县人民的共同意志。全县上下一定要把思想和行动统一到中央和省、市、县委重大战略部署上来，统一到这次会议的精神上来，以高度的政治自觉，以更加坚定的决心，更加坚强的合力，更加坚实的举措，朝着既定的目标不懈奋进，努力开创阳高各项工作新局面。

一、提高站位，坚定信心

深入推进“五型阳高”建设，坚决打胜脱贫攻坚战，绘就美丽富裕幸福的小康阳高美好蓝图，最为根本的就是要旗帜鲜明讲政治。只有政治上正确，才能做到本色不改，信心不减，方向不偏。要始终坚定理想信念，高举习近平新时代中国特色社会主义思想伟大旗帜，深入学习党的十九大和十九届二中、三中全会精神、习总书记视察山西重要讲话精神，切实增强政治自觉、思想自觉、行动自觉，坚定中国特色社会主义理论自信、道路自信、制度自信、文化自信，始终与中央和省市县委的决策部署步调一致，确保我们各项事业沿着正确的政治方向不断前进。要提高政治站位，牢固树立“四个意识”，始终与以习近平同志为核心的党中央保持高度一致，坚定不移地维护党中央的权威，坚持党的集中统一领导，在思想上拥戴核心，在感情上认同核心，在政治上维护核心，在行动上紧跟核心，做到党中央提倡的坚决响应，党中央禁止的坚决不做，让党中央和省、市委的决策部署在阳高不折不扣贯彻执行、落地生根。

二、抢抓机遇，乘势而上

去年以来，县委团结和带领全县广大干部群众，主动适应新时代新形势新要求，始终保持专注发展的定力，始终保持攻坚克难的锐气，始终保持干事创业的激情，开拓进取，狠抓落实，推动了全县经济社会平稳较快发展。从目前的形势看，阳高实现转型发展面临着前所未有的机遇，发展的环境进一步优化，发展的动能进一步积聚，发展的后劲进一步增强。同时，我们扎实推进全面从严治党，持续优化干部清正、政府清廉、政治清明的政治生态，各级干部的执行力、落实力和破解难题的能力明显提高，为深入推进“五型阳高”建设打胜脱贫攻坚战，打下了良好的基础。可以说，当前的阳高，发展势头很好、前景很好、氛围很好。对此，我们要坚定信心，乘势而上，切实把思想和行动统一到县委对今年工作的部署上来，进一步强化时不我待、稍纵即逝的机遇意识；进一步强化挑战困难、不进则退的危机意识；进一步强化舍我其谁、敢于担当的责任意识；进一步强化不甘落后、奋发有为的进取意识。在把握机遇中主动作为，在应对挑战中拼搏进取，使阳高发展的前景更加广阔、更加灿烂。

三、服务中心，推动发展

深入推进“五型阳高”建设，实现脱贫摘帽是我县今年工作的重中之重。围绕这个中心和方向，我们要始终坚持发展第一要务不动摇，秉持新发展理念，着力在龙泉工业园区建设、招商引资、农村产业融合发展、生态文明建设、康养旅游产业发展上实现新的突破。始终坚持全面深化改革，紧盯影响全县经济社会发展的全局性问题、制约转型发展的主要矛盾和群众反映强烈的民生诉求谋划推进改革，不断创新体制机制，为转型升级、加快发展提供不竭动力和活力；始终坚持“民生为上、民利为先、民安为基”的民本理念，坚决打胜精准脱贫“攻坚战”，织好公共服务“保障网”，筑牢社会安全“防护墙”，不断提高人民群众的生活水平和质量；始终坚持加强和改进新形势下党的建设，压实管党治党责任，强化纪律作风建设，严肃党内政治生活，营造风清气正的政治生态，推动全面从严治党向纵深发展，为经济社会又好又快发展提供根本保障。

四、凝心聚力，真抓实干

人民群众是推动发展的力量源泉。实现阳高转型发展，脱贫摘帽进而全面建成小康社会，需要全县人民群众共同参与、共献才智。人民代表大会制度是人民当家作主的制度保障，是党在国家政权中充分发扬民主、贯彻群众路线的最好形式。我们要坚持和完善人民代表大会制度，大力发展社会主义民主政治，把党的主张转化为全县人民的共同意志和行动。要尊重群众的首创精神，激发群众的创造活力，最大限度地调动最广大人民群众的积极性和创造性。要围绕人大代表提出的议案和建议，全力以赴解决群众关心关注的问题，确保落实到位，给代表一个满意的答复，给群众一份合格的答卷。人大代表要充分发挥桥梁纽带作用，增进党和政府与人民群众的血肉联系，反映广大群众心声，真正把全县人民的意志和力量凝聚起来，共同推进我县经济社会又好又快发展。全县各级各部门、广大干部要进一步转变作风、狠抓落实，为人民掌好权用好权，给群众办实事解难事，脱贫攻坚进入冲刺决战阶段，全县上下特别是各级领导干部要大力强化问题意识，集中精力补短板补底板、强弱项赶差距，着力解决脱贫攻坚中存在的问题和不足；要全面落实“入户工作法”，集中时间和精力常态化开展入户走访、入户对接、入户宣讲、入户帮扶、入户工作、入户落实、入户督查，打通精准扶贫的“最后一公里”，走好结对帮扶的“最后一步”；要倡导“5+1”工作制度，每周抽出六日一天时间专门进村入户开展帮扶工作，驻村工作队员、第一书记要按照“三个三分之二”要求不仅白天住下来而且晚上也要住下来，通过这些措施高质量打赢脱贫攻坚战，高水平实现脱贫摘帽。

五、依法履职，强化职能

新时代、新形势、新任务对做好人大工作提出了新要求。县人大及其常委会要在县委的正确领导下，切实履行宪法和法律赋予的职权，充分发挥地方国家权力机关的作用。要抓住事关经济社会发展全局的重大问题、事关群众切身利益的重点问题、法律法规实施中的突出问题，综合运用听取审议专项工作报告、执法检查、专题调研等多种有效形式，加大监督力度，务求监督实效。要认真行使重大事项决定权，不断提高决策的民主化、科学化水平，充分实现党的主张，反映人民群众的意愿。要进一步做好代表工作，支持和保障代表依法履职，充分发挥代表主体作用，使人大工作更好地顺应民心、反映民意、贴近民生。要进一步完善人大及其常委会的工作制度、运行机制，推进人大工作制度化、规范化、程序化，使人大工作更具时代特色、充满生机活力。

人民代表大会制度是中国特色社会主义制度的重要组成部分，也是推进国家治理体系和治理能力现代化的根本政治制度。县委将进一步加强和改进党对人大工作的领导，一如既往地全力支持人大开展工作，支持人大代表依法履职，及时研究解决人大工作中存在的困难和问题。“一府一委两院”要自觉接受人大监督，坚决执行人大及其常委会的决议决定，主动向人大及其常委会报告工作，在人大监督下不断提高工作水平。各乡镇要切实把人大工作摆在重要位置，切实做到思想上重视、工作上信任、决策上尊重，为人大工作创造宽松和谐的环境。各部门单位要积极支持人大依法行使职权，认真办理人大代表议案建议，主动为代表履职创造条件，切实营造尊重人大地位、支持人大工作的良好氛围。

县委对政协工作的建议（节选）

——在政协阳高县第十四届委员会第三次会议上

冯晓雷

（2018年3月20日）

2017年，我们坚持以习近平新时代中国特色社会主义思想为指引，认真学习贯彻党的十九大精神和习总书记视察山西重要讲话精神，按照省委“一个指引、两手硬”重大思路和要求和市委“136”发展战略，积极践行“356”发展思路，持续引深“五型阳高”建设，坚持以脱贫攻坚统揽经济社会发展全局，团结带领全县广大干部群众，牢记使命、扎实苦干，谋划了很多要事，干成了很多大事，解决了很多难事。一年来，我们扎实推进“两学一做”学习教育常态化制度化，深入开展“维护核心、见诸行动”主题教育，团结带领全县干部群众与党中央保持思想一致、方向一致、步调一致，政治建设站上新高度；我们坚持稳中求进的总基调，以转型发展为路径，向全面深化改革要动力，在困境中求发展，各项主要指标超额完成预期任务，经济总量进一步扩大，经济发展再上新台阶；我们深入贯彻习近平总书记精准扶贫精准脱贫战略思想，扎实开展二十四项扶贫专项行动，不断完善“五个五”工作法，大力推行“五个三”工作机制，全县42个贫困村、15253名贫困人口如期退出贫困序列，脱贫攻坚取得新成效；我们蹄疾步稳推进全面深化改革，扎实开展了农业供给侧结构性改革、商事制度改革、旅游体制机制改革、县城环卫市场化改革等一批带动全局、具有引领作用的改革项目，全面深化改革迈出新步伐；我们着力办好人民满意教育，积极推进城乡卫生服务均等化，不断提升社会保障水平，加快平安阳高、法治阳高建设，人民群众的幸福感、获得感、安全感进一步增强，民生福祉实现新提升；我们扎实开展“铁腕治污”、大气污染综合治理、城乡采暖“煤改电”试点和工业粉尘改造工作，完成荒山造林2.6万亩，森林覆盖率达到26.2%，生态环境有了新改善；我们全力推进“强腰行动”，圆满完成农村“两委”换届工作，持续引深“1+5”“1+6”创建活动，有力推进监察体制试点改革，持之以恒加强纪律作风建设，全面从严治党得到新加强。

取得这样的成绩，最根本在于有习近平新时代中国特色社会主义思想的科学指引，有省、市委的坚强领导，有全县上下团结一心、奋力拼搏，同时也凝聚着广大政协委员的智慧和汗水。一年来，县政协

政协阳高县第十四届委员会第三次会议

牢牢把握团结和民主两大主题，紧紧围绕中心、服务大局，以改革创新的精神履行政治协商、民主监督、参政议政职能，在服务改革发展、决胜脱贫攻坚、助力民生改善、增进政治共识等方面做出了新贡献。对此，县委是满意的，人民是满意的。在此，我代表县委，向全体政协委员、广大政协工作者，向关心支持阳高发展的社会各界人士表示衷心的感谢！

成绩属于过去，发展永无止境。党的十九大描绘了建设社会主义现代化强国的美好蓝图，吹响了新时代坚持和发展中国特色社会主义的嘹亮号角。县委十四届四次全会暨经济工作会议指出了坚持以脱贫攻坚统揽经济社会发展全局的工作主题，明确了完善和拓展“356”发展思路，奋力谱写“五型阳高”建设新篇章的工作目标。作为阳高的建设者和当家人，希望广大政协委员，继承和发扬人民政协的优良传统，牢记使命，发挥优势，进一步提高履职能力，在决胜脱贫攻坚，建设美丽富裕幸福的小康阳高的伟大实践中再立新功、再创辉煌。

第一，要政治坚定，把好政协事业的方向盘。坚持中国共产党的领导，是人民政协事业始终沿着正确方向前进的根本保证。广大政协委员要把党的领导贯穿到政协工作全过程、各方面，牢固树立“四个意识”，始终在思想上政治上行动上同以习近平同志为核心的党中央保持高度一致。要把学习贯彻党的十九大精神作为根本任务。结合推进“两学一做”学习教育常态化制度化和“不忘初心、牢记使命”主题教育，组织开展多形式、分层次、全覆盖的学习，准确把握新时代政协工作的职责定位和目标任务，始终在党的坚强领导下，发展和完善好中国特色社会主义协商民主制度。要把学习贯彻习近平新时代中国特色社会主义思想作为核心内容。深刻学习领会这一思想的时代背景、历史地位、科学体系和精神实质，将其作为统揽政协各项工作的总纲，切实学懂弄通做实，自觉以政协章程作为共同的行为准则和开展工作的基本依据，进一步夯实团结奋斗的思想政治基础。

第二，要牢记使命，唱好服务大局的主旋律。发展是解决一切问题的关键。广大政协委员要把推动发展作为履行职能的第一要务、第一责任，聚焦中心任务，主动参与，全力服务，争做贡献。要在推进“五型阳高”建设上凝聚力量。坚持“356”发展思路，加快“五型阳高”建设，经过实践检验，符合阳高县情，顺应时代潮流，是实现全面建成小康阳高的必由之路，必须一张蓝图绘到底。广大政协委员要聚焦新时代新要求，充分发挥政协职能作用，广泛凝聚智慧力量，不断丰富和拓展“五型阳高”建设的新路径、新内涵，带来新活力，做出新贡献。要在推动高质量发展上贡献力量。推动高质量发展是党中央遵循经济发展规律提出的重大战略部署，广大政协委员要紧扣这个根本要求，充分发挥人才荟萃、智力密集的优势，围绕县委提出的打胜脱贫攻坚战、保障和改善民生、实施乡村振兴战略、全面深化改革等重点任务开展深入调研，广纳各方良言，汇聚真知灼见，多立科学之论、多献务实之策、多尽推动之力。要在打赢脱贫攻坚战上展示力量。今年是贯彻落实十九大精神的开局之年，是我县脱贫攻坚的决胜之年。广大政协委员要紧紧围绕实现“三个转变”的要求，着力抓好“扶贫超市”建设，扎实开展脱贫攻坚专项调研督查，广泛动员社会各界助力脱贫攻坚，把参与、支持、服务和监督有机统一起来，保障和推动全县脱贫攻坚各项工作任务的落实。

第三，要发挥优势，画好团结民主的同心圆。人民政协作为多党合作和政治协商的重要机构，要紧紧围绕团结和民主两大主题，调动一切可以调动的积极因素，团结一切可以团结的人，汇聚起共建阳高的强大力量。要增进各方思想共识。多做凝心聚力的事，多说提气鼓劲的话，不断增进干部群众的思想认同、政治认同和情感认同，使县委、县政府的各项决策部署真正能得到社会各界的真心拥护和大力支持，并内化为干部群众的自觉行动和有为实践。要深化团结合作内涵。进一步扩大团结面、增强包容性，加强与各民主党派、无党派人士和有关人民团体的团结合作，加强同党外知识分子、民族宗教代表人士等的团结联谊，密切与非公有制经济人士、新社会阶层人士等的联系沟通，切实把方方面面的积极性和创造性充分调动起来。要拓展民主参与渠道。注重扩大有序政治参与空间，有效组织各党派团体开展民主协商，坚持求同存异、体谅包容，鼓励平等、真诚的协商讨论，倡导知无不言、言无不尽的民主环境，切实营造巩固好有事多商量、遇事多商量、做事多商量、众人的事情由众人商量的浓厚氛围。

第四，要沉下身子，做好服务群众的贴心人。民生千钧重，责任大于天，人民日益增长的美好生活需要就是我们努力的方向。广大政协委员要牢固树立“人民政协为人民”的理念，自觉把密切联系群众、紧紧依靠群众、真情服务群众、一切为了群众当作自己的履职定位、工作理念和价值追求。要深怀爱民之心，为民代言。坚持工作重心下移，经常深入基层一线，走进千家万户，深深扎根于人民群众的“沃土”之中，真正摸清真情实况，及时准确、全面客观地反映基层的呼声和群众的诉求，使县委的决策更加顺乎民意、合乎实际。要多尽惠民之责，为民谋利。坚持把增进民生福祉作为工作的出发点和落脚点，围绕群众最关心、最直接、最现实的利益问题以及社会各界反映强烈的突出问题，开展民主监督、视察调研、咨政建言等活动，协助县委把各项民生实事办好办实，让阳高的发展更有温度，群众的幸福更有质感。要常行亲民之举，为民解忧。坚持真诚倾听群众呼声，真实反映群众愿望，真情关心群众疾苦，围绕群众思想认识困惑点、利益关系交织点、社会矛盾易发点等，深入做好释疑解惑、协调关系、理顺情绪、增进共识的工作，进一步巩固全县政通人和、团结和谐的良好局面。

第五，要强基固本，练好履职尽责的硬功夫。政协自身建设水平如何，直接关系到履职的成效。广大政协委员要主动适应新时代新任务新要求，以改革思维、创新理念、务实举措，进一步拓展团结民主、务实进取、蓬勃发展的新局面，推动新时代人民政协事业不断向前发展。要加强学习，增进认同。牢固树立“在学中干，在干中学”的观念，认真学习领会中央和省市县的重大文件、会议精神，注重总结工作经验，加强成果交流，互学互鉴，取长补短，不断提升政治理论素养。要建强队伍，提升能力。全面加强思想政治建设、履职能力建设和纪律作风建设，不断提升履职建言、服务大局的能力和水平；着力抓好政协干部的业务培训和作风建设，努力培养造就一支政治坚定、作风优良、学识丰富、业务熟练的高素质干部队伍，为政协事业发展提供有力的组织人才保证。要端正作风，树好形象。政协委员既是一种荣誉，更是一份沉甸甸的责任。要模范遵守宪法法律和政协章程，自觉践行社会主义核心价值观，大兴求真务实之风、调查研究之风、艰苦奋斗之风，充分发挥在本职工作中的带头作用、主体作用、代表作用，做到不负重托、不辱使命。

各位委员、同志们，舟楫相配，得水而行。县委将一如既往地高度重视和大力支持政协工作，进一步加强和改善对政协工作的领导。全县各级党委要支持政协按照章程履行职能，积极发挥人民政协作为协商民主的重要渠道作用。各级各部门要加强与政协的联系沟通，主动为广大政协委员建言献策、参政议政提供便利条件、营造更好环境。

发挥政协优势 围绕县委决策 谱写新时代“五型阳高”新篇章而奋斗（节选）

——在政协阳高县第十四届委员会第三次会议上

项征武

（2018年3月20日）

一年来，在县委正确领导下，县政协高举习近平新时代中国特色社会主义思想旗帜，全面贯彻党的十九大精神和习近平总书记视察山西重要讲话精神，紧紧围绕县委“356”发展思路和县委十四届三次全会暨经济工作会的目标任务，团结带领广大政协委员、政协各参加单位和社会各界人士，认真履行职能，推进工作创新，积极为持续推进五型阳高、再战再胜脱贫攻坚贡献力量，政协事业实现了新的发展。

一、聚焦迎接学习宣传贯彻十九大，不断夯实团结奋斗的共同思想政治基础

常委会坚持把迎接、学习、宣传贯彻中共十九大作为贯穿全年工作的主线，积极做好迎接十九大的各项工作，举办委员培训班，编印理论学习专刊，组织委员和机关干部学习“砥砺奋进的五年”大型成就展，深入系统学习中共中央大政方针，不断巩固团结奋斗的共同思想政治基础，营造良好的政治氛围。十九大召开当天，组织部分委员和机关干部集中收看开幕会盛况。十九大召开后，把学习宣传贯彻大会精神作为首要政治任务，召开常委会专题会议做出认真学习宣传贯彻中共十九大精神的决议，制定实施意见，组织召开主题研讨会进行学习交流。广大委员和机关干部着力在学懂弄通做实上下功夫，牢固树立了政治意识、大局意识、核心意识、看齐意识，切实增进政治认同、思想认同、理论认同、情感认同，坚定道路自信、理论自信、制度自信、文化自信，坚决拥护十九大选举产生的以习近平同志为核心的新一届中共中央领导集体，对中国特色社会主义和中华民族伟大复兴充满信心，自觉维护以习近平同志为核心的中共中央权威和集中统一领导，自觉以习近平新时代中国特色社会主义思想武装头脑、指导实践，推动政协事业创新发展。

二、聚焦建言献策职能，不断丰富履职活动

常委会紧紧围绕统筹推进“五位一体”总体布局和协调推进“四个全面”战略布局，紧扣县委、县政府工作部署，认真履职、扎实工作。

通过会议建言献策。一是全委会共同协

商共议大事。二次会议期间，全体委员紧扣冯书记讲话和政府工作报告，就脱贫攻坚、康养产业、设施农业发展等议题，通过座谈讨论、委员发言、提案征集、领导深入小组协商等形式，提出意见建议80余条，营造协商议政、共襄大局的浓厚氛围。二是常委会专题协商突出重点。围绕脱贫攻坚、农业农村、生态旅游、民营经济以及教育、卫生、交通等议题开展议政建言，完成《推进三社联动，完善社区功能》等9篇调研报告，其中《阳高县民营经济发展态势浅析》被县委《决策参考》采用。三是专委会（界别）对口协商注重实效。经济委与县供销社进行对口协商，商讨解决供销社改革发展中遇到的难题；农业界与县水务部门进行对口协商，促使大辛庄和柳沟两村饮水困难问题得以有效解决。各专委会、界别小组还主动就多个专题进行调研，开展对口协商。

通过提案建言献策。十四届二次全会以来，共征集提案93件，经审查立案93件，其中《关于建立健全全县人民健康体检长效机制》《关于县城街道小街小巷亮化问题》等建议都已得到落实，《我县老旧小区的改造（包括休闲广场）》已列入政府的重要议事日程，《关于县城阳和路路面维修》已列入近年的改造计划。通过建立提案“三级”审查制度和评优制度，完善重点提案办理工作机制，进一步规范办理工作程序，切实强化了提案实效，提高了提案工作水平。

通过社情民意建言献策。一年来共编写各类社情民意信息30篇，被全国、省、市政协采纳8篇，2016、2017年连续两年考核期积分名列全市区县第五。其中撰写的《关于推进脱贫攻坚的建议》和《车辆购置税减税政策应延续》两篇被全国政协采用，《公职人员“坐休”现象极大减损“三基建设”》《加大中心村镇建立托老养老院力度密度》《建议引入第三方评估清理违规低保》《信访工作应关注三个“大”》《深化供销社综合改革应以聚焦股金问题为先》等5篇被省政协采用，《控制民办学校择校热宜“疏”不宜“堵”》被市政协《社情民意信息》采用。

通过视察调研活动建言献策。根据年度协商计划，每季度安排副主席带队开展调研活动，形成了16篇高质量的调研报告。11月初，按照县委《关于处级干部大调研活动的安排》，围绕贯彻乡村振兴战略、做好“三农”工作调研课题，结合宣讲十九大和“促脱贫补短板”进行为期一个月大调研活动，与此同时还把调研课题细化为四个子课题，落实到四位副主席身上，组织相关委员进行深入广泛调研，形成高质量调研报告，报送县委政府供决策参考，并在2018年省委机关刊物《前进》第二期和市委机关刊物《今日大同》第三期发表，题目分别为《新时代展现新作为 开创乡村振兴新局面——阳高县三农工作迈上高质量发展快车道》《贯彻乡村振兴战略，做好“三农”工作》，为全省、全市贯彻乡村振兴、做好“三农”工作贡献政协智慧和阳高方案。

通过建议案建言献策。根据年初协商计划，我们围绕体育事业、公共卫生开展实地视察、座谈讨论、常委会协商，形成了《关于加快我县体育事业复兴步伐的建议案》和《关于提供人才保障实现我县公共卫生服务均等化建议案》两个高质量的建议案，供县委、县政府决策参考，得到县委、县政府高度重视。

三、聚焦共襄脱贫伟业，积极为再战再胜鼓与呼

脱贫攻坚是全党工作的重中之重，更是我们贫困县广大人民群众的热切期盼。常委会坚持把共襄脱贫伟业作为履职重点，竭尽全力为再战再胜鼓与呼。

专题调研建言脱贫。围绕脱贫攻坚开展专题调研，撰写的《精准扶贫到户的困惑与对策》专题调研报告，得到县委、县政府高度重视；政协脱贫攻坚指导组撰写的《当前全县脱贫攻坚存在的问题》得到县委冯书记批示，并转发相关部门和乡镇贯彻落实。为配合省、市、县三级政协联动专题视察调研，动员广大委员通过提案、社情民意等形式广泛建言脱贫攻坚，为调研组提供了一些有价值的意见建议，得到调研组的充分肯定。

专项巡视促进脱贫。先后巡视督查了10个乡镇30余个贫困村，走访贫困户180余户，发放调查问卷200多份，梳理汇总出7类18条具有建设性、前瞻性的意见建议，并以调研督查报告的形式上报县委和县脱贫攻坚领导组，为县委、县政府科学决策提供了参考依据。

广泛联络助力脱贫。一年来，组织引导机关干部、政协委员捐款捐物慰问了大辛庄、曹庄、堡子湾、潘家屯、柳沟等贫困村贫困户；联系市老龄协会慰问了大辛庄贫困户和龙泉敬老院五保老人；联系顶新公益基金会

委员们在分组讨论

为罗文皂镇许家园、三墩村175户贫困户捐助白面、方便面等价值5万元的慰问物资。

包点帮扶带动脱贫。政协班子主要领导积极响应县委号召认真开展包点帮扶工作，选派的第一书记和驻村工作队认真履职尽责，每名干部都用心用力包联贫困户，发挥了包点帮扶表率示范作用。一年来相继为包联贫困村办了一批力所能及的实事好事，主要是：为大辛庄村争取资金22万元，新建防渗渠500米、公厕1处，安装太阳能路灯20盏、变压器1台；筹资20500元对全村贫困户进行了慰问；为堡子湾村协调建成30吨水塔一座，发放白面64袋、大米64袋、油64桶；为潘屯村协调建护村坝1处，硬化道路7000米；为柳沟村协调配套机井设施一套，安装变压器一台，发放白面50袋、食用油50桶。

“扶贫超市”提升脱贫。通过积极争取，我县罗文皂镇许家园和管家堡、友宰镇大辛庄、古城镇道贤村列为全市“扶贫超市”试点村，在此基础上，先后两次对全县11个乡（镇）98个贫困村进行了项目需求摸底，列出需求项目290个，对接认领帮扶项目82个，涉及9个乡（镇）27个贫困村，认领资金789万元。截至目前，已完成项目建设67个，投资593万元。一年来，“扶贫超市”对我县脱贫攻坚做出了显著贡献，已经列入全县二十四项扶贫行动之一和深化改革重点项目。

四、聚焦团结统战功能，努力画出最大同心圆

常委会坚持履职为民，积极发挥政协组织团结各界、联系群众的独特优势，突出大团结、大联合、大发展，着力调动一切积极因素，寻求最大公约数、画出最大同心圆，切实为阳高改革发展稳定大局减少阻力、增加助力、汇聚合力。

着力促进团体特邀和谐。邀请无党派人士和人民团体参加各种专题协商会8次，参与全县重大方针政策的协商讨论和履行职能的各项活动5次，坚持提案重点办理、社情民意重点报送、意见建议重点研究“三重点”原则，充分发挥了他们在政协组织中的独特作用。

着力融洽民族宗教关系。充分利用例会、调研视察、组织重大活动等机会，与少数民族委员、宗教界人士保持密切联系，进一步增进理解、加强团结。

着力加强交流联谊工作。认真配合省、市政协来阳开展的康养产业发展、依托供销社优势促进农村商品销售、推动政协宣传工作等专题调研视察；联系阳高籍在外人士200余人次；接待了河南省林州市光伏考察团；开展了省、市、县脱贫攻坚三级政协联动视察监督活动。

着力维护社会和谐稳定。坚持充分发挥委员来自基层、贴近群众的优势，一方面把这一优势贯穿到认真执行四套班子成员定期定点接待群众来访制度中，积极协助县委、县政府做好解疑释惑、化解矛盾、疏导情绪、维护和谐的群众工作。另一方面把这一优势贯穿到认真贯彻县委关于四套班子领导包联乡镇制度中，积极推动县委、县政府中心工作在包联乡镇的贯彻落实。

五、聚焦强化自身建设，不断提高履职科学化水平

加强委员队伍建设，始终带着感情和责任做好委员服务管理工作，制定履职工作规则，强化学习培训，加强履职管理，不断提高委员政治把握能力、调查研究能力、联系群众能力、合作共事能力。加强专门委员会建设，发挥在组织委员履职和联系服务委员中的基础性作用。加强界别建设，制定界别活动办法，加强界别活动组织管理，完善界别工作保障机制。加强信息中心建设，落实机构设置和人员编制，推动政协信息工作规范化发展。加强制度建设，制定履职工作制度29项、机关管理制度21项，工作制度体系基本建立。加强与省、市政协的联系，主动接受指导。开展走访委员活动，密切与委员的联系，切实形成工作合力。

政协党组履行把方向、管大局、保落实的政治责任，把党的领导落实到政协履职的全过程和各方面。团结县政协各参加单位和各界委员，把党的主张转化为履职的自觉行动。落实全面从严治党主体责任，加强自身建设和对机关干部队伍的管理，深入开展“两学一做”学习教育，转变作风，严明纪律，努力营造风清气正的政治生态。

过去一年，县政协取得的工作成绩，得益于习近平新时代中国特色社会主义新思想的科学指引，得益于上级政协的精心指导，得益于县委的正确领导，得益于县人大、县政府及其各职能部门的大力支持，得益于各位老领导、老同志的亲切关怀，得益于全县政协各参加单位、广大委员和社会各界人士的团结拼搏。

过去一年，县政协工作虽然取得了一定成绩，但我们也清醒认识到，要适应新时代的新形势、新任务、新要求，我们的工作还有不少需要加强和改进的地方。主要是：调查研究仍需进一步深入，界别作用发挥仍需进一步强化，委员履职服务和管理仍需进一步加强，建言质量仍需进一步提高，“扶贫超市”仍需进一步引深等等。这些都需要在今后工作中高度重视、认真研究、切实改进。

2018年是全面贯彻落实党的十九大精神的开局之年，也是我县深入推进“五型”阳高建设、决胜脱贫攻坚、推动转型崛起的关键之年，处在这样一个伟大新时代的新起点，履行政协职能，做好政协各项工作，责任重大，使命光荣，县政协要不负人民重托，不忘初心、牢记使命、强化责任，深入学习贯彻十九大精神，坚持以习近平新时代中国特色社会主义思想为指引，认真贯彻落实中央和省、市、县委各项方针政策，紧扣县委“356”发展思路，积极履行政协职能，全力做好思想引导、汇聚力量、议政建言、服务大局各项工作，团结动员参加政协单位、广大委员和社会各界人士积极作为、进取创新，不断迈实政协步伐、优化政协路径，努力体现政协担当、彰显政协气魄，坚决答好新时代人民满意的政协答卷。

一、坚决答好新时代举旗定向卷

要把学习贯彻中共十九大精神作为首要政治任务来抓，组织推动政协各参加单位和各界委员在学懂弄通做实上下功夫。围绕学习贯彻十九大精神，采取请进来、走出去、走下去多种方式开展主题学习活动，不断把十九大精神学习活动引向深入。要紧密联系阳高实际，把学习贯彻十九大精神与深入贯彻习近平总书记对山西调研讲话精神有机结合起来，与落实“一个先行区”“两个尖兵”“三大振兴战略”部署有机结合起来，与推进“356”发展思路、着力高质量发展有机结合起来，努力把党的主张转化成为参加县政协的各单位和各界委员的思想政治共识。要在全体委员中开展“不忘合作初心、共担时代使命”主题学习活动，深入学习领会十九大报告的精神实质和丰富内涵，深入学习领会习近平新时代中国特色社会主义思想，用以武装头脑、指导实践、推动工作。要在学习贯彻十九大精神中坚持坚定人民政协正确的政治方向，做到在自觉讲看齐中坚持政治同向，在履行新使命中坚持责任同担，在贯彻新指南中坚持思想同心，在推进新征程中坚持行动同力，在参与新作为中坚持工作同频，在对标新要求中坚持作风同律，通过坚持不懈在“六同”上下功夫求实效，确保新时代人民政协事业沿着正确的政治方向前进。

二、坚决答好新时代助推发展卷

奏响五型阳高“新乐章”、跑出全面深改“加速度”、打好乡村振兴“组合拳”是县委十四届四次全会贯彻落实中共十九大精神、立足阳高县情实际、把握全国和省、市发展格局做出的重大部署，是我县政协参加单位、广大委员和社会各界人士的共同职责和使命。我们要坚持新发展理念，围绕“新乐章”“加速度”“组合拳”三大部署的实施推进，建精准之言、献可行之策、出务实之力，为我县走出转型新路、实现高质量发展做出新贡献。

为奏响五型阳高“新乐章”献智力。始终坚持发展第一要务，充分发挥人民政协人才荟萃、智力密集的优势，组织引导委员紧紧围绕加快五型阳高建设，聚焦实施工业振兴战略、做强做大三大农业优势产业、促进康养旅游产业融合提档升级、实施生态建设双“123”工程和打造美丽宜居县城四转变，深入调查研究、积极议政建言，为推进五型阳高提供智力支持。

为跑出全面深改“加速度”添动力。坚持改革开放，紧紧围绕加快营造与高质量发展相适应，充分激发全社会创造力和发展活力，聚焦加强对改革工作的领导、统筹推进各领域改革、创新改革方式方法等，积极建言献策、开展民主监督，为深化改革开放、激发全社会创业创新创造活力、实现全面深改贡献力量。

为打好乡村振兴“组合拳”出实力。围绕大力实施乡村振兴战略，聚焦增加农民收入、壮大各类新型市场主体、推进项目建设、推进乡村基础建设等事关乡村振兴全局的重大问题，积极履职、扎实工作，多建有用之言、多献务实之策，为乡村振兴广泛汇聚正能量。

三、坚决答好新时代促进和谐卷

打赢精准脱贫攻坚战、答好民生保障满意卷、营造和谐稳定大环境三大基础工作，关系我县全面小康的建成、“356”发展思路的实现，要按照县委、县政府工作部署，顺应人民群众对美好生活的新期待，充分发挥政协职能，积极助力三大基础工作，为补齐短板、促进和谐积极贡献力量。

在打赢精准脱贫攻坚战中积极作为。积极响应县委“苦干一整年、坚决打赢脱贫攻坚战”工作部署，精准聚焦树立全局意识、把握工作重点、强化责任担当、严格责任追究、汇聚扶贫力量等五个扶贫环节，坚持坚定上一年履职实践，继续把共襄脱贫作为履职重点，围绕专题调研建言脱贫、专项巡视促进脱贫、广泛联络助力脱贫、包点帮扶带动脱贫、“扶贫超市”提升脱贫等五个方面履职尽责，为我县从思想认识、脱贫质量、组织领导、制度保障、扶贫格局上打赢打好攻坚战发挥政协积极作用。

在答好民生保障满意卷中积极作为。紧扣实施教育强县“1234”工程、实施农民技能提升和职校就业提升工程、完善农民工工资支付保障制度、发挥医疗集团优势等民生大事的推进，紧扣困难群体和低保边缘户家庭建立救急难工作机制等民生急事的落实，紧扣低收入人员、经济薄弱村的脱困转化等民生难事的破解，认真履职、扎实工作，发挥政协积极作用。

在营造和谐稳定大环境中积极作为。发挥政协团结各界、联系群众的优势，积极推动打造共建共治共享的社会治理格局、加强预防化解社会矛盾机制建设、加快社会治安防控体系建设、深入推进平安阳高建设、创新精神文明体系建设等方面的工作，为营造全县大局和谐稳定发挥政协积极作用。

四、坚决答好新时代凝心聚力卷

要充分发挥政协组织的团结统战功能，把团结各界、凝聚人心摆在更加突出的位置，厚植团结联谊优势，着力构建最大“朋友圈”、画出最大同心圆，广泛汇聚正能量。引导委员以模范言行做党的政策宣传者、改革开放推动者、社会和谐促进者、决战脱贫奉献者，在兴阳大业中传播正能量、演绎“协奏曲”。积极为工商联、无党派人士和有关人民团体在政协履职创造条件。全面贯彻党的民族政策和宗教工作基本方针，深化民族团结进步教育，积极引导宗教与社会主义社会相适应。密切与非公有制经济人士、新的社会阶层人士、出国和归国留学人员等联系沟通，拓宽议政平台和交流渠道，把更多的人团结在中国共产党的周围。编辑出版十二届以来政协工作志，充分发挥文史资料“存史、资政、团结、育人”的作用。加强团结联谊，增强在外人士对家乡的认同感、归属感，动员全体阳高儿女共同致力于推进“356”发展思路、开启高质量发展的新征程。

五、坚决答好新时代开拓创新卷

适应新时代新任务新要求，以改革思维、创新理念、务实举措加强制度机制和能力建设，提高履职水平。注重把协商民主精神体现于履职工作，履职活动融调研、协商、监督、参与、合作于一体，释放三项职能的整合效应。更加注重与上级政协联动，就共同性、区域性的重大问题联合发力，实现统筹联动、优势互补、成果共享。切实发挥提案工作的全局性作用，把协商贯穿提案工作始终，加强平时提案征集，推动其他履职方式与提案衔接、向提案转化。积极筹划政协云平台建设，让委员们更好地明政知情，实时

特载

参与协商，及时参与监督，更好地参政议政。调查研究、社情民意信息、文史资料、新闻宣传等基础性工作也要强化创新意识，适应履职需要，提高工作水平。要组建各民主监督组，做好特约监督员的选派管理工作，开展民主评议，为更好地落实中央和省、市委关于民主监督的实施意见奠定坚实基础。

六、坚决答好新时代自身建设卷

要坚决贯彻落实全面从严治党的新要求，始终把政治建设摆在首位，在政治立场、政治方向、政治原则、政治道路上同以习近平同志为核心的中共中央保持高度一致。要遵守党的组织原则，重大事项、重要工作及时向县委请示汇报，自觉围绕中央和省、市、县的重大决策部署开展工作，努力把党的主张转化成参加政协各单位、广大委员、社会各界人士的共识。要发挥县政协党组领导核心作用，严守政治纪律和政治规矩，严格尊崇党章，严肃党内政治生活，落实全面从严治党主体责任，贯彻民主集中制原则，切实提高政协党组把方向、顾大局、保落实的能力。要加强委员履职服务管理，建立健全委员学习培训、履职评价等制度，努力提高委员队伍整体素质。要加强机关干部队伍建设，注重培养专业能力、专业精神，锻造一支高素质专业化队伍。

在中国特色社会主义新时代，政协委员作为各行各业的精英和代表，责任重大、使命光荣，必须要有新气象、新作为。要严格遵守宪法法律和政协章程，珍惜和维护政协宽松和谐的民主氛围，继承和发扬民主协商、平等议事、求同存异、体谅包容、合作共事的优良传统。要秉持为民情怀，带着感情倾听群众呼声，关注群众热议话题，每位委员每年至少参加一次以政协小组或政协专委会组织开展的调查视察活动，认真撰写一份专题调查报告，提出一件有价值的提案，反映一条高质量的社情民意信息，为老百姓特别是贫困户办一件好事实事，还要自愿量力参加一次“扶贫超市”专项行动，在坚守“六个一”履职要求中充分彰显委员作用、展现委员风采。要自觉提升政治觉悟和政治能力，锤炼道德品行，弘扬“红船”精神和右玉精神，尤其是要传承弘扬大泉山精神、李培仁精神、李培斌精神、赵晋国精神等本土正能量，切实在本职工作中发挥带头作用、在政协工作中发挥主体作用、在界别群众中发挥代表作用，努力树立委员的良好形象。要强化学习意识，重点学习好新修订的《政协章程》，尤其需要指出的是新设立了《委员》一章，对委员履职尽责等提出了明确要求，希望大家做好新修订章程实施第一年的“委员作业”，在明年大会报到时，不仅能提出好的提案，也能用自己的实际行动交上一份好的履职报告。

使命呼唤担当，实干成就梦想，“幸福都是奋斗出来的”！让我们更加紧密地团结在以习近平同志为核心的党中央周围，在县委正确领导下，深入学习贯彻习近平新时代中国特色社会主义思想，不忘初心、牢记使命，坚持“时代是出卷人、我们是答卷人、人民是阅卷人”的工作理念，为落实县委“苦干一整年、坚决打赢脱贫攻坚战”工作部署，为奋力谱写新时代“五型阳高”建设新篇章做出新的更大贡献！

中国人民政治协商会议
阳高县第十四届委员会常务委员会
关于提案工作情况的报告

——在政协阳高县第十四届委员会第三次会议上

景瑞平

（2018年3月20日）

一、提案办理基本情况

县政协十四届二次会议以来，共征集提案93件，经审查立案93件，立案率100%。立案的提案中，委员个人提案69件，联名提案24件。其中涉及经济社会发展方面10件，占总数的10.8%；公路交通方面20件，占总数的21.6%；国土住建方面17件，占总数的18.3%；农林水利方面14件，占总数的15.1%；教育民政方面10件，占总数的10.8%；其他方面22件，占总数的23.4%。其中，《加强教育教学管理，减少学生流失》等3件提案，经主席会议研究，被确定为重点提案。93件提案分别交由27个单位办理，截至目前，已办结完毕91件，办结率达97.8%。

总体来说，这些提案凝聚了委员们的智慧和心血，比较客观准确地反映了当前我县经济社会发展中应予重视解决的问题，展现出了委员们紧扣大局、与时俱进的敏锐眼光和心系发展、情系民生的百姓情怀，为县委、县政府民主决策、科学决策提供了重要参考依据，为打赢脱贫攻坚战、促进“五型阳高”建设发挥了积极作用。

一是助推我县脱贫攻坚取得实效。围绕精准扶贫，委员们共提出提案19件，占提案总数的20.4%。《加强金融扶贫 助力脱贫攻坚》《关于加大我县农民工技能培训力度》《关于精准开展产业帮扶搞好脱贫攻坚》《加大贫困户小额信贷扶持力度》等提案得到了很好的落实。

二是助推我县经济结构转型升级。围绕全县发展大局，促进经济结构转型，委员们共提出提案5件，占提案总数的5.4%。《关于我县发展中草药基地》《如何做强阳高县设施农业》《整合地域农业资源做强特色大农业》等提案得到相关部门的重视并逐步落实。

三是助推我县城市管理水平提高。围绕提高阳高城市管理水平，委员们共提出提案15件，占提案总数的16.2%。《张同公路穿越阳高县城高柳街煤车流量大，存在严重安全隐患》的提案，县交通运输局认真发挥职能作用，与县公路段、县交警队相关部门进行沟通，共同努力，确保了我县道路安全畅通。

四是助推我县社会事业不断进步。围绕社会事业，委员们提出提案18件，占提案总数的19.4%。《加强教育教学管理、减少学生流失》《提高阳高教育质量》的提案，县科教局高度重视，专门组织人员对学生流失情况进行调查研究、认真分析解决教学中存在的问题，坚持多措并举，教学质量水平稳中有升，学生流失问题得到了有效控制。《关于建立健全全县人民健康体检长效机制》的提案也得到很好落实。2017年，我县共投入资金100万元，为全县机关事业单位约9300名在职、退休职工免费进行了健康体检。

五是助推我县生态环境逐渐好转。围绕改善我县生态环境，委员们提出了8件提案，占提案总数的8.6%。《关于我县投放一批环卫设施，加大垃圾清理频次》的提案得到了县委县政府的重视，正在逐年增加环卫设施投入。《突出特色，稳步提高园林绿化水准》的提案得到县园林管理处的高度重视，专门成立了养护修剪队，为各街道、绿化区进行专门的养护和修剪，并加强了对养护修剪队工人的管理和专业培训。

二、提案工作的主要特点

（一）加强领导，提案办理更加认真务实。

一是党政领导重视提案办理。县委、县政府领导高度重视提案工作，促进了提案办理的顺利开展。对于《关于加强农村公路管理》的提案，住建、交通等部门负责人多次到乡村调研，使“四好农村路”建设落到了实处。二是主席领衔督办制度得到坚持。县政协常委会把提案工作列入重要议事日程，主席会议定期研究提案工作，并坚持主席领衔督办重点提案。2017年，主席会议成员亲自参加提案办理协商活动11次，督办重点提案3个，推动了一批民生提案的落实。三是承办单位强化办理责任、提升提案办理效率。对于《关于移民新村屋顶安装光伏发电惠民扶贫项目》的提案，县发改局和县扶贫办多次与委员见面交流沟通，详细了解提案的办理要求和屋顶光伏扶贫项目推广的可行性，现已逐步实施。

（二）创新方式，提案办理更加充分深入。

一是提前部署，抓好示范。全会召开前，县政协提案委引导委员早安排、早调研、早撰写，提高提案撰写质量。同时，常委会要求政协常委发挥模范带头作用，与委员们积极合作撰写提案。去年的93件提案中，两人以上共同撰写的集体提案有24件，充分展现了政协委员的集体智慧。二是认真审查，严格把关。全会期间，提案审查委员会对收集的提案按照有关程序要求严格初审。全会闭幕后由提案审查委员会进行二次审查。通过严格把关，确保了立案提案的质量。三是重视协商，坚持互动。在提案办理中，对一些综合性较强、问题反映比较集中的提案，由县政协提案委、县政府督查室牵头协调，组织委员与承办单位“面对面”进行协商办理。

（三）多措并举，提案办理更加规范有序。

一是开展联合督办。县政协提案委会同县政府督查室不定期对各承办单位的办理工作进行督促检查。二是开展调研视察专项办理。我们针对3个重点提案，组织开展专题调研视察，向承办单位提出意见和建议，助推提案的办理。三是实行提案跟踪督办。认真开展提案办理“回头看”活动，对列入计划拟解决的提案和积案进行跟踪督办，真正使提案办理工作由“答复型”向“落实型”转变。

三、2018年提案工作思路

2018年，县政协提案工作要全面贯彻落实中共十九大精神，围绕县委、县政府中心工作，始终关注人民日益增长的美好生活需要，继续把解决人民群众最关心、最直接、最现实的利益问题作为提案工作的出发点和落脚点，积极探索提案工作的新思路、新方法，努力提高提案质量、办理协商质量和服务质量，进一步推动提案工作再上新台阶。重点抓好以下几方面的工作：

（一）强化责任，发挥优势，进一步提高提案质量。

提案质量是整个提案工作的基础，决定着提案作用的发挥，关系到政协参政议政的成效。全体委员必须以高度的政治责任感和使命感，深刻领会习近平新时代中国特色社会主义思想，切实加强政协业务知识学习，不断提高自己的履职能力和水平。要坚持把提案质量放在首位，紧紧围绕全县中心工作和人民群众普遍关心的热点问题，深入调研、深入思考，撰写针对性强、参考价值高的提案，各参加单位、各界别、各专委会要充分发挥自身的优势和特点，集思广益，提出高质量的提案。

（二）求真务实，狠抓落实，进一步增强办理实效。

提案办理是实现提案价值、发挥提案作用的关键。在新的一年里，我们要在提案办理上投入更多的时间和精力，继续选择一些事关全局、针对性强、建议可行的提案作为重点提案；继续会同县委办、政府办对提案承办大户和多个单位承办的提案进行联合督办。

（三）积极探索，创新思路，进一步推进机制完善。

创新是提案工作永葆生机的不竭动力。我们要在总结多年提案工作经验的基础上，不断创新提案工作理念、工作方式和工作机制。不断完善政协常委会议、主席会议、专委会督办提案制度。要把提案工作同政协调研、委员视察、专题协商、反映社情民意等活动有机结合起来。使提案工作更加规范有序，富有成效。

聚焦发展大局　搞好协商议政 努力助推“五型阳高”建设新局面（节选）

——在政协阳高县第十四届委员会第三次会议上

丁国华

（2018 年 3 月 22 日）

这次县政协第十四届三次会议期间，全体政协委员肩负着光荣使命和责任汇聚一堂，以高度的责任心、强烈的使命感，通过提案、大会发言、小组讨论、反映社情民意信息等形式，共商决胜脱贫攻坚的大计，共谋壮大县域经济的良策，充分展现了新时代政协委员的新气象新作为。对委员们在小组讨论时提出的意见和建议,提交的各项提案，会后县政府将精心梳理，深入研究，认真采纳，努力提高政府推动全县经济社会高质量发展的能力和水平。

今年是全面贯彻落实党的十九大精神的开局之年，是我县打好脱贫攻坚战、实现贫困县摘帽的决战之年，也是决胜全面小康、实施“十三五”规划承上启下的关键一年。面对“贫困县摘帽、壮大县域经济”的艰巨任务，面对全县人民对美好生活向往的新期盼，我们肩上的担子比任何时候都重。脱贫攻坚年底全县要实现整体摘帽，县域经济要全面振兴，打造“六最”营商环境要持续发力，乡村提质改造要破解难题，打赢污染防治攻坚战要全力推动，民生福祉普惠工程的发展成果要更多更好地惠及全县人民，政府自身建设要全面加强,哪一项工作都等不起、慢不得；哪一项工作都需要我们勇担当、敢负责；哪一项工作都需要我们鼓实劲、聚合力。因此，做好今年的政府工作，需要我们要充分调动和发挥方方面面的积极性、创造性，尤其是需要县政协的帮助和支持，需要县政协和我们一起携起手来，凝聚最广泛的共识、凝聚最充分的智慧、凝聚最强大的力量，在新时代有新作为，展示新面貌，作出新贡献。

借此机会，我提三点希望：

*一要凝心聚力，主动服务大局。*希望县政协要充分发挥代表性强、联系面广、包容性大的优势，找准履职的主攻方向，突出“贫困县摘帽、壮大县域经济”这条主线，进一步加强与工商联、群众团体的联系沟通，强化思想政治引领，聚焦改革发展大局，关注重大决策落实，在思想上同心同德、目标上同心同向、行动上同心同行，把思想和行动、智慧和力量凝聚到县委、县政府确定的目标任务上来，一如既往地为“五型阳高”建设聚合力、添助力。

*二要求真务实，搞好协商议政。*希望县政协要继续用好协商这个民主形式和制度渠道，有事多商量、有事好商量、有事会商量。特别是要围绕昨天我在县十七届人大三次会议所作的《政府工作报告》中提出的七个方

县委副书记、县长丁国华在县政协十四届三次会议闭幕式上讲话

面的主要工作，组织专项视察，开展民主监督，深入调研和议政建言，参政参到要点上，议政议到关键处，监督监在关键处，让求真务实的行为受到褒扬，求真务实的意见得到重视，使求真务实在政协系统蔚然成风。

三要认真履职，精准建言献策。希望全体政协委员要继续加强学习，懂政协、会协商、善议政，模范发挥好在本职工作中的带头作用、在界别群众中的代表作用、在社会进步中的表率作用。要认真履职尽责，积极参政议政，开展民主监督，及时反映社情民意，全力做好团结稳定鼓劲的工作。要坚持问题导向，围绕今年的重点工作重点任务，多在提案、建议案调研的深度广度上下功夫，建睿智之言、进坦诚之谏、聚发展之力，使自己真正具有参与协商的发言权，不辜负县委、县政府的厚望。

今年县政府将会一如既往地支持政协履行职责、发挥作用，为大家参政议政、民主监督创造一个良好的环境。

一是把支持政协工作作为政府的重要职责。要主动会同县政协研究确定协商内容和形式，把政治协商纳入到政府的决策之中。要不断健全建立重要情况通报制度，建立政协参政议政成果吸纳、转化和落实制度，完善政协提案办理制度。特别是对涉及全县经济社会发展的重要决策，要充分听取和认真吸纳政协以及社会各界的意见和建议，不断提高政府工作决策的科学性和民主性。

二是自觉接受政协的民主监督。支持政协通过协商讨论、提案、调研视察、社情民意反映等多种形式，加强对政府工作的监督。继续聘请政协委员担任有关部门和行业的特约监督员，主动邀请政协委员参与重大事项调查和联合执法等活动，推动政府系统作风建设。

三是为政协开展工作创造良好的条件。要积极配合政协开展各项活动，尽力为政协委员履职创造条件，为委员知情参政创造条件。保障政协工作经费，改善办公和工作条件，力所能及地为政协多办实事，提供便利条件，支持政协更好地开展工作。

县委对监察工作的期望（节选）

——在县纪委十四届三次全会上的讲话

冯晓雷

（2018年2月22日）

这次县纪委全会，是在全县上下深入学习贯彻党的十九大精神和习近平新时代中国特色社会主义思想，全面贯彻落实省市县委全会精神，深入推进“五型阳高”建设，决战决胜脱贫攻坚，推动全面从严治党向纵深发展的关键时刻召开的一次十分重要的会议。县委对开好这次会议高度重视，春节前专门召开县委常委会，传达学习了十九届中央纪委二次全会精神及省市纪委全会精神，研究部署了今年我县推进全面从严治党、加强党风廉政建设和反腐败斗争相关工作。稍后武志勇同志还要代表纪委常委会做工作报告，这个报告在会前广泛征求了意见，并经县委常委会审议通过，全县各级各部门要结合工作实际，抓好贯彻落实。下面，我代表县委讲三方面意见。

一、提高政治站位，坚决扛起全面从严治党重大政治责任

党要管党，全面从严治党，是党的十八大以来，以习近平同志为核心的党中央治国理政最鲜明的特征，是新时期加强党的建设、改进党的领导的重大战略部署。习总书记深刻指出，管党治党不仅关系党的前途命运，而且关系国家和民族的前途命运，必须以更大的决心、更大的气力、更大的勇气抓紧抓好。全县各级各部门和广大党员干部一定要站在讲政治的高度，充分认识到全面从严治党的极端重要性，做到思想上高度认同、政治上高度一致、行动上高度自觉，坚决打好全面从严治党攻坚战、持久战。

一要深刻领会十九大以来党中央关于全面从严治党的新部署、新要求。党的十九大对全面从严治党进行了再动员再部署，突出强调打铁必须自身硬，明确了新时代党的建设总要求，把政治建设、纪律建设纳入党的建设总布局，抓住当前和今后一个时期全面从严治党的关键和要害，科学部署了八方面的重点任务。在十九届中央纪委二次全会上，习总书记站在新时代党和国家事业发展全局的高度，对五年以来全面从严治党进行了科学总结，全面分析了当前存在的问题，明确提出了当前及今后一个时期工作的总体要求和主要任务。讲话立意高远、内涵丰富、直面现实、语重心长，蕴含着质朴真挚的为民情怀、许党许国的担当精神，体现了我党勇于自我净化、自我完善、自我革新、自我提高的坚定决心，为我们深入推进全面从严治党指明了方向、提供了遵循。省委书记骆惠宁在省纪委十一届三次全会上，充分肯定了我省全面从严治党取得的新成效，深刻分析

中共阳高县第十四届纪律检查委员会第三次全体会议

了我省全面从严治党面临的新形势，明确了坚定不移全面从严治党的新任务，提出了“四个坚决摒弃”新要求，充分体现了省委管党治党的坚定信心和决心。省委常委、市委书记张吉福在市纪委全会上明确要求，要认真贯彻落实十九届中央纪委二次全会和省纪委十一届三次全会精神，坚定不移推动全面从严治党向纵深发展，打好这场攻坚战、持久战。全县各级党组织和广大党员干部一定要认真学习好、贯彻好习总书记重要讲话精神，切实把思想和行动统一到习总书记重要讲话精神要求上来，统一到中央和省、市纪委全会的决策部署上来，在思想上、政治上、行动上同以习近平同志为核心的党中央保持高度一致，始终保持全面从严治党“永远在路上”的执着和坚定，坚决把各项任务要求落到实处，为如期打赢脱贫攻坚战，建设美丽富裕幸福的小康阳高提供坚强政治保证。

二要充分肯定过去一年全面从严治党的新进展、新成效。过去一年，县委、县纪委监委以及全县各级党组织坚决贯彻落实中央和省、市委全面从严治党的各项决策部署，正风肃纪不停步、执纪问责不松懈、反腐惩恶不手软，各项工作取得了显著成效。监察体制改革试点工作顺利推进，实现了县纪委监委机构、职能和人员有效融合；“两个责任”不断夯实，严格对照《准则》《条例》，进行追责问责，进一步压实了责任，传导了压力，全年共对2名领导干部进行问责，对7名乡镇纪委书记进行集体约谈并责令书面检查；纪律建设持续加强，严格落实中央八项规定精神，坚决抵制“四风”，全县党员干部作风进一步好转；严查重处腐败案件，强化扶贫领域监督执纪问责，反腐败斗争压倒性态势进一步巩固发展。2017年全县纪检监察机关线索处置273件，立案审查81件，处分80人，收缴违纪款12.2万元；组织开展两轮县委巡察，开展了巡视整改自行“回头看”，一批问题得以有效整改解决，巡察利剑作用进一步发挥。我们取得的这些成绩，得到了上级党委和纪委的充分肯定，为我们在新的起点上进一步推进全面从严治党积累了宝贵经验、打下了坚实基础。这些成绩的取得，是我们始终坚持以习近平新时代中国特色社会主义思想为指引的结果，也是全县各级党组织和广大党员干部共同努力的结果，特别是县纪检监委的同志们为此付出了艰辛的努力，做出了重要贡献。对此，县委给予充分肯定。

三要准确把握当前面临的新情况、新问题。在肯定成绩的同时，我们必须要清醒认识到，在具体的工作中还存在着一些不足和问题。面对新时代新任务新要求，我们在全面从严治党上，一些党员干部落实主体责任认识不够高、措施不够得力、抓的不够严实；个别干部思想有所松动，落实中央八项规定精神，反对“四风”不够坚决有力；反腐倡廉在基层落实不够，部分单位和农村党务、财务管理松懈，“微腐败”现象仍然存在，扶贫领域监督执纪压力较大；一些党员干部担当精神不足，还存在“为官不为”懒政怠政等问题。对这些问题，我们必须要高度重视，坚持问题导向，强化底线思维，采取有效措施，切实加以解决。全县各级党组织和广大党员干部要进一步深化对全面从严治党重要性、艰巨性、紧迫性的认识，主动向党中央坚定推进全面从严治党的意志和决心对标看齐，向党中央深入推进全面从严治党的新要求、新部署对标看齐，着力推动管党治党走向严紧硬，取得新成效。

二、坚持标本兼治，推动全面从严治党向纵深发展

今年是全面贯彻落实党的十九大精神的开局之年，也是我县深入推进“五型阳高”建设、决胜脱贫攻坚、争当转型发展排头兵的关键之年。切实抓好管党治党工作，对于我们实现年初县委全会暨经济工作会确定的各项目标任务，具有十分重要的意义。

一要进一步贯彻落实好党的十九大及中央、省、市纪委全会精神。全县各级党组织要把学习贯彻党的十九大精神作为首要政治任务，作为推进全面从严治党的科学指南和基本遵循。要以正在推进的“两学一做”学习教育常态化制度化和即将开展“不忘初心、牢记使命”主题教育为抓手，坚持深学细研，读原著、学原文、悟原理，深刻领会习近平新时代中国特色社会主义思想的丰富内涵，深刻领会新时代中国共产党的历史使命，深刻领会建设社会主义现代化强国的基本方略，深刻领会全面从严治党的重大部署，进一步树牢“四个意识”，增强“四个自信”，在思想上政治上行动上与以习近平同志为核心的党中央保持高度一致。要认真贯彻落实中央和省、市纪委全会精神，准确把握新时代全面从严治党的战略部署，准确把握党中央对全面从严治党形势的科学判断，准确把握当前和今后一个时期管党治党的总体要求和主要任务，不断把全面从严治党引向深入。

二要进一步压实“两个责任”。全面从严治党，核心是加强党的领导，关键在严格落实责任。要科学定责明责，认真贯彻落实党风廉政建设责任制，各级党委（党组）书记要坚决落实第一责任人的责任，对党负责，对本地区本单位的政治生态负责。各级党委、纪委监委和各级班子成员要严格落实主体责任、监督责任和分管领域领导责任，细化完善责任清单，清单明责、照单履责。不断向下传导责任压力，推动全面从严治党向基层延伸，坚决打通落实“两个责任”的“最后一公里”，将管党治党责任落到每一个支部，形成上下贯通、清晰明了的责任链条。要强化履责督责，严格落实党委（党组）班子成员调研督导、约谈、情况报告等制度，大力开展专项督查，切实将“两个责任”抓在平时，落到实处。要从严追责问责，贯彻执行好《问责条例》，强化刚性执纪、释放制度力量，以常态化的问责唤醒责任意识，激发担当精神。

三要进一步深化监察体制改革。习近平总书记视察山西时指出，“你们在国家监察体制改革试点上下了很大功夫，制度优势正在转化为治理效能，要运用好这一改革成果”。我们要按照总书记的要求，不断推动改革持续向强化党的统一指挥转化、向精准有序开展监察工作转化、向推进监察权高效顺畅运行转化、向提升基层治理水平转化、向建设政治过硬本领高强的专业化纪检监察队伍转化，将制度优势更好地转化为治理效能。要在总结经验的基础上，认真贯彻落实中央和省、市委关于进一步深化监察体制改革的有关精神要求，按照“三步走”部署，紧扣八个深化，倒排工期，挂图作战，确保我县监察体制改革有力有序推进，取得实实在在的成效。

四要进一步抓好纪律建设。近两年，我们身边吃喝风少了，接待标准降下来了，大多数干部开始崇尚简单的工作生活了，但作风问题具有反复性和顽固性，丝毫不能放松，过去抓、现在抓、今后还要抓，这方面不要怀有任何侥幸心理。今后，县委要按照越往后执纪越严越深越细的要求，坚定不移贯彻落实中央八项规定精神，常态化开展“四风”整治。对顶风违纪的，要严惩不贷；对一些“四风”新动向，按照习总书记批示精神要求，坚持露头就打；对群众反映强烈的问题，要严查严打；对不作为、慢作为、乱作为以及贯彻落实不力的，要严肃问责。广大党员干部特别是领导干部要坚持更高标准、更严要求改进自身作风，注重家教家风建设，切实管住自己，管住身边的人，一级带着一级干，一级做给一级看，用纪律建设的扎实成效凝聚党心民心，以优良的党风带动社风民风进一步好转。

五要进一步巩固反腐败压倒性态势。习总书记在十九届中央纪委二次全会上的重要讲话指出，“党的十九大后仍然要一刻不停歇深入推进反腐败斗争”“深化标本兼治、夺取反腐败斗争压倒性胜利。”在反腐败问题上，县委态度一直是旗帜鲜明的。要始终保持惩治腐败的高压态势，继续坚持无禁区、全覆盖、零容忍，有腐必反、有贪必肃，力度不减、节奏不变，为营造政治上的绿水青山不断努力。要用好监督执纪“四种形态”，坚持把纪律挺在前面，把严要求贯穿于管党治党全过程。日常教育立足于小、着眼于早，多做咬耳扯袖、红脸出汗的工作，发现苗头及时提醒。谈话函询着眼把情况讲清楚、说明白，让干部放下包袱轻装上阵。对违反纪律的，认真开展约谈诫勉，促其讲清问题，争取从轻处理。对少数严重违纪的，依纪依法严肃处理，以儆效尤。要发挥好巡察利剑作用和派出纪检组的“探头”作用，围绕强化政治纪律、组织纪律、廉洁纪律、群众纪律、工作纪律和生活纪律，发现问题、纠正偏差，做到真管真严、敢管敢严、长管长严。

六要进一步强化扶贫领域监督执纪问责。决胜脱贫攻坚，实现脱贫摘帽是我县今年最重要的工作、最大的政治任务。实现这一目标，既需要全县上下的共同努力，更需要反腐倡廉工作做保障。我们始终要围绕这一中心，做到中心工作开展到哪里，纪检监察工作就跟进到哪里，坚决以严明的纪律推动全县脱贫攻坚各项任务的落实。要扎实做好扶贫领域风险防控，督促各乡镇、各相关部门制定风险防控预案，完善风险防控机制。要强化扶贫资金使用管理监督，针对不同项目进行资金使用全程监督，确保扶贫资金管理严格规范、使用安全有效。要加大纪律审查力度，严肃查处扶贫领域吃拿卡要、雁过拔毛、虚报冒领、优亲厚友以及搞数字脱贫、虚假脱贫等不正之风和腐败问题。要按照县委“五个三”工作机制，进一步加大各级帮扶工作督查力度，对工作不到位、作风不扎实、帮扶成效不突出的要顶格问责，以强有力的问责倒逼帮扶责任的落实。

在抓好扶贫领域监督执纪问责的同时，要进一步加大基层“微腐败”整治力度，围绕基层执法、便民服务、土地征收流转、工程项目建设以及各项惠民政策的落实开展监督检查。把整治基层“微腐败”与严厉打击“村霸”和宗教恶势力结合起来，既要扫黑除恶，又要严惩背后的腐败行为。充分发挥基层支部纪检委员的党内监督、村务监督委员会的民主监督作用，努力使基层权力在阳光下运行，进一步增强人民群众的获得感、幸福感、安全感。

七要进一步加强纪委监委自身建设。推进全面从严治党，纪委监委承担着特殊使命，发挥着特殊作用。从这几年的情况看，我县纪委监委这支队伍敢于担当作为，工作值得信任、肯定。县委将一如既往加大对纪委监委工作的领导和支持力度。在工作上旗帜鲜明为纪委监委执纪问责和查办案件排除干扰；在生活上尽最大能力提供保障；在政治上不断加大纪委监委干部的培养、交流、选拔、使用力度。但信任不能代替监督，正人必先正己，打铁必须自身硬。县纪委监委要时刻警醒自己，进一步加强思想政治建设，主动把“四个意识”融入日常监督执纪工作之中，切实肩负起监督执纪问责使命，用勇于担当、严格自律的实际行动，诠释对党和人民的忠诚。要严格执行《中国共产党纪律检查机关监督执纪工作规则（试行）》，完善内控机制，强化风险管控，严守工作程序，规范执纪审查，把纪委的权力关进制度的笼子。要强化自我监督、自觉接受党内和社会监督，坚决防止“灯下黑”，努力建设一支让党放心、人民信赖的纪检监察“铁军”。

三、落实从严要求，打好全面从严治党持久战

从严治党，核心是加强党的领导，基础在全面，关键在严，要害在治。落实从严要求，必须从思想教育上严起来，从干部管理上严起来，从作风要求上严起来，从制度建设上严起来。

一要严守政治纪律和政治规矩。全县各级党组织和广大党员干部要时刻绷紧政治纪律和政治规矩这根弦，坚持政治立场和政治原则，自觉向党中央看齐，坚定维护习近平总书记在党中央、在全党的核心地位，坚定维护党中央权威，真正做到思想上充分信赖、政治上坚决维护、组织上自觉服从、感情上深刻认同。要认真贯彻执行中央、省委和市委各项决策部署，提高政治站位，强化全局观念，决不允许在执行大政方针上有令不行、有禁不止，上有政策、下有对策。

二要严肃党内政治生活。要引导党员干部刀刃向内，勇于自我解剖，敢于思想交锋，进一步纯洁党内关系，坚决克服好人主义这个顽疾。要严格执行党委（党组）议事规则和决策程序，认真落实“三重一大”集体决策、“四个不直接分管”等制度，既要防止发扬民主不够，又要防止正确集中不足。要把提高党内政治生活的原则性和战斗性作为重点，认真落实“三会一课”、民主生活会、民主评议党员等“防身治病”制度，切实把党内政治生活严起来、实起来。

三要严格党内监督。十八届六中全会修订出台的《中国共产党党内监督条例》，是推进全面从严治党的重要制度保障，全县各级党组织要把《条例》执行到位，让铁规发力、制度生威。要强化日常监督，各级党组组书记要承担起第一责任，把监督融入日常工作中，决不能一提到责任就推给下一级、一提到监督就推给纪委。要严格落实谈心谈话制度，发现党员干部“有异常”“不对劲”，要及时谈话警示或做出组织处理，防止干部在错误的道路上越滑越远。要强化组织监督，用好巡察利剑，聚焦全面从严治党，精心组织、严肃履职，推动全县党风廉政建设和反腐败斗争深入开展。要凝聚监督合力，充分发挥同级人大、政府、政协、监察机关、司法机关的相互监督作用。综合发挥党委（党组）全面监督、纪律检查机关专责监督、人大政协依法和民主监督、广大群众社会监督，打好监督“组合拳”，让权力在监督下运行。

四要严以律己做出表率。各级领导干部是推动全县各项事业发展的关键少数，必须在落实管党治党责任上当标杆、做表率，自觉与中央对标，向中央看齐，切实发挥好示范引领作用。要做真负责、勇担当的表率，把该负的责任负起来，把该担的担子担起来，做到在其位、谋其事、负其责，为官一任、造福一方。要做重实干、求实效的表率，把更多时间和精力用在出实招、干实事上，在稳增长、促改革、调结构、惠民生、防风险各项工作中建功立业。要做守纪律、讲规矩的表率，以政治纪律和政治规矩为第一遵循、第一标准、第一要求，切实增强政治警觉性和政治鉴别力，坚决守住底线、瞄准高线、不碰红线。要做讲团结、促和谐的表率，以大局为重、以事业为要，心往一处想、劲往一处使，构建清清爽爽的同志关系、规规矩矩的上下级关系，在团结奋进中促进和谐、推动发展。

同志们，让我们更加紧密地团结在以习近平同志为核心的党中央周围，以习近平新时代中国特色社会主义思想为指导，不忘初心、牢记使命，坚定不移落实党的十九大对全面从严治党的新要求新部署，毫不动摇地推进全面从严治党，锲而不舍地把党风廉政建设和反腐败斗争引向深入，努力实现阳高政治生态持久的风清气正，奋力开创阳高党的建设和各项事业发展新局面。

学习宣传十九大精神

2017年，阳高县以“两学一做”“三会一课”主题党日、农民夜校为载体，推进十九大精神进机关、进农村、进社区、进企业、进学校的学习宣传活动。邀请专家宣讲，开展专题讲座。县四套班领导宣讲团、县委巡回宣讲团、县直机关干部宣讲团和乡镇、社区宣讲团四个宣讲团，到各乡镇、社区、企业进行宣讲。让广大党员干部群众深刻领会、吃透十九大报告精神实质，凝心聚力，共谋阳高经济社会发展新蓝图。

骆惠宁考察调研大泉山

2017年8月，省委书记、省人大常委会主任骆惠宁到阳高县实地考察大泉山生态治理成效，勉励当地干部弘扬大泉山精神，走出生态扶贫新路子，把增绿跟增收更好地统一起来。骆惠宁的讲话令当地干部深受鼓舞，倍感振奋，表示以骆惠宁书记重要讲话精神为指引，立足本职，扎实苦干，推动全县生态建设，再出新成效。

精准扶贫精准脱贫

2017年，阳高县瞄准目标，积极作为，精准扶贫精准脱贫有力推进。按照“五个五”工作法，严格落实“五个三”工作机制，在精准识别、易地搬迁、产业扶贫、项目行动上，各司其职、各负其责、精准施策，通过推进设施蔬菜、特色种养殖、光伏扶贫、康养旅游、生态富民、金融扶贫等一系列精准扶贫措施，确保2017年脱贫任务如期完成。10月30日，全县召开脱贫攻坚誓师大会，决定在全县开展“苦干一整年，决胜脱贫攻坚战”行动。

易地扶贫搬迁

2017年，阳高县把易地扶贫搬迁与小城镇建设、特色产业发展有机结合起来，走出一条让贫困户“搬得出、稳得住、可发展、能致富”的易地扶贫搬迁新路。把实施易地扶贫移民搬迁作为打赢脱贫攻坚战的关键战役，明确提出一期工程2017年10月底前完工，二期工程2018年10月底前完工的“双十”目标。通过定目标、定责任、定程序、定标准、定期限，确保全县3296户、8030名贫困人口分到新房子，圆满完成易地扶贫移民搬迁任务。

进“农民夜校”成村里新时尚

2017年，阳高县坚持扶贫与扶智、扶志结合，把“农民夜校”作为抓党建促脱贫工作的重要抓手。“农民夜校”采取专题讲座、案例分析、文体活动等群众喜闻乐见的方式组织教学，从而进“农民夜校”成为村里的新时尚。“农民夜校”在帮助贫困群众了解政策，掌握技能，提升信心的同时，也进一步密切党群、干群关系。全县各行政村全部成立起“农民夜校”，选聘兼职教师380余名，开展教学活动1026场次，受训群众达3.3万人次。

正大集团新型农牧产业项目奠基

2017年7月15日，阳高县与正大集团合作的新型农牧产业综合开发项目开工奠基仪式在王官屯镇河儿屯村举行，标志着该项目进入全面快速推进阶段，也是调整优化农业产业结构，加快发展大规模、广覆盖、长收益扶贫产业的重大成果。项目总投资42.23亿元，采取“政府+正大+银行+贫困户”四位一体的产业发展模式运行。项目建成后将实现年销售额60亿元，创造年税收4亿元，投产后可以保障1万余名贫困户增加收益。

全市“扶贫超市”启动仪式在阳高县举行

2017年6月12日，全市“扶贫超市”启动仪式在阳高县罗文皂镇管家堡村举行。“扶贫超市”模式由贫困村提出在公共基础设施、助学、医疗救助、劳动力转移等领域需要帮扶的具体项目，动员社会组织、企业及个人根据能力特点，自主选择扶贫援助项目。“扶贫超市”启动以来，阳高县罗文皂镇管家堡村、许家园村，友宰镇大辛庄村，古城镇道贤村共31个扶贫项目，资金总额达167万元，被社会组织和企业家认领并得以实施。

康养旅游产业方兴未艾

2017年4月22日，以“守望幸福、杏韵花开”为主题的2017阳高杏花节系列活动在主场区守口堡拉开帷幕。截至5月7日，杏花节期间景区接待游客总量达13.44万人次，创下历史新高，带动消费总额共计1286万元。

12月29日，2017首届亚洲康养产业国际高峰论坛在阳高县举办。利用国家养生养老基地、中国最美养生休闲旅游名县的品牌优势，着力将康养旅游产业培育成支柱产业。

民生改善领域

2017年，阳高县坚持把改善民生作为一切工作的出发点和立足点，不断提高全县人民群众的幸福指数，增进社会和谐。重点围绕医疗、教育、住房、养老等方面，集中安排民生专项资金，改善群众生活条件。已完成县城北环路改造、阳和公园建设。8月11日，阳高县医疗集团人民医院成立；11月，通过国家义务教育基本均衡县的督导评估认定；全县所有建档立卡贫困户免除所有合作医疗费用，16.93万人参与养老保险。

评选第三届“道德模范”“阳高好人”

2017年7月4日，阳高县第三届“道德模范”暨“阳高好人”颁奖典礼举行。县文明委授予闫振国、景瑞刚“助人为乐模范”称号；朱爱霞、姜雁峰、张树平、纪小英“敬业奉献模范”称号；孙秀莲、裴淑娟、董存梅、李明秀“孝老爱亲模范”称号；授予张喜玲、李来元、孙润“助人为乐好人”称号；陈进宝“诚实守信好人”称号；张守山、高启文、范荣果“敬业奉献好人”称号；陈桂忠、郭玉花、张秀清、谢芳、向彩芝、徐利清、温爱荣“孝老爱亲好人”称号。

《阳高县志（1991-2015）》省级初评会议召开

2017年5月10日—12日，《阳高县志（1991—2015）》省级初评会议在阳高县召开。山西省地方志办公室党组书记、主任张志仁，大同市副市长郭蕾，市地方志办公室主任李勇到会指导。

志稿120万字，全面、客观、真实地记录阳高县改革开放25年社会、经济、政治各个领域的巨大变化，为全县各级领导干部认识县域、研究县域、管理县域、发展县域，制定推动地方经济和社会发展政策提供了重要的科学依据。评审会的召开，标志着《阳高县志》的续修工作取得阶段性的重要成果。

古长城旅游路建设

2017年，大同古长城旅游公路建设有序推进。起点位于天镇县新平堡镇平远头村，终点位于左云县三屯乡二十边村，贯通天镇、阳高、新荣、南郊、左云五个县区，大同古长城旅游路阳高段工程项目主线52.30公里，其中建设里程41.21公里，支线5条17.35公里。该工程2017年4月21号开工以来，阳高县各部门各有关乡镇把这项工作作为一项政治任务摆上重要位置，顶烈日，战严冬，全力以赴解决工程遇到的问题和困难，工程规划、工程征地、生态修复等工作有序推进。

大事记

2017 年阳高县大事记

1 月

5 日

阳高县委常委会召开扩大会议，听取全县各分管副县长工作汇报。县委书记冯晓雷，县委副书记、县长丁国华，县委副书记李东升等县四套班子领导参加会议。

9 日

大同银行阳高支行开始试营业。

阳高县委常委会召开会议，研究讨论中共阳高县委十四届二次全体会议暨全县经济工作会议有关事宜。传达中国共产党第十八届中央纪律检查委员会第七次全体会议精神，传达中共大同市委十五届二次全体会议暨经济工作会议精神。县委书记冯晓雷主持会议。

10 日

中共阳高县委十四届二次全体会议暨经济工作会议召开。会议贯彻落实党的十八届六中全会、中央经济工作会议和省委、市委全会暨经济工作会议精神，回顾总结 2016 年经济社会各项工作所取得的成绩和经验，安排部署 2017 年经济工作。大会通过《第十四届县委全会工作规则》，会议由县委常委会主持。县委书记冯晓雷出席并讲话，县委副书记、县长丁国华对全县 2017 年经济工作做了具体安排部署。县委副书记李东升、郭永，县人大常委会主任李晓红，县政协主席项征武等县领导出席会议。

17 日

阳高县委副书记、县长丁国华主持召开全县“冬季行动”总指挥部专题会议，研究安排重点工作。县领导孟德昌、马斌、杨占英参加。

18 日

县委副书记、县长丁国华主持召开阳高县政府第六次常务会议，研究筹划整合财政扶贫资金、集中供热、二人台团员选聘等工作。副县长孟德昌、王吉、王爱党、张进才、郝贤颖、马斌出席会议。

19 日

阳高县马家皂乡安家皂村入选山西省历史文化名村。

20 日

阳高县首届春晚上演。县领导冯晓雷、

李东升、徐碧洋、兰学欣、李雁侠、张进才、孟明等观看演出。

23 日

阳高县召开 2016 年度目标责任考核大会。市委老干部局调研员孔建勋带队考核并做考核动员讲话，县委书记冯晓雷，县委副书记、县长丁国华，县委副书记李东升，县人大常委会主任李晓红，县政协主席项征武等县四套班子领导参加会议。

24 日

阳高县召开县委常委（扩大）会议，传达省十二届人大七次会议精神、省政协十一届五次会议精神，县委常委、组织部部长曹锋就县委常委班子 2016 年度民主生活会情况进行通报。县委书记冯晓雷主持并讲话，县委副书记、县长丁国华，县委副书记李东升，县人大常委会主任李晓红，县政协主席项征武等县四套班子领导参加会议。

是月

阳高县人民医院 120 急救与大同市 120 急救中心实现网络对接。结束阳高县没有统一医疗急救系统的历史。

阳高县委书记冯晓雷到阳高一中和阳高四中调研教育工作，听取全县教育工作汇报，并讨论研究教育工作中存在的问题。

2 月

2 日

2017 年大同市古都灯会新春年货展暨特色农产品展销活动月举行，阳高“康养福地 美丽阳高”特产展销专场在市西城墙瓮城布展。

3 日

阳高县委常委会召开（扩大）会议，征求关于召开党的十九大人民群众的期盼和建议。县委书记冯晓雷，县委副书记、县长丁国华，县委副书记李东升，县政协主席项征武等县四套班子领导以及各乡镇和相关部门主要负责人参加会议。冯晓雷主持会议。

阳高县召开全县干部作风建设推进会，安排部署全年工作，县委书记冯晓雷讲话，县委副书记、县长丁国华主持会议，县委副书记李东升、郭永，县政协主席项征武等县四套班子领导出席会议。

6 日

阳高县委常委会召开会议，县委书记冯晓雷主持。听取讨论县委 2017 年工作要点。丁国华、李东升、孟德昌、李霞、徐碧洋、兰学欣、曹锋、李雁侠、蔡杰锋出席会议，县人大常委会主任李晓红，县政协主席项征武列席会议。

7 日

阳高县脱贫攻坚领导组召开专题会议。县委书记冯晓雷参加并讲话，县委副书记、县长丁国华主持并对总体工作进行安排部署。县领导李东升、孟德昌、兰学欣、曹锋、李雁侠、李培华、王吉、谢留强、解秀成等参加。

8 日

中共阳高县第十四届纪委第二次全体会议第一次会议召开。回顾总结全县 2016 年纪律检查工作，研究部署 2017 年工作任务。

县委书记冯晓雷作重要讲话，县委副书记、县长丁国华，县委副书记李东升，县人大常委会主任李晓红等县四套班领导参加会议。县委常委、纪委书记李霞主持会议并做工作报告。

阳高县委工作会议召开，总结 2016 年全县统战、组织、宣传、党办等方面工作，安排部署 2017 年重点任务。县委书记冯晓雷出席并讲话，县委副书记、县长丁国华主持会议，县领导李东升、孟德昌、李霞、徐碧洋、兰学欣、曹锋、李雁侠、蔡杰锋参加会议。

9 日

阳高县政法维稳工作会议召开，传达学习中央和省委、市委政法工作会议精神，安排部署 2017 年政法工作。县委书记冯晓雷出席会议并讲话，县委副书记、县长丁国华主持会议并讲话，县委常委、政法委书记徐碧洋总结 2016 年工作，安排 2017 年政法维稳工作，副县长、县公安局局长郝贤颖出席会议。

阳高县 2017 年迎春书画展在县城大西街云林书院举行，县委书记冯晓雷亲临参观指导。

14 日

阳高县委书记冯晓雷到下深井乡、王官屯镇、大白登镇调研驻村工作队、第一书记驻村到岗情况及 2017 年脱贫攻坚情况。县委副书记李东升参加调研。

大同市商务局局长曹旭带领调研组调研阳高县龙泉工业园区申报“省级开发区”相关事宜。大同市商务局副局长项军，县委副书记、县长丁国华参加。

21 日

阳高县委书记冯晓雷主持召开县委常委会（扩大）会议。听取“两会”筹备工作情况和人大、政府、政协、法院、检察院工作报告，听取国民经济和社会发展计划，财政预算草案征求意见稿起草情况的汇报，县委副书记、县长丁国华等县四套班子领导参加。

阳高县委副书记、县长丁国华主持召开县政府第七次常务会议，讨论提请十七届人大二次会议审议的《政府工作报告（讨论稿）》及相关报告，安排部署重点工作。县委常委、常务副县长孟德昌，副县长王吉、王爱党、郝贤颖、马斌出席，县政府组成部门、各乡镇及相关单位负责人参加会议。

22 日

阳高县脱贫攻坚领导组召开会议，研究易地扶贫搬迁工作。县委副书记、县长丁国华出席会议并讲话，县委常委、常务副县长孟德昌主持会议，副县长王吉及县脱贫攻坚领导组相关成员单位负责人参加会议。

23 日

大同市委常委、市纪委书记朱晓东到阳高县调研党风廉政建设和反腐败工作，看望县纪委监察局机关干部职工，与县委、县纪委有关同志进行座谈。市纪委常务副书记方旭随同调研，县委书记冯晓雷，县委副书记、县长丁国华等陪同。

24 日

阳高县十七届人大二次会议召开。县委书记冯晓雷讲话，县人大常委会主任李晓红做人大常委会工作报告，县委副书记、县长丁国华做政府工作报告，县委副书记李东升、郭永，县政协主席项征武，县人大常委会副主任王瑞平、韩旭、李培华、高桂德出席。会议选举出席大同市第十五届人民代表大会代表，选举阳高县监察委员会主任，补选阳高县第十七届人民代表大会常务委员会委员，通过政府工作报告等六个报告。

阳高县政协十四届二次会议召开。县委书记冯晓雷讲话，县委副书记、县长丁国华，县委副书记李东升、郭永，县人大常委会主任李晓红，县政协副主席孟明、解秀成、杨占英出席。县政协主席项征武做政协常委会工作报告，县政协副主席景瑞平做提案工作报告。补选政协阳高县第十四届委员会秘书长、常务委员，通过政协常委会工作报告等三个决议。

26 日

阳高县监察委员会成立并召开第一次干部大会。县委书记冯晓雷出席会议并讲话，对监察体制改革试点工作进一步深化认识，加强监察委员会干部队伍建设，推进县监察体制改革试点工作提出要求。

是月

阳高县《阳高年鉴（2016）》在全省方志界广受好评，县委党史研究室（县地方志办公室）被山西省地方志办公室表彰为“2016 年度全省地方志系统先进集体”；县委党史研究室主任、年鉴主编景彦斌被表彰为“2016 年度全省地方志系统先进个人”。

3 月

7 日

阳高县委召开会议传达学习贯彻省委副书记黄晓薇，省委常委、市委书记张吉福在阳高县调研讲话精神。县委副书记、县长丁国华主持会议并部署安排落实调研讲话精神。

阳高县委副书记、县长丁国华主持召开县政府第八次常务会议，研究重点项目项目建设贷款等事宜，安排部署重点工作。

9 日

山西省农业厅副厅长茹栋梅到阳高县调研畜牧业发展情况。山西省畜牧兽医局长谢卓参加调研。大同市农委主任麻树田，县委副书记、县长丁国华，副县长王吉陪同。

14 日

阳高县委副书记、县长丁国华主持召开全县脱贫攻坚领导组会议，安排部署有关重点工作。副县长王吉出席并讲话。

23 日

阳高县委中心组召开会议，传达学习山西省“两学一做”学习教育工作部署会精神，全国“两会”、全市“两会”相关会议精神以及习近平总书记关于脱贫攻坚的讲话精神，安排部署全县相关工作。县委副书记、县长丁国华，县委副书记李东升，县人大常委会主任李晓红，县政协主席项征武等县四套班子领导参加学习。

24 日

山西省统计局局长翟振新到阳高县调研经济运行情况。大同市副市长马安全参加调研，市政府副秘书长梁全胜，市统计局局长白永珍，县委副书记、县长丁国华，县委常委、常务副县长孟德昌陪同。

26 日

阳高县北徐屯乡夏家场村民董存梅获首

届“感动山西十大孝星”奖，是大同市唯一获该奖项者。王官屯镇邢家堡村民许生义获首届“寻找山西孝星”感动山西孝星提名奖。

28日

阳高县宗教工作会议召开，安排部署全县宗教工作。县委副书记、县长丁国华出席会议并讲话，县委副书记李东升主持会议。

31日

阳高县委副书记、县长丁国华主持召开县政府第九次常务会议，研究扶贫资金管理使用、村级光伏电站运营维护及收益和义务教育均衡发展国家督导评估验收等事宜，安排部署重点工作。

是月

阳高县少体校入选“国家高水平体育后备人才基地”。阳高县少体校获“新周期国家高水平后备人才基地”称号。

4月

6日

阳高县白登河生态公园建设推进会在工业园区会议室召开，县委副书记、县长丁国华，县委常委、常务副县长孟德昌及相关部门、部分乡镇负责人参加。

13日

阳高县举行省派驻阳高扶贫工作队队长对接仪式，县委副书记、县长丁国华主持并讲话，县委副书记李东升、郭永等参加。

14日

大同市旅游局局长高莹到阳高县龙泉镇守口堡村进行调研指导。县委副书记、县长丁国华，副县长张进才参加。

16日

阳高九龙温泉度假村冠名的大同——北京间K615/6次客运列车“阳高·九龙温泉号”运行，首开阳高县企业冠名列车之先河。

18日

阳高县委副书记、县长丁国华到龙泉镇守口堡村调研杏花节活动筹备情况。

20日

以山西省卫计委党组成员、副主任武晋为组长的省督查组到阳高县督查贯彻落实省脱贫攻坚会议精神情况。市委副书记、宣传部长高键，市扶贫办主任白雪峰随同督查。县委副书记、县长丁国华主持会议并汇报全县脱贫工作进展情况。

22日

以“守望幸福 杏韵花开”2017阳高杏花节系列活动开幕，省委常委、大同市委书记张吉福出席开幕式，省政法委秘书长邓彩彪，阳高县委副书记、县长丁国华等出席。

是日

大同市旅游集散中心阳高分公司正式开业。

24日

阳高县召开义务教育发展基本均衡情况市级复核意见会议，大同市教育局局长吕生祉，大同市教育局副局长兰成富，阳高县委副书记、县长丁国华，副县长王爱党出席。

27日

国家发展改革委农经司司长吴晓、国家发展改革委农经司副司长李明传到阳高县调研“两山”生态修复情况。大同市委常委、常务副市长刘振国，阳高县委副书记、县长丁国华，县委副书记李东升，副县长王吉、马斌等参加调研。

28 日

大同市政府旅游公路建设推进组组长解廷师率督查组督查阳高县大同古长城旅游公路阳高段工程建设进展情况。

29 日

阳高县委副书记、县长丁国华指导龙泉镇守口堡风景区及辖区内人口密集型产业安全责任制落实和食品销售等问题。

5 月

2 日

阳高县委书记冯晓雷到友宰、鳌石、东小村、古城、马家皂和狮子屯 6 个乡镇，调研易地扶贫搬迁和产业发展情况，要求各乡镇和有关部门保证时间质量加快推进扶贫移民新村建设。

3 日

阳高县脱贫攻坚领导组召开扩大会议，研究部署 2017 年脱贫攻坚工作存在的和需要解决的问题。县委书记冯晓雷主持并讲话，县委副书记、县长丁国华，县委副书记李东升，县人大常委会主任李晓红，县政协主席项征武等县四套班子领导参加。

4 日

广灵县委副书记、县长王丽萍，县委常委、副县长赵晓周到阳高县交流学习统筹整合财政涉农资金实施精准扶贫工作。阳高县委副书记、县长丁国华陪同。

5 日

灵丘县委副书记、县长罗永山到阳高县交流学习统筹整合财政涉农资金实施精准扶贫工作。阳高县委副书记、县长丁国华参加。

8 日

阳高县委常委会召开会议。县委书记冯晓雷主持并讲话，会议研究讨论《阳高县 2017 年脱贫攻坚方案》具体内容；传达山西省委书记骆惠宁在省委一届三次全体会议上的讲话精神；山西省“践行总书记讲话、深化脱贫攻坚”现场推进会精神，省委书记骆惠宁，省委副书记、省长楼阳生在吕梁现场会上讲话精神以及省委常委会分析一季度经济运行会议精神。

阳高县全面深化改革领导小组召开会议，会议传达习近平总书记关于全面深化改革有关讲话精神，省委书记骆惠宁关于深化改革有关讲话精神；听取六个专项小组关于 2016 年工作总结及 2017 年工作计划情况汇报，听取阳高县重点领域改革推进情况汇报。县委书记冯晓雷，县委副书记、县长丁国华等参加会议。

9 日

阳高县脱贫攻坚暨农村工作会议召开。会议传达中央、省、市有关扶贫工作会议精神，安排驻村帮扶工作。县委书记冯晓雷，县委副书记、县长丁国华，县委副书记李东升，县人大常委会主任李晓红，县政协主席项征武等县四套班子领导出席会议。

10 日

阳高县与山西大同大学签署“互联网 + 扶贫”战略合作协议。大同大学校长冯锋，县委书记冯晓雷，县委副书记、县长丁国华，县委常委、县委办主任兰学欣出席签字仪式，县长丁国华主持。

阳高县政府召开会议，研究古长城沿线和旅游公路两侧生态修复绿化事宜。县长丁国华出席会议并讲话，副县长王吉主持。

11 日

《阳高县志（1991—2015）》省级初评会议召开。省地方志办公室党组书记、主任张志仁，大同市副市长郭蕾，市地方志办公室主任李勇，县委书记冯晓雷，县委副书记、县长丁国华，县委常委、县委办主任兰学欣，副县长王爱党出席会议，省、市地方志以及部分县区史志办专家参加评审。

15 日

阳高县委副书记、县长丁国华主持召开县政府第十次常务会议，研究环境保护、古长城沿线生态修复、扩大公租房保障对象、统筹整合使用财政资金、义务教育均衡发展国家督导评估验收、防汛及河道清淤等工作。

17 日

阳高县委书记冯晓雷到龙泉镇、王官屯镇调研防汛抗旱和脱贫攻坚工作，实地研究解决问题。

阳高县义务教育均衡发展省级评估汇报会召开。山西省义务教育均衡发展省级评估工作组组长、省督学康天明，县委书记冯晓雷出席会议。

19 日

阳高县委书记冯晓雷到北徐屯乡、龙泉镇调研脱贫攻坚和维护稳定工作。

23 日

山西省委党史办副主任钟启元一行五人到阳高县调研指导相关工作。

24 日

阳高县委副书记、县长丁国华到东小村镇实地调研易地移民搬迁工作。

26 日

山西省委组织部干部二处处长张欣宁到阳高县调研阳高县经济社会发展和脱贫攻坚情况。县委副书记、县长丁国华参加。

阳高县委副书记、县长丁国华到王官屯镇实地调研易地移民搬迁和农业综合开发项目进展情况。

是月

阳高县被山西省综治委命名为“2016年度省级平安县”，是继“2013年度省级平安县”后再获此殊荣。

阳高县推出全域旅游线路，囊括全县各大知名景点景区。

6 月

2 日

阳高县委书记冯晓雷到守口堡项目区、孤山项目区和大泉山，实地调研全县实施古长城沿线生态修复工程。

阳高县委副书记、县长丁国华到罗文皂镇调研易地移民搬迁 、产业扶贫和古长城旅游扶贫公路阳高段建设进展情况。

5 日

阳高县委常委会议召开，县委书记冯晓雷主持并讲话。会议听取县委巡查领导小组关于十四届县委第一轮巡查工作安排情况汇报，中央第二环保督查组督查该县建议及移交群众举报案件整改情况的汇报。会议研究讨论《中共阳高县委阳高县人民政府关于进一步完善安全生产责任体系的实施意见》《关于开展“净化社会风气助推脱贫攻坚”严打专项行动的实施方案》。

6日

阳高县委书记冯晓雷到县脱贫攻坚指挥部和大白登镇就脱贫攻坚工作进行调研，副县长王吉、谢留强参加调研。

阳高县委副书记、县长丁国华到阳高一中检查指导2017年高考准备工作。

7日

阳高县政府第十一次常务会议召开，研究推进古长城旅游公路建设等工作。县委副书记、县长丁国华主持，县委常委、常务副县长孟德昌等参加。

国家安监总局党组成员、副局长孙华山到阳高县调研脱贫攻坚工作。大同市副市长荆虎，大同市安监局局长曾彪，县委书记冯晓雷，县委副书记、县长丁国华陪同调研。

8日

大同市政协副主席武保洲到阳高县调研项目建设及招商引资情况。县委书记冯晓雷参加调研。

阳高县“净化社会风气，助推脱贫攻坚”严打专项行动动员会召开，县委书记冯晓雷出席并做重要讲话。

12日

阳高县举行大同市“扶贫超市”启动仪式。省委常委、大同市委书记张吉福出席并讲话。县委书记冯晓雷做表态发言。县委副书记、县长丁国华等参加。

15日

阳高县农村环境集中整治行动动员会召开。县委书记冯晓雷出席并讲话，县委副书记、县长丁国华安排部署全县农村环境集中整治行动。

16日

国家林业局治沙办副主任胡培兴到阳高县调研京津风沙源治理工程。山西省造林局局长刘增光，山西省造林局党组书记周长东，大同市林业局局长张宏东，阳高县委书记冯晓雷，县委副书记、县长丁国华参加。

22日

大同市全市干部驻村帮扶工作阳高县巡回交流会召开。大同市委常委、组织部长宋涛出席会议并讲话。市委组织部副部长、市非公组织和社会组织工委书记薛丽云，县委书记冯晓雷主持会议。县委常委、组织部长曹锋等参加。

山西省委脱贫攻坚第四督导组副组长、省政协经济委副主任刘新平一行到阳高县督导脱贫攻坚工作，召开汇报会。县委副书记、县长丁国华主持会议。

23日

阳高县政府召开《环卫市场化改革竞标方案》征求意见座谈会，县委副书记、县长丁国华出席并讲话。

26日

阳高县召开2017年全县安全生产工作会议。县委副书记、县长丁国华参加。

27日

阳高县委书记冯晓雷主持召开全县干部大会，传达学习习近平总书记在山西考察调研及深度贫困地区脱贫攻坚座谈会上的重要讲话精神。县委副书记、县长丁国华，县人大常委会主任李晓红，县政协主席项征武等县四套领导班子及其他县级领导参加。

28日

阳高县委副书记、县长丁国华主持召开县政府第十二次常务会议，研究推进村级光伏电站建设、农村环境集中整治、统筹整合使用财政资金等工作。

山西省军队离退休干部第十四届“平城杯”门球邀请赛开幕式在阳高县举行，山西省民政厅党组成员、副厅长尹也刚，大同市副市长郭蕾，县委书记冯晓雷，县委副书记、县长丁国华应邀参加开幕式。

29日

大同市委常委、秘书长薛明耀到阳高县看望慰问老党员池万库和优秀党员李培斌家属，并送上慰问金。县委书记冯晓雷，县委副书记、县长丁国华参加。

是月

阳高县电视台两件新闻参赛作品获得2016年度山西广播影视奖县级电视奖。作品《心花怒放·吸引游人踏青赏花》获得电视长消息三等奖，作品《古风今韵品阳高》获得电视专题三等奖。

7月

4日

阳高县第三届“道德模范暨阳高好人”颁奖典礼举行，县委副书记、县长丁国华，县委副书记李东升，县政协主席项征武等县四套班子领导出席。

5日

阳高县委书记冯晓雷主持召开县委常委扩大会议，专题研究部署扶贫领域监督执纪问责相关工作。县委副书记、县长丁国华，县委副书记李东升等出席。

6日

阳高县委书记冯晓雷到县公安局调研“净化社会风气、助推脱贫攻坚”严打专项行动开展情况。

10日

阳高县委副书记、县长丁国华到东小村镇、古城镇，专题调研发展壮大杏果产业带动贫困户增收致富。

14日

阳高县委书记冯晓雷主持召开县脱贫攻坚领导组工作会议，安排部署全县建档立卡贫困人口动态调整和易地搬迁对象核准工作。

15日

阳高县与正大集团合作建设新型农牧产业综合开发项目开工奠基仪式举行。县委书记冯晓雷参加。

18日

国家安全监管总局党组成员、中央纪委驻总局纪检组长赵惠令一行到阳高县鳌石乡乱石村就林药套种扶贫项目调研。阳高县委书记冯晓雷，县委副书记、县长丁国华，副县长谢留强陪同调研。

阳高县委书记冯晓雷，县委副书记、县长丁国华到古城镇、东小村镇实地调研易地扶贫搬迁工作情况。

20 日

阳高县委书记冯晓雷专题讲座如何推进脱贫攻坚和做好监督执纪问责工作。

阳高县首家“煤改气”洗浴锅炉在大众浴池正式投入使用，标志着燃煤洗浴锅炉集中整治进入实质性阶段。

21 日

阳高县委副书记、县长丁国华到部分乡、镇检查汛期防汛及“河长制”落实情况。

24 日

阳高县委书记冯晓雷带领有关部门负责人，冒雨到马家皂乡右所窑村、古城镇下辛庄村，检查贫困户住房安全情况。

阳高县委副书记、县长丁国华采取“四不两直”方式，现场督查道路交通、危险化学品、建筑施工和化工企业的安全生产工作。

26 日

阳高县委书记、县委深改领导小组组长冯晓雷主持召开县委全面深化领导小组第十六次会议并讲话。会议传达学习中央和省委全面深化改革领导小组近期召开深改领导小组会议精神，讨论通过《2017 年全县全面深化改革工作要点》《2017 年全县全面深化改革工作任务分解》《关于在全县推行法律顾问制度和公职律师的实施方案》《县城环卫市场化改革情况》。

27 日

阳高县委书记冯晓雷，县委副书记、县长丁国华等县四套班子领导带队分别慰问驻阳部队、县武装部、消防大队、武警中队。

28 日

大同市人大常委会副主任雷雪峰带领调研组到阳高县调研农业产业扶贫情况。县委书记冯晓雷，县委副书记、县长丁国华参加。

阳高县委副书记、县长丁国华主持召开县政府第十三次常务会议，学习传达市委十五届三次全体会议精神，研究讨论《阳高县人民政府重大行政决策规定实施细则》、推进农村环境集中整治、统筹整合使用财政资金等工作。

8 月

1 日

阳高县委常委（扩大）会议召开，县委书记冯晓雷主持并讲话。会议传达了省委常委、政法委书记商黎光来阳调研讲话精神；听取讨论县委十四届三次全体会议有关事项说明和全县政法综治等情况汇报。县委副书记、县长丁国华，县委副书记李东升，县人大常委会主任李晓红，县政协主席项征武等县四套班子领导参加。

4 日

中共阳高县委十四届三次全体会议召开。县委书记冯晓雷讲话，县委副书记、县长丁国华安排部署下半年全县经济工作。会议通过《中共阳高县委关于深入学习贯彻落实习近平总书记视察山西重要讲话精神的行动方案》《中共阳高县委关于深入学习贯彻落实习近平总书记在深度贫困地区脱贫攻坚座谈会上重要讲话精神，进一步推进全县脱贫攻坚工作的行动方案》和《中共阳高县委关于贯彻落实习近平总书记视察山西重要讲话精神，进一步推进全面深化改革的行动方案》。

阳高县委副书记、县长丁国华主持召开县政府第一次全体（扩大）会暨廉政工作会议。会议总结分析上半年经济社会发展情况，安排2017年政府系统廉政建设和反腐败工作，部署下半年重点工作任务。

山西省旅游发展委员会主任盛佃清到阳高县调研文化旅游。县委书记冯晓雷，县委副书记、县长丁国华陪同。

7日

山西省水利厅副厅长王贵平到阳高县大泉山调研水土保持。县委副书记、县长丁国华陪同。

9日

以省人大常委、省人大内司委副主任委员杨增武为组长的省脱贫攻坚第四督导组莅临阳高，督导脱贫攻坚工作并召开座谈会。县委书记冯晓雷，县委副书记、县长丁国华，副县长王吉陪同，县脱贫攻坚领导组部分成员单位和部分乡镇负责人，部分驻村工作队队长、第一书记参加座谈会。

10日

大同市委巡察一组巡察阳高县情况反馈会召开。市委巡察办副主任闫东海就阳高县巡察整改工作提出具体要求。市委第一巡察组组长、市一医院党委书记韩柱反馈在党的领导、党的建设，全面从严治党等方面存在的问题。县委书记冯晓雷表态发言，切实抓好整改落实。

大同市副市长荆虎到阳高县调研“河长制”推进工作。阳高县委副书记、县长丁国华参加调研。

14日

阳高县委书记冯晓雷到北徐屯乡和罗文皂镇实地查看农作物遭受冰雹大风灾害情况，检查巡视整改自行“回头看”和扶贫领域监督执纪问责工作。

15日

山西省人大常委会副主任张茂才到阳高县调研人大信访工作。阳高县委书记冯晓雷，县委副书记、县长丁国华参加。

大同市人大常委会主任赵向东到阳高县调研人大代表助力脱贫攻坚工作。大同市人大常委会秘书长郭普跃，县委书记冯晓雷参加。

17日

阳高县委常委（扩大）会议召开。县委书记冯晓雷主持并讲话。会议传达市委常委、市政法委书记卫国在8月16日大同市信访维稳工作会议上的讲话精神；汇报巡视整改自行“回头看”工作情况；全县扶贫领域监督执纪问责工作情况；市委巡察一组巡察反馈意见整改任务分解落实情况。

18日

阳高县委书记冯晓雷主持召开阳高县脱贫攻坚领导组会议，听取全县易地扶贫工作二期项目建设进展情况，具体安排部署如何做好易地扶贫搬迁工作。县委副书记、县长丁国华等县领导参加。

2017年“山西好人”评选揭晓，阳高县冠霖建筑装饰有限公司经理闫县上榜山西“诚实守信好人”。

21日

阳高县委副书记、县长丁国华到县城北环路道路改造指挥部现场办公，研究解决影响工程建设进度的挡手问题。

22日

山西省民政厅厅长薛维栋到对口扶贫点阳高县东小村镇走访调研脱贫攻坚各项工作进展情况。大同市委常委、常务副市长刘振国，县委书记冯晓雷，县委副书记、县长丁国华参加调研。

大同大学党委书记马存根到阳高县对接脱贫攻坚工作。县委书记冯晓雷参加。

23日

阳高县委书记冯晓雷到县农委督导检查机关党的建设、承担全县重点工作和部门创新性工作、开展产业扶贫及落实脱贫攻坚24项行动相关工作。

24日

阳高县学用系列讲话精神交流暨“三基建设”推进会召开。县委书记冯晓雷主持会议并讲话，县委副书记、县长丁国华等县四套班子领导参加。

29日

山西省水利厅厅长潘军峰到阳高县调研天阳盆地地下水置换工程。市委副书记、市委宣传部部长高键，阳高县委书记冯晓雷，县委副书记、县长丁国华等陪同调研。

30日

阳高县召开省市驻村干部帮扶座谈会。县委书记冯晓雷，县委副书记李东升参加。

阳高县委书记冯晓雷到大白登镇、古城镇、鳌石乡、友宰镇、东小村镇督导检查乡村治理模式创新和异地扶贫移民搬迁安置点建设工作。

阳高县委副书记、县长丁国华主持召开县政府第十四次常务会议，研究安全生产、深化重点领域改革、市委巡察一组反馈意见整改责任分解细化、旅游景区（景点）体制机制改革创新、统筹整合使用财政资金、县城北环路北门口延伸段拆迁整修等工作。

31日

阳高县委书记冯晓雷到县污水处理厂、白登河河道治理工地等环境保护重点工程、安全生产重点企业督查工作。

是月

山西省委书记、省人大常委会主任骆惠宁到阳高县考察调研大泉山生态治理成效，勉励当地干部弘扬大泉山精神，走出生态扶贫新路子，把增绿和增收更好统一起来。

阳高县本土学生马瑛获第七届国际二胡大赛初赛（天津）专业少年A组铜奖，并入围国际决赛。

县委书记冯晓雷，县委副书记、县长丁国华等县四套班子领导分组看望慰问驻阳部队官兵。

9月

1日

大同市国腾生物有机肥有限公司20万吨生物有机肥项目奠基仪式在阳高县举行。大同市国资委书记柴毅、大同市国资委副主任关昭、县委副书记李东升参加项目培土奠基。

5日

阳高县委常委（扩大）会议召开。会议汇报落实市委巡察组反馈意见整改方案，传达关于习近平总书记群团改革工作重要指示和中央群团改革座谈会精神，研究通过《中共阳高县委、阳高县人民政府关于阳高县教育工作促进会的表彰决定》。县委书记冯晓雷主持并讲话，县委副书记、县长丁国华等参加会议。

6日

阳高县委书记冯晓雷到龙泉镇、罗文皂镇、狮子屯乡、下深井乡、王官屯镇督导检查易地扶贫搬迁安置点建设和产业配套情况。

7日

阳高县教育工作促进会召开，县委书记冯晓雷讲话，县委副书记、县长丁国华主持会议。

阳高县与山西转型综改试验区投资开发控股集团有限公司举行《战略合作框架协议》签约仪式。县委书记冯晓雷主持并讲话。

8日

以全国司法行政系统一级英模、全国优秀司法所长李培斌为原型创作的电影《李司法的冬暖夏凉》在太原首映。省委常委、省委政法委书记商黎光，县委副书记李东升等出席首映式。

山西省委常委、大同市委书记张吉福到阳高县马家皂乡安家皂小学、古城镇古城小学看望慰问一线教师，向他们表示节日的祝贺和问候，并为2所学校赠送图书。市委常委、市委秘书长薛明耀，副市长郭蕾，县委书记冯晓雷，县委副书记、县长丁国华，副县长王爱党、郝贤颖参加。

11日

县委副书记、县长丁国华到王官屯镇督导检查易地移民搬迁等相关工作。

“山西十大孝星”事迹在阳高巡展。

12日

大同市践行习近平总书记视察山西重要讲话精神抓党建促脱贫攻坚暨易地扶贫搬迁现场推进会在阳高县召开。省委常委、市委书记张吉福出席会议并讲话。阳高县委书记冯晓雷，县委副书记、县长丁国华等县四套班子领导出席。

14日

阳高县委副书记、县长丁国华督导检查古长城旅游公路绿化工程进展情况。

18日

阳高县委书记冯晓雷到县税务局就机关党建、“三基建设”以及水务部门重点工作开展督查督导。

20日

阳高县委常委会召开会议。传达学习《国务院关于支持山西省进一步深化改革促进资源型经济转型发展的意见》；听取全县意识形态领域形势分析研判工作情况汇报，讨论通过《阳高县旅游景区（景点）体制机制改革创新工作推进方案》，传达全市宗教工作任务和全县信访维稳工作情况，全面推行“河长制”工作进展情况和下一步工作打算以及全县安全生产工作情况的汇报。县委书记冯晓雷，县委副书记、县长丁国华出席。

阳高县委书记冯晓雷与县脱贫攻坚第三方评估工作队进行座谈，县委副书记李东升参加。

山西省河长制办公室第二督察组到阳高县调研全面推行河长制工作。大同市副市长尉连生，县委书记冯晓雷，县委副书记、县长丁国华参加调研。

21 日

阳高县召开脱贫攻坚产业推进会，县委书记冯晓雷出席并讲话，县委副书记、县长丁国华，县委副书记李东升出席。县领导孟德昌、李雁侠、李培华、王吉、谢留强、李灵芝及县脱贫攻坚领导组成员单位负责人参加。与会人员先后深入鳌石乡、古城镇、大白登镇现场观摩脱贫攻坚产业扶贫项目。

28 日

阳高县乡镇挂职干部岗前培训班开班。

29 日

阳高县中央环保督查反馈问题整改暨全国第二次污染源普查会议召开，县委副书记、县长丁国华主持并讲话。

30 日

阳高县委书记冯晓雷到县城北环路道路施工现场和新华北街供水改扩建施工现场专题调研城市建设工作。

阳高县委副书记、县政府党组书记、县长丁国华主持召开县政府党组会议，听取县政府部分工作部门《关于市委巡察一组反馈意见整改工作实施方案》牵头整改事项进展情况汇报，开展专题学习研讨交流。

阳高县委副书记、县长丁国华主持召开县政府第十五次常务会议。会议传达学习《国务院关于支持山西省进一步深化改革促进资源型经济转型发展的意见》和全省进一步深化改革促进资源型经济转型发展大会精神，听取中央第二环境保护督察组反馈问题整改、全面推行河长制、医药卫生体制改革等重点工作进展情况的汇报，并具体安排当前政府系统各项工作和党的十九大召开期间安全生产工作。

10 月

11 日

大同市人大常委会副主任张翠萍率检查组到阳高县督查关于贯彻落实市委推进县乡人大建设会议精神及市、县、乡人大代表三级联动开展脱贫攻坚工作情况。阳高县委书记冯晓雷参加。

13 日

国家统计局山西调查总队党组书记、总队长翟善清，办公室主任吴友军到阳高县调研指导畜牧产业。国家统计局大同调查队党组书记、队长李平，阳高县委书记冯晓雷，县委常委、常务副县长孟德昌陪同。

14 日

山西省政法委常务副书记闫喜春到阳高县调研驻村扶贫工作。阳高县委书记冯晓雷陪同。

16 日

大同市统计局带队的全市 2017 年度目标责任考核中期第二调研组一行，调研阳高县 2017 年度目标责任考核各项指标推进落实情况。阳高县委副书记、县长丁国华等参加会议。

19 日

大同市委常委、常务副市长刘振国到阳高县调研安全生产、脱贫攻坚、安保维稳和停止部队有偿服务以及河长制等工作。阳高县委书记冯晓雷，县委副书记、县长丁国华等陪同。

24 日

山西省委组织部副部长、省委党建办主任、省非工经济组织和社会组织工委书记张晓峰深入阳高县调研指导脱贫攻坚和党建工作。市委常委、组织部部长宋涛，阳高县委书记冯晓雷，县委常委、组织部部长曹锋，副县长王吉陪同。

25 日

阳高县村（社区）“两委”换届工作动员会召开，安排部署阳高县村（社区）“两委”换届工作。县委书记冯晓雷等县领导参加。

山西省委、省政府第二环保督查组到阳高县督查指导环境保护工作。山西省环保技术评估中心主任罗邱生，省环保厅水环境管理处副调研员白振华，山西省环保技术评估中心工程师郭凡，省环境科学研究院工程师王竞，阳高县委副书记、县长丁国华出席汇报会。

27 日

阳高县委书记冯晓雷主持召开县委常委会议，传达学习党的十九大和十九届一中全会精神，研究部署全县学习宣传贯彻党的十九大精神工作、研究部署干部驻村帮扶工作。

阳高县委副书记、县长丁国华主持召开县政府第十六次常务会议，研究贯彻落实河长制、创建省级食品安全示范县、省第二环保督察组反馈问题整改、统筹整合扶贫资金等重点工作。

30 日

党的十九大代表、山西省委常委、大同市委书记张吉福到阳高县大白登镇大泉山村，在脱贫攻坚第一线宣讲党的十九大精神，并参加阳高县学习贯彻十九大精神，苦干一整年，打胜脱贫攻坚战誓师大会。市委常委、市委秘书长薛明耀，阳高县委书记冯晓雷，县委副书记、县长丁国华，县人大常委会主任李晓红，政协主席项征武等县领导参加。县委副书记、县长丁国华主持誓师大会。

11 月

1 日

阳高县委书记冯晓雷到阳高县扶贫办、包联乡镇大白登镇调研部署脱贫攻坚补短板破难题工作。

7 日

阳高县义务教育基本均衡发展国家督导检查汇报会召开。国家义务教育基本均衡发展督导检查组组长、国家督学、河南省基础教育教学研究室主任邵水潮讲话，省教育厅政府教育督导室正处长级督学徐岩章主持，阳高县委副书记、县长丁国华，副县长王爱党，督导检查组成员和市教育局、县直相关职能部门负责人参加。

9 日

阳高县委召开县委常委（扩大）会议，研究部署学习贯彻落实党的十九大精神、省委十一届五次全体会议精神和省委书记骆惠宁在全会上的重要讲话精神及其他相关工作。县委书记冯晓雷主持会议，县委副书记、县长丁国华，县人大常委会主任李晓红，县政协主席项征武等县四套班子领导出席，法检两长和其他副县级领导参加。

16 日

阳高县召开农村集体产权制度改革试点工作推进会。山西省农业厅经管局局长马向荣、大同市农委副主任周妙英参加，县委书记冯晓雷参加并讲话。

17 日

阳高县法学会成立并召开第一次会员代表大会。

21 日

阳高县委书记冯晓雷到长城乡督导检查村“两委”换届和扶贫移民旧村拆除、土地复垦、宅基地回退工作。

22 日

山西省人大常委会副主任高卫东带队省人大常委会立法调研组到阳高县调研立法情况。省人大常委会法制委主任赵建平，法工委主任蔡汾湘，市人大常委会副主任刘美，阳高县委书记冯晓雷，县人大常委会主任李晓红，县委常委、常务副县长孟德昌，县人大常委会副主任高桂德出席座谈会。

23 月

大同市委副书记、代市长武宏文率市农委、统计局、扶贫办等部门负责人深入阳高县调研，县委书记冯晓雷，县委副书记、县长丁国华陪同。

24 日

国家第三方评估调研组到阳高县调研脱贫攻坚情况。县委书记冯晓雷主持调研座谈会，县委副书记、县长丁国华详细汇报全县脱贫攻坚具体情况。

大同市委常委、纪委书记、监委主任朱晓东到阳高县调研脱贫攻坚工作。县委书记冯晓雷，县委常委、纪委书记、监委主任李霞参加。

28 日

大同市委宣讲团到阳高县宣讲党的十九大精神，市委宣讲团成员、市纪委常务副书记、市监委副主任方旭宣讲。县委书记冯晓雷主持并讲话，县委副书记、县长丁国华等县四套班子成员，全县副科级以上干部以及县委十九大精神宣传骨干共计600多人参加。

山西省扶贫领域不正之风和腐败问题专项治理督导抽查二组结束对阳高县督导检查。县委书记冯晓雷出席意见反馈会，表示对督导检查组发现移交的问题照单全收、及时整改，举一反三，坚决把问题整改到位，把严肃问责落实到位。

是月

农民夜校成为阳高县学习宣传十九大精神平台，256所农民夜校开课600多场次，2万多人次党员、群众参加学习。

阳高县委书记冯晓雷，县委副书记、县长丁国华等县四套班子领导分赴脱贫攻坚第一线宣讲党的十九大精神。

12 月

1 日

阳高县委副书记、县长丁国华主持召开县政府第十七次常务会议，研究引深道路交通安全整治、投资建设云门山风电项目、拨付二期易地移民搬迁资金、推进贫困村提升工程等重点工作。

5日

阳高县委史志研究室主任景彦斌编剧的京剧新编历史剧《文明太后》、二人台现代戏《杏泉沟》（合作），分别由山西京剧院、阳高县二人台剧团申报国家艺术基金2018年度大型舞台剧项目资助，初评同时获得通过。

12日

阳高县召开2017年乡镇、县直党（工）委书记履行基层党建工作责任述职评议考核会。县委书记冯晓雷主持并做点评。市委组织部考核办主任梁彪等出席。

15日

阳高县委书记冯晓雷主持召开脱贫攻坚调研座谈会，听取各部门工作进展情况汇报。

17日

山西农业大学贾文龙带队的2017年度脱贫工作成效第三方评估组进驻阳高县，评估指导工作。

19月

阳高县委、县政府召开专题会议，听取部分副县长2017年工作汇报。县委书记冯晓雷主持，县委副书记、县长丁国华等县四套班子领导参加会议。

同煤集团与阳高县工作协调对接座谈会召开。县委副书记、县长丁国华主持并讲话。

22日

阳高县召开脱贫攻坚工作推进会。会议传达2017年国家脱贫成效考核工作的有关要求，通报山西省脱贫攻坚第三方评估反馈意见，安排部署下一步脱贫攻坚工作。县委书记冯晓雷做重要讲话，县委副书记、县长丁国华，县政协主席项征武等县四套班子领导参加。

27日

阳高县召开农村产业融合发展示范园项目对接推进会。县委书记冯晓雷，县委副书记、县长丁国华，大同市经济建设投资有限责任公司董事长仝春生，浙江大学城乡规划设计院二所所长陈智军等参加。

28日

阳高县委副书记、县长丁国华主持召开县政府第十八次常务会议，会议听取阳高县中央环保督查整改工作进展情况汇报，研究谋划2018年全县经济工作主要思路和工作重点，安排部署岁末年初有关工作。

29日

2017首届亚洲康养产业国际高峰论坛在阳高举行。

是月

阳高县开展2017年度国家工作人员无纸化网上学法用法考试，全县118个单位、5643名国家工作人员参加网上学法考试。

2017版《大同市城市总体规划（2006—2020）》明确提出“规划在阳高县大白登镇境内建设通用航空机场”。

县情概况

自然地理

【位置 面积】 阳高县地处山西省东北部，位于北纬 39049 ' ~ 40031 '，东经 113028 ' ~ 11406 '。该县东与天镇县、河北阳原县接壤，东经张家口去首都北京 320 公里；南与浑源县、广灵县以山为界；西与大同市、大同县毗连，县城距大同市 52 公里；北与内蒙古丰镇市、兴和县隔山为邻。总面积 1678 平方公里。

【行政区划】 阳高县现辖 7 镇 6 乡：即龙泉镇、罗文皂镇、大白登镇、王官屯镇、古城镇、东小村镇、友宰镇、狮子屯乡、长城乡、北徐屯乡、下深井乡、马家皂乡、鳌石乡，共有 262 个行政村、15 个社区居民委员会。

【地貌】 阳高县地形成条状葫芦形，北部东西宽 39 公里；南部葫芦头宽 16 公里，最窄 4 公里。南北长 76 公里。总面积 1704.6 平方公里。其中山地及边山峪口面积 539.8 平方公里，占总面积的 31.7%；川谷盆地面积 626.6 平方公里，占 36.5%；丘陵面积 542.2 平方公里，占 31.8%。全县呈三面环山之势，北有云门山，西有采凉山，南有六棱山，平均海拔 1900 米以上，其中以六棱山最高。北部为阴山余脉云门山，海拔 2118 米；南部六棱山，属恒山山系，主峰黄羊尖，海拔 2420.5 米；西部采凉山亦为阴山山脉，海拔 2144.6 米。中部黄土丘陵突起，海拔 1300 米分割全县为南北两块低地。南部桑干河川谷地，最低海拔 980 米；北部天阳谷地为盐碱滩，最低海拔为 980 米。

【气候 水文】 阳高县属温带大陆性季风气候，四季分明，冬季漫长且寒冷干燥，夏季短暂温热多雨，春季干旱多风，秋季凉爽宜人。据《阳高统计年鉴（2016 年）》数据显示，阳高县年平均气温 8.2℃，极端最高气温 33.3℃，极端最低气温 -24.9℃；年平均降水量 402.6 毫米；年平均日照时数 2789.3 小时；年平均风速 2.5 米 / 秒，最大风速 12.5 米 / 秒；全年无霜期从 4 月 18 日至 9 月 28 日，无霜期 162 天；冻土深度最深 143 厘米；农作物一年一熟，主要气象灾害有干旱、大风、沙尘、霜冻、洪涝、冰雹等。

阳高县境内有桑干河、白登河、黑水河、黄水河、吾其河等大小河流，全县河网密度每平方公里为 0.077 公里，径流总量 6280 万立方米，由于地形复杂和山区岩石结构裂隙发育等原因，境内谷地有很好的地下水补给来源，地下水每年可采储量约0.8亿立方米，调节水量0.8亿立方米，资源量1.3亿立方米，有广阔的开发前景。

国民经济和社会发展

【概述】 2017年,全县地区生产总值(GDP)333785万元，按可比价比上年增长8.3%，增速比上年提高3.4个百分点。在生产总值中，第一产业增加值111278万元，占生产总值的33.4%，增长3.8%；第二产业增加值62495万元，占生产总值的18.7%，增长8.3%；第三产业增加值160012万元，占生产总值的47.9%，增长11.5%，三次产业结构比34.4：18.7：47.9，第一产业增速下降了0.5个百分点，第二、三产业增速分别比上年提高2.5、6.4个百分点。

【农业】 2017年，全县种植业生产取得较好收成，畜牧业发展稳定，农民收入增长。全县农林牧渔业总产值完成235628万元，比上年增加15646万元，增长7.1%。

播种面积：2017年，全县农作物总播种面积57780公顷，比上年减少326公顷，下降0.6%。其中粮食作物播种面积50759公顷，比上年减少43公顷，下降0.1%；全县油料作物种植面积2823公顷，比上年减少246公顷，下降8.0%；蔬菜种植面积3454公顷，比上年减少338公顷，下降8.9%。

2017年，全县完成当年造林面积2156公顷，其中人工造林1823公顷，林业产值2667万元。全县水果产量为18325吨，增长28.7%，其中杏17107吨，增长34.3%；葡萄728吨，下降6.1%，年末果园面积2630公顷，增长9.3%。

畜牧业生产平稳发展。2017年末，全县猪饲养量653847头，羊饲养量529841只，大牲畜年末存栏38816头，其中奶牛存栏12253头，畜牧业产值完成113798万元，比上年增加4296万元，增长3.9%，占全部农林牧渔业总产值的48.3%。

2017年末，全县农业机械化情况：农机总动力214570千瓦。农业机械原值42750万元，净值30780万元。拥有拖拉机台3580台82252千瓦，其中大中型拖拉机2574台70335千瓦，小型拖拉机1006台11917千瓦。农机化经营总收入13200万元，成本与费用5940万元，利润总额7260万元。2017年全县农用化肥施用量41797吨，农村用电量3838万千瓦小时，农用塑料薄膜使用量1713吨。

【工业 建筑业】 2017年，全县工业经济回升。按月报数据，规模以上工业完成现价工业总产值179711万元，比上年增长7.8%，工业销售收入188262万元，比上年增长13.9%。工业增加值44760万元，按可比价增长8.5%，工业增加值率24.9%。

建筑业：2017年全县具有建筑业资质等级的总承包和专业承包建筑业企业完成建筑业总产值10782万元，比上年增长97.5%。

【固定资产投资】 2017年，全县全社会共完成固定资产投资330072万元，比上年增长 7.0%。

【贸易】 2017 年，全县完成社会消费品零售总额 123173 万元，比上年增加 8593 万元，增长 7.5%。其中城镇消费品零售额 87006 万元，增长 9.0%；乡村消费品零售额 36167 万元，增长 4.0%。

【交通 城建】 交通运输方面：2017 年，全县公路运输完成客运量 133 万人，客运周转量 7502 万人公里，完成货运量 362 万吨，货运周转量 91070 万吨公里。

城乡建设方面：完成县城北环路道路改造工程，全长 2180 米，道路红线宽度 24 米，其中机动车道 15 米，投资 4900 万元。小街小巷亮化工程投资 316.8 万元，在 149 条小街小巷安装完成 1000 盏 LED 太阳能路灯。

【财政 金融】 2017 年，全县完成公共财政收入 12352 万元，比上年增加 1495 万元，增长 13.8%。公共财政支出 235704 万元，比上年增加 53885 万元，增长 29.6%。

2017 年末，全县金融情况：金融机构各项存款余额 939942 万元，较年初增加 152397 万元，增长 19.4%；各项贷款余额 278678 万元，较年初增加 43380 万元，增长 18.4%。城乡居民储蓄存款余额 702093 万元，较年初增加 73623 万元，增长 11.7%。全县人均储蓄存款余额 24621 元，比上年增加 2615 元，增长 11.9%。

【文化 教育 卫生 体育】 文化事业方面：2017 年，县二人台剧团、晋剧团在农村演出 230 多场（次），其中投资 66.8 万元为全县贫困村“送戏下乡”80 余场。12 个农村公益放映队放映电影 3200 余场。二人台传习中心公开招聘演职人员 10 名。

教育事业方面：2017 年，高考成绩稳步提升，2017 年参加高考 1483 人，二本 B 类以上达线 411 人。其中，文理一本达线 64 人，文理二本达线 268 人，艺体一本达线 18 人，艺体二本达线 61 人。

卫生事业方面：2017 年，医疗机构为 1100 多名建档立卡贫困人口免费体检，开通了贫困人口就医绿色通道。基础免疫和加强免疫接种率 98% 以上居民健康档案建档率 80% 以上。

体育事业方面：在全省武术锦标赛上县体校武术队获冠军 2 个、亚军 3 个、季军 3 个。参加市体育局举办的 2017 大同市青少年武术比赛，获 5 个冠军、1 个亚军、1 个季军、1 个第四名和丙组团体第二名，甲组团体第三名。

【人口 社会保障】 2017 年末，全县总人口 285166 人，在总人口中，城镇人口 81137 人，乡村人口 204029 人；男性 145102 人，女性 140064 人，男女性别比 103.6: 100。

2017 年，全县居民人均可支配收入 11782 元，比上年增长 7.1%。城镇常住居民人均可支配收入 20687 元，比上年增长 6.9%，农村常住居民人均可支配收入 7262 元，比上年增长 7.9%。

社会保障方面：2017 年全县城镇新增

就业1541人，创业就业369人，转移农村劳动力4438人，城镇登记失业率2.35%。全县城镇职工基本养老保险参保人数169352人，企业养老保险参保15402人。城镇居民基本医疗保险参保人数20333人，农村居民基本医疗保险参保人数193437人。失业保险参保人数9209人；工伤保险参保人数12793人；生育保险参保人数15010人。

2017年机构设置和领导人名录

中共阳高县委

书　记　冯晓雷
副书记　丁国华
　　　　李东升　（2017年9月30日免）
　　　　郭　永　（挂职）
　　　　吴建强　（挂职）
常　委　孟德昌
　　　　李　霞（女）
　　　　徐碧洋
　　　　兰学欣
　　　　曹　锋
　　　　李雁侠
　　　　蔡杰锋

阳高县人大常委会

主　任　李晓红
副主任　王瑞平（女）
　　　　韩　旭
　　　　李培华
　　　　高桂德

阳高县人民政府

县　长　丁国华
常务副县长　孟德昌
副县长　王　吉
　　　　王爱党（女）
　　　　张进才
　　　　郝贤颖
　　　　谢留强
　　　　马　斌
　　　　李灵芝　（挂职，2017年1月5日任）
　　　　贾春生　（挂职，2017年9月30日任）

阳高县政协

主　席　项征武
副主席　景瑞平（女）
　　　　孟　明
　　　　解秀成
　　　　杨占英

党群系统

县委办
主　任　兰学欣
副主任　张立斌
　　　　任学军
　　　　李　春
　　　　杨国一　（2017年7月19日免）
　　　　程利斌　（2017年6月5日任）

保密局
局　长　刘　宁

县委巡察办

主　任　任志勇　（2017年6月5日任）
副主任　寇　权　（2017年6月5日任）
专　员　张　宝　（2017年6月5日任）
　　　　路明宏　（2017年6月5日任）
　　　　刘　佳　（2017年6月5日任）
　　　　张政刚　（2017年6月5日任）

信访局

局　长　高建军

纪律检查委员会

书　记　李　霞（女）
副书记　李生茂
　　　　李云山
常　委　李　爱
　　　　王建斌
　　　　陶春燕（女）
　　　　孙会峰

监察委员会

主　任　李　霞（女）（2017年2月3日任）
副主任　李生茂　（2017年2月8日任）
　　　　李云山　（2017年2月8日任）

组织部

部　长　曹　锋
副部长　牛俊林
　　　　武雪冰
　　　　王瑞栋
　　　　项丽芳　（2017年12月25日任）

机关工委

书　记　牛俊林

非公经济组织和社会组织工作委员会

书　记　武雪冰（兼）（2017年1月5日任）
副书记　刘晓红　（2017年1月5日任）

宣传部

部　长　李雁侠
副部长　尉建飞
　　　　李志宙

武装部

部　长　王进波
政　委　蔡杰锋

人大

办公室主任　袁　江
法制委主任　王克强
农工委主任　徐晓明
经济委主任　昝虎山
教科文卫委主任　袁艳丽

政协

秘书长　高利才
提案委主任　李　革
经济委主任　肖政爱（女）
综合委主任　张子福

统战部

部　长　李东升　（2017年12月19日免）
副部长　李　坚（女）
　　　　李建军

党校

校　长　李东升　（2017年12月19日免）
常务副校长　温秀萍（女）
副校长　　　师利明

党史研究室（地方志办）

主　任　景彦斌
副主任　杨润梅（女）

总工会

主　席　凌菊兰　（2017年7月19日免）
　　　　韩　旭　（2017年7月19日任）
副主席　徐展明
　　　　赵振恩
　　　　王　勇
　　　　徐斌伍　（挂职，2017年10月27日任）

县情概况

尉海燕 （挂职，2017年10月27日任）
高焕才（兼）（2017年10月27日任）
史 斌（兼）（2017年10月27日任）

老干局

局 长 项丽芳（女）
副局长 王宝柱
王世明

编办（事业登记局）

主 任 梁尚林
副主任 李 泽

团县委

书 记 李墨海
副书记 姜雁茹（女）
张 轲
梁欣然 （挂职，2017年9月8日任）
张海斌（兼）（2017年9月8日任）
景瑞刚（兼）（2017年9月8日任）
少工委主任 姜雁茹（女）

工商联

党组书记 李建军
主席、总商会会长
韩 栋（女）（2017年1月5日任）
副主席、副会长 马常青（女）
秘书长 刘振荣（女）

文联

主 席 余跃海
副主席 高玉岭

科协

主 席 张锦兰（女）
副主席 张 芳

妇联

主 席 王秀珍（女）
副主席 李宝芳（女）
张建玲（女）
王春梅（女）（兼2017年6月7日任）
刘晓红（女）（兼2017年6月7日任）
赵润琴（女）（兼2017年6月7日任）
彭志茹（女）（兼2017年6月7日任）
姜雁茹（女）（兼2017年6月7日任）
刘振荣（女）（兼2017年6月7日任）

新闻中心

主 任 史 亮 （2017年8月31日任）
副主任 史 亮 （2017年8月31日免）

社区办

主 任 张文忠
副主任 王学忠
高树忠

政府系统

政府办

主 任 苏仿彻
副主任 王利军
陈银辉（2016年4月27日兼治超办主任）
闫晋国
李日军
刘 涛
王 镇

政务审批中心

主 任 包 涛
副主任 荆 豹
王 佳

住房保障和城乡建设管理局

局 长 张 匀
副局长 周思庆
睢日明
安 立（2017年2月21日任）

房产管理中心

主　任　张　利

污水厂

厂　长　吕占忠

副厂长　马振军

　　　　高培强

环保局

局　长　高　文

副局长　董毅忠

　　　　李建军

纪检组长　张　强

民政局

局　长　高立新

副局长　高　志

纪检组长　闫秀芳(女)

龙泉镇敬老院院长　薛　军

北徐屯乡敬老院院长　李焕凯

鳌石乡敬老院院长　任正华

侯官屯敬老院院长　薛　军(兼)

监察局

局　长　李生茂

副局长　韩　栋（2017年1月5日免）

　　　　李　爱

　　　　孙会峰

老龄委

主　任　高义斌

副主任　姚彦军

审计局

局　长　贾建民

副局长　黄　伟　王国英

纪检组长　尉元祥

总审计师　牛新林

残联

理事长　杨明星

副理事长　母生林

红十字会

常务副会长　田桂春(女)

副会长　张凤莲(女)

地震局

局　长　李胜利

机关事务管理局

局　长　高德富

副局长　杨润平

档案局

局　长　于　彪

副局长　凌瑞芳(女)

宗教事务局

局　长　李　坚(女)

副局长　任慧芬(女)

安监局

局　长　荆建林

副局长　孙泽宇

市政公用局

副局长　刘志忠　张武文

环卫处

处　长　韩　谦

计委系统

发改局

局　长　祁金林

副局长　石进堂　任海成　张　僚

　　　　何广清　杜宏伟

纪检组长　赵文皎

总工程师　吴国英(女)

重点办

主　任　张　斌

副主任　褚登云

人力资源和社会保障局

局　长　王建礼　（2017年6月26日免）
　　　　闫志文　（2017年6月26日任）

副局长　牛福江　王海飙　王　欣　刘天江

纪检组长　靳　端

社会保险管理中心

主　任　高焕才

副主任　王建宙　孙桥雨

社会管理指导中心

主　任　高义平

副主任　刘亚平

统计局

局　长　孙昌新

副局长　段　海　张建新

纪检组长　张建军

总统计师　温建华

国家统计局阳高调查队

队　长　王建永

副队长　乔腾宙

普查中心

主　任　尉立新（女）

物资局

副局长　邵　伟

农委系统

农业委员会

主　任　陆万山　（2017年6月26日免）
　　　　王德军　（2017年7月19日任）

副主任　李焕龙　郭泽民　荆福斌

纪检组长　杨俊武（女）

总农艺师　宋福卿

林业局

局　长　陈　仲

副局长　贺　彬　兰　德

纪检组长　高德玲（女）

总工程师　王世俊

国土资源局

局　长　周学义　（2017年5月13日免）
　　　　仓　雄　（2017年9月22日任）

副局长　仓　雄　（2017年9月22日免）
　　　　马振林

纪检组长　王　智

总工程师　王佃宏

水务局

局　长　张益民　（2017年6月26日免）
　　　　刘兴明　（2017年6月26日任）

副局长　谢　彪

纪检组长　许　林

总工程师　张殿宝

自来水

经　理　宋　平

开发办

主　任　王　顺

副主任　叶利光　高锦飞

农业开发中心

主　任　姜红艳（女）

副主任　马建军

中小企业服务中心

主　任　赵占海

副主任　田　伟

农机发展中心

主　任　马元杰

副主任　陈　雪　赵春权　孙昌恒

扶贫开发中心

主　任　张文忠

副主任　王利武　（2017年2月21日免）
　　　　张　宝　（2017年2月21日免）

乔　鹏　（2017年2月21日任）
刘文军　（2017年2月21日任）

畜牧兽医中心

主　任　刘兴明　（2017年6月26日免）
王海龙　（2017年6月26日任）
副主任　师　俊　梁福贵

农业产业发展中心

主　任　白仕君
副主任　任志宏
李志霞（女）

园林处

主　任　宋　平　（2017年1月5日任）
副主任　牛　刚

气象局

局　长　杨兴溪
台　长　刘东辉

宣教系统

科技教育局

局　长　孙富纯
副局长　武建国　张　喜　刘生志
郝秉亚
纪检组长　闫　花（女）

卫生和计划生育局

局　长　王海龙　（2017年6月26日免）
田占国　（2017年6月26日任）
副局长　田占国　（2017年6月26日免）
孟竹林（女）　李晋勇　项　力
纪检组长　王福军

体育运动管理中心

主　任　张守武
副主任　段春香（女）
纪检组长　刘　溪（女）

文化局（版权局）

主　任　李　刚
副局长　裴化生
盛守军
曾保国

电视台

台　长　李焕福
总　编　闫秀英（女）
副台长　苗　青
总工程师　任　勇

疾控中心

主　任　李瑞卿
副主任　孟安云（女）　张守国

一中

校　长　白志友　（2017年12月28日任）
副校长　白志友　（2017年12月28日免）
季培富
贾建中　（2017年11月23日免）
孙玉河　（2017年12月28日任）
曹建明　（2017年12月28日任）

二中

校　长　魏培林
副校长　赵　文　任　刚

三中

校　长　安育中
副校长　尉瑞廷　韩润兴　常棣乔
师守光

四中

校　长　曹建明
副校长　魏　宏　杨志斌

五中

副校长　韩焕平　高培平　王晓峰
副书记　贠国强

职业技术学校

县情概况

校　长　张建中　（2017年8月31日免）
　　　　王利仁　（2017年8月31日任）
副校长　王利仁　（2017年8月31日免）
　　　　张　菊　孙山贵

医疗集团

院　长　田占国　（2017年12月29日任）
副院长　彭志茹（女）（2017年12月29日任）
　　　　任　献　（2017年12月29日任）
　　　　陈卫东　（2017年12月29日任）
　　　　张晓辉　（2017年12月29日任）
　　　　黄美平（兼）（2017年12月29日任）
　　　　张　利（兼）（2017年12月29日任）

医疗集团人民医院

院　长　田占国
副院长　彭志茹（兼）　任　献　陈卫东

中医院

院　长　田占国

农机校

校　长　杜宏智

进修校

校　长　张　喜
副校长　秦文湖　兰　茂

政法系统

政法委（综治办）

书　记　徐碧洋
副书记　臧首岗　兰　孝　孟立冬

综治办

主　任　臧首岗

法院

院　长　力　军
副院长　马汝刚　赵存忠

检察院

检察长　田爱农
副检察长　韩　强　何广茂　王岳龙
政工科长　杜致华

公安局

局　长　郝贤颖
政　委　刘寅虎
副局长　徐申江　李智茂　郝秉洲
　　　　赵　铸
纪检书记　曹　文
纪检副书记　胡　斌

刑侦大队

队　长　谢　远
副队长　席　旺　谢贵银　吴利国

治安大队

队　长　董存清
副队长　钮全保　任日全

巡警大队

队　长　刘　林

国保大队

队　长　陆万财

政工监督室

主　任　康巨艮

警务保障室

主　任　席　克

禁毒大队

队　长　李　明

指挥中心

主　任　潘　巧

法制室

主　任　贾秀清（女）

人口大队

队　长　孙　利

后勤保障室

主　任　董文斌

纪检监察室

主　任　刘　虎

刑拘所

所　长　杜万山

教导员　李世贵

看守所

所　长　张博元

龙泉派出所

所　长　赵　铸

副所长　王　力　张　琪

东小村派出所

所　长　董书才

北徐屯派出所

所　长　徐振东

教导员　吴　宁

下深井派出所

所　长　陈启宏

教导员　许　凯

大白登派出所

所　长　张向东

狮子屯派出所

所　长　袁　成

古城派出所

所　长　梁品杰

教导员　闫建瑞

长城派出所

所　长　任　飞

教导员　张秀花(女)

堡子湾派出所

教导员　刘仁杰

罗文皂派出所

所　长　张贵成

教导员　刘　仕

王官屯派出所

所　长　师　亮

教导员　李海军

马家皂派出所

所　长　徐跃宏

教导员　王　慧

友宰派出所

所　长　兰　军

教导员　兰　栋

鳌石派出所

所　长　周光武

教导员　王东宇

交警大队

队　长　尉安波

副队长　赵林峰　陈建全　李志刚

教导员　尉明平

副教导员　任贵忠

武警中队

队　长　陶广龙

指导员　周　伟

消防队

队　长　王　燕

教导员　赵海瑞

工程师　潘冬子

司法局

局　长　兰凤斌

副局长　尚　勇　穆彩霞(女)

纪检组长　薛世来

律师事务所

所　长　安凤龙

经贸系统

经济和信息化局（商务局）

局　长　李世春

副局长　姚韶洲　郭宏伟　王小龙　宋　卿（女）
总工程师　张　东

龙泉园区管委会

主　任　许永贵
副主任　母安兵

财政局

局　长　张　宁
副局长　秦润才
　　　　任　利
纪检组长　马　宝
总会计师　屈　宏

政府采购中心

主　任　杜雪峰
副主任　王建华

集中支付中心

主　任　刘东旭

行政事业资产中心

主　任　薛　雪

市场和质量监督管理局

局　长　闫　海
副局长　兰　忠　冯　义　张　金
　　　　柳晋东
纪检组长　李渤义
总检验师　刘晋涛

供销社

主　任　张印忠
副主任　佘　迁　王　领

招商引资中心

主　任　杨占英（女）（2017年2月21日免）
　　　　刘　涛　（2017年2月21日任）
副主任　李永文

二轻局

局　长　樊艮山
副局长　张　俊　陆　华（女）

纪检组长　王建宏

交通局

局　长　李建新
副局长　李灵勇　李宝明
纪检组长　孙永军

公路段

段　长　霍　敏
副段长　靳阔军　张永林　李和生
纪检书记　李　刚

国税局

局　长　汤　存
副局长　景　相　薛树新　张　彬
　　　　李生阳
纪检组长　郭小亮

地税局

局　长　李文生
副局长　尹　奇　赵　伟　燕世雄
纪检组长　曾　江

供电公司

经　理　萧景彪
书　记　王　军

邮政局

局　长　王　利
副局长　赵　岩

住房公积金中心

主　任　曹凤山

联通公司

经　理　郭　东
副经理　于立峰　武　炜

移动公司

经　理　田　斌
副经理　王永红

电信公司

经　理　郭冬生

经理助理　王宝国

银监办

主　任　杜存龙

人民银行

行　长　高生旺　（2017年3月免）

　　　　赵　旺　（2017年3月任）

副行长　池宽文　（2017年3月免）

　　　　柳晋民

　　　　薛建人　（2017年7月任）

纪检书记　薛建人　（2017年7月免）

　　　　李海燕(女)（2017年7月任）

工商银行

行　长　任　富　（2017年5月免）

　　　　张宏宙　（2017年5月任）

副行长　叶仁渊

　　　　胡亚威　（2017年7月任）

　　　　陈永利　（2017年7月任）

纪检书记　丁昭辉

农业银行

行　长　郭　军

副行长　郝永红　（2017年7月免）

　　　　胡海裕

　　　　刘利刚

纪检组长　呼海裕(兼)

建设银行

行　长　宋晓东

副行长　赵　宝

纪检组长　鲁建英

农业发展银行

行　长　张凤岐

副行长　李振宇

农村信用合作社

理事长　贾　刚　（2017年5月免）

　　　　杜宏杰　（2017年5月任）

主　任　夏　腾

副主任　胡艳珠

　　　　张成武

监事长　韩志杰

邮政储蓄银行

行　长　钱若冰　（2017年6月免）

　　　　李建军　（2017年7月任）

副行长　任慧敏

大同银行

行　长　刘　军

副行长　关占龙

行长助理　张海斌

兴都村镇银行

行　长　王蒲红

副行长　夏王瑞

财务总监　赵延青

烟草专卖局（营销部）

局　长　张万生

副局长　姜瑞峰

副经理　姚成林

乡镇

龙泉镇

书　记　孟永泉

镇　长　吴廷录

副书记兼政协工作委员会主任　袁海军

副书记　白冰洋　（挂职，2017年9月13日任）

纪检书记　关　雷

人大主席　田　升

副镇长　张守国　（挂职，2017年9月13日任）

　　　　尉立新　（挂职，2017年9月13日任）

　　　　苏　斌

　　　　赵　泽

张志强
张守山
人武部长　杜俊峰

罗文皂镇

书　记　王德军（2017年7月19日免）
庞利江（2017年7月19日任）
镇　长　庞利江（2017年7月19日免）
杨国一（2017年7月19日任）
副书记兼政协工作委员会主任　杨永胜
副书记　李振东　（挂职，2017年9月13日任）
徐源峰　（挂职，2017年9月13日任）
马德强　（挂职，2017年9月13日任）
纪检书记　燕有福
人大主席　王俊林
副镇长　尉卫东
孙振军
程　莉
张　磊
人武部长　董伟强

王官屯镇

书　记　张智文
镇　长　杨兴斌
副书记兼政协工作委员会主任　武　卫
副书记　刘　超（挂职，2017年9月13日任）
张剑雄（挂职，2017年9月13日任）
郇　宝（挂职，2017年9月13日任）
纪检书记　徐　迟
人大主席　贾高峰
副镇长　张伯阳　杨　霞　梁　伟
白　悦
人武部长　杨建春

大白登镇

书　记　余天东
镇　长　赵瑞冬
副书记兼政协工作委员会主任　杨宏伟
副书记　徐雁北（挂职，2017年9月13日任）
纪检书记　路平武
人大主席　赵　平
副镇长　王　佳（挂职，2017年9月13日任）
张　兴　薛升义　曹　北
人武部长　张　彪

古城镇

书　记　闫东斌
镇　长　徐德明
副书记兼政协工作委员会主任　寇　芳（女）
纪检书记　李　铎
人大主席　张　宪
副镇长　贾　宇（挂职，2017年9月13日任）
裴　剑　杨宏军　王　格

东小村镇

书　记　何昌利
镇　长　何昌海
副书记兼政协工作委员会主任　杨才昌
副书记　张　杰（挂职，2017年9月13日任）
纪检书记　杨　伟
人大主席　靳殿祯
副镇长　何素平（女）
薛振忠
人武部长　王旭东

友宰镇

书　记　宋　庚
镇　长　高炳龙
副书记兼政协工作委员会主任　魏志君
副书记　乔　栋（挂职，2017年9月13日任）
纪检书记　刘金宝
人大主席　张兴福
副镇长　高　海（挂职，2017年9月13日任）
刘兆华

王凯禹
韩　明

长城乡

书　记　吴海军
乡　长　刘淑芳（女）
副书记兼政协工作委员会主任　贺福存
副书记　王进平（挂职，2017年9月13日任）
纪检书记　孙建军
人大主席　杨　勇
副乡长　刘新旺（挂职，2017年9月13日任）
　　　　靳　科
　　　　孙　建
　　　　黄　海

北徐屯乡

书　记　吕福军
乡　长　闫进德
副书记兼政协工作委员会主任　王万春
副书记　刘振利　（挂职，2017年9月13日任）
纪检书记　尚　荣
人大主席　任　平
副乡长　屈英明　杜守东　张瑜坤
人武部长　钮　勇

狮子屯乡

书　记　王文虎
乡　长　王春青
副书记兼政协工作委员会主任　曹　飞
副书记　肖海瑛（挂职，2017年9月13日任）
纪检书记　郭春来
人大主席　魏文元
副乡长　冯艳斌（挂职，2017年9月13日任）
　　　　李振滨
　　　　王　斌
　　　　高竟辉

人武部长　魏　军

下深井乡

书　记　张　广
乡　长　杜利明
副书记兼政协工作委员会主任　马　林
纪检书记　王忠民
人大主席　孙春晓
副乡长　孟占业（挂职，2017年9月13日任）
　　　　田学飞　武学林　张抒卷
人武部长　吕登高

马家皂乡

书　记　孙　福
乡　长　赵宇雄
副书记兼政协工作委员会主任　胡小宁
纪检书记　任　正
人大主席　刘　淼
副乡长　王智威（挂职，2017年9月13日任）
　　　　靳爱青（挂职，2017年9月13日任）
　　　　靳爱青（挂职，2017年12月19日免）
　　　　纪卫利　安少英　张慧慧
人武部长　史建斌

鳌石乡

书　记　尉武华
乡　长　张　铭
副书记兼政协工作委员会主任　王尚
副书记　张　巽（挂职，2017年9月13日任）
副书记　郇　栋（挂职，2017年9月13日任）
纪检书记　闫立冬
人大主席　李晓强
副乡长　邢　泽
　　　　张成忠
人武部长　白　彬

中国共产党阳高县委员会

综　述

【学习习近平系列重要讲话】　2017年，阳高县委坚持县委中心组、县委常委会集体学习和个人自学、通读原文和系统把握、学以致用和以学促用相结合，学习党的十八大，十八届三中、四中、五中、六中全会精神和十九大精神，习总书记系列重要讲话精神，习总书记视察山西重要讲话精神，共组织集体学习11次，请进专家教授辅导2次。组建四套班子领导宣讲团、县委巡回宣讲团、县直机关干部宣讲团、乡镇和社区班子宣讲团约300余人的四大宣讲团到乡镇、农村、社区和单位、企业，围绕习总书记系列重要讲话精神、十九大精神以及中央、省、市、县委重大决策部署，开展专题辅导和巡回宣500场，受众党员群众6万余名。

【从严治党】　2017年，阳高县委召开县委十四届二次全会、县纪委十四届二次全会，安排部署全面从严治党工作。召开16次常委会专题研究党风廉政建设，围绕全面从严治党开展12次专题学习研讨，四套班子领导到包联乡镇、分管领域，累计督查基层落实“两个责任”情况76次。

完成监察体制改革试点工作，实现对行使公权力公职人员监察全覆盖。以“肃流毒、正本源、践忠诚”为主题，开展专题警示教育，全县各级基层党组织共查找各类问题3500余条，整改2300余条。党员干部共查找各类问题4.6万余条，整改4.2万余条。贯彻落实中央八项规定精神，先后2次修改实施细则；开展巡视整改自行“回头看”，着力整治“不作为、慢作为、乱作为”问题，有针对性在全县政法系统开展“对照培斌找差距、认清使命补短板”纪律作风整顿教育。以肃贪反腐为重点，全县纪检监察机关全年处置问题线索216件，开展谈话函询107件；立案结案67件，党纪处分73人，涉及科级干部10人。启动第二轮巡察，发现问题线索18件，移交问题线索16件。

加强领导班子和干部队伍建设。落实好干部标准，调整领导干部8批55人。抓实干部教育培训，集中轮训全县1136名公务员；培训其他干部2900余名。强化干部日常监督管理，落实全市干部监督工作会议精神，加强对“一把手”和重点岗位干部的监督，健全完善电话、网络、短信“三位一体”举报平台，制定《阳高县支持改革创新合理容错实施细则（试行）》，最大限度调动干部干事创业积极性。着力培养后备干部队伍，对6个后备干部库进行动态管理，选拔65名年轻干部到乡镇开展为期2年挂职锻炼。

推动基层党组织建设。加强“三基建设”，县财政投入1460余万元用于基层组织；推行首问负责制、服务承诺制、限时办结制等制度，规范基础工作；举办各类培训班20余期，培训领导干部6500余人次。推进村（社区）“两委”换届工作，完成262个村和15个社区党支部换届选举工作。引深“1+5”“1+6”创建活动，重点围绕脱贫攻坚和发展稳定等中心工作，培训3500余名群众，输出劳力3700人，帮扶困难职工1300人次，重新就业480人。农村“两委”主干、第一书记主抓，县直有关部门参与，创办“农民夜校”，共培训农民群众3万余人次。加强非公和社会组织党建工作，组建非公企业党支部90个，覆盖企业168家；组建社会组织党支部27个，覆盖社会组织29家，党组织覆盖率分别为85.3%和84.8%。发展农村集体经济，全县262个行政村集体经济收入全部达1万元以上，其中5万元以上村189个，50万元以上村6个。

【经济发展】 2017年，阳高县地区生产总值33.38亿元，增长5.6%，三次产业结构比30.7：22.4：46.9；规模以上工业增加值4.35亿元，增长4%；公共财政预算收入1.2亿元，增长10.5%；社会消费品零售总额12.26亿元，增长7%；城镇常住居民人均可支配收入20600元，增长6.5%；农村常住居民人均可支配收入7234元，增长7.5%。

推进新型工业。阳高经济技术开发区可研报告通过市政府评审。工业园区增加企业2户，55个项目列入国家重大建设项目库三年滚动投资计划，总投资25.11亿元。重点储备36个招商引资项目，总投资158.38亿元。晋能70兆瓦光伏发电项目于6月底建成并网发电。正大集团新型农牧食品产业综合开发、国电下深井风电等6个项目开工建设。华润长城风电三期、紫中阳新型建材、杏韵小镇等3个项目办理前期手续。培育“小升规”企业5家，民营经济增加值占比提高4个百分点。营造“六最”营商环境，开展干部入百企活动，坚持一企一策，解决企业建设及生产运营中存在的困难和问题。协助山纳公司、好医生药业、晨昀碳素公司等一批企业争取大用户直供电等扶持政策，降低企业生产成本。山纳集团首次上缴税收5000万元，同煤热电两台机组具备发电能力，10月初其中一台投入试运行。

推进绿色农业。坚持调结构，推进农业供给侧结构性改革。全县调减籽粒玉米13万亩，建设2个10万亩杂粮规模化生产基地、2个千亩小杂粮示范基地。按照“一户一栋棚、脱贫拔穷根”“人均一亩杏、致富有出路”的思路，因地制宜发展壮大蔬菜、杏果、畜牧等三大优势产业。坚持创品牌，积极开展“三品一标”认证工作，9个无公害农产品、3个有机农产品和3个地理标志产品通过认证。

发展新型产业。组建县旅发委，成立县文旅公司，杏韵小镇、白登河生态公园项目前期工作顺利推进。古长城旅游公路阳高段建设工程完成路基建设33公里。通用机场项目获空军中部战区参谋部批准，并与省政府签订军地协议，上报空军参谋部。引进缘源文化生态园暨红楼梦影视城项目和德丰影视城等项目；佳峪生态农林示范园完成投资7亿元。举办2017年杏花节，接待游客13.44万人，带动全县餐饮、住宿、购物、娱乐等消费收入1286万元。

【保障民生】 脱贫攻坚。2017年，县委统筹各类资金3.05亿元，推行脱贫攻坚“五个五”工作法，推进八大工程二十四个专项扶贫行动；确立“五个三”工作机制，进一步压实责任、传导压力，脱贫攻坚实现新突破，按照计划再减贫50个村、1.3万人，贫困发生率下降到4%以下。推进易地搬迁。对16585口贫困人口实施易地搬迁、2000口人同步搬迁。一期工程搬迁8730人，10个安置点完工；二期搬迁9555人，12个安置点于8月开工。推进产业扶贫。增加日光温室135栋，塑料移动大棚1090栋；寒富苹果、杏果经济林2800亩；黄花1100亩；中草药5155亩；特色露地蔬菜、小杂粮3900亩；建设千吨马铃薯储藏窖和蔬菜恒温库、育苗基地各1处；发展特色养殖4635头（只），带动7274户贫困户脱贫。推进光伏扶贫。集中连片建成60×100千瓦村级光伏电站，5月并网发电，惠及60个贫困村、1200户2700名贫困人口。推进金融扶贫。创新“政府+银行+经营主体+贫困户”的四位一体金融扶贫模式，共发放金融扶贫小额贷款1.9亿元。推进生态扶贫。选聘427名建档立卡贫困户担任护林员，成立造林扶贫专业合作社25个，吸纳2252户贫困户参与造林，户均增收1.08万元。对全县72个因“一方水土养不好一方人”的深度贫困自然村实施整村搬迁生态修复。推进兜底保障扶贫。为所有贫困户建立健康档案。落实义务教育阶段“两免一补”政策，为783名贫困家庭幼儿发放学前教育资助金，为457名普通高中贫困生免除学费，为1144名贫困人口办理低保。落实建档立卡贫困人口“三保障三保险”，大病医疗救助647人。

改善人居环境。完善县城基础设施。北环路道路改造工程建成通车，整修和硬化小街小巷1.5万平方米。北环路和149条小街小巷安装1146盏LED太阳能路灯，云林公园建成并投入使用。以创建省级卫生县城为目标，县城生活垃圾无害化处理率99%。县城绿化覆盖面积127.21公顷，绿地面积115.73公顷，绿化覆盖率20.22%，绿地率18.39%。推进安居工程建设。2016年棚户区12栋改造安置房、102套公租房主体工程完工。2017年棚户区改造项目计划货币化安置1400户，征收面积14万平方米，县财政拨付资本金3508万元、12700万元贷款到位。启动实施云林寺周边棚户区改造征收工作，一期旧城棚户区改造拆除房屋建筑面积2200平方米，回迁房屋314套。295户被征收户签订二期旧城棚户区改造补偿协议，安置房屋410套。完成农村危房和危险土窑洞改造5576户，其中农村危房改造任务2544户，危险土窑洞改造任务3032户。推进农村环境集中整治。推进“六道六治”，完成整治达标村191个。打造有为生态建设。完成古长城沿线绿化工程整地1.3万亩，实施荒山造林2.6万亩，全县森林覆盖率26.2%。加强环境保护。“铁腕治污”取缔“散乱污”企业43家，停产8家，淘汰燃煤锅炉25家28台。地表水白登河断面稳定达到Ⅳ类水质。二级以上优良天数265天。

改善保障民生。开工建设56所学校的“全面改薄”项目，通过国家级评估验收。招聘特岗教师62名。高考二本B类以上达线411人，达线率27.7%，比上年提高9.8%。推进城乡卫生服务均等化。县中医妇幼医院综合楼建设项目完成招标。82个贫困村卫生计生服务室建成使用。培训村医523人次，10161人享受农村计划生育家庭“4+2”奖励扶助。免疫接种率98%以上。开展健康扶贫“双签约”活动。不断提升社会保障水平。免费培训4606人，城镇新增就业1541人，转移农村劳动力4438人，城镇登记失业率2.35%。督促企业为3851名职工补缴社保111.61万元，为746名农民工追回工资635.8万元。推进安全发展。全年发生各类安全事故64起，同比下降41%。

“五个五”工作法。推进“五步认定”，即看、算、评、亮、定，围绕精准抓脱贫；坚持“五个结合”（将脱贫攻坚与产业发展、宜居家园建设、生态治理、乡村治理模式创新、激发农民自主创业相结合），紧扣产业谋脱贫；推行“五种模式”（大企业帮扶、能人带动、村集体组织带动、专业合作社带动、康养产业带动），锐意创新促脱贫；落实“五个责任”（党政同责、“一把手”第一责任、分管领导具体责任、扶贫工作队及第一书记帮扶责任、企业扶贫救困社会责任），压实担子抓脱贫；强化“五个保障”（决策、组织、资金、监督、精神），形成合力保脱贫。

“五个三”工作机制。发挥产业扶持“三带一助”辐射效应，即龙头企业带动、“菜单”种养带动、旅游景区带动、光伏项目助力；发挥健康扶贫“三重保障”减贫效应，即患病普惠保障、慢病特惠保障、大病兜底保障；发挥移民搬迁“三项安置”互补，对“一方水土养不起一方人”的深度贫困村进行易地扶贫搬迁，即进城安置转移就业、新村安置发展产业、幸福院安置社保兜底；发挥教育扶贫“三扶一助”内生效应，即技术培训扶助、创业培训扶助、教育困难扶助、文化宣传助力；发挥生态建设“三抓三促”增收效应，即抓生态补偿政策促增收、抓生态公益性岗位促增收、抓生态建设促增收。

全面改薄。全面改善贫困地区义务教育薄弱学校基本办学条件。

【思想文化建设】 2017年，阳高县委成立意识形态领域形势研判领导小组，印发《关于建立意识形态领域形势分析研判机制的通知》，全年处置网络舆情31起。编辑《决战贫困》一书，对全县脱贫攻坚战线的好经验、好成效、好典型进行挖掘整理总结汇编。围绕形象塑造开展宣传。先后在市级以上媒体发表各类新闻稿件

510余件。壮大宣传主阵地。在阳高电视台、《阳高周讯》累计刊播新闻稿件2000余件，出版《阳高周讯》30期，推出《阳高发布》330余期。开通了“福城阳高”微信公众号，进一步树立阳高良好形象。

厚植道德根基，实施乡风文明提升工程。持续深入宣传社会主义核心价值观。利用多种载体持续不断刊播“中国梦”“梦娃”系列主题公益广告以及核心价值观主题微电影优秀作品。开展文明创建，助力脱贫攻坚，推选出10名“道德模范”、14名“阳高好人”，并进行表彰。讲好阳高故事，宣传弘扬大泉山精神、李培斌精神、赵晋国精神，以讲好阳高先进人物故事为手段，教育引导干部群众，凝聚正能量。

提升公共文化服务，做好文化旅游事业。加强基础文化设施建设。投资500余万元完成云林寺消防、云林寺山门建设、杨塔砖塔抢险加固、谢家屯古戏台修缮、下梁源胡神庙修缮工程；农村“两馆一站一屋”免费开放；县城数字电视改造工程数字前端建设基本完成。按照“七个一”的要求，第二批阳高县文化建设示范村项目已完工。整顿文化市场，开展“清源”“秋风”“剑网”“净网”等专项行动中，检查经营户162家次，取缔流动图书兜售点3个，收缴非法出版物1245册，盗版光盘850张。

【社会管理】 2017年，阳高县抓平安建设，维护社会和谐稳定。该县“打、防、管、控”多措并举，全力维护社会平安稳定。严厉打击各类违法犯罪行为。开展“冬季严打”“夏季风暴”“迎接十九大，全警保平安”等专项行动。全县共破获刑事案件113起，抓获犯罪嫌疑人82人。全面排查整治社会稳定风险隐患。对风险隐患较为集中的食品药品安全、交通安全、特殊人群等领域进行了排查和联合执法。建立风险隐患台账78起，整治75起。开展了消防安全、道路交通大检查，检查单位1491家（次），督促整改火灾隐患或违法行为2251处，查处交通违法20638起。努力排查化解社会矛盾纠纷。排查调处各类矛盾纠纷1199起，调处率94.3%。提高信访维稳水平。2017年全县把信访维稳工作当作重中之重。对涉军、民办幼儿代课教师、非法融资受害者等重点群体细致摸排，对重点人员、职业访民实行24小时动态管控，劝返4批次进京赴省集体上访人员，化解阳高二硅110余人的群体上访事件，确保全县在十九大、“两会”“一带一路”高峰论坛等重要节点，未发生进京赴省群体上访事件。推进视频监控系统建设。县城建成高清视频监控225部，四个试点乡镇建成高清视频监控64部，弥补农村监控的空白。

抓工作创新，提升工作整体水平。创办《阳高政法》栏目。县委政法委与县广播电视台联合开办《阳高政法》专栏，全面宣传全县政法综治工作，动员群众理解、支持、参与政法综治工作。创建“安然之家”。以网格化管理为依托，吸收网格长、物业人员、保安、片警等参与，成立全市首家社区综治中心。健全完善人民调解、行政调解、司法调解三调联动，诉调、检调、公调、访调、政调五调对接制度，排查调处各类矛盾纠纷536起，调处率94.3%。

深化司法体制改革。县法院改革审判权力运行机制，推行放权于合议庭、独任法官的新型审判模式。县检察院完成内设机构整合和人员分类管理工作，推进人民监督员选任管理工作。县公安局探索建立警力编制动态调整机制，健全接处警回告制度，全面实行网上办案“单轨制”，推行居住证制度，完善犯罪信息通报机制，初步建立电子查询制度。县司法局完善社区矫正制度。

突出社会主义民主政治，加强统一战线工作坚持和完善人民代表大会制度和政治协商制度，加强和改进对人大、政协工作的领导，支持和保障人大、政协依法履责，使人大的法律监督、工作监督、重大事项决定职能和政协的政治协商、民主监督、参政议政作用发挥得更加充分。

加强和改进统一战线工作。强化对统一战线工作的领导，由县委副书记兼任统战部长。做好党外干部和党外人士工作，加大培养推荐力度，使他们实现政治成长；广泛听取他们就基层群众反映的热点、难点、焦点问题提出的意见建议。抓民族宗教工作，开展和谐寺观教堂创建，组织宗教人士开展慈善活动。做好民营经济管理服务，加强工商联工作，组织开展了非公经济人士理想信念和社会主义核心价值观教育。

坚持党管武装，提高国防动员能力，开展双拥共建。高度重视新形势下党的群团工作，召开县委党的群团工作会议，配齐县工会班子，配齐了乡镇、9大系统工会主席；指导团县委建立了与广大普通青年直接联系制度；完成262个村“会改联”改革。领导支持党校发挥主阵地作用，加强干部教育培训。

调研活动

【赵惠令到鳌石乡调研林药套种扶贫项目】 2017年7月18日国家安全监管总局党组成员、中央纪委驻总局纪检组长赵惠令一行到阳高县鳌石乡乱石村就林药套种扶贫项目调研。县委书记冯晓雷，县委副书记、县长丁国华，副县长谢留强陪同调研。

鳌石乡乱石村地处桑干河畔，是全县较远的贫困村，也是一个以种植玉米为主的纯农业村。全村有266户598口人，其中建档立卡贫困户223户501口人，总劳动力256人。现拥有耕地4600亩，水浇地3000亩，大部分土壤为淡栗钙土，土质肥沃，地势平坦，水源充沛，具有得天独厚的中药材种植优势，近年来，在国家安监总局的支持下，共种植中药材2000亩，其中包括黄芪、板蓝根、丹参、知母等7种中药材。

赵惠令一行到鳌石乡乱石村中药材种植园，通过实地察看、听取汇报，对全县中药材种植情况进行了解。他指出，在中药材种植方面，阳高县要发挥区位优势，发展中药材种植业，林药结合，在中药材产业园套种寒富苹果等经济林。要推进农产品深加工业，扶持发展以“龙头+基地+贫困户”模式为主的特色种植产业，要结合林药套种扶贫产业园的特色，发展农业观光旅游，长久有效地促进农民获得稳定增收，实现脱贫致富。

【刘振国到阳高调研安全生产脱贫攻坚安保维稳等工作】 2017年10月19日，市委常委、常务副市长刘振国到阳高县就安全生产、脱贫攻坚、安保维稳和停止部队有偿服务以及河长制等工作进行调研。县领导冯晓雷、丁国华、孟德昌、王吉、马斌陪同。

刘振国一行先后到友宰镇易地移民搬迁安置点、鳌石乡中药材种植基地、大白登镇陈官屯脱贫产业蔬菜园区，白登河治理工程现场进行实地调研。

在座谈会上，县长丁国华汇报了阳高县相关工作。他说，2017年全县计划再减贫24个村1.1万人，预计人均实现收入4000元。全县开展安全生产责任挂牌工作和安全生产大检查，挂牌总数7153家，已开展了43次安全大检查，排查一般隐患120项，都已整改完毕。

刘振国指出，要认真学习十九大报告，深刻领会精神实质，掀起“不忘初心牢记使命”学习教育活动。要重视安全生产工作，尤其要做好“十九大”期间的信访维稳和安全生产工作，突出抓好道路交通安全、人口密集地、学校、医院和企业的消防安全，易地搬迁安置点的工程安全，加大排查力度，确保做到万无一失。要严格按照上级的要求，做好停止部队有偿服务相关工作。要开展好河长制各项工作，保护好河道的生态环境，做好河道的整治和修复工作。脱贫攻坚工作要按照既定目标，发扬大泉山精神，实现2018年阳高县脱贫任务顺利完成。

县委书记冯晓雷表示，要学习十九大报告，贯彻落实好十九大精神。要按照此次调研及座谈会精神，抓好各项工作。要抓安全稳定，确保社会稳定。要抓脱贫攻坚，盯紧咬住明年的任务，提高政治站位，满怀为民情怀，下超常规之力，出超常规之策，用革命家拼命的精神，保证完成好明年脱贫攻坚既定的工作任务。

【冯晓雷到龙泉镇王官屯镇调研防汛抗旱和脱贫攻坚工作】 2017年5月17日，县委书记冯晓雷带领县直有关部门负责人，到龙泉镇、王官屯镇调研防汛抗旱和脱贫攻坚工作，并现场办公，实地研究解决问题。县委常委、县委办主任兰学欣，副县长王吉参加调研。

龙泉镇黄水河、黑水河和马槽沟是阳高县北部的3条较大河流，能否安全度汛直接影响河道周边村庄和县城人民生命财产安全。在“两河一沟”清淤筑坝施工现场，冯晓雷详细听取龙泉镇和水务局防讯备汛情况汇报，实地查看工程进展，要求进一步加快进度，尽早完成护堤坝建设和河道清淤。冯晓雷强调，2017年前半季北方干旱，后半季集中降水可能性很大，全县各级各部门要提高思想认识，在抗旱的同时提前做好防汛准备；要采取工程措施和生态措施相结合的办法，加大护岸林建设力度，多栽种柠条、沙打旺、杨柳树等固堤林草灌木，确保行洪期间堤坝安全；要把保人民生命财产安全作为防汛重点，提前做好重点河段防护工作。

在王官屯镇易地扶贫移民新村建设工地，冯晓雷详细查看并了解安置规划、设计布局、工程进度，仔细询问和核实移民搬迁后配套产业规划和实施情况，要求搞好新村规划，在建设好贫困户住房的同时，配套好幼儿园等公共服务设施；要大力发展好产业，帮助搬迁户建立稳定的增收渠道。

在正峰洞村，冯晓雷详细查看该村脱贫科技示范园建设情况，并主持召开由王官屯镇和县直有关部门负责人参加的现场办公会，听取王官屯镇关于正峰洞村贫困户危房改造、新农村建设和发展产业等方面的情况介绍，对该村当前脱贫攻坚面临的困难组织与会人员研究讨论解决办法，各部门负责人当场表示尽全力帮助解决。冯晓雷指出，在脱贫攻坚战役中，各级各部门要按照县委、县政府统一部署，落实“五个五”工作法，心往一处想，劲往一处使，群策群力推进脱贫攻坚；要打造一批利于助推脱贫、具有引领示范意义、能带动周边发展产业的脱贫致富样板村。冯晓雷强调，全县广大干部要大力弘扬一线工作法，转变作风，崇尚实干，多到现场和实地发现问题、研究问题、解决问题，切实提高工作的针对性和实效性。

调研中，冯晓雷叮嘱乡村干部要努力做好农村工作，多为群众办实事好事，提高群众对脱贫攻坚的认可度和满意度。

【冯晓雷调研古长城沿线生态修复工程】

6月2日，县委书记冯晓雷到守口堡项目区、孤山项目区和大泉山，就全县实施古长城沿线生态修复工程进行实地调研。县委常委、县委办主任兰学欣，副县长王吉参加调研。

阳高县古长城沿线生态修复工程主要涉及荒山造林、经济林建设、旅游路两侧绿化、村庄绿化、景点及沟峪绿化五项内容，总绿化面积6.36万亩。荒山造林2950亩，经济林1350亩。冯晓雷了解项目的进度后指出，古长城沿线生态修复是全县发展旅游经济的一个重要纽带，要结合现有古长城的自然生态，不破坏原始地貌，进行修复建设，因地制宜打造区域性景点；要充分考虑各区域自然条件和社会经济条件的差异，科学布局，分区施策，选择有效的管理方式和建设方式统筹项目建设；要明确不同区域的建设重点，实行相适应的政策与技术措施，点面结合，相互协调兼顾，实现全面推进；要处理好生态与经济的相互关系，注重群众意愿，优先发展生态经济项目，增加农民长期性收入，加快脱贫进程。

在大泉山精品鱼鳞坑景区和机关干部义务植树基地，冯晓雷详细查看了树木的成活情况，对近年来大泉山规划发展给于肯定。他说，2017年前半年比较干旱，要加强对森林的管护工作，提高林木成活率，要规划设计好防火隔离带，做好森林防火工作。要发挥好贫困户护林员的作用，加大巡逻力度。要制作专题片，展示县大泉山取得的巨大变化。

调研中，冯晓雷就全县市容卫生工作提出要求，他要求要加大对县城周边和村庄道路两侧卫生的清扫力度，引导群众规范处理生产生活垃圾，营造干净、整洁、宜居的生活环境。

【冯晓雷调研督导贫困村提质工作】

2017年12月11日，县委书记冯晓雷带领扶贫、住建等有关部门负责人，到东小村镇、马家皂乡就贫困村提质和乡村振兴工作进行调研督导。他强调，要全面贯彻落实党的十九大精神，以习近平新时代中国特色社会主义思想为指引，加大贫困村整村提质和乡村振兴工作，为实现脱贫摘帽奠定扎实基础。

冯晓雷先后到东小村镇上马涧村、神泉窑村、西小村村、神泉堡村和马家皂乡郝家窑村、东要泉村、同庆窑村，走街入户查看村容村貌，与村干部和群众攀谈了解呼声期盼，按照政策要求指导做好提质工作。他要求，住建部门要组织专业力量到贫困村进行摸底调查，分类确定提质内容和标准；乡村要高度重视、积极行动，用好政策和资金，做好贫困村提质工作。

冯晓雷强调，贫困村提质在指导思想上要坚持“实事求是、因地制宜”，缺什么补什么、什么急需先建什么，不搞不切实际、华而不实的形象工程；在规划上要注重“分类指导，一村一策”，把提质工程与村情实际紧密结合，按照巩固提高、原有改造、新建扩建等类别规划实施好提质工程；在布局上要做到“点面结合、统筹推进”，一个乡镇、一个村既要有面上的整体改观，也要有点上的重点刻画，在推进的基础上打造重点和亮点；在内涵上要着力“突出特色、传承文化”，体现阳高文化大县的传统和特色，注重运用本地本村的文化符号和标志，在改善贫困村基础设施的同时提升农村文化品味；在方式上做到“六改两治、五化一整”，重点做好改水、改厕、改路、改电、改网、改圈和治污水、治垃圾，实现贫困村绿化、美化、亮化、净化、文化和街道整齐；在后续管理上强化“乡规民约、自我服务”，注重让包括贫困户在内的村民参与到建设和管理中来，通过乡规民约的激励约束使群众在自我服务中享受优美环境。

县委常委、县委办主任兰学欣，副县长王吉参加。

重要会议

【阳高县上年度目标责任考核大会】 2017年1月23日，阳高县上年度目标责任考核大会召开。市委老干部局调研员孔建勋带队考核并做考核动员讲话。县委书记冯晓雷，县委副书记、县长丁国华，县委副书记李东升，县人大常委会主任李晓红，县政协主席项征武等四套班子领导参加会议。丁国华主持会议。

县委书记冯晓雷代表县委班子就上年工作和个人履行职责、廉洁自律情况做报告。上年，县委学习贯彻习近平总书记系列重要讲话精神，落实党中央决策部署和省第十一次、市第十五次党代会精神，按照省委“一个指引，两手硬”重大思路要求和全市“136”发展战略，确立并坚持“356”发展思路，履行全面从严管党治党责任，始终狠抓发展第一要务，统筹推进经济、文化、社会和生态文明建设，统一干群思想行动，凝聚各界奋进力量，开辟治县理政新境界，实现“十三五”良好开局。一是聚焦主业主责，全面加强党的建设；二是紧扣发展第一要务，实现经济稳中有进稳中有升；三是保障和改善民生，提高人民生活质量水平；四是加强宣传思想文化，凝聚强大精神力量；五是加强和改进社会管理，坚决维护和谐稳定大局。个人履行职责、廉洁自律情况：一是强化党性修养，努力提升政治品格，深学系列重要讲话、十八届六中全会精神；二是强化责任担当，认真履行第一责任人职责，认真履行抓发展促和谐工作职责，坚持发展第一要务不松劲，进一步拓宽完善“356”发展思路，

阳高县2016年度目标责任集中考核工作部署会

推进“五型阳高”建设；三是强化廉洁自律，严格遵守党纪党规，注重以上率下带动示范，把遵纪守规落实在行动上。

丁国华要求，各级党员干部一定要深入领会学习、贯彻落实会议精神，把思想和行动进一步统一到市委精神上来，以问题为导向，按照考核组的要求，严守纪律规矩，强化责任意识，认真履行职责，以高度负责的态度和求真务实的作风，扎实做好考核的各项工作，努力推进全县各项工作迈上新台阶。

【中共阳高县十四届纪检委二次会议】 2017年2月8日，中共阳高县第十四届纪律检查委员会第二次全体会议第一次会议在县委党校会议室召开。会议学习贯彻党的十八届中纪委七次全会、十一届省纪委二次全会、十五届市纪委二次全会精神，回顾总结全县上年纪律检查工作，研究部署2017年工作任务。县委书记冯晓雷做重要讲话，县委副书记、县长丁国华，县委副书记李东升，县人大常委会主任李晓红等县四套班子领导参加会议。县委常委、纪委书记李霞主持会议并做工作报告。

冯晓雷要求，要深刻学习领会，坚决对标看齐，把思想和行动统一到中央和省市委全面从严治党的要求部署上来。全县各级党组织和党员干部，要深入学习、深刻领会、深抓落实总书记重要讲话和三级纪委全会精神，作为重大政治责任、重要政治任务摆上位置、刻印在心、实践于行。要在深刻领会三级纪委全会精神中把方向；要在深刻领会三级纪委全会精神中知形势；要在深刻领会三级纪委全会精神中明要求；要在深刻领会三级纪委全会精神中强落实。

冯晓雷指出，正视差距不足，增强全面从严治党的自信心紧迫感。县委坚持“五个注重”，做到“五个不断”，即注重在夯实责任上下功夫，党风廉政建设责任体系不断完善；注重在减存量、遏增量上下功夫，反腐败高压态势不断化；注重在惩治蝇贪微腐上下功夫，基层群众的“获得感”不断增强；注重在推进纪律检查体制改革上下功夫，纪检监察力量不断充实强化；注重在严明纪律规矩上下功夫，党员干部的遵纪守规意识不断提升强化。也收获宝贵的经验启示：推进全面从严治党必须坚持知责明责与履职尽责相结合，全面从严治党必须坚持高线引领和底线约束相结合，选人用人必须坚持“选种育苗”和“田间管理”相结合，干部管理必须坚持“严管”和“厚爱”相结合。同时，在全面从严治党、加强作风廉洁建设上还不同程度地存在党的领导弱化、党的建设缺失的问题，干事创业氛围不浓厚、优良作风未固化成习惯的问题，理想信念模糊、党性意识淡薄的问题，顶风违纪、不廉不洁的问题，加强党风廉政建设，深化反腐败斗争，推进全面从严治党任务依然艰巨，必须保持定力、强化措施、持续发力。

冯晓雷强调，要明确任务要求，突出工作重点，以坚强政治定力推进党风廉政建设和反腐败斗争。2017 年全面党风廉政建设和反腐败工作的总体要求是，贯彻落实党的十八大以来特别是十八届六中全会关于全面从严治党的重大要求部署，贯彻习近平总书记系列重要讲话精神，落实中纪委和省市纪委全会精神，按照省委“一个指引、两手硬重大思路要求、市委“136”发展战略、县委“356”发展思路，保持惩治腐败高压态势，加强改进党内政治生活，完善强化党内监督，深化纪检监察体制改革，驰而不息正风肃纪，持续推进标本兼治，把全面从严治党不断推向深入。以党风廉政建设的新成效、政治经济社会发展的新局面，迎接党的十九大胜利召开。重点从以下方面着力：一是把贯彻落实六中全会精神作为重要政治任务，着力严肃党内政治生活、强化党内监督；二是坚持精心组织周密施工，着力推进监察体制改革；三是坚守“零容忍、不姑息”的信念和决心，着力保持反腐败高压态势；四是坚持不懈落实“八项规定”精神，巩固扩大作风建设成果；五是发挥“尖兵”和“利剑”作用，加强县委巡察工作；六是强化失责必追究力度，实现问责常态化。

冯晓雷指出，要坚持标本兼治，落实治本之策，实现全面从严治党向纵深推进。要加强教育引导，严于修身立德，坚定共产党人的价值追求；要汲取文化营养，厚植人性之基，修为更先进更纯洁的政治觉悟；要遵从工作规律，坚持层层设防，有效运用好“四种形态”。

冯晓雷强调，要加强党的领导，落实工作责任，为推动全面从严治党提供坚强保证。全县各级党组织和主要负责人必须以强化领导推动工作，以落实责任负起担当，把今年全面从严治党各项工作落实到实处。要坚决把责任压紧压实。要做到领导干部带头。要打造过硬纪检监察队伍。

县法检两长，其他县级领导，县纪委委员，各乡镇党委书记、乡镇长、乡镇纪委书记，党群机关主要负责人，政府组成部门、县直事业单位主要负责人、纪委书记（纪检组长）参加会议。

随后，李霞主持召开县纪委十四届二次全会第二次会议，会议审议通过县纪委常委会《工作报告》；审议通过《中国共产党阳高县第十四届纪律检查委员第二次全体会议决议》。

李霞就加强纪检监察机关自身建设，打造让党放心让人民信赖的纪检监察队伍指出，一要坚守职责定位。全县纪检察机关要旗帜鲜明讲政治，学习领会习近平总书记系列重要讲话精神，进一步强化“四个意识”，坚决践行“四个服从”，始终坚定“四个自信”，坚定维护习近平总书记在党中央、在全党的核心地位，要坚定维护党中央权威，不折不扣贯彻执行中央、省委、市委和县委决策部署。二要践行使命担当。全县纪检干部要始终保持“撸起袖子加油干”的劲头，在踏踏实实工作中砥砺淬炼，履行好党和人民赋予的神圣使命，毫不动摇地推进全面从严治党向纵深发展。三要严格自我监督。全县纪检监察机关和广大纪检干部要以贯彻《中国共产党纪律检查机关监督执纪工作规则（试行）》为契机，践行忠诚干净担当，学思践悟，把自己摆进去，自觉接受监督，把监督当成一种关心、爱护和保护，用实际行动建设让党放心、让人民信赖的纪检干部队伍。

【全县政法维稳工作会议】 2017年2月9日，全县政法维稳工作会议召开，会议传达学习中央和省委、市委政法工作会议精神，安排部署2017年政法工作。县委书记冯晓雷出席会议并讲话，县委常委、政法委书记徐碧洋总结2016年工作，分析当前形势，全面安排今年政法维稳工作。副县长、县公安局局长郝贤颖，县法、检两长出席会议。

县委书记冯晓雷对上年以来全县政法维稳工作取得的成绩给予肯定。指出，做好今年的政法维稳工作是迎接和确保党的十九大胜利召开的必然要求，是顺应全县人民期盼的现实要求，是深入实施“356”发展思路的根本保障，意义十分重大，必须加倍努力。

冯晓雷要求，要不断强化党对政法工作的领导，为新形势下做好政法工作提供坚强的组织保证。要把政法工作摆上重要位置，各级各部门党委党组要把政法维稳工作放到全局工作的重要位置来谋划、来推动、来落实，确保把党的领导和工作任务落到实处。要发挥好县委政法委的职能作用，县委政法委要按照上级有关要求加强对政法机关工作的领导、督促和检查，协调公检法司机关搞好工作衔接与配合。

县政法各部门班子成员，县综治成员单位分管领导，县信访局、县维稳办、县防范办负责人，各乡镇党委书记、副书记、综治专干等参加会议。

【县委常委（扩大）会议】 2017年2月21日，县委常委会（扩大）会议召开。县委书记冯晓雷主持，县委副书记、县长丁国华，县人大常委会主任李晓红，县政协主席项征武等四套班子领导以及相关部门主要负责人参加。会议听取县“两会”筹备工作情况和人大、政府、政协、法院、检察院工作报告和国民经济和社会发展计划、财政预算报告起草情况的汇报；县委常委、组织部长曹锋就如何引深“两学一做”学习教育进行安排部署。

冯晓雷指出,《政府工作报告(讨论稿)》要广泛征求各方意见和建议，并加以修改和完善，以达到精益求精、实事求是的目的，让《政府工作报告》更能精准发力，鼓舞人心,更能激发全县人民对未来的信心和力量，营造一心一意谋发展、风清气正干事业、聚精会神搞建设的浓厚氛围，奋力开创更高质量、更有效益、更可持续的发展新局面。

就如何引深拓展“两学一做”学习教育，冯晓雷强调，“两学一做”学习教育是一项政治任务，各级领导干部要在思想上高度重视，学思践悟，内化于心，外化于行；各党组、基层党支部要对照《准则》和《条例》，做好党内民主监督；工作中要对标标准，牢固树立“四个意识”，以问题为导向，以解决问题为突破口，推动各项工作的开展；要多元、全面、系统的理解和把握习总书记系列讲话精神；县四套班子领导要带头学习，以上率下，持续推进“两学一做”学习教育，落实好《中国共产党廉洁自律准则》和《中国共产党纪律处分条例》的相关内容；要严格落实党委的主体责任，“一把手”主要责任，强化督导督查，推进各项工作的顺利开展。

【全县脱贫攻坚暨农村工作会议】 2017年5月9日，阳高县脱贫攻坚暨农村工作会议召开。县委书记冯晓雷，县委副书记、县长丁国华，县委副书记李东升，县人大常委会主任李晓红，县政协主席项征武等四套班子领导及其他县级领导参加，李东升主持会议。

县委书记冯晓雷讲话指出，2017年全县脱贫攻坚工作和农村工作，要以习近平总书记扶贫开发重要战略思想为指引，深入贯彻中央和省市扶贫脱贫暨农村工作会议精神，各级各部门要解决好认识论和方法论的问题,全面分析全县脱贫攻坚形势，吃透这次会议精神，贯彻落实，用实事求是的思想，把脱贫攻坚和农村工作做实做细做好。全县各级干部必须自觉提高政治站位，牢固树立“四个意识”，进一步深化对脱贫攻坚重要性、艰巨性的认识，将中央和省、市委关于脱贫攻坚工作的重大部署作为维护核心的实践检验，对照中央和省、市委要求，主动查摆问题，清醒看到差距，扎实做好各项工作。

【阳高县脱贫攻坚产业推进会】 2017年9月21日,阳高县脱贫攻坚产业推进会召开,县委书记冯晓雷出席并讲话,县领导丁国华、李东升、孟德昌、李雁侠、李培华、王吉、谢留强、李灵芝及县脱贫攻坚领导组成员单位负责人参加。

与会人员先后到鳌石乡、古城镇、大白登镇现场观摩了脱贫攻坚产业扶贫项目。

冯晓雷指出，各级各部门一要坚定不移落实党中央和习总书记精准扶贫方略。深化“两学一做”学习教育常态化制度化，把发展脱贫产业作为当前维护核心见诸行动的实践平台和主要战场，把发展脱贫产业纳入经济发展的总体规划和布局当中。二要坚定不移树立增收为要、产业为基的脱贫理念。分析县情，找准优势，找准不足，补齐短板，壮大传统产业，补充新兴产业，因地制宜，做好产业扶贫工作。三要坚定不移做大做强设施蔬菜和杏果产业。坚持以冷棚和温室大

县脱贫攻坚产业推进会与会人员赴乡镇现场观摩产业扶贫项目

棚并举，壮大设施蔬菜产业，实现贫困户“一户一栋棚，脱贫拔穷根”。坚持扩大规模，提升品质，做大做强杏果产业。在已有规模的基础上，大力发展黄花、中药材种植等新型产业。四要坚定不移统筹谋划整合资金。做好统筹谋划，分区规划，跟进服务，强化保障，开拓市场，销售前行，统筹推进，一体发展。统筹跟进山水田林路电等基础设施建设，相关部门要按照全县统一规划，有意识的布局，提前安排资金项目，把种植园区打造成旅游景点和休闲地带。五要坚定不移强化责任推动落实。明确乡镇是产业发展的主体责任，加强“三基建设”加强政策宣传，建立健全工作机制。

县长丁国华强调，抓好产业扶贫工作，要充分肯定成绩，坚定脱贫信心。要正视存在问题，认清自身差距，解决好思想认识不够到位，产业发展不够平衡，扶持效果不够理想，产业扶贫不够精准，工作机制不够顺畅等问题，认真研究，抓好整改。要明确目标任务，做实产业扶贫，及早动手抓项目、拓宽思路抓项目、举全县之力抓项目、强化责任抓项目，立足实际在产业可持续是下功夫，创新思路在成片成规模上下功夫，创新体制解决扶贫资金解决不了的问题，谋划“一二三产”融合发展项目，及早动手及早谋划，按照“一村一品一主体”的发展思路，大力发展设施农业、绿色蔬菜、优质杏果、特色杂粮等特色优势产业，确保贫困村贫困户村村有项目，户户有产业。同时，统筹抓好易地搬迁、政策兜底、基础设施建设等工作，自加压力，明确责任，确保各项工作有序推进。

【学用系列讲话精神交流暨“三基建设”推进会】 8月24日，阳高县学用系列讲话精神交流暨“三基建设”推进会召开。县委书记冯晓雷主持并讲话，县委副书记、县长丁国华，县委副书记李东升，县人大常委会主任李晓红，县政协主席项征武等县四套班子成员参加。

冯晓雷指出，全县推进“两学一做”学习教育常态化制度化、开展推护核心见诸行动主题教育目的就是要进一步推动学以致用、以用促学，把学习贯彻系列重要讲话进一步引向深入，不断开创全县各项工作新局面。全县广大党员干部要坚持原原本本学，深入领会和把握习近平总书记系列重要讲话的科学内涵和精神实质。准确把握科学体系，准确把新理念新思想新战略，准确把握立场观点方法，进一步学好用好习总书记重要讲话精神。

冯晓雷强调，要坚持拓展内容学，把学习习近平总书记系列重要讲话精神同学习马克思主义哲学、党史国史和社会主义发展史结合起来。把马克思主义哲学作为看家本领，把党史、国史的学习作为必修课，把社会主义发展史的学习作为重要内容。不断增强理论思维、完善知识结构、提升精神境界，进一步深化对习近平总书记系列重要讲话精神的理解和把握。

冯晓雷要求，要坚持联系实际学，把学习成果转化为推进工作的实际成效。要针对6个方面进一步聚焦发力：一是扎实推进“两学一做”学习教育常态化制度化，开展推护核心见诸行动主题数育。认真领会和落实好省委提出的六个好要求，按照三个阶段的时间节点，做好“8+5”各项工作。二是大力推进脱贫攻坚。严格落实中央和省、市“六个精准”“五个一批”要求部署，不断完善“五个五”工作法，扎实推进产业扶贫、易地搬迁、金融扶贫、社会兜底扶贫，办好扶贫超市，抓好各级帮扶，坚决打赢脱贫攻坚战。三是全面推进“五型阳高”建设。以全新的理念、创新的举措，不断引深“五型阳高”建设，实现全县经济平稳较快发展，社会大局和谐稳定。四是强力推进全面深化改革。坚持整体推进、重点突破，切实把市场经济、城乡统筹、公共服务、社会治理、生态文明体制机制及其他各方面改革任务落到实处。五是推进民生事业发展。不断加大对教育、医疗卫生、文化、社会保障等民生领域的投入。六是推动全面从严治党向纵深发展。严格落实全面从严治党主体责任，不断规范和严肃党内政治生活，运用好监督执纪“四种形态”，持之以恒落实中央八项规定精神，持续加大“四风”治理力度，严查群众身边不正之风，提高群众的获得感。

会上，县委常委、组织部部长曹锋就加强全县“三基建设”2017年度重点工作任务做了安排部署。龙泉镇、大白登镇、县交通运输局等10个不同行业不同领域基层党组织负责人和2名党员代表就学习系列重要讲话精神做了交流发言。

各乡镇党委书记、副书记、组织委员，县直各部门各单位、驻阳各单位党组织负责人，县委维护核心见诸行动主题教育联络组全体成员以及基层党员代表参加会议

组　织

【学习贯彻党的十九大精神】 2017年，阳高县委组织部把学习宣传党的十九大精神作为重要任务，迅速在全县掀起十九大精神学习热潮。县四套班子领导带头深入联系乡

镇和单位，积极宣讲党的十九大精神，组建县委巡回宣讲团、机关干部宣讲团、乡镇社区宣讲团，宣讲范围覆盖机关、乡镇、农村（社区）、学校、企业。邀请市委宣讲团团长、市纪委常务副书记方旭、省委党校郑文靖为全县副科级以上领导干部、驻村工作队员做专题辅导。积极营造氛围，为全县各级党组织印发《党的十九大报告学习辅导百问》和《十九大党章修订学习问答》等权威辅导教材，确保学深弄懂十九大精神实质。依托“阳高发布”“阳高先锋”微信公众号及时推送十九大精神辅导内容，在电视台《阳高周讯》开设《十九大时光》《新时代、新作为、新气象》《全面学习贯彻落实党的十九大精神》等专栏，开展“宣传标语进基层”活动，以图文并茂、群众喜闻乐见的方式，确保党的十九大精神在基层落地生根。

【干部队伍建设】 2017年，阳高县委组织部严格落实好干部标准，突出党组织审核把关作用，通过年度考核、谈心谈话、日常了解、重点考察等形式，努力把政治标准高、实际工作能力强、敢担当善作为的干部选出来用起来。调整领导干部8批55人。其中，提拔21人（正科7人、副科13人、非领导职务转领导职务1人），平调20人（其中正科11人，副科9人），免职14人。坚持缺什么补什么的原则，以“干部通用基本能力”为主要内容，对全县1136名公务员进行集中轮训；按照《阳高县2017年度基层党组织书记轮训工作方案》，通过举办“领头雁”“两新”组织党组织书记、机关单位党组织书记等培训班以及组织乡镇开展延伸培训，共培训机关党员干部、两新组织党员干部、农村（社区）两委干部、第一书记、大学生村官、骨干党员和后备干部共2900余人。强化日常监督管理，认真落实全市干部监督工作会议精神，强化对“一把手”和重点岗位干部的监督，共对6名干部进行了提醒谈话，对7名单位“一把手”进行离任审计。坚持从严管理干部，健全完善电话、网络、短信“三位一体”举报平台。制定《阳高县支持改革创新合理容错实施细则》调动干部干事创业的积极性、主动性和创造性。建设后备干部队伍。按照市委组织部要求，报送4名县处级正职后备干部初步人选，30名县处级副职后备干部初步人选。对6个后备干部库进行动态管理，目前储备正、副科级后备干部321人。按照市委安排部署，制定《关于在全县开展“不作为、慢作为、乱作为”问题集中整治活动的实施方案》，明确时间表、路线图和任务书。发挥考核导向作用，按照《阳高县目标责任前移考核办法》，对13个乡镇和71个县直部门分别进行百分制考核，并明确加减分项目，使考核更加客观精准；制定《阳高县2016年目标责任考核奖金发放方案》，按照好、中、差的比例，完成发放2015年度考核奖金130万元，有效调动了全县干部干事创业的积极性。

【基层党组织建设】 2017年，阳高县委组织部抓“三基”建设。成立领导机构，制定实施方案，明确88项具体任务；组建督导组，每月印发《提醒卡》《工作通知》，督促各单位及时完成任务；结合行业部门特点，县直机关部门重点围绕规范工作运行、规范制度建设、规范效能建设等方面，明确4大类56项工作任务；农村基层党组织重点围绕村集体经济破零、“1+6”创建、农村经费保障等10个方面，稳步推进“三基建设”。

抓经费保障。加大经费保障力度，每个乡镇工作经费达到70万元，每个农村（社区）运转经费分别达到9.5万元、10.5万元；县财政每月拿出87.8万元用于落实乡镇工作人员岗位补贴，共覆盖县政府所在地以外的12个乡镇，享受补贴人数共2373人；建立与经济社会发展相适应的待遇增长机制，农村“两委”主干岗位报酬达到13460元/人；社区“两委”主干达到42400元/人，并预留30%比例作为绩效工资；加快乡镇干部周转房建设，预计2017年年底可以完成建设和改造任务。

抓两委换届。成立4个调研小组，采取实地走访、召开座谈会、个别访谈和问卷调查的形式，对村“两委”班子运行情况和“两委”换届可能出现的问题进行前期调研，共发放调查问卷1280份。坚持严肃换届纪律、严格选举程序，在广泛调研、精准研判的基础上，以村级组织换届为契机，选优配强“两委”班子，努力建设服务意识强、服务能力强的基层干部队伍。全县262个行政村和15个社区共选出党支部277个，支委会成员891名；开展村居委会换届选举工作。

抓驻村帮扶。完成制定《关于进一步加强干部驻村帮扶工作的实施意见》《阳高县驻村帮扶工作问责办法（试行）》确保驻村帮扶干部履职尽责；完成任职满2年“第一书记”轮换工作，对全县“第一书记”工作情况进行集中分析评定，强化对驻村工作队员、“第一书记”的指导检查、考勤考核和督查问责。编发《督查简报》13期，对16名“第一书记”进行通报批评，对22名单位负责人以及驻村干部进行约谈。

抓党建引领。把软弱涣散基层党组织整顿作为有效抓手，坚持“三联三下”工作机制，整顿软弱涣散村党组织25个，为群众办实事273件；继续开展“1+6”“1+5”创建活动，进一步强化基层党组织政治功能、服务功能；继续发展壮大村级集体经济。全县262个行政村集体经济收入全部达到1万元，其中5万元以上村189个，50万元以上村6个；坚持把“扶智、扶志”作为抓党建促脱贫工作的重要抓手，通过创办“农民夜校”，帮助贫困群众学习技术技能、开阔视野、拓宽就业增收渠道，不断增强贫困户自身的“造血”功能。全县262个行政村全部成立“农民夜校”，选聘兼职教师380余名，开展教学活动1026场次，受训群众达3.3万余人次。

抓各领域党建。成立非公和社会组织工委，完善相应规章制度，制定《关于在全县社会组织中开展“两个覆盖”攻坚行动的实施方案》，采取片区联建、同业共建、挂靠组建、派驻帮建、龙头带建等方式，有效提升“两个覆盖率”。全县非公组织和社会组织的党组织覆盖率分别达到了84.8%和85.3%；批准成立离退休老干部党工委以及国土资源局和法学会两个党组，分类推进机关、中小学校、民办学校等领域党建工作，着力补齐党建“短板”。

抓党员管理。制定《阳高县“十三五”期间发展党员工作规划》，从严从实做好发展党员工作，2017年发展党员106名，党员队伍结构进一步优化；开展“党员组织关系管理专项集中整顿月”活动，对全县调入或调出的党员、“第一书记”和驻村帮扶工作队中的党员组织关系进行专项整顿。抓党组织和党员信息采集工作，共采集党组织信息 673 个，党员信息 12288 个。

【人才队伍建设】 2017 年，阳高县委组织部举办脱贫致富培训。通过柔性引才的方式，聘请全国土壤首席专家张志辉、中国农业大学教授高灵旺，分别就科学养护土壤和蔬菜病虫害绿色防控技术进行培训，培训农技人员 50 人次，培训种养殖大户 200 人次；会同县人社局牵头实施“培训就业扶贫行动”“职业技能培训工程”，联合县农委举办“新型职业农民培训”，帮助建档立卡贫困户掌握种养殖技术，熟悉市场营销、政策法规。开展评选表彰活动。在全县范围评选表彰“优秀乡土人才”19 名、“阳高名师”18 名，营造重视人才、尊重人才的浓厚氛围。实施人才回归工程。制定《关于实施本土人才回归创业工程的实施意见》，支持阳高籍农村本土人才回乡创业；建立在外人才工作台账，统计在外人才 187 人，其中有意愿回村任职的 18 人，为村“两委”换届选举储备了人才支持。有 6 人进入村党支部领导班子。

【打造过硬组工干部】 2017 年，阳高县委组织部深入开展部机关“两学一做”常态化制度化、维护核心见诸行动主题教育，深入开展学习十九大精神“六个一”活动，不断增强组工干部的“政治底色”。开展组工大讲堂和年轻组工干部“十个一”培育工程，通过对标深学强理论、立足岗位精业务、基层一线提能力，增强写作水平和实践能力。实行部机关信息宣传工作量化考核，开通“阳高先锋”微信公众号、创办《阳高组织工作》，共报送组工信息 189 期，其中问题建议类信息 20 篇；先后有 70 篇分别被《中国组织人事报》《组织人事报》《前进》《先锋队》《山西组织工作》《大同组织工作》等报刊及中国组织人事报网、三晋红 e 网等新媒体采用。报送网评文章 43 篇，利用公众号推送党建信息 50 条，进一步扩大组织工作的影响力。

宣　传

【思想理论宣传】 2017 年，阳高县委宣传部全面贯彻落实中央、省、市精神，特别是党的十九大精神，紧紧围绕县委“356”发展思路，牢固树立意识形态主阵地意识，不断强化理论武装，舆论造势，突出抓好精神文明、文化旅游、品牌阳高三项建设，建立健全理论员队伍、舆情员队伍、文艺人才队伍、社会组织队伍四支队伍，进一步加强宣传思想系统党的建设。组建四套班子领导宣讲团、县委巡回宣讲团、县直机关干部宣讲团、乡镇和社区班子宣讲团约 300 余人的四大宣讲团深入到乡镇、农村社区和单位、企业，围绕习近平总书记系列重要讲话精神、十九大精神以及中央、省、市县委重大决策部署，开展专题辅导和巡回宣讲。同时，通过邀请省委党校郑文靖教授和市纪委副书记方旭为全县副科以上干部进行十九大精神的集中学习培训，并利用阳高电视台、《阳高周讯》“阳高发布”公众微信平台等载体，广泛传播党的理论，宣传解读习近平总书记系列重要讲话、党的十九大精神。

推动理论研究。编辑出版《阳高理论学习与思考》四期，《党的十九大精神简明学习手册》《中央、省、市、县政策应知应会简明手册》购买了《十九大辅导资料》《习近平治国理政（2）》《向党中央看齐》等书籍资料印发给全县各级党委（党组），为各级党委（党组）学习提供资料。

【新闻舆论宣传】 2017年，阳高县委宣传部围绕脱贫攻坚开展宣传。制定《助力脱贫攻坚"五个一"宣传方案》《关于推行脱贫攻坚"五个五"工作法宣传工作实施方案》，成立"脱贫攻坚"采访小分队，开展"脱贫攻坚基层行""打胜脱贫攻坚战"主题采访活动。在县级媒体开辟了《坚决打好脱贫攻坚战》《脱贫攻坚人物篇》《脱贫攻坚驻村记者手记》《惠农政策大家知》《脱贫攻坚基层行》《新时代新气象新作为打胜脱贫攻坚战》《脱贫攻坚决胜小康》等专栏。在市级以上新闻媒体发表脱贫攻坚新闻报道80多篇。编辑《决战贫困》一书，对全县各乡镇、有关部门在脱贫攻坚战线上所采取的好经验、好成效，涌现出的好典型进行挖掘整理总结汇编，以此辐射推广加以运用。

围绕形象塑造开展宣传。加强与上级新闻媒体的联系，加大主流媒体宣传力度，更好地宣传全县经济社会发展以及各条战线在脱贫攻坚工作中所取得的优异成绩。先后在市级以上媒体发表各类新闻稿件510余件。其中，在国家级媒体刊发稿件45件，省级媒体刊登290条，在市级媒体刊登175件，头版头条4件；编辑印制《福地阳高》画册，图文并茂，反映阳高的文化旅游、人文地理；在重要路段和主要路口设立阳高城市形象宣传广告牌20余块，提升阳高的影响力。

壮大宣传主阵地。阳高电视台、《阳高周讯》累计全年刊播新闻稿件2000余件，出版《阳高周讯》30期，推出《阳高发布》330余期。开发利用"阳高发布"微信公众平台发布阳高新闻、理论知识、种养技术等信息1800条，答复群众问题200余个，粉丝量近5300余人。开通"福城阳高"微信公众号,进一步加强对外宣传阳高文化旅游、人文地理、风土人情的窗口。

牢牢掌握意识形态工作领导权。制定意识形态责任制考核办法，把意识形态责任制作为党委（党组）工作考核和政治巡查的重要内容。加强网络意识形态研判工作，处置网络舆情31起。成立意识形态领域形式研判领导小组，印发《关于建立意识形态领域形势分析研判机制的通知》（阳宣字〔2017〕7号）和《关于报送意识形态领域形势分析研判情况的通知》，向县委常委会提交关于意识形态研判报告，明确意识形态领域形势研判的内容以及分工，加强宣传思想文化队伍建设。

【精神文明建设】 2017年，阳高县委宣传部持续宣传社会主义核心价值观。利用报刊、电视、微信、街头大屏幕等多种载体系列主题公益广告宣传核心价值观主题微电影，持续不断刊播"中国梦""梦娃"；融入群众生活实际，印制发放核心价值观宣传画10000余份，为乡村、社区和学校书写8000余幅崇德向善的春联，刷写社会主义核心价值观墙体标语1000余条。

开展文明创建，助力脱贫攻坚。出台《关

于进一步加强社会主义精神文明建设，深化群众性精神文明创建活动的实施细则》《关于推动移风易俗，树立文明乡风实施意见》下发《关于脱贫攻坚精神扶贫行动的实施方案》《关于进一步加强乡风文明建设，助推脱贫攻坚的实施方案》加强对全县精神文明建设的宏观指导。制定《阳高好人、道德模范评选方案》，通过严把关、严评选推选出10名“道德模范”，14名“阳高好人”，进行大张旗鼓的表彰。

讲好阳高故事。通过多种形式，宣传“星级文明户”“阳高道德模范”“阳高好人”等先模人物的事迹，宣传弘扬大泉山精神、李培斌精神、赵晋国精神，传唱好精神力量，讲好阳高先进人物故事，培育和凝聚社会和谐发展正能量 。

【基层文化建设】 2017年，阳高县委宣传部加强基础文化设施建设。分别完成投资133万元和100万元的云林寺消防工程、云林寺山门建设工程，完成投资33万元的杨塔砖塔抢险加固工程，完成投资20万元的谢家屯古戏台修缮工程，完成投资30万元的下梁源胡神庙修缮工程；农村“两馆一站一屋”免费开放，公共服务正常开展，基本满足城乡群众的文化需求；推进县城数字电视改造工程，数字信号传输等工作正在有序推进。投资近80万元，为全县262个行政村农家书屋配送图书3.2万余册；投资202万元，为101个行政村下发省市配发的文化活动器材3000余件（套）；按照“七个一”要求，把北徐屯乡南徐屯村、长城乡镇边堡村、大白登镇潘寺村、东小村镇东小村、古城镇东雷庄村、罗文皂镇罗文皂村、马家皂乡安家皂村、友宰镇友宰村列为第二批阳高县文化建设示范村项目，现已全部完成建设。

参与组织“2017阳高杏花节”。聘请北京蓝海易通咨询有限公司进行策划，联合市旅游集散中心等组织实施。成功举办以“幸福守望、杏韵花开”为主题的“2017阳高杏花节”。期间累计吸引前来观光游客13.44万人，实现销售收入1286万元。新华网、人民网、山西卫视、《山西日报》《山西经济日报》等30余家主流媒体，对杏花节以及阳高文化、旅游、特产等进行全方位宣传报道。

推进文化体制改革。根据上级要求，完成了旅游景区（景点）体制机制改革创新。成立了改革领导小组，出台《阳高县旅游景区（景点）体制机制改革创新工作推进方案》（阳办发〔2017〕25号），组建阳高县旅游发展委员会，阳高县文化旅游有限公司。

群众文化活动丰富多彩。春节、元宵节期间，举办“阳高首届春晚”、街头文艺、焰火晚会、棋牌比赛等多种形式的文化活动，部分春晚节目和街头文艺表演节目参加大同市两节活动调演，受到广大市民热烈欢迎和市领导的充分肯定。县二人台剧团、晋剧团在农村演出230余场（次），县12个农村公益电影放映队在全县农村放映电影达3200余场，投资66.8万元为全县贫困村“送戏下乡”80多场，观众达30万余人次，覆盖全县所有行政村。二人台现代戏推出《山村喜事》《山村九品官》《夫妻情》等。联合省文化厅创作室有关专家，并由阳高县委史志研究室主任景彦斌合作创作的大型二人台现代戏《杏泉沟》剧本，通过国家艺术基金的初审。

开展文化市场整顿。协同公安、消防、市监、教育等单位开展“清源”“秋风”“剑网”“净网”等专项行动，共出动执法人员236人次，出动车辆85台次，检查经营户162家次，取缔流动图书兜售点3个，收缴非法出版物1245册，盗版光盘850张，维护文化市场的健康发展。

统　战

【思想建设】 2017年，阳高县委统战部及其成员单位组织4次集中培训，听课人数400余人次。全面加强思想建设，增进政治共识；在非公有制经济人士中开展“四信”教育活动，自觉拥护党的领导，执行党的路线、方针、政策，履行社会责任，参与社会公益事业。宗教方面，在开展创建和谐寺观教堂活动中，注重提高教职人员的整体素质，坚持贯彻落实好党的宗教工作方针政策，坚持宗教中国化方向，坚决抵制暴力恐怖势力、宗教极端势力、民族分裂势力的渗透，积极引导、组织宗教人士中开展“学习讲话、学习作风、跟党奋进”活动。举办“双学一跟”培训班、专题报告、读书交流、参观大泉山革命传统教育基地等主题实践活动15场次。

【统战建言献策】 2017年，阳高县委统战部全面加强党外人士工作，形成全县大统战格局。搭建好党外人士建言献策平台，组织好参政议政和建言献策活动。召开党外人士座谈会，邀请党外人大代表、政协委员、非公经济代表人士、民族宗教界代表人士、党外知识分子建言献策，听取他们就基层群众反映的热点、难点、焦点问题提出的意见建议，为县委、县政府提供决策依据。支持党外人士、工商联开展专题调研，形成调研成果32件，提出建言献策50余篇。做好统战宣传教育工作，开展“统战宣传月”活动，编发宣传单、知识手册，宣传统一战线的政策、法规、基础知识，利用报刊、电视等各种媒体为统战工作宣传服务，搞好统战信息的整理、编发、上报，每月出简报信息1期。

做好党外知识分子工作，实施好人才强县战略，举贤荐能，向党外人士倾斜，做好党外代表人士的政治安排工作。团结新的社会阶层人士，推选3名党外人士加入大同市新的社会阶层人士联谊会。

【服务民营经济发展】 2017年，阳高县统战部以服务民营企业常态化为抓手，进一步创优发展环境，做好服务企业工作，协助解决企业经营困难，促进民营经济做强做大。按照省、市统战部的安排，组织开展民营企业发展存在的困难和问题走访调研活动，收集整理20余家企业的问题清单，形成2份有份量、有价值的调研报告。开展待批项目大起底，帮助民营企业加快完善和办理各种审批手续，有效解决卡壳项目。推动领导干部联系民营企业，实现县级领导结对帮扶民营企业23家。组织民企参加政银企合作机制和对接会议，开展地方银企对接暨项目推荐融资活动，组织5家企业与银行争取贷款，协调金融机构解决融资难题。动员引导民营企业参与文物保护利用“文明守望工程”，对和川旅游公司开发乳头山旅游大景区提出指导建议。

【民族宗教事务】 2017年3月28日全县民族宗教工作会议召开，贯彻中央和省市宗教会议相关精神；8月举办大型宗教法律法规学习月宣传活动，加大对新修定的《宗教事务条例》的宣传，散发宣传资料3000份，宣传读本1000册；11月15日，举办全县宗教活动场所负责人培训班，县委常委宣传部部长李雁侠做重要讲话，全县近100名宗教活动场所负责人及重点讲道人参加培训。县委宣传部副部长、县十九大精神宣讲团成员尉建飞讲解十九大知识，市宗教局宗教科科长郭珍秀讲解相关宗教方针政策、法律法规、新的《宗教事务条例》等相关知识。

抓宗教中国化方向，认识到宗教工作的复杂情况，正视和尊重群众的信仰需求，坚持党的宗教工作基本方针，坚决抵制宗教领域的各种渗透，更好地“保护合法、制止非法、遏制极端、抵御渗透、打击犯罪”。10月，完成全县基督教活动场所的调查摸底工作，未登记的基督教活动场所41处，家庭聚会点16处。

抓和谐寺观教堂创建活动，对贫困信教群众给以救助，做好爱国宗教界代表人士的引导工作。加大培训力度，推动教职人员素质能力提升。6月19日，市基督教两会在阳高县举办7县5区部分宗教活动场所负责人培训班，参训人员80余名。

政法委

【平安建设】 2017年，阳高县委政法委针对社会治安突出问题，采取“打、防、管、控”多措并举，维护社会平安稳定。

严厉打击各类违法犯罪行为。发挥公安队伍的主力军作用，开展“冬季严打”“夏季风暴”“迎接十九大，全警保平安”等专项行动，定措施、下任务，集中攻坚，取得明显效果。县公安局破获刑事案件113起，抓获犯罪嫌疑人82人，其中刑事拘留67人，直捕4人，取保侯审9人，监视居住6人，共查处行政案件478起，治安处罚191人，其中行政拘留89人。查破贩毒案件4起，抓获吸毒人员84人，其中强制戒毒30人，社区戒毒43人，治安处罚11人。县检察院受理各类提请逮捕案件45件56人，依法批准和决定逮捕36件38人，不捕9件18人；共受理各类移送起诉案件60件81人，依法提起公诉46件60人。县法院共受理各类案件696件，结案534件，结案率为77%，受理刑事案件45件，结案37件，结案率为82%；受理民商事案件480件，结案382件，结案率为80%，调解撤诉率为63.2%。6月以来，为进一步巩固严打成效、维护阳高“省级平安县”荣誉，按照县委的指示要求，由县委政法委牵头，组织政法综治部门和各乡镇，启动为期半年的“净化社会风气，助推脱贫攻坚”严打专项行动，重点打击乡痞村霸、非法上访、黄赌毒、干扰工程建设、违章建筑等。为推动严打专项行动取得实效，专门成立了领导组，下设办公室、督导组和宣传组，全面推进工作。排摸违法犯罪线索及涉稳线索22条，查破案件10起。

全面排查整治社会稳定风险隐患。按照省、市部署要求，结合阳高实际，制定《关于在全县开展社会稳定风险隐患大排查大整治活动的实施方案》。在4月初召开动员会，各乡镇、各单位迅速行动，对风险隐患较为集中的食品药品安全、交通安全、特殊人群等领域进行了全面排查和联合执法。建立各类风险隐患台账 78 起，整治 75 起。同时，县公安局先后开展消防安全大检查和道路交通大检查。检查单位 1491 家（次），发现火灾隐患或违法行为 2295 处，督促整改火灾隐患或违法行为 2251 处，责令“三停”单位 19 家，印发临时查封决定书 18 份，罚款 31 万余元；查处各类交通违法 20638 起，交通肇事案件 10 起，抓获犯罪嫌疑人 10 人。查获酒驾 20 起，醉驾 2 起，无证驾驶 26 起，行政拘留 16 人，查处各类机动车违规违法行为 3985 起，闯红灯 2231 起，大货车闯禁令 275 起，机动车乱停乱放 551 起，大客车、危化品运输车等四类车辆重点交通违法行为 515 起。

排查化解社会矛盾纠纷。推进诉调、检调、警调、政调、访调对接和行业性、专业性调解组织建设运行，完善多元调解格局。推进县、乡、村三级调解中心高效运行，深入开展社会民间纠纷的预防和调解，全力化解典型疑难矛盾，积极服务县委、县政府中心工作，排查调处各类矛盾纠纷 1199 起，调处率 94.3 %。

继续提高信访维稳工作水平。鉴于信访维稳形势的特殊性，县政法委把信访维稳工作当作重中之重来抓，投入大量精力。按照“诉求合理的解决问题到位、诉求无理的思想教育到位、生活困难的帮扶救助到位、行为违法的依法处理”的要求，抓信访“减存量、控增量”工作。对涉军、民办幼儿代课教师、非法融资受害者等重点群体进行细致摸排，对重点人员、职业访民实行 24 小时动态管控，并劝返 4 批次进京赴省集体上访人员，成功化解阳高二硅 110 余人的群体上访事件，确保我县在全国十九大、“两会”“一带一路”高峰论坛、大同古城灯会、阳高杏花节等重要节点，未发生进京赴省群体上访事件。全县信访总量 694 批次 7381 人次，信访形势基本处于平稳可控状态。

全力推进视频监控系统建设。县城已建成的高清视频监控 225 部，包括 4 个出城治安卡口，10 套重点路口的抓拍系统，解决夜间摄像机不清晰的问题，并新增报警功能、划定轨迹功能，智能化程度得到提高。该系统启用后，协助查获县城彩票站被盗案、小区汽车被盗案、地暖管被盗案、系列入室盗窃案件、系列盗窃地下室案件、系列盗窃电动车案件等，对案件的查破发挥了重点作用。同时，实施平安乡镇视频监控系统建设，以东小村、罗文皂、王官屯、下深井四个乡镇为试点，建设高清视频监控 64 部，形成以乡镇为汇聚点、以公路主干线为辐射点的农村防控网，弥补了农村监控的空白。

【工作创新】 2017 年，阳高县委政法委结合县情实际和工作需要，进行大胆创新，推出亮点工作，以点带面，提升政法工作整体水平。

创办《阳高政法》电视栏目。为营造更好的法治环境和政法舆论氛围，阳高县委政法委与县广播电视台联合开办《阳高政法》电视专栏，宣传中央、省、市、县近期的政法综治工作新精神，宣传全县政法综治工作中涌现出的先进典型事迹，宣传政法综治工作取得的成效和好经验、好做法，曝光社会中不遵法、不守法、不护法的现象，搞好法制宣传，解答群众诉求，回应百姓期盼，动员全社会和广大人民群众理解、支持、参与政法综治工作，共同推进平安阳高、法治阳高、和谐阳高建设。播出《阳高政法》栏目10期。

深化司法体制改革。按照司法体制改革要求，县委政法委发挥统筹协调和指导推动的作用，促进政法各部门继续完善司法责任制配套制度。县法院改革审判权力运行机制，推行放权于合议庭、独任法官的新型审判模式。县检察院完成了内设机构整合和人员分类管理工作，推进人民监督员选任管理工作。县公安局优化警务结构，探索建立警力编制动态调整机制；健全接处警回告制度，全面实行网上办案“单轨制”；深化户籍改革，全面推行居住证制度；完善犯罪信息通报机制，初步建立了电子查询制度。县司法局完善社区矫正相关制度，确保矫正人员不脱管失控。

建设“安然之家”。根据实际需求，创新工作方法，打造社区“安然之家”。以网格化管理为依托，吸收网格长、物业人员、保安、片警等参与，以天眼+地网、警力+民力、网格长+物业管理主要负责人、保安+物业人员+楼长+单元长的机制运行，承担了信息收集、治安巡逻、矛盾纠纷调解、人口管理、隐患排查、法制宣传等诸多任务，成为全市首家社区综治中心，在综治中心由居委会向社区延伸方面起到引领示范作用。

全面加强“三基”建设。县委政法委成立“三基建设”领导组及办公室，由县综治中心负责“三基建设”日常工作，并把网格化管理作为“三基建设”突破点，不断深化拓展。重新调整全县网格布局，撤并部分农村网格，增加社区网格，在信息灵通的一些重点行业聘用部分网格长，如出租车行业、火车汽车客运行业、宾馆饭店行业、超市零售行业、民政等涉访问题较多的行业等。在网格长队伍管理上下功夫，实行逐月考核、一年一聘，并采取集中和以会代训等不同形式，定期不定期对网格长进行培训，不断提高其素质。全年上报结案信息17245条，涉及电力、交通、水利、环保、治安、城乡清洁卫生、自然灾害等多个领域，其中处置流动人口服务管理事件548件，特殊人群帮教管理413件，矛盾纠纷排查化解1740件，社会治安重点整治196件，法制宣传教育678件，安全隐患排查4281件，治安隐患排查493件，涉法涉诉信访64件，应急处置93件，其他类5900件。全国、全省“两会”和十九大前后，网格长电话上报涉军群体、小区业主、燃气管道费、企业改制等上访信息30余条，由于信息上报及时、处置及时，使上访问题控制在初发状态，未产生严重后果。

全力推进综治中心建设。按照《社会治安综合治理基础数据规范》（GB/T31000-2015）、《社会治安综合治理综治中心建设与管理规范》（GB/T33200-2006）两个国标准和同综治委［2017］4号《关于在全市开展综治中心标准化建设年活动的方案》的要求，县综治办积极落实上级各项安排部署，全力开展综治中心建设。一是完善硬件设施建设。对原政法大厅进行改建，增设矛盾纠纷调解室、监控研判室、部门办公席，制作了版面、标识，将交警部门数据接入平台。二是加强队伍建设。从其他部门聘请矛盾纠纷调解员5名、心理咨询人员3名。三是完善软件建设。编制《阳高县综治中心基础工作目录》，对各项基础工作进行规范。目前，县、乡、村三级综治中心建设进展顺利，县、乡两级综治中心建设全部完成，村一级建成41个示范中心。

【队伍管理】 2017年，县委政法委严格执行政治纪律和政治规矩，贯彻落实《政法机关党组织向党委请示报告重大事项规定》，研究制定《全县政法系统重大事项报告制度》，规定请示内容、请示程序、请示时限等。树立抓党风廉政建设责任制的政治责任意识，把党风廉政建设纳入年度工作考核中，与业务工作一起部署、一起检查、一起落实。组织集中学习《中国共产党廉洁自律准则》《中国共产党纪律处分条例》等，把"学培斌精神，做培斌传人"作为党课教育，时刻学、反复学。组织开展不作为、慢作为、乱作为专项行动，征求意见建议31条，分类梳理问题10条，逐条落实整改。县委常委、政法委书记徐碧洋率领政法委一班人，对政法各部门2017年上半年党风廉政建设工作进行督导检查。听取各部门"一把手"党风廉政建设主体责任落实情况汇报和纪检书记党风廉政建设监督责任落实情况汇报，分别与政法各部门主要领导现场签订党风廉政建设责任书，与各部门其他成员进行廉政谈话。按照《党章》《廉政准则》和《中央八项规定》的要求，自觉遵守政治纪律和组织纪律，坚决抵制和反对腐败。始终保持政治清醒、工作认真、生活节俭，作风严谨，把心思用在工作上。自觉主动接受监督，严格执行中央八项规定，坚决杜绝违纪行为。

【维护乡村秩序】 2017年，县政法委在全县范围内，采取综合措施，将脱贫攻坚与乡村治理模式创新结合起来，在83个贫困村，常态化开展打击犯罪、防范风险、重点管控、平安创建4大类10小项具体行动，全力确保不发生因案致贫返贫现象，不发生影响脱贫攻坚战开展的重大刑事、治安案件，切实维护和巩固全县脱贫工作的成效。

机构编制

【机构编制管理创新】 2017年，阳高县机构编制委员会加强编制日常管理。根据既定人员编制管理制度，严格控编准入制度，优化人员结构，监督与管理各类事业单位人员编制，严格依照程序进行审核把关，从源头上控制财政供养人员，提高行政效能。

完善机构编制实名制管理制度。加强机关事业单位编制使用动态管理，根据机构编制、实有人员变化情况及时调整机构编制和实有人员信息数据库，实现对编制使用情况实时监控。

加强编制监督检查。加强纪检监察、组织、编制、人社、财政等部门联动，构建编制齐抓共管格局，形成控编减编和财政供养人员只减不增合力。开展专项整治，监督检查重点单位，避免或减少超编超领导职数现象。

【阳高县2016年度事业单位年度工作报告、换发证书】 截至2017年3月31日，对阳高县具备法人条件的事业单位按照《条例》及《实施细则》有关规定进行年度报告，并换发证书。对单位名称、法定代表人、开办资金等主要登记事项发生变化的单位，及时办理变更登记。

【行政审批制度改革】 2017年，阳高县机构编制委员会积极落实承接调整、取消和下放行政审批事项。根据国务院、省、市相关取消和下放文件，积极调整行政职权事项，以阳政发［2017］4号、77号、78号文件印发到各单位，并完成项目对接。对取消的事项，要求不得以其他任何名义变相实施；对承接下放的项目，要求与上级部门衔接并采取有效措施上下联运，有机衔接，确保接得住、管理得好。

积极推进落实减证便民专项行动工作。2017年8月24日，县编办（审改办）印发《阳高县减证便民专项行动工作手册》，要求参与减证便民专项行动的32家单位在推行权力清单制度和推进“互联网＋政务服务”基础上，全面清理规范行政审批前置申请材料、年检事项和政府制定培训事项，大幅度精简申请材料、相关证照年检和政府制定培训，切实减轻企业和群众负担。

机关工委

【党组织和党员信息采集】 2017年，按照全国党员管理信息化工程总体部署和县委组织部具体安排，县直机关召开党组织和党员信息采集工作部署会，对做好基层党组织信息采集、审核、录入工作做出明确要求，对信息采集工作人员进行信息采集方法、信息填写规范、信息校核要求、信息录入操作、系统功能使用等内容专题培训，做到“四个到位”，即部署到位、措施到位、指导到位、责任到位，按时完成信息采集工作任务，规范党员档案管理。

【县直机关“三基建设”】 2017年，加强“三基建设”（基层组织、基础工作、基本能力建设。）是省第十一次党代会做出的重要部署，为全面做好县直机关“三基建设”，县直机关工委成立“三基建设”办公室，制定加强“三基建设”实施方案，围绕调研课题，制定调研方案，采取实地走访、召开座谈会等方式，从基层寻找答案，开展大走访，系统查找梳理存在的突出问题，分析县直机关“三基建设”面临的新形势新任务，提出具有针对性、操作性的对策措施，形成调研报告报县委办。印发《阳高县县直机关党的工作责任制的规定》，建立县直机关党组织书记抓基层党建述职评议考核制度，推行中小学校党组织书记、校长“一肩挑”和党政机关、企事业单位党务负责人兼任党组织书记；完善机关内部工作制度和管理制度，建立服务型党组织，全面推进首问责任制、限时办结制、服务承诺制、一次性告知制、离岗告示制等制度，强化效能督促检查。

【健全主题党日制度】 2017年，县直机关工委抓好每个支部，坚持一切工作到支部，注重发挥党支部主体作用，统一确定每月1日为主题党日，做到年度有计划、月度有安排、次次有主题，基层支部结合实际、制定主题党日清单，确保主题不偏不空、环节不缺不少；抓好每个关键环节，固化主题党日规定动作，坚持“五定”，严肃主题党日，即定时间、定方案、定主题、定形式、定责任；使每名党员发挥主体作用，激发主题党日最大效应，主题党日融入全县“356”发展战略，围绕脱贫攻坚、中心工作、服务群众确定鲜明主题，使每名党员成为主角、发挥作用；抓好每次活动组织，推动主题党日常态常效，把党员参加主题党日作为评判党性的重要标准；建立征集展示制度，利用微信公众号，开展主题党日创意征集展示，实时掌握各机关支部活动的情况。

【机关党组织按期换届】 2017年，县直机关工委印发《关于严格党组织按期换届选举规定，认真做好县直机关、企事业单位党总支、党支部换届选举工作的通知》，对任期届满的11个党总支、66个党支部进行换届，设立组织委员、纪检委员、宣传委员。

【党员发展】 2017年，阳高县发展预备党员48名，由预备党员转为正式党员29人。“七一”前夕，培训64名入党积极分子（发展对象），举办预备党员宣誓仪式。做好党费收缴管理工作，各支部普遍建立收缴台账，按时足额交纳党费。

老干部工作

【老干部思想政治建设】 2017年，阳高县委老干部局有离退休党员651人，建立以机关事业单位离退休党员组成的独立支部16个，涵盖党员206名。建立以全县其他机构单位离退休党员组成的混合支部139个，老干部党总支书记由局副局长担任。老干部支部书记选派身体健康、素质较高、热心工作的老干部担任。健全完善组织生活、落实党组织活动经费、加强支部班子队伍自身建设，给各支部发放“十八大”学习系列读本、习近平总书记系列讲话、《中国共产党廉洁自律准则》《学党章党规学系列讲话做合格党员干部》等学习资料。确保离休干部每人一份《山西老年》杂志，一份《老友报》，退休干部《山西老年》杂志订阅比例60%以上。老干部按居住地分成45个活动小组，每月由组长专门将报刊送到老干部家中。完善例会制度、领导干部联系老干部制度、阅文制度、通报会座谈会制度、参加重大活动和重要会议制度、参观工农业生产制度、重大节日走访慰问制度等七项制度。县四套班子领导每人联系2—3名离退休干部，与老干部常交流、常沟通。开辟阅文专柜，每周二定期阅读文件，随时阅读各类图书。

【离退休干部生活待遇提升】 2017年，离休干部离休费实现全员覆盖，按时足额发放，医药费统筹标准人均6000元以上，并根据药价和老干部看病需求，建立增长机制。离休干部特需费、护理费、遗孀生活补贴等待遇全部落实。离休干部护理费、遗孀生活补贴、离退休干部慰问费均有新提高。开展“老干部时事政治、传统文化、卫生保健知识大讲堂和义诊”系列活动。聘请大同大学政法学院党总书记、大同大学宣读团秘书长郝士宏为老干部讲授时事政治和国际形势。配合全县健康体检工作，实现全县2500余名离退休干部健康体检全覆盖。建立和完善为老干部帮困解难和“知心服务”的长效机制。利用社区服务资源推动“四就近”工作，加强具体指导，总结经验，拓宽服务范围。

【老干部活动】 2017年，县委老干部局组织老干部参加全县迎新春文艺活动，象棋、乒乓球、擢龙等体育比赛，全市老干部文艺汇演活动，2017大同市第九届文化博览会职工乒乓球赛。老年大学文艺班举办专场文艺表演，演出8场次。七一、重阳节期间分别组织老干部举行大型文体展演系列活动和庆祝十九大胜利召开暨重阳节系列活动，播放红色电影，慰问离休干部和原任县级干部。举办阳高县第一届老干部“长青杯”乒乓球比赛，联合县妇联举办“庆三八”剪纸展。组织原任县级老干部参加以“幸福守望，杏韵花开”为主题的2017阳高杏花节开幕式。与县工会联合举办“干部职工书画展”活动。围绕“畅谈十八大以来变化、展望十九大胜利召开”和“建言十九大”两项活动，开展“1145”主题系列活动。组织老干部代表参观广灵县和阳高县重点项目建设，让老干部们了解该县社会、经济、文化等变化。

发挥老年大学文艺班和“老来红”合唱团的宣传作用，编排节目，到社区、乡镇宣传十八大、十九大、“大泉山精神”“李培斌精神”等活动；下乡开展劳务输出工作宣传，在5个乡镇、20余个村进行30余场演出。

春节前为狮子屯乡青介山村所有村民送去慰问品和春联。雨季来临之前，为董家屯村贫困户送去防雨塑料膜和红糖白糖。联合农工党大同市委和县卫计局为以上2个贫困村群众义诊。

信　访

【概述】 2017年，阳高县信访总量834批次8598人次。进京非正常访13批次14人次，进京上访外围排查8批次20人次，到省集体访3批次15人次，到市集体访4批次29人次，到县访806批次8520人次。办理网上案件126件，受理率和办结率均为100%；受理群众来信14件，全部办结。

【领导接访制度完善】 2017年，阳高县信访工作坚持各级领导大接访制度，保证每个工作日都有一名副县级以上领导在信访大厅坐阵接访，各乡镇和县直各部门做到每天有一名副科级以上领导在信访大厅接访。年内，县领导接访283个工作日，接待来访群众692批次5961人次，签发转办件161件。在接待工作中，注重调处沟通协调，使一大批事关群众切身利益的问题得到妥善处理解决。

【矛盾纠纷排查管控】 2017年，阳高县信访局在每月开展一次地毯式矛盾纠纷排查活动基础上，结合全国、省、市“两会”“一带一路”国际合作高峰论坛、十九大等会议节点，以及针对涉军、民办幼儿代课教师、非法融资等重点群体，多次不定期开展矛盾纠纷排查活动，排查出各类矛盾纠纷291起，化解228起。对未化解的矛盾纠纷，全部建立台帐，并严格按照“五包一”责任制，落实领导包案，制定工作方案和工作机制以及稳控措施，全程跟踪办理。

对重点人员、重点群体、重点领域

进行重点排查，重点稳控。特别是对“涉军”“非法融资”等重点人员、职业访民，全部纳入管控视线，加强信息预警研判，实施24小时全天候动态管理。在公安和相关部门的配合下，完成28起处突（处理突发事件）任务。根据情况，在县主要站点随时派驻工作人员开展巡查值守工作，确保一些重点人员被及时发现，就地稳控，积极疏导化解。

【积案化解】 2017年，阳高县信访局把积案化解作为今年工作的重中之重来抓，由包案领导，牵头负责成立专门工作班子，成员由涉案部门负责人、部门分管领导、信访干事、公安片警、法律顾问等人员组成。包案领导和工作班子在基本了解案情的基础上，带着问题主动下访，到一线基层，掌握详实的基础真实材料。举行案件听证会，倾听群众看法、汇聚各方意见，然后集体制定具体的化解方案。坚持发挥县信访联席会议的作用。对包案工作班子提出的化解方案，通过召开信访联席会议进行研究讨论、表决通过，形成最终方案，做到一个声音拍板定论。

结合省、市开展的专项行动，在县委、县政府主要领导和分管信访工作的县级领导的推动下，促进御泉华府小区业主房屋产权、亲和家园小区业主退还贷款保证金、晋能集团金光铁合金公司职工缴纳养老医疗保险、省工业设备安装公司农民合同制职工养老保险、超龄未退休的协议工养老保险等39个群体事件和22件历时多年的悬而未决的群体性事件，都得到化解或办结。

【信访服务理念】 2017年，阳高县信访局树立“以人民为中心”的工作理念，推动为民服务水平再提升。在接待上，做到热情、文明，带着感情接待来访群众；在受理上，做到在规定期限转办、答复，依法依规协调处理群众诉求；在服务上，购置3台饮水机和一次性水杯以及急救箱等，同时，增设律师窗口，聘请专职律师，为群众提供各种疑难问题咨询服务；在作风上，弘扬求真务实精神，贯彻落实中央关于改进作风、密切联系群众的八项规定，带头弘扬正气，抵制歪风邪气，做到干净干事、干成事、不出事。

党校教育

【概述】 2017年，县委党校举办全县农村社区“领头雁”培训班，分四期培训全县农村社区党支部书记，村委会主任，农村第一书记，省、市、县驻村扶贫工作队队员等880余人；举办入党积极分子培训班；举办乡镇挂职干部岗前培训班，对省、市、县到乡镇挂职锻炼的青年干部110名进行岗前培训；对全县非公经济组织和社会组织党组织书记150余人集中培训。举办全县公务员“干部通用基本能力培训班”，分五期培训1000余名公务员。到乡（镇）开展迎接党的十九大巡回宣讲，受教育党员干部800余人。

9月，选派1名教师参加省委党校举办的为期1个月的全省党校系统骨干教师培训班；12月，选派4名教师参加中国人民大学继续教育学院举办的为期9天的“不忘初心 牢记使命”专题研修班。

【科研工作】 2017年，一位教师撰写的《着力加强农村党支部书记创新能力培养》的论文在《中共山西省委党校学报》第六期上发表；一位教师撰写的《基层党校要发挥助推区域经济发展作用》的论文在《山西党校报》总第964期上发表。

党史　地方志

【概述】 中共阳高县委党史研究室最早成立于1982年3月。2002年和县地方志办公室因机构改革整合为阳高县史志研究室，2011年10月改称中共阳高县委党史研究室（阳高县地方志编纂委员会办公室），两块牌子一套人马，主要职责：征集、研究、编撰中共阳高县委党史和阳高年鉴、县志等，搜集、整理有关阳高的信息资料，为阳高县委决策和领导提供可资借鉴的历史资料。截至2016年底，编辑出版《阳高史料汇集（1—19）》《中国共产党山西省阳高县组织史资料（第二卷）》《中国共产党阳高县历史记事》（1925—2008）》《阳高县革命故事集》《中共山西省阳高县历史大事记述（1929—1949）》《阳高英烈集》《阳高人物录》《阳高县工运简史》《中共阳高县史料（1929—1949）》《抗战时期阳高县人口伤亡和财产损失课题调研成果》《阳高县抗战英烈集》《阳高县抗战故事集》《阳高县妇女运动史》及一年一度的《阳高年鉴》等书籍。

【编纂工作】 2017年5月10日至12日，阳高县召开《阳高县志（1991~2015）》（送审稿）省级初评会议，省地方志办公室主任张志仁、大同市政府副市长郭蕾到会指导。这次会议的召开，标志着续修《阳高县志》取得阶段性重要成果。

2017年底，《阳高年鉴（2017）》由北岳文艺出版社公开出版。该书作为一种地域性史册和信息载体，记载阳高县政治、经济、文化、社会、生态、工业、农业、财政、贸易、科技、军事、法制、教育、卫生等各个领域的现状及新成就、新进展和新经验。它具备权威性、时效性、连续性、系统性和密集性，为读者了解阳高提供可靠的基础信息和线索，且为续修县志提供较为详尽的史料。该版年鉴设27个栏目，总计44万字。

完成市重点文化项目《大同市志（1993—2013）》“阳高二十年”供稿任务，并编辑成书。

完成省市地方志办公室《山西年鉴》《方志山西》微信平台“每周一域”栏目、《大同年鉴》及市委党史研究室《中共大同执政实录》“阳高部分”稿件任务，介绍阳高县上年取得的新成就、新经验。

史志研究室主任景彦斌撰写的反映阳高晋商人物传记《红顶晋商——靳伟》，省政协《文史月刊》杂志第2期全文发表后，全国畅销杂志《特别关注》第6期又做摘要转载。

阳高县人民代表大会常务委员会

综　述

【概述】　2017年，阳高县人大常委会召开县人大常委会会议9次，主任会议14次，听取和审议“一府两院”专项工作报告12项，开展视察调研17次、执法检查2次、专题询问2次，做出重大决定决议6项，任免国家机关工作人员21人，罢免县人大代表职务1人。

【依法履职监督】　2017年，县人大常委会进一步增强政治意识，注重统筹谋划、部署和推进人大工作。按照《预算法》要求，重点对全县财政预算调整情况开展专项视察，两次听取和审议县政府提出的关于对本级财政预算进行调整的请示报告，同意对2017年县本级收支预算进行调整，并及时做出决议；常委会听取审议上年度全县审计工作、全县工业经济运行、县城重点项目建设和工程质量的情况报告。视察调研正大集团100万头生猪养殖项目、光伏发电和易地扶贫搬迁项目进展情况，建议政府通过现有项目打造富有阳高特色的农牧业发展模式，真正实现产业富民、产业强县。

【助力人大脱贫攻坚】　2017年，阳高县人大党委会听取和审议关于全县产业扶贫和易地扶贫搬迁工作情况的报告，制定《县人大常委会关于对扶贫工作的监督方案》，人大扶贫调研指导组多次开展扶贫专题调研，形成并提交调研报告10余篇。

帮扶联系带动脱贫。常委会领导分别联系2至3个重点贫困村，机关7名党员干部结对帮扶两个贫困村19户贫困户，3名机关干部组建驻村帮扶工作队，派驻两名“第一书记”扎根群众，帮扶农村基础设施、富民产业和群众的生产生活条件的改善，有效加快贫困户脱贫致富的步伐。

刚性监督提升脱贫。11月，常委会集中对全县脱贫攻坚八大工程二十四项行动进行视察调研，对14家县直单位的扶贫工作开展专题询问，共有21名代表提出28个问题，共同查找出脱贫攻坚存在的困难和制约因素，增强脱贫攻坚工作的责任感和使命感，确保打赢脱贫攻坚战。

代表联动助推脱贫。10月，组织市、县、乡三级人大代表对全县脱贫攻坚工作进行调研和督查；出台《阳高县人大常委会关于开展市县乡三级人大代表“下基层、转作风、促脱贫”主题活动的实施方案》，组织全县各级代表充分发挥代表主体作用和联系群众的桥梁纽带作用，利用行业优势，为脱贫攻坚献计出力。

【完善人大监督】 2017年，阳高县人大常委会对县监察委员会的组成人员进行依法选举和任命，保障监察体制改革的推进。

常委会组成人员对全县的教育卫生、城市管理等群众关心的难点热点问题加大监督力度。

加强教育工作监督。常委会组成人员对全县教育系统校车安全管理工作进行调研视察，第六次常委会听取审议关于全县校车安全管理情况的报告，督促县政府按照山西省《校车安全管理条例》的要求，完善校车登记报备、驾驶员上岗培训、定期保养和安全检测等制度,加强对学校周边交通安全管理，对沿线路况进行定期监测，发现问题及时修补，消除隐患；对全县中等职业技术学校教育情况进行视察调研，建议县政府创新完善职业技术教育办学体制,以市场需求为导向、以促进就业为目标，提升就业创业能力，学校要在产教融合和校企合作等方面作为突破口，为全县经济社会发展提供更加有力的人才支撑和技术支持。

加强医疗卫生监督。10月，常委会组成人员对全县农村医疗卫生现状、深化医疗卫生体制改革情况进行视察调研。督促政府把卫生工作和脱贫攻坚紧密结合起来，加强基层卫生机构的基础建设，破解制约基层卫生建设的难题。建议县政府要形成支撑乡村卫生的制度性安排，加强制度性保障，简化服务程序，提高服务质量，全力做好公共医疗卫生服务工作。

加强城市管理监督。组织代表对全县城市管理工作进行视察调研，第十一次常委会听取了县政府关于县城环卫市场化运营政府购买服务情况的报告，建议政府加大资源整合力度，推广政府购买公共服务模式，建立权责明确、协调统一、科学高效的工作格局，同时要加大依法治理力度，坚守法治思维和法治方式，提升县城管理工作水平；常委会组成人员对全县公共卫生安全和饮用水安全进行监督检查，并现场提出整改意见。

推进法律监督。配合省、市人大的执法检查和立法调研。配合省人大常委会就涉法涉诉信访工作、推进法治建设服务转型发展开展视察调研；配合市人大常委会开展三级代表联动助推精准扶贫的监督和调研。对全县的科技项目资金使用状况、县人民法院多元化解矛盾纠纷开展情况、“人大代表之家”运行等情况开展视察调研和执法检查，督促相关部门着力推动解决检查中发现的问题，有效促进依法行政、公正司法。对待办理群众来信来访，加强对重要信访件转办督办，保障人民群众合法权益，维护社会和谐稳定。

【代表履职平台】 2017年，阳高县人大党委会贯彻落实省委、市委“县乡人大工作”会议精神及市委、县委的安排部署，结合人大实际，提出贯彻实施的具体方案，在人员编制和经费预算方面均达到上级要求；常委会先后组织乡镇人大主席和省、市、县三级代表参加市县组织的履职培训、业务学习和视察调研等活动，为乡镇和代表订阅人大文件、刊物杂志等学习资料。

在全县组建“代表之家”和代表活动小组等履职平台21个。集中开展常委会组成人员联系县代表和县代表联系选民活动，市县乡代表向选区选民进行述职并接受评议。第八次常委会听取县人民政府关于对上年代表建议意见跟踪督办情况和2017年代表建议意见办理进展情况的报告。

重要会议

【阳高县第十七届人大常委会第三次会议】 2017年2月23日，阳高县第十七次人大常委会第三次会议召开，县人大常委会主任李晓红，县人大常委会副主任王瑞平、韩旭、李培华、高桂德及其他常委会组成人员出席，县委常委、常务副县长孟德昌，县人民法院、人民检察院等相关单位负责人列席会议。

会议听取和审议县人民政府《关于阳高县第十七届人民代表大会第一次会议代表所提建议、意见办理情况的报告》；会议听取和审议县人民政府《关于阳高县2016年国民经济和社会发展计划执行情况和2017年国民经济和社会发展计划执行的报告（草案）》，听取和审议县人民政府《关于阳高县2016年财政预算执行情况和2017年财政预算执行情况的报告（草案）》；审议通过县人大常委会主任会议关于提请审议《关于召开阳高县第十七届人民代表大会第二次会议的决定（草案）》；审议阳高县第十七届人民代表大会第二次会议议程；审议阳高县第十七届人民代表大会第二次会议日程安排；审议阳高县第十七届人民代表大会第二次会议主席团成员及秘书长的说明；审议《阳高县人大常委会工作报告（讨论稿）》；审议通过《阳高县监察委员会副主任、委员任命和宪法宣誓程序的决定（草案）》。会议还进行人事任命。

【阳高县第十七届人大常委会第六次会议】 2017年6月27日，阳高县第十七届人大常委会第六次会议召开，县人大常委会主任李晓红，副主任王瑞平、韩旭、李培华，及其他常委会组成人员出席，县委常委、常务副县长孟德昌，副县长王爱党，相关单位负责人、各乡（镇）人大主席列席会议。

会议应到常委会组成人员33人，实到24人，符合法定人数。

会议听取和审议县人民政府《关于全县产业扶贫和易地扶贫搬迁工作情况的报告》《关于全县校车安全管理情况的报告》《2016年度全县环境状况和环保目标完成情况的报告》《2016年度全县审计工作情况的报告》

会议还听取部分人大常委会组成人员对四个报告的意见和建议。

【阳高县第十七届人大常委会第八次会议】 2017年10月26日，阳高县第十七届人大常委会第八次会议召开。县人大常委会主任李晓红主持会议，副主任王瑞平、韩旭、李

履行人大代表神圣职责

培华、高桂德出席会议。县委常委、常务副县长孟德昌及相关部门负责人、各乡镇人大主席列席会议。

会议应到人大常委会组成人员 32 人，实到 24 人，符合法定人数。会议听取县人民政府《关于对 2016 年代表建议意见跟踪督办情况和 2017 年代表建议意见办理进展情况的报告》，并对报告内容进行满意度测评；听取县人大常委会四个调研和督查组对各乡镇开展脱贫攻坚调研和督查情况的报告；以举手表决的方式通过 4 位同志的免职议案。拟任命的副县长贾春生、县人力资源和社会保障局局长闫志文、县水务局局长刘兴明、县卫生和计划生育局局长田占国、县农业委员会主任王德军作供职发言后，通过无记名投票方式，5 名拟任命的副县长、县政府工作部门负责人全票当选，李晓红为新任命人员颁发任命书，新任命人员集体向《宪法》庄严宣誓。

【阳高县第十七届人大常委会第九次会议】 2017 年 11 月 20 日，阳高县第十七届人大常委会第九次会议召开。县人大常委会主任李晓红主持会议，副主任王瑞平、李培华、高桂德出席会议，县法、检两长，县直 14 家单位负责人，各乡(镇)人大主席列席会议。会议应到常委会组成人员 32 人，实到 24 人。

会议通过全县 2017 年脱贫攻坚八大工程二十四项扶贫行动中属于人大监督职权范围内的 21 项行动开展情况进行专题询问的决议；集中听取 14 家应询单位负责人所做的 2017 年脱贫攻坚工作进展情况的报告，并进行分组讨论。

阳高县人民政府

综　述

【学习宣传贯彻党的十九大精神】 2017年，县政府始终把学习宣传贯彻党的十九大精神和习近平总书记视察山西重要讲话精神作为最大的政治任务，在县委的领导下，扎扎实实推进各项工作。强化理论武装。坚持把学习党的十九大报告、习近平总书记视察山西重要讲话精神、《习近平总书记的成长之路》《习近平的七年知青岁月》《习近平谈治国理政（第二卷）》等作为必修课，通过参加市管领导干部专题研讨班、县委和政府党组中心组集体学习、党组会议、个人自学等方式，从实践起点和思想源头深刻领悟习近平总书记作为马克思主义政治家的雄才大略、远见卓识和领袖风范，进一步增强“四个意识”，坚决与以习近平为核心的党中央保持高度一致。宣讲党的十九大精神。党的十九大召开后，班子成员围绕十九大精神以及中央、省委、市委、县委重大决策部署，深入到所包联的乡镇、农村、社区和单位、企业，开展专题辅导和巡回宣讲14场（次）。开展大调研活动。坚持问题导向，班子成员到基层解决实际问题37个，发现正面典型25个，形成调研报告10份，覆盖经济、文化、社会、生态等多个方面。

【推动“五型阳高”建设】 2017年，阳高县坚持以习近平新时代中国特色社会主义思想为统领，按照省委“一个指引、两手硬”重大思路要求和全市“136”发展战略，不断引深“356”发展思路，稳增长、促改革、调结构、惠民生、防风险，经济社会各项工作取得新成效。全县地区生产总值完成33.37亿元，增长8.3%；第三产业增加值完成16亿元，增长11.5%；规模以上工业增加值完成4.47亿元，增长8.5%；公共财政预算收入完成1.23亿元，增长13.8%；固定资产投资完成33亿元，增长7%；社会消费品零售总额完成12.31亿元，增长7.5%；城镇常住居民人均可支配收入完成21000元，增长8.5%；农村常住居民人均可支配收入完成7350元，增长7.2%；城镇登记失业率、居民消费价格涨幅控制在预期目标以内，各项约束性指标均可完成年度任务。

（一）推进新型工业。园区可研报告通过市政府评审。园区企业实现销售收入15.59亿元，上缴税金8989万元。招商引资签约总额61.98亿元，到位资金26.01亿元，年内开工项目3个，完成投资134.74亿元。抓项目建设，把55个项目列入国家重大建设项目库三年滚动投资计划。晋能70兆瓦光伏发电项目于去年6月底建成并网发电，同煤热电两台机组已具备发电能力，10月初其中一台投入试运行。正大集团新型农牧食品产业综合开发、国电下深井风电等6个项目开工建设。华润长城风电三期、紫中阳新型建材、杏韵小镇等3个项目办理前期手续。培育“小升规”企业6家，民营经济增加值完成22.43亿元。营造“六最”营商环境，开展干部入百企活动，一企一策，降低企业生产成本。山纳集团去年首次上缴税收5000万元。

（二）推进绿色农业。坚持调结构，推进农业供给侧结构性改革。全县调减籽粒玉米13万亩，建设10万亩杂粮规模化生产基地2个、千亩小杂粮示范基地2个。坚持扩规模，按照“一户一栋棚、脱贫拔穷根”“人均一亩杏、致富有出路”的思路，因地制宜，壮大蔬菜、杏果、畜牧等三大优势产业。全县粮食总产量达2.59亿公斤，蔬菜产量达32万吨，畜牧业生猪饲养量达75.42万头，羊饲养量达63.32万只，牛饲养量达4.56万头，奶牛存栏量达2.44万头。坚持创品牌，积极开展“三品一标”认证工作，7个无公害农产品和1个地理标志产品通过了认证。

（三）培育康养旅游产业。组建县旅发委，成立县文旅公司，杏韵小镇、白登河生态公园项目前期工作顺利推进。古长城旅游公路阳高段建设工程完成路基建设33公里。通用机场项目获得空军中部战区参谋部批准，并与省政府签订军地协议，上报空军参谋部。佳峪生态农林示范园投资7亿元，2017年春节前可开放运营。成功举办了2017年杏花节、首届亚洲康养产业国际高峰论坛。全年接待游客256万人（次），旅游总收入18.88亿元，同比增长23.4%。

（四）改善人居环境。完善县城基础设施。北环路道路改造工程建成通车，整修和硬化小街小巷1.5万平方米。北环路和149条小街小巷安装1146盏LED太阳能路灯，云林公园已建成并投入使用。全力推进安居工程建设。上年，棚户区12栋改造安置房、102套公租房主体工程完工。2017年棚户区改造项目计划货币化安置1400户，征收面积14万平方米。启动实施云林寺周边棚户区改造征收工作，完成农村危房和危险土窑洞改造5576户。

（五）建设有为生态。推进以“六道六治”为主要内容的农村环境集中整治，完成整治达标村191个。完成古长城沿线绿化工程整地1.3万亩，实施荒山造林2.6万亩，全县森林覆盖率26.2%。“铁腕治污”取缔“散乱污”企业43家，停产8家，淘汰燃煤锅炉25家28台。地表水白登河断面稳定达到Ⅳ类水质；二级以上优良天数达300天，比上年增加37天。

【脱贫攻坚再战再胜】 2017年，阳高县推进八大工程二十四个专项扶贫行动，脱贫攻坚实现新突破。全年统筹各类资金2.9亿元，再减贫42个村、1.52万人，贫困发生率下降到4%以下。

推进易地搬迁。对16585口贫困人口实施易地搬迁、2000口人同步搬迁。一期工程搬迁8730人，10个安置点完工；二期搬迁9555人，12个安置点上年8月份开工，今年10月底建成入住。

推进产业扶贫。新增日光温室135栋，塑料移动大棚1090栋；寒富苹果、杏果经济林2800亩；黄花1100亩；中草药5155亩；特色露地蔬菜、小杂粮3900亩；建设千吨马铃薯储藏窖和蔬菜恒温库、育苗基地各处；发展特色养殖4635头（只），带动7274户贫困户脱贫。

推进光伏扶贫。集中连片建成60×100千瓦村级光伏电站，上年5月并网发电，惠及60个贫困村、1200户、2700口贫困人口。二期51×100千瓦村级光伏扶贫电站正在建设中。

推进金融扶贫。创新“政府+银行+经营主体+贫困户”的四位一体金融扶贫模式，目前共发放金融扶贫小额贷款1.9亿元，全市第一。

推进生态扶贫。选聘427名建档立卡贫困户担任护林员，成立造林扶贫专业合作社25个，吸纳2252户贫困户参与造林，户均增收1.08万元。对全县72个因“一方水土养不好一方人”的深度贫困自然村实施整村搬迁生态修复。

推进兜底保障扶贫。为所有贫困户建立了健康档案，发放免除门诊费服务卡，为17名贫困户孕产妇免除分娩住院费用2.62万元。共有2838人次中小学、幼儿享受到“一补”资助，8469人次高中、职高贫困学生享受免学费、入学资助、助学金等各类资助，为1144名贫困人口办理低保。在落实建档立卡贫困人口“三保障、三保险”上，大病医疗救助647人。

【社会民生事业发展】 2017年，阳高县倾力改善民生，提高人民群众的生活质量。全县可用财力的85%投向民生事业。其中，争取上级补助、转移支付等多种途径，投入资金达15.6亿元。

办好人民满意教育。根据“缺什么补什么”的原则，开工建设56所学校的“全面改薄”项目，圆满通过国家级评估验收。招聘特岗教师62名。高考二本B类以上达线411人，达线率由2016年的17.9%提高到2017年的27.7%。

推进城乡卫生服务均等化。县中医妇幼医院综合楼建设项目完成招标，县人民医院传染病区建设进行室内装修。82个贫困村卫生计生服务室建成使用。培训村医523人次，10161人享受农村计划生育家庭“4+2”奖励扶助，免疫接种率98%以上。

提升社会保障水平。免费培训4606人，城镇新增就业1544人，转移农村劳动力4438人，城镇登记失业率2.53%。督促企业为3851名职工补缴社保111.61万元，为746名农民工追回工资635.8万元。

推进安全生产。开展消防安全、道路交通大检查，全年发生各类安全事故64起，同比下降41%。排查调处各类矛盾纠纷，全力维护社会和谐稳定。

调研活动

【丁国华专题调研古城镇光伏扶贫和易地移民搬迁工作】 2017年5月25日，县委副书记、县长丁国华率领县政府办、发改、交通、电力等相关部门负责人，到古城镇调研光伏扶贫和易地移民搬迁工作。

在古城镇，丁国华听取了中国能源建设

集团山西省电力勘察设计院有限公司负责人关于一期光伏扶贫项目建设情况的汇报。与镇党委、镇政府负责人一起研究该镇易地搬迁工程规划，就推进光伏扶贫和易地搬迁工程与随同调研的县直部门负责人深化认识、商讨对策。

丁国华指出，光伏扶贫是保障贫困群众同步达小康的重要产业支撑项目，是阳高县脱贫攻坚的亮点工程。要学习借鉴天镇县的先进经验，鼓励发展林光互补、农光互补、屋顶光伏、设施大棚光伏项目，集聚资源优势，形成产业规模，精心打造绿色循环的光伏扶贫产业基地。各乡（镇）和县直相关部门要紧紧抓住光伏扶贫的发展机遇，各司其职、密切配合，上下联动、相互衔接，积极申报争取项目投资规模和资金，并扎实推进二期光伏扶贫项目的预可研、设计、土地协议签订、资金筹措等前期工作。要强化统筹协调，加强业务政策培训，定期召开项目建设调度会，尽可能地扩大二期光伏扶贫项目建设规模，及时协调解决工程推进中遇到的困难和问题。要抓紧落实上年光伏扶贫项目的资产收益分配办法。县发改、电力、经信部门及县普惠资产经营公司要及时与上级有关部门主动联系、对接沟通，加快办理售电协议等相关的前置手续，确保一期光伏扶贫项目及时并网发电，确保资产收益到村到户，带动贫困户入股分红，早并网、早受益，切实把光伏扶贫工程做成富民工程、惠民工程。

丁国华要求，产业扶贫是脱贫攻坚的根本出路。在精准谋划项目规划、加快工程建设进度的同时，各乡（镇）在易地搬迁工程实施的过程中，一定要找准路子突出特色，培育差异化比较优势，生产适销对路的农产品。要把产业扶贫的着力点放在打造有带动脱贫能力的新型经营主体上，发挥龙头带动作用。要因户因人施策，让产业发展效益真正落到贫困户身上。古城镇要把推进易地搬迁工程与合理规划商业铺面建设集贸大市场结合起来，精心打造农副产品交易市场，配套发展大棚油桃、庭院葡萄、杏、寒富苹果等特色农产品的保鲜、包装、筛选、仓储、批发，加强经纪人队伍建设，利用好发挥好发展好集贸大市场的公共交易平台作用。因地制宜因势利导建设寒富苹果基地，试验种植油用牡丹，发展观光采摘、农家乐，吸收建档立卡贫困户和困难群众参与移民新村的公共事务管理，千方百计增加贫困户的工资性、资产性、股金分红收入。要鼓励当地的优势龙头企业参与和帮扶精准到村到户的产业园区发展项目，捆绑发展，合作双赢，依托公司化投资，助推贫困户长期受益。

【丁国华到友宰镇调研】 2017年6月8日，县委副书记、县长丁国华深入友宰镇，专题调研易地扶贫搬迁、农村环境集中整治、发展乡村旅游工作。

丁国华听取了友宰镇党委、镇政府的工作汇报，实地查看了该镇易地扶贫搬迁项目进展情况、黄花产业种植规划情况和农村环境集中整治准备情况，肯定了友宰镇一期、二期易地扶贫搬迁项目同步规划、同时开工建设、集中统一安置和山西省五建公司项目部严格现场管理、严格封闭施工的好经验好做法。

丁国华强调，易地扶贫搬迁是从根本上解决贫困乡村群众脱贫问题的重大举措。要始终坚持把做好易地扶贫搬迁作为打好精准扶贫攻坚战的重要环节，作为贫困村脱贫致富奔小康的有力抓手，突出规划引领，把易地扶贫搬迁与推进城镇化、促进产业发展结合起来。易地移民搬迁要向产业园区、城乡结合部集聚，高度重视，高起点、高站位推进一期、二期易地移民搬迁项目建设。把困难群众安置好是基础，增强其就业创业能力是关键，要将易地扶贫搬迁与公共基础设施配套相结合，整合项目资源，搞好旧村综合整治，完善新村功能，完善产业布局，同步规划配套建设集贸市场，带活镇域经济发展。要加强农民技能培训，切实改善群众生产生活条件。友宰镇要培育引进龙头企业，加快发展黄花、小杂粮加工、玉米种植、规模养殖等特色产业，提前规划建设黄花晾晒、烘干设备和场地，依托大公司大客户解决好黄花的销售问题，融合发展一二三产业，让搬迁群众搬得放心、住得舒心，能发展、能致富、早脱贫。要强化目标导向，坚持质量第一，把加快进度和严把质量有机统一起来，坚决完成序时进度目标任务。友宰镇贫困户小额金融贷款积极性高，推进力度大，要根据特色产业扶贫、资产收益扶贫与贫困户利益联结机制，依托正大集团，持续带动建档立卡贫困户入股分红，确保其收入稳定。

丁国华要求，要深入贯彻落实习近平总书记关于生态文明建设和改善农村人居环境的重要指示精神，按照全省农村环境集中整治长治现场会的部署要求，立即在全县扎实开展为期三个月的农村环境集中整治行动。各乡镇要切实加强组织领导，制定实施方案，明确整治目标，压实工作责任，治理违章建筑、治理乱河滩、臭水沟、垃圾堆，治理农业面源污染，治理道路扬尘，实行依法拆、整、建、管“四位一体”的工作机制，有效解决农村特别是乡镇人民政府所在地的行政村乱搭乱建、乱堆乱放、乱倒乱排等突出问题，确保农村环境整治工作大见成效，切实增强群众的获得感和幸福感。

丁国华指出，要依托当地的区位交通、自然生态、历史人文等资源禀赋，因地施策、循序渐进，包装好宣传好挖掘好开发好六棱山旅游资源，探索发展特色休闲农业与乡村旅游，帮助结对村挖掘、设计具有特色优势旅游产品，延长乡村旅游产业链，实现旅游产品价值增值。要通过“公司＋农户”等经营方式，在推进乡村旅游发展的同时，让更多的建档立卡贫困户通过参与旅游经营、接待服务、特产销售、土地流转、入股分红等获得更多的实惠，使贫困户通过发展旅游得到精准帮扶，实现从“景区旅游”向“全域旅游”转变，使之成为农业农村经济发展的新动能。

【丁国华到鳌石乡调研】 2017年，阳高县6月19日，县委副书记、县长丁国华深入鳌石乡，专题调研“一村一品一主体”产业发展、易地扶贫搬迁、农村环境集中整治工作。

丁国华听取鳌石乡乡党委、乡政府关于当前重点工作推进情况的汇报，深入了解了乱石村中药材产业园种植情况、易地扶贫搬迁项目进展情况、天顺种养殖专业合作社运行情况和榆林村农村环境集中整治推进情况，督查工程进度，查看工程质量，提出具体要求。

丁国华要求，各乡镇要坚持“因地制宜、精准识别、因户施策，灵活多样”的原则，始终按照“搬得出、稳得住、能致富”的总体要求，采取集中搬迁、分散搬迁、小村并大村等搬迁形式，在保证工程质量的前提下，加快工程项目进度，精准实施好易地搬迁扶贫工程。要把易地搬迁扶贫与城镇化建设、产业发展、旧村开发和社会保障有机结合，与生态扶贫、劳动力转移培训有机结合，走出一条适合阳高特色的易地搬迁扶贫的新路子。要依托当地资源优势，结合农业供给侧结构性改革，积极调整种植业结构，大力发展后续产业，打造短期可增收、将来稳得住、长期能致富的脱贫接续产业，增加搬迁户收入。在推进易地搬迁扶贫工作的同时，稳步发展壮大主导产业。要采取合作社＋农户的方式，大力发展中药材种植业，林药结合，在中药材产业园套种寒富苹果等经济林。积极推进农产品深加工业，扶持发展以“龙头＋基地＋贫困户”模式为主的特色种植产业，扶持发展一二三产融合项目，全力推进“一村一品一主体”到村到户，通过吸纳建档立卡贫困户务工增加收入，长久有效地促进农民获得稳定增收，实现脱贫致富。要加大劳动就业技能培训，通过培训鼓励富余劳动力外出就业，增加工资性收入。

丁国华指出，全县农村环境综合整治工作动员部署会召开以来，各乡镇和相关部门高度重视，发动快措施实力度大，齐心协力抓落实，正在取得阶段性的成效。但也存在一些认识不到位，机制不灵活，推进不够快，进展不平衡等问题。各乡镇各部门各单位一定要坚持问题导向，克服工作中的困难和不足，不仅要明确任务，更要化任务为责任，切实做到认识再提高、任务再细化、措施再落实、目标再明确、成效再提升，扎扎实实推进全县的农村环境综合整治工作。要依法依规、重拳出击、彻底整治违章建筑和违法占地行为，大力推动拆违还绿，有效解决乱搭乱建、乱堆乱放、乱倒乱排等突出问题，不折不扣全面完成农村环境综合整治工作，推动农村面貌大改观大变样。

【丁国华到下深井乡调研】 2017年6月20日，县委副书记、县长丁国华深入下深井乡，调研特色产业发展、易地扶贫搬迁、农村环境集中整治工作。

丁国华先后到董家庄村千亩胡萝卜产业园、东坨村沟域经济林、新堡村易地扶贫搬迁项目工地、丰稔山村环境卫生集中整治项目区、观上村油松种植基地，检查进度、查看质量、询问收益情况、与乡村干部一起探讨带领贫困户精准脱贫增收致富的好思路、好办法。

丁国华要求，易地移民搬迁必须让群众“搬下来、住得住、有效益、能致富”。各乡镇要在保证工程质量的前提下，加快易地搬迁工程进度。要围绕改善搬迁对象生产生活条件和发展环境，配套建设必要的附属设施，配套建设水、电、路、气、网、暖等基本生产生活设施，配套建设教育、卫生、文化等公共服务设施。在企业帮扶上，所有的工程项目资金，要全部向扶贫整合。包括易地搬迁工程在内的所有的扶贫项目实施主体、项目单位企业，要通过项目带动、组织创新、商业模式创新，把贫困群众组织起来、带动起来，义不容辞地参与扶贫，履行好社会扶贫责任。各乡镇开工建设的移民搬迁点必须配套产业，必须把所有扶贫资金精准用在贫困户身上。要把发展生产脱贫作为主攻方向，所有的贫困户都要有工资性、生产性、保障性的接续产业项目。要因地制宜让八大工程二十四个专项行动落实到每个贫困户，让每个贫困户都有脱贫产业支撑，建立产业帮扶项目库，通过培育壮大龙头企业，让党的政策惠及每个贫困户。要抓生态扶贫。发展造林合作社，把退耕还林、造林绿化、森林管护、经济林增效和林产业发展等工程精准落实到村到人。

丁国华指出，开展农村环境集中整治是践行新发展理念的实际行动，是建设美丽乡村、增进民生福祉的重要举措。各乡镇各部门各单位“一把手”要深入一线、靠前指挥、推动落实，明确整治目标，压实工作责任，确保农村环境整治工作大见成效。要加大农村生活垃圾、污水综合利用及农村改厕工作力度，通过试点探索经验，找到符合农村实际，可持续、可复制的办法，加快建设美丽乡村，增强群众的获得感和幸福感。要强化问题导向，从拆除违章建筑入手，重点是治理违章建筑、治理乱堆乱放，集中治垃圾、治污水、治农业面源污染，治城乡环境，整治村容村貌，在清理粪堆、料堆、柴堆等“四堆”上下功夫。“点、线、面”多管齐下，聚焦重点，攻克难点，既要保证进度，也要保证质量，更要注重标本兼治，全面改善农村人居环境，还农民一个干净整洁、文明和谐的美丽家园。

【市政府督查阳高县农村环境集中整治工作】

2017年6月29日，以市政府办公厅副调研员李叔平任组长的市政府督查三组到阳高县督查农村环境卫生集中整治工作。副县长王吉主持座谈会并汇报工作，县农村环境卫生集中整治工作领导小组相关成员单位负责人参加。

在听取工作汇报、参加座谈后，督导组深入北徐屯乡、罗文皂镇实地督导检查工作，对我县“高规格部署、大力度组织、全方位发动”推动农村环境卫生集中整治工作的做法给予肯定，希望下一步要继续强化担当意识和责任意识，突出目标导向、任务导向、问题导向、责任导向，从拆违入手，重点在依法取缔、彻底整治违章建筑和违法占地上下功夫；在整治村容村貌，清理粪堆、料堆、柴堆等“四堆”上下功夫；在整治污水坑、臭水坑、改厕上下功夫；在整治农业生产废弃物、病死动物无害化处理、秸秆乱扔乱堆乱放上下功夫；在治理公路周边环境上下功夫；在标本兼治建立长效机制上下功夫，建立完善环境整治激励机制，加大财政资金奖补力度，一条一条明确任务，一项一项夯实责任，扎扎实实推进好农村环境集中整治行动。

王吉表示，阳高县借这次专项督查指导的东风，继续以改善农村人居环境、建设美丽乡村为目标，谋实策、出实招、做实功、求实效，坚决打赢农村环境集中整治攻坚战，确保市委、市政府提出的“四无”目标的如期实现。

【丁国华专题调研杏果产业增收致富】

2017年7月10日，县委副书记、县长丁国华到东小村镇、古城镇，专题调研发展壮大杏果产业带动贫困户增收致富。

在东小村镇大嘴窑村、第十其村和古城镇赵家村，丁国华与当地的杏果种植大户、农技专家、合作社负责人，面对面交流探讨如何依托杏果产业脱贫增收致富的有效举措，叮嘱镇村干部要多渠道联系和扩大杏果销售门路，提供一流的兜底帮扶服务。

丁国华强调，各乡镇各部门各单位要认真学习习近平总书记视察山西省重要讲话精神，把脱贫攻坚特别是聚焦深度贫困攻坚的各项政策措施进一步优化、深化、实化，用具体行动把扶贫工作务实、脱贫过程扎实、脱贫结果真实的要求落到实处。作为全国的干果林基地，大接杏、京杏、杏脯、杏干、杏仁已成为阳高县特色农产品的金字招牌，杏果业已成为农业的一大主导产业。相关职能部门和乡镇要结合精准脱贫产业帮扶，继续组织、引导贫困户种植杏树，因地制宜推进“一村一品一主体”到村到户全覆盖，壮大杏果产业，发展壮大村集体经济实力，把杏果业打造为强有力的支柱产业，为农民脱贫攻坚奔小康创造更多更好的就业机会，提供更多更好的产业保障。

丁国华要求，要依托山西紫晨大健康科技有限公司等大集团大公司，采取“农户＋专业合作社”的模式，统一收购价格，统一供货质量标准，诚信收购，报团销售，彻底改变“小、散、乱”的杏果收购销售做法。要加大新产品新技术的推广应用力度，通过与北京农业大学试验杏果跨季节储存保鲜、种植大棚杏、盆栽休眠等途径，产学研一体化，延长杏果销售期，在通过顺风快递、邮政快递等电商销售精品杏的同时，要引导发展乡村旅游采摘，拓宽自主销售的新渠道，让黄金采摘季节的杏果卖上好价钱。要培育引进新型经营主体，采取“政府＋龙头企业＋产业基地＋贫困户”的模式，扶持发展杏酱、杏罐头、杏核、杏木等杏产品的深加工龙头企业，并不断完善产业体系，促进一二三产融合发展。

【丁国华督导检查王官屯镇易地移民搬迁工作】 2017年9月11日，县委副书记、县长丁国华到王官屯镇督导检查易地移民搬迁等相关工作。

丁国华一行听取了该镇易地移民搬迁工作汇报，实地调研了杨官屯村杏产品深加工情况，督导检查了一期、二期易地移民搬迁的公共基础设施规划、工程质量管理等相关情况，对工程项目建设提出了整改落实要求。

丁国华指出，易地移民搬迁要同步考虑产业发展空间，及时跟进产业就业管理措施，确保贫困户精准稳定脱贫。要在试验开发生产出杏罐头的基础上，采取“合作社＋农户＋基地”的模式，尽快流转土地，整合财政项目资金，依托科研院校和县职业技术学校科研技术团队的支持，加快申报商标完善QS认证前期的相关手续，争取在易地移民搬迁村或扶贫产业园区论证建设一个集生产、销售和保鲜、冷藏、储存技术于一体的扶贫产业项目，在规模化生产杏罐头的同时，配套生产加工苹果、苹果梨、葡萄、苦菜等特色农产品。要将后续产业发展纳入“一村一品一主体”产业扶贫，因地制宜发展壮大杏罐头、杏干、杏核、杏脯等优势农产品加工业，培育壮大主导产业，千方百计增加贫困户的经济收入。

丁国华要求，要按照“五规合一”要求，坚持易地搬迁与城镇化建设相结合、与村庄优化自然风貌相协调、与产业发展扶持措施相配套、与脱贫攻坚“摘帽”时间相衔接，一次性搞好易地移民搬迁村的规划布局。要突出建房安全、质量标准和技术指导，组织技术人员进行技术指导监管，组织搬迁群众代表全程参与日常施工监督。要突出实用美观，彰显建筑风格，尊重自然生态，保留乡村特色风貌，展现民俗乡村特色。易地移民搬迁村要配套完善供暖、排水、污水垃圾处理等基础设施功能。要提升整体村容风貌，配套建设医疗卫生、商业超市、老年人日间照料中心、公共浴室、文化活动场所、村级组织工作室等公共服务设施。要从贫困户关注的点点滴滴生活细节入手，让他们入住后能够体会到家的温暖。要紧紧围绕提升“对象精准率、项目开工率、投资完成率、工程竣工率、搬迁入住率、群众满意率”目标，明确时间表、路线图，倒排工期，统筹力量，加快工程进度，实现宜居安居。

【丁国华督查中央环保督查反馈问题整改工作】 2017年10月11日，县委副书记、县长丁国华到部分重点企业和乡镇，督导检查中央环保督查反馈问题整改工作进展情况。

督查检查过程中，丁国华听取环保局关于全县中央环保督查反馈问题整改工作进展情况的汇报，实地督导检查山纳公司曝气治理工程、白登河湿地净化工程项目的进展情况，了解县境内与天镇县交界地带黑水河南徐屯村段和白登河小辛庄村段两个断面水质监测点的水质提质达标情况，就做好中央环保督查反馈问题整改工作提出了要求。

丁国华指出，各乡镇、各部门、各单位要以习总书记视察山西重要讲话精神为根本遵循，把中央环保督查反馈意见整改作为一项重大政治任务、重大民生工程和重大发展问题来抓，全面落实环境保护“党政同责”、“一岗双责”责任制，切实践行新发展理念，坚持问题导向，深入分析原因，精准靶向施策，从严传导压力，从严督查考核，从严推动落实。要按照整改方案要求，强化工作举措，细化解决方案，列出任务清单，明确每一项任务的路线图、时间表、责任人，实行台账管理，建立通报制度，加强督查考核，确保整改措施到位、工作到位、成效到位。

丁国华要求，要以抓中央环保督查问题整改为契机，加快推进山纳公司曝气治理工程，抓紧办理白登河湿地净化工程项目前期工作，尽快开工建设。要突出重点企业的环保主体责任，采取“长期合作、共同受益”的思路，综合研究山纳公司污水厂扩容改造项目的可行性，解决工业园区污水排放消化问题。要切实做好燃煤锅炉改造工作，加快推进河道整治工程进度，加大辖区河道监测频次，加大河道巡查力度，实现绿色低碳循环发展。要注重标本兼治，实行信息化在线监测，建立环境保护长效机制。要深入开展秋冬季大气污染防治行动，促进生态环境持续改善，确保今年环境质量有大的改观，让群众有获得感。

【丁国华督导检查龙泉镇脱贫攻坚“回头看”补短板工作】 2017年11月3日，县委副书记、县长丁国华深入龙泉镇，督导检查该镇脱贫攻坚“回头看”补短板工作进展情况，分析研究制定问题清单整改落实措施。

座谈会上，丁国华听取镇党委、镇政府全镇脱贫攻坚工作特别是脱贫攻坚冬季行动“回头看”问题清单整改落实进展情况汇报。县发改局、水务局、扶贫办、市监局等帮扶单位负责人分别介绍帮扶工作取得的成效、存在的问题和意见建议。他们一致表示，要对标看齐，再接再厉，着力在“帮扶什么、怎么帮扶、如何帮扶”上下功夫，主动认领问题责任清单，以钉钉子的精神细化帮扶整改措施。

丁国华要求，要发扬成绩，再鼓干劲，扎扎实实开展好“苦干一整年，打胜脱贫攻坚战”。要突出重点，合力攻坚，继续推进易地移民搬迁、产业帮扶、保障兜底工作，统筹做好贫困村的基础设施、公共服务、基层组织提升标准改造。要对标目标，问题导向，对2014年以来全县脱贫攻坚工作开展一次冬季行动“回头看”，找短板补差距，强整改促提升，做到现状和标准一致，线上线下标注一致。要及时对接，主动帮扶，帮扶单位要发挥好职能作用，既要依法依规用足用活政策文件，又要积极主动争取项目资金，尽心尽力、责无旁贷地帮扶所包联的贫困村改善基础设施条件。驻村工作队员和机关干部要结合宣讲党的十九大精神，从方方面面做起，关心帮助自己包联的贫困户，让他们住上好房子、过上好日子、有一个好的生活环境，早日脱贫增收致富，感受到党和政府的温暖。

重要会议

【政府第九次常务会议】 2017年3月31日，县委副书记、县长丁国华主持召开县政府第九次常务会议，研究扶贫资金管理使用、村级光伏电站运营维护及收益和义务教育均衡发展国家督导评估验收等事宜，安排部署当前重点工作。县委常委、常务副县长孟德昌，副县长王吉、张进才、郝贤颖、马斌出席，县人大常委会副主任高桂德列席，县政府相关工作部门、事业单位、驻阳金融机构和各乡镇负责人参加会议。

会议集中学习了国务院副总理马凯在参加十二届全国人大五次会议山西代表团审议时的讲话精神，传达学习了马彦平市长在市十五届一次人代会上所做的政府工作报告的主要内容，听取了县政府第七、八次政府常务会议议定事项落实情况的汇报。会议研究并原则同意引进盈一财富（北京）投资管理有限公司投资开发以种植文冠果为产业链的王官屯镇西部地区旅游特色景区项目、北京仟亿达集团与阳高县合作开发林业碳汇资源、阳和国有资产经营有限公司建设新型农牧食品产业综合开发项目、扶贫资金使用管理、上年村级光伏电站运营维护及收益分配、2017年村级光伏电站建设、开展打击私挖乱采联合执法、招录特岗教师、义务教育均衡发展国家督导评估验收、金融扶贫小额贷款贴息资金、杏花节运营服务、县城广播电视网络升级改造等有关事宜。

会议指出，要按照“政府主导、国土牵头、部门协同、综合治理”的原则，分解细化责任，实行属地管理，认真开展打击私挖乱采联合执法，露头就打，防患于未然，做到执法到位、查处到位、监管到位。要继续精准做好2016年28个贫困村退出验收评估工作，统筹推进村级光伏电站建设运营维护及收益管理，加强扶贫资金项目监管，把有限的资金花在刀刃上。要精准对接，加快推进2016年棚户区改造安置房项目、正大集团100万头生猪全产业链项目一期工程融资工作进度。要高度重视义务教育均衡发展国家督导评估验收工作，精心筹备好杏花节。要积极争取项目资金，以市场化运作的方式，统筹做好县城广播电视网络升级改造，提示数字电视传输质量。

要千方百计抓好项目开工。二季度是项

目开工建设的“黄金时间”。各部门、各单位、各乡镇要树立发展意识、招商意识，抓住供给侧结构性改革、项目疏散的有利契机，跳起来摘桃子，放水养鱼，积极主动地与上级对口部门对接沟通，继续加大项目资金争取力度。加强已申报项目的跟踪、衔接和落地工作，当前，要确保一期、二期扶贫易地搬迁项目、工业项目、农业项目、民生领域的重点项目全面开工建设。要扶持发展王官屯镇西部地区种植文冠果旅游特色景区等招商引资项目，推进一二三产融合发展。要扎实推进春耕备耕工作。加大农业供给侧结构性改革力度，力争通过经过今年春耕备耕期间的农业种植结构调整，全县粮、经、饲三元种植结构趋于合理。深入宣传各项强农惠农政策，组织农技人员开展送科技下乡活动，做好化肥、籽种、农药等各项春耕物资储备工作，开展农资打假保春耕专项行动，加强农资质量检查和市场监管，打击伪劣农资坑农害农行为。要突出重点抓好安全生产。当前，针对春季安全生产的特点，要认真做好清明节上坟期间的森林防火、校车安全、建筑工地安全隐患排查、秸秆焚烧、消防、道路交通、河道清淤、畜禽防疫等相关领域的安全工作。

【政府第十次常务会议】 2017年5月15日，县委副书记、县长丁国华主持召开县政府第十次常务会议，研究环境保护、古长城沿线生态修复、扩大公租房保障对象、统筹整合使用财政资金、义务教育均衡发展国家督导评估验收、防汛及河道清淤等工作。县委常委、常务副县长孟德昌，副县长王吉、王爱党、郝贤颖、马斌参加。

会议集中学习《阳高县环境保护职责规定》和《党政领导干部生态环境损害责任追究办法》等文件精神，要求各乡（镇）各部门各单位要主动学习环境保护政策法规知识，提高环境保护和环境安全意识，明责明职，知规知矩，知底线知红线，落实责任细化职责，把精细化痕迹化管理贯穿到环境保护工作的方方面面。各位副县长要认真落实“党政同责、一岗双责”，扎扎实实做好分管领域的环境保护工作。会议研究讨论并原则通过《阳高县实施古长城沿线生态修复项目的安排意见》。会议听取了县政府第9次常务会议议定事项的落实情况，通报了各乡（镇）各有关部门今年以来易地移民搬迁、产业帮扶、资金整合等重点工作的进展情况，各乡（镇）汇报了今年以来产业扶贫发展资金的使用情况。会议指出，要明确目标任务，及时跟进督查督办力度，继续扎实有效地做好阳和国有资产经营有限公司建设新型农牧食品产业综合开发项目土地流转、古长城沿线生态修复、王官屯镇西部地区旅游特色景区开发种植文冠果项目、村级光伏电站运营维护及收益分配、招录特岗教师、义务教育均衡发展国家督导评估验收教育改薄工作。

丁国华指出，各乡（镇）和县直部门要高度重视环境保护工作，主动审视职责范围内的相关环保工作，认真地及时地答复反馈好群众反映生态环保问题，事不过夜查处，立行立改，做到件件有着落。要以污水厂提标扩容升级、白登河水质安全检测等相关工作为重点，抓紧补齐环保工作短板。要严格落实主体责任，加强协调联动，认真开展执法巡查，严厉打击私挖乱采，合理确定重点项目工程所需的采砂取土点布局，推进生态文明建设、增进人民福祉。要坚持以人民为中心的发展思想,探索PPP模式多条腿走路,推进以古长城沿线生态修复项目为重点的生态扶贫,搞好荒山造林、经济林建设、旅游路两侧绿化、村庄绿化、景点及沟峪绿化,经济林建设要与脱贫攻坚工作相结合,积极与贫困户对接,增加贫困户经济收入,高标准高质量地推进古长城沿线生态修复绿化工程,促进生态效益与脱贫致富协调发展。要抓住义务教育均衡发展国家督导评估验收的有利机遇,学习借鉴先进经验和做法,改善和提高教育均衡发展的效益和质量。要扩大公租房保障对象,做到严格标准、加快进度、租售并举、盘活存量、应保尽保。

丁国华要求,要继续统筹整合使用财政资金,按照绩效考核的标准,参照各乡(镇)第一批产业扶贫发展资金的拨付进度,按比例拨付第二批产业扶贫发展资金,切实提高资金拨付使用率。要在确保质量和安全的前提下,实行项目化管理,加快工程建设进度,切实提高易地扶贫搬迁的项目开工率、投资完成率。要发挥主观能动性,选择有资金实力、项目精细化管理水平高的施工队伍参与易地扶贫搬迁的项目,不搞重复建设,一盘棋同步实施公共基础设施工程。要在谋划项目资金的同时,精准摆布安排各乡(镇)的产业扶贫发展资金,推进"一村一品一主体"产业到村、到户、到人,配套发展短期可增收、将来稳得住、长期能致富的接续产业。二季度是项目开工建设的"黄金时间"。各乡镇、各部门、各单位要在及早盘点计划新开工项目的基础上,实行"向前一步工作法",集中完善一批前期项目、在建项目的手续,做到合法合规、高效推进。要转变工作观念和思路,坚决破除"等靠要"思想,切实增强工作的主动性、紧迫感,深入基层深入一线深入项目工地,提前谋划充实完善项目库,积极争取项目资金,按照既定目标,加快资金拨付进度,加大资金下沉力度,推动固定资产投资保持稳中有升的好势头。要做好基层矛盾纠纷排查化解工作,时刻绷紧安全生产这根弦,守土有责,尽职尽责,各负其责,做好道路交通、建筑施工、森林防火、河道清淤、防汛等重点领域的安全生产工作。

【政府第十一次常务会议】 2017年6月7日,县委副书记、县长丁国华主持召开县政府第11次常务会议,研究推进古长城旅游公路建设等工作。县委常委、常务副县长孟德昌,副县长王吉、王爱党、张进才、郝贤颖、马斌参加。

会议传达学习了《中共中央办公厅、国务院办公厅关于甘肃祁连山国家保护区生态环境问题督查处理问题及教训通报》,专题研究了古长城旅游公路阳高段项目建设等事宜,安排部署了生态环境保护、安全生产等重点工作。

丁国华强调,各乡镇、各部门、各单位要从讲政治的高度,深入学习领会习近平总书记关于生态文明建设的重要指示精神,牢固树立"四个意识",自觉践行"绿水青山就是金山银山"理念,紧盯污水厂提标扩容升级、白登河水质安全检测、黄黑水河源头治理等生态环境重点领域、关键问题和薄弱环节,主动担责、狠抓落实,以钉钉子精神一项一项抓落实、一件一件抓整改,努力解决群众反映强烈的环保突出问题,切实把生态文明建设各项任务落到实处,努力实现生态效益、社会效益、经济效益共赢目标。

丁国华要求，大同古长城旅游公路是省市共建加快交通基础设施建设的重点项目，项目沿线乡镇和交通、林业、国土等相关部门要合理调配资源，加强对项目的统筹规划和科学组织，积极支持项目建设。要坚持生态优先，坚持以人为本，坚持质量第一，坚持安全至上，最大程度地加强对生态的保护，加强施工安全管理，着力打造绿色工程、安全工程、精品工程、民生工程，促进农民增收致富。要认真做好基层矛盾纠纷排查化解工作，时刻绷紧安全生产这根弦，守土有责、守土负责、守土尽责，在严厉打击私采乱挖上不能含糊，在拆除违章建筑上不能含糊。以点带面，形成合力，扎扎实实开展农村环境卫生综合整治，全力做好道路交通、建筑施工、河道清淤、防汛等重点领域的安全生产工作。

丁国华指出，要严格执行党风廉政建设责任制，认真推进党风廉政建设和反腐败工作的主体责任，层层压实责任、传导压力，推动政府系统党员领导干部知责明责、守责担责，把党风廉政建设各项决策部署落到实处，做到业务工作和廉政建设一起部署、一起推进。要从党中央、国务院严肃查处甘肃祁连山国家保护区生态环境问题督查通报和身边国家公职人员违法违纪处理案件当中，深刻汲取教训，举一反三，引以为戒，坚持用党章党规规范党员干部言行，旗帜鲜明地为大多数老百姓谋利益，勇于担当作为，维护公平正义的政府形象。要深入学习习近平总书记系列重要讲话精神，把思想政治建设摆在首位，落实好“两学一做”学习教育常态化制度化要求，抓实基层支部，坚持问题导向，切实在真学、实做、严改、强化党支部功能、发挥领导干部示范带动作用上再拓展、再深化，使增强“四个意识”和维护核心成为政府系统党员干部的思想自觉、党性观念、纪律要求和实际行动。

【政府第十二次常务会议】 2017年6月28日，县委副书记、县长丁国华主持召开县政府第十二次常务会议，集中学习习近平总书记视察山西重要讲话精神，研究推进村级光伏电站建设、农村环境集中整治、统筹整合使用财政资金等工作。县委常委、常务副县长孟德昌，副县长王吉、郝贤颖、马斌出席。会议集中学习习近平总书记视察山西重要讲话精神，与会的县领导结合自身工作实际和分管领域，围绕学习贯彻习总书记重要讲话精神谈了认识体会，提出了贯彻落实措施。会议通报各乡（镇）易地移民搬迁、产业帮扶项目、第一批产业扶贫发展资金使用进展情况，听取脱贫攻坚八大工程二十个专项扶贫行动、农村环境集中整治工作进展情况汇报，原则通过县发改局《关于2017年51个村级光伏电站建设有关事宜的请示》《关于全县与中利集团苏州腾晖光伏技术有限公司实施“产业组团、包县脱贫”村级“光伏扶贫农场”项目有关事宜的请示》，研究安排近期统筹整合使用财政资金、易地扶贫搬迁工作。

丁国华强调，要把习近平总书记视察山西重要讲话精神作为根本遵循和行动指南，迅速在政府系统兴起学习宣传、贯彻落实讲话精神的热潮，切实用讲话精神统一思想、武装头脑。要坚持思想引领，做好融会贯通，紧密结合思想实际和工作实际，学深悟透、学以致用，始终把群众的冷暖挂在心上，把脱贫的责任扛在肩上，把攻坚的任务抓在手上，打赢脱贫攻坚这场硬仗中的硬仗，推动全县经济社会发展再上新台阶。

丁国华指出，光伏扶贫是我县脱贫攻坚的亮点工程。要鼓励发展林光互补、农光互补、屋顶光伏、设施大棚光伏项目，集聚资源优势，形成产业规模，扎实推进二期光伏扶贫项目，带动贫困户入股分红，精心打造绿色循环的光伏扶贫产业基地。脱贫攻坚八大工程二十个专项扶贫行动涉及到的相关牵头部门要发挥各自职能作用，细化方案举措，密切协同配合，形成工作合力，统筹力量、全力推进。要加大财政资金整合力度，新增的脱贫攻坚资金项目、各部门安排的惠民项目、新增的涉农资金要集中整合用于全县脱贫攻坚，最大限度地向贫困村、贫困人口倾斜。主管部门要切实履行好资金监管的主体责任，整合的项目资金必须精准到户到人。各乡镇要加快项目实施进度，积极拓宽资金筹集渠道。要加快易地移民搬迁工程进度，确保工程质量。农村环境集中整治要从“拆违”入手，在国省干线农村公路沿线两侧、乡镇人民政府所在地的行政村综合推进“六道六治”，集中优势兵力重点突破，形成合力，打造亮点，打赢农村环境集中整治攻坚战。

【政府第十三次常务会议】 2017年7月28日，县委副书记、县长丁国华主持召开县政府第十三次常务会议，学习传达市委十五届三次全体会议精神，研究讨论《阳高县人民政府重大行政决策规定实施细则》、推进农村环境集中整治、统筹整合使用财政资金等工作。县委常委、常务副县长孟德昌，副县长王爱党、马斌、李灵芝出席。县政府工作部门、各乡（镇）和相关单位负责人参加会议。

会议传达市委十五届三次全体会议精神，国务院和省、市人民政府廉政工作会议精神，研究提出贯彻落实意见。会议学习《大同市重大行政决策规定》，讨论并原则通过《阳高县人民政府重大行政决策规定实施细则》，听取各乡镇关于当前防汛工作汇报。会议同意县发改局《关于国开新能源科技有限公司投资建设集中式光伏扶贫电站有关事宜的请示》，研究安排政府系统廉政建设、统筹整合使用财政资金、防汛、农村环境集中整治等有关工作。

丁国华强调，政府系统要牢牢把握“努力实现党内政治生态持久风清气正”的要求，进一步强化“四个意识”，加强理论学习，提高政治站位。要认真贯彻落实市委十五届三次全体会议和市政府全体（扩大）会暨廉政工作会议精神，在抓好经济工作平稳健康发展的同时，不遗余力地抓好民生保障，履行好党风廉政建设“一岗双责”，抓班子带队伍严格要求自己。要严格落实《准则》《条例》和民主集中制、重大行政决策规定等规章制度，加强“三基”建设，全面夯实政府系统机关党建的工作基础。

丁国华要求，要坚持把确保人民群众生命财产安全作为防汛工作的基本出发点和落脚点，作为检验防汛工作成效的根本标准，坚持问题导向，加大对水库河流、淤地坝、农村危房、土窑洞、地质灾害等重点行业领域、关键部位和薄弱环节风险隐患的排查力度，密切关注、专人值守，把党和政府的温暖送到老百姓心中。要认真落实河长制，备足防汛物资，强化汛情监测点管控，加强应急处置工作，做到响应及时、贯彻坚决、保障有力，全力以赴做好各项防汛工作，确保全县安全平稳度汛。各乡（镇）要高度重视农村环境集中整治工作，针对目前进展不平衡、达标验收任务艰巨的实际，主动作为，靠前指挥，真抓实干，明确重点，扎扎实实抓好农村环境集中整治。县财政统筹整合用于脱贫攻坚的项目资金，要精准到村到户到人，做到精准长远可持续，经得起历史检验。项目实施的牵头部门一方面要与脱贫攻坚、产业扶贫紧密结合谋划推进项目，集中连片规模化实施一批高效高标准的农业项目，另一方面要切实履行好项目监管职责，变大水漫灌为精准滴灌，形成合力，共同支持，配套实施。

【政府第十四次常务会议】 2017 年 8 月 30 日，县委副书记、县长丁国华主持召开县政府第十四次常务会议，研究安全生产、深化重点领域改革、市委巡察一组反馈意见整改责任分解细化、旅游景区（景点）体制机制改革创新、统筹整合使用财政资金、县城北环路北门口延伸段拆迁整修等工作。县委常委、常务副县长孟德昌、副县长王爱党、张进才、郝贤颖、马斌出席。县政府工作部门、各乡（镇）和相关单位负责人参加会议。

会议集中学习县委《关于进一步完善安全生产责任体系的实施意见》，听取县政府办《关于政府系统制定完善重点领域深化改革台账情况的汇报》《关于市委巡察一组巡察反馈意见整改责任分解情况的汇报》。会议同意县文化局关于《阳高县旅游景区（景点）体制机制改革创新工作推进方案》的请示、县住建局《关于县城北环路北门口延伸段拆迁整修有关事宜的请示》、县扶贫办《关于统筹整合资金用于脱贫攻坚工程有关事宜的请示》等有关请示报告，安排部署当前政府系统的重点工作。

会议强调，要建立严格的安全生产责任制，国庆节前必须完成全县工商企业安全生产责任公示牌悬挂工作，责任到人，不留死角。要提高全民安全意识，强化督导检查，到现场到工地到企业生产一线，扎实做好新常态下的安全生产工作。要切实加强对全面深化改革工作的领导，建立工作台账，把握时间节点，加强部门协同联动，形成抓改革的合力。要以深化市委巡察一组反馈意见整改工作为契机，着力推动建立和完善“管长远”的制度机制。

会议指出，要继续深化旅游景区（景点）体制机制改革创新，组建县旅游发展委员会，成立阳高县文化旅游发展公司，推进大泉山景区管理体制改革，以最积极的措施推动文化旅游产业发展。要精心实施好北门口延伸段拆迁整修工程，解决铁路桥洞积水问题，方便群众安全出行。要认真开展政务督查督办，既要督任务、督进度、督成效，又要察认识、察责任、察作风，确保各项工作落实落细落地。

会议要求，扶贫资金使用不能撒胡椒面，要把握好两个原则，一是公共基础设施项目必须精准到贫困村，二是产业帮扶项目必须精准到贫困户。整合使用扶贫资金，要坚持均衡发展的理念，让大多数贫困村贫困户受益，都能享受到扶贫资金项目的雨露。涉及整合资金的主管部门围绕贫困户受益这个把心，打破部门利益，推进“一村一品一主体”建设，推进脱贫攻坚八大工程二十四个专项扶贫行动。高度重视扶贫领域执纪问责工作，充分调度各部门的工作积极性，切实履行好项目资金安全使用监管职责。要及时为县信用联社注入金融风险补偿金，尽可能地用足用好用活金融扶贫政策，继续加大金融扶贫贷款的承接力度。

【政府第十五次常务会议】 2017 年 9 月 30 日，县委副书记、县长丁国华主持召开县政府第十五次常务会议，研究讨论中央第二环境保护督查组反馈问题整改、推行河长制、医药卫生体制改革、统筹整合扶贫资金等重点工作。县委常委、常务副县长孟德昌，副县长王吉、张进才、郝贤颖、马斌、李灵芝出席。县政府工作部门、各乡（镇）和相关单位负责人参加。

会议传达学习《国务院关于支持山西省进一步深化改革促进资源型经济转型发展的意见》和全省进一步深化改革促进资源型经济转型发展大会精神，听取中央第二环境保护督查组反馈问题整改、推行河长制、医药卫生体制改革等重点工作进展情况的汇报，并就当前政府系统的各项工作特别是国庆节、中秋节和党的十九大召开期间安全生产工作做具体安排。

会议指出，转型发展靠项目，创新驱动靠人才。相关部门要抓住转型综改、深化改革、扩权强县、脱贫攻坚等政策机遇，加快制定加快县域经济发展、招商引资、人才强县等方面的总体规划和实施方案。要提高政治站位，牢固树立绿色发展理念，主动认领问题，层层传导压力，强化责任落实，认认真真做好中央第二环境保护督查组反馈问题整改工作，努力提高全县生态建设和环境保护水平。各乡镇各部门各单位要牢固树立“绿水青山就是金山银山”的意识，强化责任担当和使命担当，不折不扣地抓好全面推行河长制工作和水生态环境保护工作。医改是最大的民生，也是最大的难题。县医改工作领导小组全体成员单位要进一步推进医院管理体制和人事薪酬制度创新，进一步落实好政府、职能部门、医院各自的责任。

会议要求，要扎扎实实做好国庆节、中秋节和党的十九大召开期间安全生产工作。“两节”期间，各项目主管部门和乡镇要加班加点，现场解决问题，加快推进易地移民搬迁、工业项目、道路交通建设项目、城建民生项目等在建项目的工程建设进度，加强工程质量监管。要切实加强各类公共场所及人员密集场所安保措施。加大旅游景区、交通运输及人员密集场所安全监管力度，统筹安排好道路客运工作，保证群众节日安全顺畅出行。搞好水电气运协调保障，抓好粮油肉蛋菜奶等重要商品生产供应，保障市场正常运行。加强食品卫生安全监管和公共卫生管理。要切实加强安全生产检查力度、全面落实安全生产责任，加强道路交通、建筑施工、生产企业、校园安全、消防、燃气、人员密集场所、超限超载、危险化学品、水电气等重点行业和领域的安全管理和监督。要切实做好应急管理各项工作，强化值班值守，做好应急准备。要切实加强政府系统党风廉政建设，持之以恒纠正节日期间“四风”，以优异的成绩迎接党的“十九大”顺利召开。

【政府第十六次常务会议】 2017 年 10 月 27 日，县委副书记、县长丁国华主持召开县政府第十六次常务会议，研究贯彻落实河长制、创建省级食品安全示范县、省第二环保督查组反馈问题整改、统筹整合扶贫资金等重点工作。县委常委、常务副县长孟德昌，副县长王吉、王爱党、张进才、郝贤颖、马斌出席。县政府相关工作部门和单位、各乡（镇）负责人参加。

会议听取了全县河长制工作落实情况的汇报，讨论并原则通过了《阳高县创建省级食品安全示范县工作方案》，通报了龙泉工业园区申报省级经济技术开发区进展情况和县污水处理厂水质达标排放升级改造项目实施计划方案，安排部署当前的重点工作。

会议强调，要全面引深县、乡、村三级河长责任制，设置河长制公示牌，加强水资源和水源地管理保护，建立“一河一档”基础档案，编制“一河一策”治理方案，开展冬季河道清淤治理行动，加强河道现场巡查管控，把“河清、岸绿”的要求落到实处。

会议指出，创建省级食品安全示范县是食品安全综合治理的重要载体和抓手，要明确责任、主动落实、限期推进，如期实现，保障人民群众舌尖上的安全。要坚持问题导向，紧扣秋冬季大气污染防治攻坚战，切实加大道路扬尘抛洒、施工扬尘、重点流域断面水质监控、秸秆焚烧、农村环境整治、饭店烧烤店油烟净化等工作力度，不折不扣地抓好省第二环保督察组反馈问题整改工作。

会议要求，国土、住建、规划等相关部门和乡镇要齐心协力、共同努力、积极对接，确保龙泉工业园区年内进入省级经济技术开发区行列。要加快推进县污水处理厂水质达标排放升级改造项目前期工作，力争明年一开春即可开工建设。要继续引深道路交通安全专项整治，加大无牌无证农用三轮车辆、超限超载车辆综合整治力度，强化大安全专项督导检查。要严格扶贫产业项目资金整合，项目资金必须精准到户，补短板、聚合力，确保今年全县脱贫攻坚再战再胜。

【政府第十七次常务会议】 2017年12月1日，县委副书记、县长丁国华主持召开县政府第十七次常务会议，研究引深道路交通安全整治、投资建设云门山风电项目、拨付二期易地移民搬迁资金、推进贫困村提升工程等重点工作。县委常委、常务副县长孟德昌，副县长王吉、王爱党、张进才、郝贤颖、谢留强、马斌、贾春生参加。县政府相关工作部门和单位、各乡（镇）负责人列席。

会议集中学习了省委十一届五次全会精神，听取了县安委办《关于全县道路交通安全整治工作情况的汇报》、县发改局《关于阳高新盛新能源发电有限公司投资建设云门山风电项目的请示》，研究了全县二期易地移民搬迁资金拨付前置条件和流程，安排部署了岁末年初的重点工作。

会议强调，各乡镇、各部门、各单位要以全县明年率先实现整体脱贫为目标，各司其职各负其责，尽可能多地对接包装，争取省、市的脱贫攻坚产业帮扶项目资金支持。要按照“缺什么、补什么”的原则，编制项目规划，建立项目库，着力改善贫困村饮水、电网、道路、网络、住房、环境整治等基础设施，提升基础教育、医疗卫生、社保、文化信息服务水平，增强村级组织服务能力。

会议指出，要扎扎实实开展“冬季行动”，加大招商引资力度。要牢固树立安全发展理念，坚持软件硬件同步抓、管理督查同步上、教育宣传与严厉打击并举的办法，继续引深和巩固道路交通、养老院、幼儿园、学校、大型超市等人员密集场所的安全生产、消防火灾隐患排查整治。要统筹实施水利八连环改造工程，明晰产权、合理布局、统一包装，打造大泉山红色旅游景点。要结合“三基建设”，发挥基层社区职能，管好用好社区管理队伍，扶持发展壮大村级集体。要加大康养旅游产业和蔬菜、杏等优势农产品的品牌形象宣传力度，认真开展文化产业普查调查。

会议要求，政府系统要切实把思想行动统一到省委十一届五次全会精神上来。各乡镇、各部门、各单位要把学习贯彻十九大精神与完成好全年目标任务紧密结合起来，统筹做好预算编制、民生改善、环境治理、社会治安、送温暖献爱心等年关岁尾各项工作。要全面总结好今年的工作，力争各项考核指标进入全市第一方阵，提前谋划好明年主要工作的思路打算。

【政府第十八次常务会议】 2017 年 12 月 28 日，县委副书记、县长丁国华主持召开县政府第十八次常务会议，研究元旦、春节期间安全生产、中央环保督查反馈意见整改销号、引深和拓展“冬季行动”等重点工作。县委常委、常务副县长孟德昌，副县长王吉、张进才、郝贤颖、贾春生参加。龙泉工业园区管委会、县政府相关工作部门和单位、各乡（镇）负责人列席。

会议集中学习中央经济工作会议、省政府办公厅《关于做好“两节”“两会”期间安全工作的通知》和中央环保督查整改工作实行销号管理验收的通知等相关会议和文件精神，听取阳高县中央环保督查整改工作进展情况汇报，研究谋划了明年全县经济工作的主要思路和工作重点，安排部署岁末年初的有关工作。

会议强调，各乡镇、各部门、各单位要强化红线意识和“底线”思维，严格落实安全生产责任，加强道路交通、公共食品卫生、森林防火等重点行业、重点领域的安全生产隐患排查整治，强化应急值守准备，确保“两节”“两会”期间全县社会和谐安全稳定。要认真做好白登河禁养区综合整治、秆焚烧等、大气污染防治工作，确保中央环保督查反馈问题整改工作落到实处，所有问题整改到位不反弹。

会议要求，明年实现“贫困县摘帽、壮大县域经济”，是政府义不容辞的职责。县政府班子成员要深刻理解习近平新时代中国特色社会主义经济思想，在学懂弄通的基础上，扎实做好分管领域、所联系乡镇和联系点的脱贫攻坚工作。各乡镇各部门各单位要直面矛盾面对矛盾化解矛盾，精通政策学懂政策，围绕“需要多少钱，钱从哪里来”，积极争取上级项目资金，对接谋划银行贷款，心中有数，形成合力，举全县之力打赢脱贫攻坚战。要认真抓好年终工作总结，关注年度考核指标完成情况。要继续推进“冬季行动”，谋早抓早，明年开春前完成重点项目的招投标、用地、确定施工单位等前期工作。要统筹做好贫困村提质改造、生态环保、改善民生工作，包装好园区、扶贫、工业、农业、商贸旅游项目，加大招商引资力度，提升县域经济综合实力。

政府办公室

【政务要务】 2017 年，阳高县政府办公室围绕“356”发展战略和脱贫攻坚，编发政务信息 103 期，其中二季度上报国办信息 1 条。开展对口性调研 70 余次，撰写专题调研报告15期。撰写、起草各类文件、汇报、会议材料180余篇，总字数突破150万字。启动运行了“OA”公文系统，起草、审核县政府文件87件、党组文件11件、办公室文件90件、阳政函72件、阳政办函57件、“OA”发 公文98件，编发常务会纪要13期、党组会纪要14期、县长办公会议纪要40期，处理上级来文1165件。承办县政府常务会13次，党组会议14次，县长办公会、重点工作专题会40次，电视电话会议104次。处办市长公开信箱群众反映事项4768件。办理市、县人大代表意见建议53件、政协委员提案95件。通过县政府网站主动公开政府信息2151条，发布规范性文件6件。政务接待、信访、人防、侨务工作取得了新成绩。

【**督查督办**】 2017年，阳高县政府办公室聚焦县委、县政府重点决策部署在基层的落实，督查室围绕易地搬迁、农村环境卫生集中整治、六件民生实事、防汛、脱贫攻坚“八大工程二十四个专项行动”推进情况等重点工作，开展了11次专项督查工作，发现问题18个，提出了23条整改意见。“13710”平台办结省、市督办事项11项，办结县政府督办事项26项，办结县政府领导批示和交办事项30多件，做到了件件能落实，事事有回音，进一步提升了政府工作效率，层层传导了抓落实的压力。

【**应急处置**】 2017年，阳高县政府办公室强化值班纪律，规范值班政务处理程序，坚持走样昼夜专人值班制度和领导带班制度，保持了办公室上情下达和下情上报工作渠道时刻畅通。修订完善1个县级总体应急预案和3个乡镇总体应急预案，修编3个专项应急预案、5个部门应急预案。按照“有效、管用”的理念，组织开展3次专业应急演练，隐患整改率98%，实现“信息早报告、苗头早预防、隐患早排除、矛盾早化解、事件早处置”的目标。

【**加强自身建设**】 2017年，阳高县政府办公室坚持学习贯彻党的十九大精神，切实转化为树牢“四个意识”、坚定“四个自信”、践行“五个坚持”的具体实践。一是在学懂上下功夫。组织党员干部认真研读党的十九大报告原文，将学习十九大报告与学习习近平总书记治国理政新理念新思想新战略结合起来，与学习习近平总书记视察山西重要讲话精神结合起来，自觉用习近平新时代中国特色社会主义思想武装头脑，内化于心、外化于行。二是在弄通上下功夫。全面引深“两学一做”学习教育常态化、制度化、开展“维护核心见诸行动”主题教育，在全面、系统、深入学习习总书记系列重要讲话精神和治国理政新理念、新思想、新战略。三是在做实上下功夫。学用结合、开展“主题党日”活动12次、“主题学习”12次，将《习近平总书记的成长之路》《习近平的七年知青岁月》等纳入党小组集中学习的重要内容，深化认识，全力做好新时代的“三服务”工作。引导党员干部更好适应新时代的需要，全面提升履职能力。

机关事务管理

【**公车管理**】 2017年，阳高县机关事务管理局根据中央、省、市党政机关公务用车配备使用管理办法的有关规定，制定和印发公车管理相关制度。把好“四关”，即把好“车辆编制关”，把好“车辆配备关”，把好“车辆购置关”，把好“采购上牌关”，做到“五严”，即严禁公车私驾，严禁公车私用，严禁公车（款）学驾，严禁租用、借用车辆，严禁擅自处置车辆。公务用车各项费用开支明显下降。

【机关后勤管理】 2017年，阳高县机关事务管理，把安全工作列入重要议事日程，维护机关单位的正常工作秩序，实行社会化管理，建立严密的治安防控体系，采取人防、物防、技防相结合，加强保安巡逻，实行昼夜值班制度。做好信访人员的疏导和劝解工作，做好安全防盗等工作。各楼层全部配备消防设施，消防栓、消防带25套，灭火器116个。做好循环保洁，确保工作环境卫生干净、整洁。为县领导和机关干部服好务，保证水、暖、电等方面的正常运行。

政务审批中心

【概述】 2017年，进驻政务大厅的市监局（包括食品药品监督管理局、质监局）、国税局、地税局、人社局、交通运输局、运管所、发改局（包括粮食局、物价所）、国土局、住建局、卫计局（包括疾控中心）、医保中心、市政公用局、房管中心、经信局（包括商业局）、环保局、社保中心、残联、民政局、林业局、农机服务中心、畜牧服务中心、消防队、安监局、体育运动管理中心和财产保险公司等25个单位的133项办事项目全部通过大厅外宣传公示栏、大厅内窗口办事指南、触摸屏、电子滚动屏、导办台咨询的形式进行公开。

协同各进驻单位清理各类证明和办事环节，进一步压缩办理时限、优化办理流程，企业注册登记、灵活就业人员养老保险办理等群众办事频率高的服务事项办理时限压缩三分之一，实现大厅受理、窗口办理。截至10月底，各窗口共受理各类事项44691件，办结446468件，办结率99.5%。

【政务服务】 2017年，政务审批中心设立导办台，及时处理群众咨询、投诉问题。对“12345”热线转办的11件投诉事项及时高效回复，满意率100%。

建立“并联审批一条龙”办事绿色通道，按照“一窗式受理、一次性告知、一站式审批、一条龙服务”的要求，协调发改局、环保局、住建局、市监局等各业务窗口在规定的时间内办结全部证照，无需申请人来回跑。对申请资料不齐全或者不符合法定形式的，当场一次性告知申请人需补正的全部内容。对于依法不予受理的，告知其理由。

对医保、社保、市监等单位群众办事频率高的事项，全部实行“内转外不转”，群众不再来回多跑路，方便快捷。为各窗口安装45部办公电话，方便工作联系和群众咨询。

【审批大厅建设】 2017年，阳高县投资150万元建成并运行国、地税联合办税服务大厅和集中审批事项，做到“进政务服务中心一个门、办多个部门的事”，提供最优的环境和服务，减少办事群众在多个部门之间来回跑、重复跑。

中国人民政治协商会议阳高县委员会

综　述

【协商议政】　2017年，政协阳高县委员会认真学习、深刻领会党的十九大精神以及习近平总书记系列重要讲话精神，紧紧围绕全县中心工作，推进“两学一做”学习教育常态化制度化，加强“三基”建设，广泛团结全体政协委员和社会各界人士，凝聚思想政治共识，县政协党组召开专题会议进行研究部署，组织召开党组（扩大）会、常委会、机关集中学习39次，党组书记先后在党组（扩大）会、常委会以及联系乡镇宣讲党的十九大精神。组织参与网上知识竞答500余人次，查摆整改问题20个。使全体党员干部增强“四个意识”，增强同以习近平同志为核心的党中央保持高度一致的思想自觉、政治自觉、行动自觉。

围绕中心，认真履职，全力服务经济社会发展，努力提高协商质量和水平。（1）规范协商内容、畅通协商渠道。围绕全县的大政方针和政治、经济、文化、社会生活中的重大问题，确定全年的协商议题，制定和实施协商计划，力求使协商主题明确，紧扣中心工作。不断完善全会集中协商、常委会重点协商、主席会专题协商、专委会对口协商的格局，并通过大规模讨论、小范围座谈、公开协商、内部沟通等方式，丰富协商形式，拓展协商渠道。（2）围绕中心议大事，抓住重点搞协商。在县委的重视和支持下，开展决策前协商，并就决策执行中的重要问题进行跟踪协商。围绕县委书记讲话、县政府工作报告以及其他重要报告在全委会议期间广泛协商讨论，提出意见建议80余条。围绕脱贫攻坚、城市建设、农业农村、医疗卫生等议题开展常委会重点协商，形成《当前全县脱贫攻坚工作存在的问题》《关于提供人才保障实现我县公共卫生服务均等化》等调研报告。同时，县政协班子成员还充分利用县委常委会、中心组学习会等时机，履行协商职责，提出意见建议。各专委会与县政府职能部门，就社会关心、关注的热点、难点问题与有关部门开展对口协商，实现了协商的经常化。与综合委、农业界、水利、电力等部门进行协商，为大辛庄村更换饮水设备一套，为柳沟村安装变压器一台并配套饮水设备，使两村饮水困难问题得以有效解决。（3）注重提高协商质量，不断增强协商效果。结合县委、县政府重大决策和重大改革方案的酝酿、出台，邀请县委、县政府领导及有关部门负责人通报情况。为提高协商质量，先后深入县扶贫办、县体育运动管理中心进行实地视察、座谈讨论，使委员们尽可能地多了解县情，努力做到协商有的放矢、建言有理有据，形成《关于加快我县体育事业复兴步伐的建议》，为县委、县政府决策提供参考。

【民主监督】 2017 年，政协阳高县委员会贯彻落实中央和省、市委《关于加强和改进人民政协民主监督的意见》的精神，县政协以提案、社情民意等工作为依托，发动委员利用提案、信息等形式反映问题，积极履行监督职责。做好提案工作。十四届二次全会以来，共征集提案 93 件，经审查立案 93 件。答复 75 件，答复率达 81%，其余未答复的提案正在积极催办。其中“关于建立健全全县人民健康体检长效机制”“关于县城街道小街小巷亮化问题”等建议都得到落实。“我县老旧小区的改造（包括休闲广场）”列入政府的重要议事日程，“关于县城阳和路路面维修”列入近年的改造计划。加强反映社情民意信息工作。通过健全工作机制，加强队伍建设，提高信息质量，实现了社情民意信息征集、批示、报送、落实、反馈等环节规范运行。共编报各类社情民意信息 34 篇，被全国、省、市政协采纳 9 篇，在全市区县排名第四。其中《关于推进脱贫攻坚的建议》《车辆购置税减税政策应延续》被全国政协综合采用，《公职人员“坐休”现象极大减损“三基建设”》被省政协综合采用，《加大中心村镇建立托老养老院力度密度》《建议引入第三方评估清理违规低保》《信访工作应关注三个“大”》等 5 篇被省政协转送，《控制民办学校择校热宜“疏”不宜“堵”》被市政协采用。开展视察监督活动。围绕全县脱贫攻坚推进情况，到各乡镇开展专项视察监督活动，向县委报送视察调研报告 6 篇，其中《当前全县脱贫攻坚工作存在的问题》得到县委书记冯晓雷的批示，并转发相关部门、乡镇贯彻落实。

【为民履职】 2017 年，政协阳高县委员会围绕精准扶贫，精准脱贫这个中心开展工作。以建言立论为重点，加强调研、论证等工作优势，较好地发挥了参谋和智囊作用。大调研活动开展以来，县政协围绕领衔课题“振兴乡村战略，做好三农工作”，分两个阶段调研，第一阶段，先后到县农委、部分乡镇和农业示范基地集中调研 5 次，参与调研 46 人次；第二阶段，召开主席会、常委会进行专题研究部署，把领衔课题细化为 4 个子课题，由各位副主席分别领题调研后，汇总调研情况，形成了《贯彻乡村振兴战略做好“三农”工作》的调研报告，供县委、县政府决策参考。

助力脱贫攻坚，（1）“扶贫超市”。全市“扶贫超市”启动以来，按照县委统一部署，县政协积极行动，先后两次对全县 11 个乡（镇）98 个贫困村进行项目需求摸底，列出需求项目 290 个，对接认领帮扶项目 82 个，涉及 9 个乡（镇）27 个贫困村，认领资金789万元。实施完成项目建设67个，完成项目数占认领项目总数的81.7%，超出全年目标任务116%；实施项目资金593万元，占认领总金额的75.2%，超出全年目标任务255%；在建项目4个，未建11个。（2）开展贫困村结对帮扶工作。为帮扶的大辛庄村“扶贫超市”项目资金22万元，新建防渗渠500米、公厕1处，安装太阳能路灯20盏、变压器1台，筹资20500元对全村贫困户进行了慰问。

【政协工作效能】 “三基建设”推进会召开后，县政协立即成立“三基建设”领导小组及工作机构，制定出台了《政协阳高县委员会加强“三基建设”实施方案》，召开动员会，明确重点任务分工，落实责任人，“三基建设”工作扎实推进。

制定出台《县政协党支部“三会一课”制度》《县政协党组关于落实党风廉政建设主体责任的分解意见》《政协阳高县委员会关于严格贯彻执行中央八项规定精神的实施细则（试行）》等制度。党组书记积极履行第一责任人的职责，建立党风廉政责任清单，并将责任清单进行分解，与班子成员签订“一岗双责”承诺书，班子成员与分管委室签订岗位责任书。

加强党风廉政建设，把学习贯彻《党章》《中国共产党廉洁自律准则》《中国共产党纪律处分条例》作为重要政治任务。一年来，组织全体干部职工认真学习有关党风廉政建设和反腐败工作会议精神，学习贯彻各级纪委全会精神，观看先进典型教育片《热泉》《榜样》和警示教育片《镜鉴》《永远在路上》，到大泉山警示教育基地接受警示教育。

通过政协党组（扩大）会议、主席会议、常务委员会会议、专题学习会议、委员活动小组会议等形式学习习近平新时代中国特色社会主义思想，深入学习党的十八大以来特别是十九大中央大政方针和省、市、县决策部署，为更好地履职奠定坚实的思想理论基础。

按照省政协《委员履职管理办法》和《常委会工作通则》对委员们进行培训。7月份，举办了县政协第十四届委员会第一期委员培训班，邀请市政协领导就人民政协理论以及撰写提案、社情民意信息等业务知识进行集中培训，参训政协委员、机关干部达350余人次，进一步提升了两支队伍的业务能力。开展各种形式的视察、调研，组织两支队伍投身脱贫攻坚全面建成小康社会事业，深入基层、深入一线，摸透实情，掌握真知，在实践中提升发现问题、分析问题、建言促进问题解决的能力。

【大同市政协调研组到阳高县调研脱贫攻坚】 2017年4月19日，大同市政协副主席武保洲、郭俊岗、王剑辉一行来阳高就脱贫攻坚工作进行专题调研并召开座谈会。县政协主席项征武，副县长李灵芝陪同。县政协副主席孟明参加座谈会。

武保洲一行先后来到罗文皂镇许家园村、三墩村，实地察看贫困户生产生活情况，听取了相关部门情况介绍。

项征武对市政协调研组一行到阳高县调研表示欢迎，他指出，阳高是人口大县、农业大县，是国定贫困县，脱贫攻坚任务艰巨，脱贫攻坚与农民增收紧密相连，是县委、县政府的首要任务，全县紧紧围绕“356”发展思路，在设施蔬菜、设施养殖、传统杏果等主导产业上，做大做强特色农业。在移民搬迁工作中，用足用好国家、省易地扶贫搬迁各项政策，做好安置村后续配套产业，确保搬迁户搬得出、能发展、可致富。

武保洲指出，2017年是脱贫攻坚关键年，要做好精准识别，围绕县域产业优势，加强结构调整，搞好特色产业发展。

重要会议

【阳高县政协十四届二次常委会】 2017年2月22日，政协阳高县第十四届委员会第二次常委会会议召开，主要协商召开县政协第十四届二次会议的有关事宜。县政协主席项征武主持会议，副主席孟明、谢秀成、杨占英出席会议。

会议听取十四届政协一次会议以来政府系统提案办理情况报告；审议通过《政协阳高县第十四届第二次会议议程（草案）及日程（草案）》《政协阳高县第十四届委员会常务委员会工作报告（讨论稿）》《政协阳高县第十四届委员会第一次会议以来提案工作情况的报告（讨论稿）》《政协阳高县第十四届委员会第二次会议选举办法（草案）》、特邀列席人员范围名单、分组办法和小组召集名单、大会常务主席和逐日执行主席名单、补选阳高县政协十四届委员候选人建议名单、政协阳高县十四届委员会二次会议秘书处各组负责人名单；审议总监票员、监票员建议名单（草案）和总计票员、计票员名单。

【阳高县政协十四届五次常委会】 2017年5月9日政协阳高县十四届委员会第五次常委会会议召开，县政协主席项征武主持会议，副主席景瑞平、孟明、解秀成出席。会议应出席人员34人，实到22人。

会议审议通过《政协阳高县委员会常务委员会工作规则（草案）》，审议通过《政协阳高县委员会常务委员会2017年度协商计划（草案）》，审议通过《政协阳高县委员会常务委员会2017年度工作要点（草案）》。会议对政协2017年第二季度调研情况和反映社情民意信息工作做安排部署。

中国共产党阳高县纪律检查委员会

综　述

【党风廉政宣传教育】 2017年，阳高县纪律检查委员会坚持多措并举，强化党员干部遵规守纪意识。抓好教育，在全县各类培训中，专设党纪党规教育课；在县电视台黄金时段滚动播放廉政公益广告；督促各基层党组织在党员干部集体学习时播放廉政教育片；组织县乡两级党员干部200余人参加落实中央八项规定精神专题讲座学习；编印党纪党规口袋书等2000余册，订购《学思践悟》读本300本，发给各乡镇和县直各单位。抓好宣传，在全县范围开展以“好家风家教故事”和“纪检人·手记”为主题的征文工作，从各乡镇各单位上报的稿件中精选18篇文稿上报市纪委备载；编发纪检监察信息33期，市纪委监委采用13期。抓好警示，抓时间节点，向全县副科以上干部发送廉政短信11期9100余条；把2015年以后全国各级纪检监察机关通报的1993起侵害群众利益不正之风和腐败问题案例编印成《以案为鉴，警钟长鸣》警示读本，并印制1000余册，发到全县13个乡镇、262个行政村、15个居委会、100多家县直单位的党员干部手中。

【问责追究】 2017年，阳高县纪委夯实全面从严治党“两个责任”。把好关：在“两代表一委员”推选中，把好政治关、廉洁关；更新全县96个单位787名科级干部廉政档案；把好党风廉洁意见回复关，防止干部“带病提拔”“带病上岗”，十八大以后回复党风廉洁意见2809人次。勤督促：分组对13个乡（镇）、73个县直单位上年度党风廉政建设责任制考核，提出7条工作建议；14次集体或个别约谈乡镇、县直单位党委（党组）书记及相关党员干部154人；对13名新提拔任职干部进行任前廉政谈话；会同组织部门督促指导692个基层党组织的民主生活会和组织生活会，强化党内监督，力促党内政治生活正常化。严问责：因主体责任落实不力，对2名领导干部进行问责；因监督责任落实不力，对7名乡镇纪委书记进行集体约谈并责令书面检查。

【“四风”监督纠查】 2017年，阳高县纪委开展监督检查，对重要假日节点落实中央八项规定精神、纠正“四风”工作向基层党组织进行安排部署并不间断、无缝隙开展明察暗访和集中检查。对工作日午间饮酒进行明察暗访，1名科级干部和2名站所负责人受到纪律处分，3个相关单位党组和纪检组被问责，在全县范围内予以通报，并做出深刻书面检查。开展党政机关和领导干部办公用房面积超标等问题专项监督检查和违规公款购买消费高档白酒问题集中排查整治。在办公用品专项监督检查中，经过对105个单位监督检查，发现共性问题4个，责成相关部门全部及时整改；在违规公款购买消费高档白酒集中排查整治中，组织税务部门排查酒类销售行业发票和重点检查18个有食堂单位2017年账务，发现省内及外省企业疑似公款购买消费高档白酒问题线索9个，按要求上报市纪委处置。

【腐败问题整治】 2017年，阳高县纪委实践运用监督执纪“四种形态”（党内关系要正常化，批评和自我批评要经常开展，让咬耳扯袖、红脸出汗成为常态；党纪轻处分和组织处理要成为大多数；对严重违纪的重处分、做出重大职务调整应当是少数；而严重违纪涉嫌违法立案审查的只能是极少数）。全县纪检监察机关线索处置216件，谈话函询107件，占比49.54%。运用监督执纪“四种形态”处理210人次。第一种形态处理137人次，占比65.24%；第二种形态处理65人次，占比30.95%；第三种形态处理8人次，占比3.81%。教育引导干部主动向组织讲清问题，主动上交红包礼金，对32名科级干部进行分类处置和约谈。全县纪检监察机关立案审查80件，处分73人（开除党籍处分3人，撤销党内职务处分1人，留党察看一年处分4人，党内严重警告处分29人，党内警告处分36人），其中处分科级干部10人（“一把手”3人），重处分7人，其中重处分科级干部1人。收缴违纪款4.24万元。

【纪委巡察】 2017年，阳高县纪委完善工作机制，明确在本届党委任期内对各乡（镇）党委、县直各部门实现巡察全覆盖，从组织领导、巡察对象和内容、巡察方式、巡察工作基本制度和机制、巡察工作程序、结果运用和责任保障七个方面对全县巡察工作做出明确规定。加强队伍建设，建立由组织人事、纪检监察、财政审计、公检法等部门干部组成的阳高县巡察工作人才库；开展周业务知识专题学习和巡前业务培训，提高巡察工作业务能力和水平。开展两轮巡察，6月8日至8月8日，开展首轮巡察。派出4个巡察组对友宰、鳌石2个乡镇和县卫计局、文化局及其下属单位开展常规巡察。派出一个专项巡察组，对全县第一书记、驻村工作队履职情况进行专项巡察，发现问题线索18件，移交县纪委监委16件，组织部2件。11月10日，开展第2轮巡察，派出4个巡察组对县民政局、县人社局2个县直部门和古城、东小村两镇开展巡察。

【监察体制改革】 2017年2月26日，阳高县监察委员会挂牌成立。成立纪委监委党总支，搭建学习交流平台，凝聚改革共识，推进深度融合。制定《执纪监督监察工作流程图》《12种审查措施使用批准规范》和《执纪监督（审查）专题会议制度》，制作执纪监督监察59种常用文书。使用谈话26次、查询12次、询问6次、扣押4次。组织全县纪检监察干部素质提升培训班4期，参训500余人次；外派轮训32人次；举行主题演讲比赛1场，业务知识书面测试2次。7、8月，接受省、市两级监察体制改革试点工作评估，针对建议进一步完善。11月16日，

强化教育培训 加强自身建设

包头市青山区纪委专程前来考察学习。

【**扶贫领域监督执纪**】 2017年，阳高县纪委压实扶贫责任，建立纪委监委班子成员包联乡镇和涉扶职能部门工作机制；建立与信访、巡察、审计、财政、发改、扶贫等职能部门扶贫领域监督联席会议及协调工作机制；建立项目资金、监督、问题线索、案件查办4本台账。出台《关于2017年加强扶贫领域监督执纪问责的工作方案》《关于纪检监察干部下基层开展扶贫领域监督执纪问责工作的行动方案》等。采取“五账”管控开展扶贫领域涉嫌违纪问题信访举报督办工作，实行问题线索“一月一报告”及“三优先两及时”工作制度，加大问题线索处置查办力度。重点督查2017年预脱贫的24个村和6个深度贫困村以及17个涉扶职能部门政策贯彻落实、资金项目落地实施、“三支队伍”到岗履责。到13个乡镇和17个涉扶职能部门开展督导3轮次；召开扶贫领域座谈会3次；听取乡镇纪委、县直纪检组扶贫领域监督执纪工作汇报3次；组织召开17个涉扶职能部门推进扶贫领域监督监管工作推进会1次；就扶贫领域风险防控开展深度调研2次，梳理出4方面17个问题，向县委提出意见建议6项并被全部采用；开展纪检监察干部下基层活动重点走访28个贫困村242户贫困户，集中对驻村工作队、驻村干部和第一书记工作作风问题进行明查暗访，发现21件问题线索，对当事人批评教育，做出个人检查，同时督促问题所在乡镇党委针对问题及时整改；开展扶贫领域不正之风和腐败问题专项治理，走访贫困村83个，贫困户3445户，检查项目89个，发现问题46个，整改46个。全年查处扶贫领域案件25件，处分25人，其中科级干部3人，重处分2人；提出检查、监察建议8个；在全县范围点名道姓集中通报曝光4起典型案件。县农业产业发展中心派驻工作队工作不实不细，工作期间全部不在岗，对3名工作队员及第一书记分别给予党内严重警告和政务警告处分并向全县通报。

【纪委自身建设】 强化教育培训，组织全县纪检监察干部，学习习近平新时代中国特色社会主义思想和中央、省、市纪委监督执纪问责工作要求，特别是学习习近平总书记视察山西重要讲话和十九大精神。成立县纪委监委机关党总支，下设3个党支部，推进机关“两学一做”学习教育常态化制度化，以每周集中学习、班子成员轮流讲党课、集中缴纳党费等为内容，认真开展每月的“支部主题党日”活动；到大同市党纪教育基地开展“不忘初心、坚定信仰，敢于担当、忠诚履职”主题教育；在阳高县第一个党支部诞生地黄土坡村开展重温入党誓词的党日党课集中宣讲活动；到大同市和阳美术馆，参观“砥砺奋进的五年”大同市党的十八大以后五年成就展；组织纪检监察干部业务素质提升培训班4期；外派轮训32人次；举行主题演讲比赛1场，业务知识书面测试2次。推进派驻全覆盖，对县直单位纪检组的相关情况进行摸底。落实中央纪委颁布的监督执纪工作规则和省、市纪委监委制定出台的执纪监督监察“四个一”工作制度，强化自我约束。建立既相互协调又相互制约的工作机制，执纪监督和执纪审查分离，两名副书记分别分管执纪监督和执纪审查工作，1名常委分管案件审理工作；组织纪检监察系统65名干部填报《纪检监察干部个人事项报告》；制定《阳高县纪委监委机关执纪监督监察工作制度（试行）》、谈话场所安全管理制度、谈话演练方案、突发情况下谈话应急方案等规章制度；从“制度执行、安全保障、走读式谈话、人员管理”四个方面开展审查安全自查自纠工作，整改问题3个；加强对下级纪委的领导，定期听取工作汇报；全面落实“两个为主”要求，严格执行向上报告工作和对下工作约谈等规定，做出立案审查决定、处分决定等重要事项向上级纪委监委请示报告11件次，向同级党委请示报告17件次。调查过程中遇有重要事项随时向市纪委监委报告10次，向县委报告12次。开展结对帮扶。坚决扛起纪委监委自身建设主体责任，明确和细化帮扶正峰涧村脱贫攻坚路线图、时间表，签订脱贫攻坚战责任状。全年协调扶贫资金420万元，建设占地350亩的正峰涧村农业科技示范园；协调争取上级扶贫资金73.5万元，购置农机具14台；协调流转土地126亩，拟建占地120亩的种猪繁育养殖场；筹资120万元新建村主街道330多米；协调整治旧村庄，拆迁危窑270间，平整土地2万平米。2017年底10户18人实现脱贫。

重要会议

【阳高县监察委员会成立召开第一次干部大会】 2017年2月26日，阳高县第十七届人大第二次会议选举了阳高县监察委员会主任，县十七届人大常委会第四次会议通过了阳高县监察委员会副主任、委员的任命，阳高县监察委员会正式成立。新成立的县监察委员会在同日召开第一次干部大会。受市深化监察体制改革试点工作小组委托，市纪委常委、市深化监察体制改革试点工作小组办公室成员李春雨参加阳高县监察委员会第一次干部大会并讲话。县委书记、县深化监察体制改革试点工作小组组长冯晓雷出席会议并讲话，对监察体制改革试点工作进一步深化认识，加强监察委员会干部队伍建设，推进县监察体制改革试点工作提出要求。

冯晓雷指出，县监察委员会的成立，是关系到阳高依法治县进程中的一件大事，具有里程碑式的重大意义。要坚定“四个自信”，提高政治站位，把抓好改革试点作为牢固树立“四个意识”的实际行动，以改革的精神试水破冰，在中央和省、市委的坚强领导下，披荆斩棘、攻坚克难，积极发挥好监察体制改革的试点作用。一要坚持深化思想，提高认识，充分认识到国家监察体制改革的深刻内涵和重要意义。充分认识国家监察体制改革是全面从严治党、实现党内监督与人民监督有机结合的需要；充分认识国家监察体制改革是全面依法治国的需要；充分认识国家监察体制改革是推进国家法治体系和治理能力现代化的需要。二要坚持问题导向，积极探索推进实践路径，充分发挥监察体制改革试点作用。按照“转隶开局、平稳过渡、逐步深化”的要求，开展好各部门的衔接磨合工作。积极探索，逐步完善纪检监察体制机制。三要坚持统筹配合，加强领导，进一步把我县监察体制改革试点工作引向深入。持续加强党的领导，完善组织支撑，形成改革攻坚的强大合力；持续加强自身建设，坚定理想信念，推动全面从严治党向纵深发展；持续加强学习培训，强化改革实践，提高纪检监察队伍整体水平。

冯晓雷强调，“打铁还需自身硬”。纪检监察部门要把加强自身建设放在突出位置，努力做到让每一位工作人员的思想、工作、作风全面过硬。他提出了要绝对忠诚、要守住干净、要敢于担当三项要求。

李春雨在讲话中指出，阳高县委坚决贯彻落实中央决策部署，按照省委、市委统一安排，扛起主体责任，加强组织领导，把人员转隶和组建监委作为一项重要政治任务，保证试点工作积极坚定、稳妥审慎。市改革试点工作小组对阳高县取得的阶段性成果给于充分肯定。他要求，要进一步提高政治站位，切实把思想和行动统一到中央和省委、市委部署要求上来，强化使命感、责任感和紧迫感，增强“四个意识”，确保按既定的时间表和施工图完成改革任务，坚决与党中持高度一致。要进一步强化主体责任，切实把党的领导贯彻到改革试点工作全过程，坚决维护以习近平同志为核心的党中央权威，县委要继续担负起主体责任，县委书记要继续履行好第一责任，县纪委监委要在县委统一领导下继续担好专责，精心谋划，切实抓好试点方案的组织实施和具体落实。县人大、组织部、政法委、检察院和编办要继续讲政治、顾大局，各负其责，协同做好相关工作，以实际行动维护党中央的集中统一领导。要进一步深化工作成果，坚定不移，稳妥审慎推进改革试点任务全面完成，推进深度融合，积极探索实践，开展全员培训，强化自我监督，使各项工作经得起和人民的检验。

市纪委纪检监察四室正科级副主任刘生斌、市纪委纪检监察一室正科级副主任石忠平出席会议。李霞主持会议。

县深化监察体制改革试点工作小组成员；县纪委常委、县监委委员；各乡镇纪委书记；县直各单位纪检组长；县纪委监委机关、直属事业单位全体干部、县委巡察办全体干部参加会议。

阳高县工商业联合会

【工商业教育宣传】 2017年，阳高县工商联联合会员单位，联系非工工委、税务、市监（工商）、人社等部门，宣传国务院鼓励民间投资新旧36条与国家和省、市、县鼓励民营经济发展、促进大众创业、万众创新的“双创”支持政策、优惠措施。开展送法进企业活动，到玉安生态、阳高宾馆、绿苑饮品、杏泉峪旅游等企业，宣传解读《食品安全法》《劳动合同法》。在五大商业主街道及大型市场悬挂横幅标语30余幅，发放宣传资料3000余份。到企业开展政策解读和条例宣传10场次。印发《最高法保护民营经济十大典型案例》，引导民营企业家守法经营，维护合法权益。整理编写《民营经济发展政策学习问答》，印制1000余册，发放到民营企业和非公经济人士手中。

开展“做新晋商，树新形象”主题活动，挖掘诚信经营、崇德向善、奉献社会典范，通过电视、发放资料等形式进行宣传，树立阳高民企良好形象。在人大、政协代表选举或补选工作中，县工商联考察和审查民营经济人士初选人大代表、政协委员。配合市县统战部，做好非公经济人士先进模范人物推荐和入选两会代表委员工作，做好“优秀中国特色社会主义事业建设者”推荐和宣传工作，树立典型。

【工商参政议政】 2017年，阳高县工商联针对中小企业融资、农产品加工种植、生态旅游发展、文化发展建设、优化行政审批服务、民营企业参与扶贫攻坚等方面问题，组织工商联机关干部、界别政协委员、会员人大代表、商会会员，到基层、农村和企业调研，履行好“两会”召开期间参政议政职责。年内，县工商联机关到非公企业专题调研23次，整理企业经营发展、转型发展中存在的9类32个问题，反馈给相关部门。注重实效建言献策，发放调查问卷2300份，召开调研座谈会10余次，走访企业家30余次，走访农户200余户，参加两会的非公人大代表 、政协委员共撰写调研报告5篇、议案提案80份、社情民意信息50条。

【招商引资】 2017年，阳高县工商联搭建联谊合作平台，到太原、大同、北京举办“找老乡，帮家乡”联谊合作活动，落实晋商晋才回乡创新创业工程。利用春节期间阳高籍人士返回家乡之际，开展“老乡回家乡，反哺建家乡”招商联谊活动。加强联谊合作和招财引智工作，对接大同市异地商会和企

全县非公经济组织和社会组织党组织书记集中培训班

业家人士，拓展“找老乡、爱故乡、建家乡”活动。阳高县2017杏花节文化旅游活动中协助政府开展招商引资活动和项目投资考察洽谈，推荐该县投资环境。搭建融资服务平台缓解融资难题，与金融机构、担保公司、小贷公司等联合组织中小企业融资洽谈会、民营企业与金融机构对接会，向企业提供咨询服务，帮助企业了解新的融资渠道。全年，帮助7家民营企业、5家专业合作社争取到贷款和融资。

【工商联助力民企发展】 2017年，阳高县工商联聘请县级经济主管部门主要负责人担任商会特邀顾问，建立健全县委、县政府领导联系非公企业代表人士和县四套班子领导联系商会协会制度，组织企业家参加“十三五”规划编制、行政审批制度改革等各类征求意见会、评议会。邀请市县经济管理部门负责人在县工商联、商会联席会议或组织的集中培训上，专题做报告解读政策法规。组织开展民营企业发展存在的困难和问题走访调研活动，收集整理20余家企业的问题清单，形成2份调研报告，服务党委政府科学决策。推动领导干部联系民营企业，实现县级领导结对帮扶23家民营企业。组织民企参加政银企合作机制和对接会议，开展地方银企对接暨项目推荐融资活动。组织5家企业与银行贷款，协调金融机构解决融资难题。动员引导民营企业参与文物保护利用“文明守望工程”，对和川旅游公司开发乳头山旅游大景区提出指导建议。

群众团体

阳高县总工会

【职工维权与活动】 2017年，阳高县总工会推进新时期劳动关系和谐企业建设，营造和谐稳定的劳动关系，以“农民工有困难找工会、拿不到工资找工会”专项行动为着力点，设立专户注入20万元农民工讨薪应急救助金，帮助解决拖欠农民工工资问题。聘请1名法律顾问，调处参与拖欠农民工工资、违反安全生产规定等违法事件。宣传《工会法》《劳动法》《劳动合同法》《女职工劳动保护条例》等维权法规政策，建立女职工委员会，签订女工专项合同。创新以阳高一中、阳高人民医院为试点的“妈咪小屋”建设、拓展“女职工关爱行动”，尤其是对两癌患者和单亲女工。联合县文联等单位举办职工书画展系列活动，有40家单位、500余名职工参加活动。

【职工培训活动】 2017年，阳高县总工会培训工会干部135人次。建立劳资协商平台，正确引导劳资双方达成共识，组建工会组织5家，增加会员700余人，发展农民工会员600余人。采取悬挂宣传横幅、标语、发放宣传资料、设置专题展板、义务法律咨询等形式开展工会维权宣传活动。发放各种宣传手册1万余本，工会知识问答资料1.2万余份。

【扶助解困】 2017年，县工会落实帮扶资金200余万元,资助4198名下岗困难职工。创新“春雨助学”活动，开展“圆你大学梦”的行动，发放救助金22.8万元，资助114名困难职工子女。继续开展大病医疗互助工作，106个单位参加职工医疗大病互助4781人，收缴23.9万元，为36名大病患者发放大病互助金11万元。

运用创新工作室创新岗位等载体，开展职工技术创新活动。高占山创新工作室通过研发发明太阳能小汽车；安成德、闫振国“农技推广”创新工作室；乔振峰“二人台”创新工作室；李平杏树种植合作社樱桃种植项目；郝正斌油桃种植合作社油桃种植项目。

【“五小”竞赛活动】 2017年，县工会落实“五小”竞赛活动的新指示新要求，激发全县广大职工群众劳动热情，组织开展培训班，举办成果展示活动，向上级工会推荐“五小”创新成果。全县共有5家企业申报“五小”项目，北徐屯乡杨宏兵电热除草小型设计，短距离自动行走行李箱；好医生药业外包装设计创新外观；睢栋矿山设备研发新型选矿设备；国润药业药品外观设计项目；高占山太阳能电动车。

【劳模评选】 2017 年，阳高县弘扬劳模工作：季培富被省总授予“五一劳动奖章”，有 8 名干部职工被评为“市级劳模”，3 家单位被评为“大同市先进集体”弘扬了劳模精神，在全县职工中兴起学习劳模歌颂劳动争当先进的热潮。省级劳模给予慰问，共对 32 名劳模发放救助金 1.92 万元。

【工会改革】 2017 年，阳高县总工会推动系统工会联合会和工业园区管委会工会主席由同级副职兼任，并配备专职工会副主席和专职工会干事。推动乡镇（街道）工会联合会工会主席由同级副职兼任，并配备专职工会副主席和专职工会干事。系统工会和乡镇（街道）工会联合会、乡镇（街道）总工会委员名额按会员人数配比，可设常务委员会。采取专职干部、社会化工会工作者和兼职、挂职相结合的形式，解决基层工会“有人办事”的问题。推动村（社区）工会主席由同级党组织负责人兼任。区域（行业）性工会联合会以及基层工会每 500 名会员配备 1 名社会化工会工作者。

共青团阳高县委员会

【概述】 2017 年 2 月 8 日，共青团阳高县团委举办阳高县十佳“旅游形象代言人”决赛，选拔十名优秀“旅游形象代言人”，为杏花节、道德模范颁奖大会等重要活动服务。3 月，开展以“喜迎党的十九大，雷锋精神传天下”为主题的学雷锋系列活动。3—5 月，联合县教育局、县环保局、县邮政局开展“环·邮三晋播种绿色”环保进校园主题活动，评选出优秀明信片、邮票等作品 65 幅，引导青少年树立环保意识。为“杏花节”提供志愿者服务，达 400 人次。开展“防拐防骗防止校园暴力”安全教育活动、“与信仰对话——经典著作诵读比赛”等系列活动。

【“五四”精神弘扬】 2017 年 5 月，共青团阳高县团委联合县教育局、县文联、县书法家协会，举办以“中国梦·书法行”为主题的书法比赛，计评选出优秀作品 60 幅。其中，小学组获奖作品 25 幅，中学组获奖作品 13 幅，教师组获奖作品 22 幅。开展“五四优秀青年”评选表彰活动，表彰奖励评选出的 15 名优秀青年。

阳高县妇女联合会

【概述】 2017 年，阳高县妇联为全县 11293 名建档立卡农村妇女进行“两癌”免费检查，出动免费宣传接送车，发放有关“两癌”预防知识宣传资料 1 万余份。举办 2 期 10 天 100 名贫困妇女参加的以农作物种植、杏果栽培技术为主的“贫困妇女创业就业技能培训”。培养“巾帼脱贫基地”，阳高县德盛农业发展有限公司被省妇联认定为“三晋巾帼农业脱贫示范基地”；阳高县大泉山飞天布艺生产基地被市妇联命名为“创业创新巾帼脱贫妇女手工编织致富基地”。

【巾帼创业工程】 2017 年，阳高县妇联举办以“五型阳高建设”为主题的创业创新剪纸展览，展出80名妇女140幅作品。“三八”期间，县妇联召开“巾帼创业创新事迹报告会”，会上报告6名巾帼创业创新先进典型，把她们的先进事迹在电视台、《阳高周讯》分别进行宣传。与县人社局联合对500名妇女进行手工编织培训，对580名妇女进行刺绣培训，对60名妇女进行家政培训。

【巾帼文明建设】 2017年，阳高县妇联举办近300名妇女参加的“女性文化学堂”讲座和250余名家长参加的“家庭教育”讲座，增强妇女对家庭对社会作用的认识。培养推荐市级文明家庭10户、市级“平安示范家庭”10户、省级“最美家庭”1户、市级“最美家庭”4户。举办以文明家庭建设为主题的庆“三八”文艺演出、庆“七一”广场舞展演、“巾帼心向党·喜迎十九大”文艺演出、以“建设幸福阳高”为主题的乡村文化行文艺演出。

【巾帼民生建设】 2017年，阳高县妇联举办14期1400名妇女参加的“妇女‘两癌’预防知识培训”；与县明泽医院联合开展“妇联送健康，明泽来帮忙”活动，利用3个月时间为1000余名妇女免费检查，使150余名妇女妇科病早诊早治；举办100余名大龄青年参加的“阳高县庆三八‘咱们约会吧’首届相亲大会”，现场牵手6对；与金色摇篮幼儿园共同举办“阳高县首届亲子风筝节”，参加儿童、家长各1000余名；开展“幸福启航，关爱困难儿童公益资助项目”活动，摸底上报50名困难儿童；编写印发《家庭教育手册》2500本；编写印发《日光温室实用技术手册》1500本，使妇女掌握大棚种植技术。

【巾帼维权行动】 2017年，阳高县妇联与县法院、司法局举办“三八维权法律法规宣传”活动，发放《妇女儿童维权手册》500余本，发放《山西省女职工劳动保护条例》《女职工劳动保护特别规定》等有关资料3000余份；6月26日，与县公安局、防范办共同举办“依法禁毒，构建和谐”宣传活动，发放警示教育光盘1000余盒，散发有关宣传资料2000余份。到社区、家庭宣传维权知识，把《平安家庭创建指导手册》发送到300余个家庭，发送《远离毒品·无毒驾驶——致全市广大家庭的一封信》2000余份。年内接待来信来访案件9件，全部予以调解。

【妇联系统改革】 2017年，阳高县妇联采取组织领导、宣传动员、示范引领等措施，完成13个乡镇、1个社区区域化改革建设任务，建立妇女组织397个。其中，村（居委会）277个，机关35个，事业单位37个，国企6个，非公经济组织42个。

阳高县科学技术协会

【概述】 2017年，阳高县科协开展“推动移风易俗，树立乡风文明”和防灾减灾等科普宣传，向群众散发宣传册及其他科普图书和挂图等资料1万余份。开展“创新驱动发展，科学破除愚昧”的宣传活动，组织“不信谣，不传谣，崇尚科学”条幅签名活动，展出科普展板32块。5月23日组织召开全县科技工作者工作会议，来自各乡镇科协、农技协以及科技工作者代表60多人参加。宣读县科协制定的《阳高县科技助力精准扶贫工程实施方案》和《阳高县科学技术协会关于表彰优秀乡土人才的决定》，为受表彰的19名乡土科技人才颁奖。

【科普宣传活动】 2017年6月9日，省科协慧众山西2017快乐科普校园行活动走进阳高县西北示范小学，组织2场科普报告，由省科协聘请的2位专家分别就健康生活和防震减灾知识做报告，360余名社区干部、居民、教师及学生聆听。西北示范小学选送“再说山西好风光”和“校园新闻”2个节目参加省科协全国科普日科普剧表演活动；与县工会联合开展“五小”竞赛活动，报送杨宏斌、睢栋等3人的“五小”创新作品5件，其中北徐屯乡杨宏斌研发的太阳能除草装置获省科协三等奖。

借助新媒体“阳高发布”公众微信平台，及时发布春季养殖方面需注意的事项，指导养殖户科学管理。借助“阳高县科技工作者之家”微信群及时转发科普中国、省科协的科普宣传信息。更换大白登镇潘寺村、大泉山村等乡村的科普宣传栏内容。在王官屯镇正峰涧村建立全市第一个科普中国乡村e站。

【科普培训与行动帮扶】 2017年，阳高县科协开展农村科技带头人培训和技术指导服务，与市科协配合，聘请市农委专家在鳌石乡鳌石村、乱石村开展2期农村科技带头人培训，120余名农民参加培训学习寒富苹果的栽培技术和科学养殖技术。加大对农技协、农村专业合作社支持力度，大泉山有机种植专业合作社和下深井绿色种植专业合作社联合社2个基地被大同市科协评为优秀“科普示范基地”。县科协多次组织本地技术人才开展果树修剪、蔬菜种植和养殖技术培训5期、技术指导服务8次，500余名贫困人口受益。

帮扶下深井乡滴滴水村，协助村委会制定脱贫规划，投资1万余元修缮村级组织场所，组织技术培训及指导服务2期，开展科普宣传活动3次，发放各类科技资料1000余份，帮扶龙泉镇富贵村，开展养殖技术培训1期，建立科普宣传栏1处，编印扶贫政策宣传册300本，慰问23户贫困户。

8月17日，省科协党组书记、副主席许富昌一行到大泉山有机种植专业合作社调研指导工作。

阳高县红十字会

【红十字宣传】 2017年，阳高县红十字会开展好“博爱一日捐”活动。全县共接收捐款2.8万元。5月8日，在县佳家玛广场开展“5·8”世界红十字日宣传活动，宣传修订的《中华人民共和国红十字法》。暑假前夕，开展以“红十字在行动，关爱中小学生”为主题的暑期安全教育宣传活动。

【帮扶救助活动】 2017年，阳高县红十字会为全县15名考入一类本科院校的学生发放助学金，每人2000元。10月9日，县红十字会携手伊利集团在南关小学，开展“伊利营养2020”捐赠活动，捐赠价值12万元的学生营养奶，副县长王爱党参加并讲话。全年为11位患重病群众发放救助款7900元，谱写红十字会博爱精神。

人民武装

人武部

【战备训练工作】 2017年，人武部结合当前任务实际，针对辖区内可能发生的暴恐袭击、公共卫生、自然灾害和事故案件等突发情况，修订完善4大类27种战备方案。按照上级指示要求，对作战值班制度进行彻底规范，定期学习应知应会，培训通联装备操作使用。为确保通联顺畅，投入资金一万元改造办公楼供电系统，加装10千瓦发电机一组，确保遇有停电，可在3分钟内供电。

按照新时期军事战略方针，加强首长机关和民兵应急分队训练，对军事体能、手工标图、一体化平台操作、轻武器使用等科目进行训练，提升作战和指挥能力。6月，从友邻部队邀请参谋骨干，对所属现役干部战士进行为期7天的强化训练，对军事体能、试图用图、一体化平台操作使用等3个科目进行强化训练。先后组织县民兵应急连、战备值班分队、森林防火分队等应急队伍开展训练，参训400余人次。

投入资金15万元对民兵应急器材库和基层营连阵地进行修整，为13个乡镇配齐风力灭火机、防火服、警棍、盾牌头盔等11类装备器材。8月，阳高县人武部在分区机关的领导下，参加省军区组织的抗震救灾演练，在全实战化条件下，实现会议系统、指挥车、铱星电话对接通联，完成了演练任务。

【民兵整组潜力调查】 2017年，阳高县人武部在民兵整组潜力调查任务下达后，立即着手开展调查，先后召开推进工作会议3次，与县公安局、县发改局 、县民政局、县科教局取得联系，搜集各类资料，各乡镇依托民兵营连，发动广大基层民兵，走村入户进行潜力数据的统计。其间，人武部派出指导组，到各乡镇进行督导，确保潜力调查按时间节点高标准完成任务。

【安全工作落实】 2017年，人武部对照军委明确的13项自查普查内容和军委国防动员部7大项45条具体内容，先后开展6次清查，发现兵器室消防沙数量不足、灭火器未年检等安全漏洞24项，对所有安全隐患实行归口整改，明确责任人、限时整改，并组织验收。抓好每季度1次安全形势分析和每月1次的安全教育。

【征兵工作】 2017年，阳高县人武部根据省军区和军分区指示，高标准开展兵役登记工作，发动全县13个乡（镇），发动适龄青年进行兵役登记。共印发宣传册600余份，开展现场登记6次。为更好的确保登记率，组织机关人员，到阳高一中、四中、职中等学校，逐人进行登记，协调乡镇成立

阳高县成立民兵应急分队应对突发事件

兵役登记工作组，到适龄青年家中帮助登记。制作兵役登记证5000本，为所有登记青年当场发放，全县18周岁青年登记率到100%。8月中旬征兵工作展开，组织邀请县相关单位及社会人士参与征兵工作的政治考核、体检、定兵各环节做到公平公正。2017年应征报名202人，参军入伍68名，圆满完成征兵任务。

消　防

【概述】 2017年，阳高县发生火灾68起，抢险救援15起，社会救助3起，死亡2人，受伤0人，抢救被困人员21人，抢救财产价值179.4万元，直接经济损失535052元。同比去年，抢救被困人员数下降40%，火灾起数下降38.18%，死亡人数上升100%，受伤人数与上年持平，直接财产损失下降25.51%，抢救财产价值下降13.46%。

2017年，阳高县消防大队作为支队试点，委托劳务派遣公司向社会征召一定数额的专职队员，派遣公司与作为用工单位的公安消防机构签订劳务合同及相关派遣协议，建立岗位等级考评制度。

大队全体专职队员参加2017年度专职消防队员职业技能鉴定考试工作，并全员通过考核。对全县辖区范围内的66家消防安全重点单位制定重点单位“六熟悉”和灭火救援演练预案。组织大队人员每周深入辖区人员密集场所、石油化工单位以及消防安全重点单位摸底调查，开展“六熟悉”工作，填写《重点单位熟悉卡》，完善“六熟悉”手册相关内容。全年开展“六熟悉”和演练90余次，出动车辆220台次，出动人员750人次。

落实消防安全责任制，3次提请县政府召开会议研究部署消防工作，县政府、县直单位签订消防安全责任书。大队与辖区66家重点单位签订《消防安全重点单位承诺书》，明确重点单位消防职责。开展火灾防控、夏季消防检查、“1+8”消防安全管理专项行动，加强易燃易爆、物业小区、文物古建筑、汗蒸洗浴等场所隐患整治，对全县所有高层进行摸底排查，排查出有 7 个小区 37 栋高层，提请公安局报政府出台综合治理方案；开展安全社区建设和电气火灾综合治理工作，整治电气火灾隐患 500 余处；开展消防平安社区创建工作，推进居民住宅社区、小区“三清一查一畅通”活动，清查社区、小区 20 余个，清查“三类问题”30 余处，张贴公告 100 余份；联合行业部门以及派出所有针对性的开展多次消防安全专项检查。全年，大队共检查单位 1491 家，发现火灾隐患或违法行为 2349 处，督促整改火灾隐患或违法行为 2259 处，印发责令改正通知书 817 份，印发行政处罚决定书 43 份，印发临时查封决定书 18 份，责令“三停”单位 19 家，罚款 31 万元。

加强独立感烟探测报警器安装工作，按照支队下发的安装任务数。全县安装 303 个；加强微型消防站建设，全县共建成 15 个社区微型消防站和40个重点单位微型消防站，对微型消防站的人员进行多次培训和拉练，加强区域联防工作，依托 3528 消防队组建工业园区防、灭火联防工作。

举办重点单位消防安全知识培训，全县各单位、场所 100 余人接受消防培训。协调党校将消防安全纳入全县“领头雁”培训课程，利用党校平台对全县各行业部门进行消防安全培训。在阳高县第一中学军训期间，对新生开展消防教育培训以及灭火疏散演练。全年，大队共印制 20452 册《宣传教育读本》向全县中小学生免费发放。大队移动互联网微信服务平台有 8975 人关注。利用网络平台转发相关重要内容。在全县范围内开展“全面消防我代言”大型公益行动，择优挑选一批职业典型、长期关注消防的群众代言人，积极设计一批宣传海报在全县范围内广泛张贴，为全县创造了一个良好的消防安全环境。将消防教育纳入党校课程。

六熟悉：熟悉消防队责任区的交通道路、水源情况；熟悉责任区内重点单位的分类、数量及分布情况；熟悉责任区内主要灾害事故处置的对策及基本程序；熟悉责任区内重点单位建筑物使用及重点部位情况；熟悉重点单位内部的消防设施情况；熟悉重点单位的消防组织及其灭火救援任务分工情况。

三清一查一畅通：清理违规住人，清理电动自行车违规停放充电、清理堆放可燃杂物，查处违规用火用电用油用气行为，畅通消防通道。

“1+8”消防安全管理专项行动：“1”是指迎接十九大、消防保平安总方案，“8”是指强化社会火灾防范、提升灭火救援能力、做好遂行作战政治工作、强化后勤战勤保障、确保内部安全稳定、深化消防宣传教育、推进消防基础工作、开展纪委督导检查等 8 项具体工作任务。

【消防安全责任制实施】 2017 年，县消防队明确部门“三定”规定和相关部门职责，在明确 3 项共同职责基础上，区分两大类别细化 38 个部门的消防安全职责：对于具有行政审批职能的公安、教育、民政等 13 个部门，要求在各自的审批事项中，对涉及消防安全的法定条件要依法严格审批，凡不符合法定条件的，不得核发相关许可证照或批准开办；对于具有行政管理或公共服务职能的发改、科技、工信等 25 个部门，要求结合各自职责为消防工作提供支持和保障；在乡镇政府层面，突出群防群治，建立消防安全组织、专职消防队和志愿消防队、落实消防安全“网格化”管理、部署消防安全整治、知道村（居）民委员会开展群众性的消防工作等 7 项职责。

法 治

公 安

【概述】 2017 年，全县共立刑事案件 427 起，较去年同期的 482 起下降 55 起，下降 11.4%，是近三年来首次出现同比下降。其中杀人、故意伤害致人死亡、绑架、抢劫等八类案件共立案 6 起，较上年同期下降 4 起。盗抢骗立案合计 326 起，占到案件总数的 76.3%，其中立盗窃案件 293 起，抢劫案件 4 起，抢夺案件 4 起，诈骗案件 29 起，三类案件较上年的 404 起下降 82 起，下降 20%。3 月，全省组织群众安全感和满意度测评，该局在全市排名第一，获省集体二等功。破获刑事案件 108 起，抓获犯罪嫌疑人 84 人。其中，刑事拘留 66 人，直捕 4 人，取保侯审 9 人，监视居住 5 人。抓获犯罪嫌疑人数较上年增加 8 人。查处行政案件 444 起，治安处罚 179 人，其中行政拘留 82 人。

【严打整治行动】 2017 年，阳高县公安局全面巡逻查控，推进严打整治。

消防安全整治。（1）到学校、社区、易燃易爆、网吧等人员密集场所开展消防检查和宣传培训。通过微信平台发布消防安全提示，在公共娱乐场所、宾馆饭店、学校、企业等场所悬挂横幅、张贴宣传标语，并利用户外 LED 屏等各类宣传方式开展宣传火灾预防、普及消防安全常识。（2）开展石油化工类企业、文管重点场所、电气、高层建筑等四个消防安全大检查，共检查单位 1491 家（次），发现火灾隐患或违法行为 2295 处，督促整改火灾隐患或违法行为 2251 处，责令“三停”单位 19 家，印发临时查封决定书 18 份，罚款 31 万余元。（3）完成 15 个社区的微型消防站的建设，与山纳企业消防队于 8 月 16 日开展联勤联训工作。

交通安全整治。（1）开展公路与县城内重点交通违法行为的专项整治，共查处各类交通违法 20638 起，交通肇事案件 10 起，抓获犯罪嫌疑人 10 人。查获酒驾 20 起，醉驾 2 起，无证驾驶 26 起，行政拘留 16 人，查处大货车不靠右行驶等相关交通违法行为 3985 起，机动车闯红灯 2231 起，大货车闯禁令 275 起，机动车乱停乱放 551 起，大客车、危化品运输车等四类车辆重点交通违法行为 515 起。注销驾驶证 5 起。（2）对全县的客运车、校车严格进行车检，检验率100%。培训驾驶员154人，驾驶员审验率95%。全县未发重特大交通事故，道路交通安全总体形势保持稳定。

惩罚侵财犯罪。破获盗抢骗案件74起，打掉2个入室盗窃团伙、1个盗窃大牲畜团伙，破获撬盗地下室、盗窃电动车、盗窃山地车、盗窃摩托车等4个系列案件。8月21日，全局打掉1个跨两省三县流窜盗窃团伙，破案62起，涉案金额20余万元，缴获被盗物品200余件，在全市组织的“追缴被盗赃物”现场会上，该案参加现场展示。

惩罚黄赌毒违法犯罪。查破贩毒案件4起，抓获吸毒人员84人。其中，强制戒毒30人，社区戒毒43人，治安处罚11人。缴获甲卡西酮54.2克，土制海洛因0.15克。一些有盗窃嫌疑、但又缺少证据的吸毒人员被强戒，收到同等的打击效果。查获大货车毒驾司机6人。“6·26”国际禁毒日，组织开展禁毒宣传活动和踏查铲毒行动，请专业人员进行直升机航测，全县未发现种植罂粟问题。在打击涉黄涉赌方面，捣毁1个容留卖淫嫖娼窝点，抓获犯罪嫌疑人1人，行政拘留卖淫嫖娼人员6人；端掉赌博窝点1个，行政拘留参赌人员18人。

惩罚涉枪涉爆违法犯罪。（1）开展收缴行动。收缴土火枪3支、子弹19发，收缴雷管545枚、炸药433公斤、黑火药5.5公斤、电雷管12004枚、电引火9枚、炸弹1枚，管制刀具35把、弓弩1把。（2）开展易制爆场所安全大检查。查检场所17家，整改隐患6家，治安处罚17家。（3）深挖涉爆案件线索。挖出1个制贩一条龙涉爆犯罪团伙，抓获犯罪嫌疑人5名，缴获电雷管12004枚，并把制作雷管窝点线索及涉及的5名嫌疑人情况通报河南警方。5月，抓获3名非法存储、使用炸药的犯罪嫌疑人，并将雇主追捕归案。

严惩乡痞村霸。（1）加大对现行的扰乱单位秩序、扰乱社会秩序、扰乱生产秩序等违法犯罪打击力度，查处该类案件6起，行政拘留10人。（2）加强线索再排查，组织派出所对过去发生的打架斗殴、寻衅滋事、敲诈勒索等案件进行回头看，从中发现线索。期间，对排摸出的涉及乡痞村霸的线索由局领导牵头专案专办。

【公安设施建设】 2017年，阳高县公安局重点开展3项基础设施建设。（1）围绕业务技术用房的配套完善，压工期、挤时间，对新建业务技术用房进行内外装修，贴外墙、砌围墙、室内粉刷、铺地、安门等全部完成，对接集中供热系统，拆除三排旧平房，硬化院内路面，建设涉案管理停车场、民警训练室、民警多功能塑胶训练场等。（2）升级改造神泉堡检查站，改造出4条安检通道，修建400余平方米的安检大棚，建起检查大厅、装备器材室等功能用房，配备房车，安装卡口及视频监控，购置一批安检装备，改造民警的备勤室、值班室。（3）升级改造看守所、拘留所，硬化两所院内路面，在拘留所建设放风场，改造功能室，把监室内的土炕全部改成木床，为武警中队安装电子显示器。

【警务装备建设】 2017年，阳高县公安局集中财力开展装备及图侦、技侦设施的建设。（1）投资280万元，在县城建设电子围栏，安装设备65套，建设电子围栏点位65个，覆盖县城内的主要街道。（2）采购一批对讲机、执法记录仪、电脑、打印机等装备器材，全力保证日常执法办案所需。

【公安队伍建设】 2017年，阳高县公安局改进工作作风，对与群众密切相关的办证办户等工作，多次与人口管理部门研究，向市局户政处请示，为38名无户居民补办户口。依托便民服务平台、12345群众服务热线，在便民服务平台上发布各类公安信息830余条，网上答复群众咨询15条，答复12345热线75条，解决办证办户等问题17个。

加强纪律督导，发现纠正问题。（1）督导人员在岗在位、服务群众态度、警容风纪、涉枪涉酒等情况，责令对辖区“五包一”情况不熟悉的王官屯派出所长、对车辆检查不细的神泉堡检查站五中队中队长做出书面检查。（2）对办公用房进行清理，整改办公用房6间。（3）对群众反映和上级转交的违法违纪线索展开调查，其中对反映大白登派出所户籍民警乱收费问题、市局审计处移交的问题、群众反映的王官屯派出所、鳌石乡派出所不出警等问题进行调查，约谈4人，停止执行职务1人，正在查处1人。（4）开展专项行动督导，对冬季严打整治、“1+8+6”行动，由督察部门牵头督导，对推进工作不力、完成任务滞后的单位予以通报批评。五是利用督察系统，随时对各派出所开展网上督察，发现、纠正问题的效率明显提高。

检　察

【检察服务经济发展】 2017年，阳高县检察院开展“发挥侦查监督职能，优化营商环境专项活动”“充分发挥公诉职能，依法推进产权保护，优化山西营商环境专项活动”“贪污贿赂案件刑事审判监督专项检察活动”“服务营商环境，民事行政执行检察监督专项活动”“公益诉讼专项行动”等五个专项检察活动，为阳高经济发展保驾护航。抓精准扶贫工作，该院筹集3.5万元用于帮扶贫困村困难群众，组织干警多次到扶贫村与村干部、党员共商脱贫计划，确保按期精准脱贫。

【刑事犯罪惩罚】 2017年，阳高县检察院受理各类提请逮捕案件45件56人，依法批准和决定逮捕36件38人，不捕9件18人；受理各类移送起诉案件60件81人，依法提起公诉46件60人不断提升群众的安全感和满意度。坚持少捕慎捕的理念，加强逮捕必要性审查，依法不捕18人，努力减少不稳定因素。

【检察化解社会矛盾】 2017年，阳高县检察院采取联合接访、带案下访等形式，依法处理来信来访。坚持检察长接待日制度，并向社会公开检察长接待日期。全年接待来访群众108人次，其中检察长接待25件36人，受理各类申诉案件5件，所办案件均做妥善处理，及时化解社会矛盾。

【诉讼活动监督】 2017年，阳高县检察院强化刑事侦查监督和审判监督，重点监督有案不立、立案不当、以罚代刑、裁判不公等问题。依法监督公安机关立案4件4人，其中判决2件2人；纠正违法4件次；追诉漏罪、漏犯4件次。监督民事审判活动违法8件次，监督民事执行活动违法24件次，支持起诉10件，息诉1件。开展公益诉讼专项活动，立案4件。开展监管活动检查25次，纠正社区矫治不当34件34人，纠正监管场所执法不当35件35人，进行羁押必要性审查2件次，有力规范监管活动。

【检察改革】 2017年阳高县检察院遴选检察官12名，除转隶监委4名外，其余8名全部充实到办案一线。在突出检察官办案主体地位的同时，制定权力清单，落实检察官办案责任制。

【检察队伍建设】 2017年，阳高县检察院加强队伍专业化建设。加强领导班子建设，提高科学决策能力和水平。落实党组中心组学习制度，倡导班子成员发挥模范引领作用。注重业务理论学习和岗位实践练兵，组织干警积极参加省、市院组织的业务培训，切实提高干警理论水平和法律素养。鼓励引导干警撰写稿件，有19篇干警撰写的文章被《山西法制报》《检察周刊》等报刊刊登，提高了检察机关影响力。

加强纪律作风建设。加强对公车使用、公务接待、财务报销、干警婚丧嫁娶和八小时以外行为的有效监管，树立检察机关和检察干警良好形象。

推进执法规范化建设。推进执法司法规范化，开展案件质量评查工作，完善案件质量评查制度，开展“回头看”，列出时间表，明确责任人，限期整改，围绕问题整治重点积极查纠整改，确保执法司法规范化建设年活动取的实效。

推进信息化建设。利用“两微一端”新媒体打造检务公开新平台。在微信推送检察信息89条、微博推送检察信息165条、在门户网站推送信息32条，新闻客户端访问量3.9万人次。

自觉接受外部监督。依托“人民检察院案件信息公开网”，公开案件信息167件，公开法律文书54份，综合运用网上巡查、定期评查等方式，将执法办案全程置于有效监督之下。

法　院

【概述】 2017年，阳高县人民法院共受理各类案件696件，结案534件，结案率77%，实现收结案良性均衡循环。

【审执工作】 2017年，阳高县人民法院立足审执工作，提升服务大局的能力和水平。（1）运用刑事司法手段方面。受理刑事案件45件，结案37件，结案率82%。对盗窃、抢劫、侵占等15类案件开展规范化量刑工作。加大轻微刑事案件和解、刑事附带民事案件调解力度，刑事附带民事案件调撤率90%。（2）民商事审判方面。受理民商事案件480件，结案382件，结案率80%，调解撤诉率63.2%。（3）执行工作方面。受理执行案件171件，结案115件，结案率67.2%。采取拘留措施2人，限制离境、限制高消费等3人。深化执行联动机制建设，认真实施失信被执行人“黑名单”制度，在执行信息网上发布失信被执行人75人。（4）多元化调解机制。打造“李培斌调解工作室”“民事温馨调解室”“商事特色调解室”等法院品牌，努力把各类矛盾纠纷解决在基层。（5）开展岗位技能大练兵活动。采取考评促练方法，开展法官驾驭庭审、理论调研、书记员速录、裁判文书制作、执行工作和司法警察以及行政管理、后勤保障等方面考评，考核内容覆盖法院工作各个方面，提升法院干警综合素质。

【司法责任制建设】 2017年，阳高县人民法院强化司法责任制，规范审判管理工作。根据案件数量、性质和队伍实际情况，搭建立案、民事第一第二、刑事、执行团队、综合6个审判团队，分别按照员额法官、法官助理和司法辅助人员1:1:1或者2:2:2等不同形式组建团队，实行扁平化管理模式，明确每名员额法官及入额院领导办案数量，同时对普通法官办案绩效制定切实可行的办法。

强化司法责任制、放权于独任法官、合议庭，压缩审判管理层级。县法院出台6项规章制度：明确院庭长、员额法官的权力清单；完善裁判文书签发制度；成立民事、刑事、执行等专业法官会议；改革审判委员会制度，缩减讨论案件范围；强化总结审判经验、统一同类案件判罚尺度、统一法律适用和发改案件讨论等职能；严格落实案件“四评查”制度，完善案件质量监督功能。各类案件审理周期缩短，其中刑事案件平均审理天数由27.0天缩短到22.8天，民事案件平均审理天数由78.7天缩短到52.7天，执行案件平均审理天数由84.7天缩短到29.8天。整体案件呈现一升二降趋势，调撤率明显上升，案件审理期限、上诉率明显下降，与上年同期相比，调撤率上升30个百分点，上诉率下降60个百分点。

建设科技法庭和直播法庭，实现庭审网络现场直播，增强审判工作科技含量，加强审判工作规范管理。

【司法公开】 2017年，阳高县人民法院公开各类审判、执行工作信息260件，庭审公开直播26件，裁判文书上网170篇，发放各类诉讼提示材料1200份。（1）加强组织领导。该院于2017年初成立由院长任组长的司法公开领导小组，卡住时间节点，明确质量标准，倒排工期，确保按照时间规定高水平完成。开通网站、官方微博，较高水平的诉讼服务中心、科技法庭。（2）丰富司法公开内容。依托诉讼服务中心平台，通过提供“诉讼指南”，摆放或悬挂展板、设立显示屏等方式，全面公布各类审务信息，及时让当事人和社会公众了解法院工作。在审判流程公开方面，公开立案到执行的审判流程，除法律规定不能公开的以外，及时公开立案、庭审、宣判、执行等诉讼过程的各个环节、各类信息，运用图文、音频、视频等。在裁判文书公开方面，实现裁判文书在规定的时限内在中国裁判文书网和本院网站上全部公开。明确文书上网工作各主体的责任，将文书上网纳入绩效考核。各庭设专人在文书签章前进行检校，确保文字准确。对于不按时上网、文书存在重大瑕疵的庭室和个人定期进行通报。在执行信息公开方面，依法公开执行过程，告知当事人执行案件的执行流程、执行期限、当事人、承办人、被执行人的财产状况、执行措施、结案方式及原因等情况，让办案流程看得见、摸得着、感受得到。加强与新闻媒体、金融、工商、税务等部门的合作与信息共享，加大对拒不执行判决的“老赖”曝光力度，进行信用惩戒。与此同时，充分利用官方网站、微博两个平台，及时发布审判信息，主动回应社会关切，既让群众在法院之外迅速了解到案件审理过程，满足群众知情权。2017年，在官方网站、微博发布各类信息80余条。（3）司法公开倒逼司法公正取得成效。（1）推进司法公开工作，把法院工作置于“阳光”之下，增强法官办案质量意识与责任意识，提高审判质效。案件服判息诉率、实际执行率等群众关注度高的指标与同期相比均显著提升。（2）人民群众通过上网查看裁判文书、观看庭审直播等方式，增进对法院工作的了解与理解。（3）司法公开工作特别是庭审直播、裁判文书上网等制度的实施，强化广大法官责任心，同时对法官工作产生倒逼作用，促使法官不断改进司法作风、提升司法能力。

【监察体制改革】 2017年，监察体制改革试点工作开展以后，阳高县人民法院派专人全程参与协调工作会，就新形势下监察委员会工作运转模式，与公安、法院、检察、司法的工作衔接提出具体意见和建议。在多方征询意见后，院党组召开会议就本院配合监委会工作做出《山西省阳高县人民法院关于支持配合监察体制改革试点工作的通知》并施行。通知强调在办理各类案件过程中，对涉及党员违纪，应积极向监察委员会通报移送线索。在监委会办理案件过程中，需要该院提供咨询或相关案件材料的，应予全力配合。通知规定该院应于每年1月31日前向县纪检监察机关提供上年度对党员作出生效刑事判决的情况。

司法行政

【社区矫正】 2017年，阳高县司法局争取上级项目资金支持，全面建成社区矫正管理教育中心、农村社区矫正管理站，并为各乡镇司法所配齐笔记本电脑、执法记录仪和指纹录入仪、打印复印机、照相机等工作设备，矫正执法、矫正对象培训学习等工作规范有序，管理效率和工作质量显著提升。在册矫正人员52人，接受矫正人员297人，无一人脱管漏管，解除矫正人员245人，无一人重新犯罪。

【法律服务】 2017年，法律援助中心受理民事法律援助案件86件，刑事法律援助9件，共计95件；落实行政事业单位法律顾问制度，实现全县行政事业单位法律顾问全覆盖。律师事务所律师担任其他法人法律顾问14家，办理民事案件34件，刑事案件12件，免费接待法律咨询200余人次，代书法律文书21件；公证处共办理各类公证440件。

【人民调解】 2017年，阳高县司法局强化县、乡、村三级人民调解组织建设，建成调委会272个，其中村调委会259个、乡镇调委会13个，调解各类纠纷320件，涉及当事人数663人。其中，婚姻家庭纠纷114件，邻里纠纷148件，房屋宅基地纠纷22件，损害赔偿纠纷20件，土地纠纷3件，征地拆迁纠纷2件，生产经营纠纷8件，达成口头协议176件，书面协议130件。

【普法宣传】 2017年，阳高县司法局征集行政诉讼、劳动争议、青少年保护等专题，精心编写案例100个，分门别类编印成册，分别发放给村两委成员、领导干部和执法人员、在校学生等群体，实现普法对象精准。围绕人民群众在生产生活中常用的法律法规，继续开展“法律六进”并创新开展“助力脱贫，送法下乡”活动。开展各类宣传活动90余次，发放各类宣传资料5.3万份，接受法律咨询1700人次。

开展“法律六进” 普及法律知识

经济管理与监督

发展和改革

【概述】 2017年，全县地区生产总值完成33.38亿元，同比增长8.3%，增幅快于全市增速（6.5%）1.8个百分点。建筑业增加值完成总量2529万元，增幅-18%，全年固定资产投资完成33亿元，增速7.0%。

【全县项目建设】 2017年，阳高县发展和改革局持续完善项目储备，录入国家重大建设项目库和编制三年滚动投资计划项目63个。在农业、社会事业、城市基础设施和环保等重点领域谋划项目争取资金。为10个项目下达中央预算内资金8229万元，省级资金195万元。阳高县阳和国有资产经营有限公司新型农牧食品产业综合开发项目、山西净境文化旅游开发有限公司缘源文化生态园建设项目、阳高县国腾公司建设20万吨生物有机肥项目、山西阳和制药有限公司药用原辅料生产基地建设项目、阳高县二期易地扶贫搬迁项目等一批重大项目开工建设；阳高县普源环保科技有限公司建设废旧机油回收再利用项目、华润长城风电三期项目、国电下深井风电二期项目前期工作进展顺利。打造县城名片，2017年阳高县第九次入列全国投资潜力中小城市百强县行列，位居82位。

【助推脱贫攻坚】 以工代赈示范工程。2017年，阳高县批复财政预算内以工代赈项目8个，下达财政预算内以工代赈资金456.3万元，其中上年以前管理费16万元；完成投资338.29万元，拨付资金219.8万元。完工项目5个，分别为古城镇郝家窑村以工代赈基本农田建设项目、罗文皂镇罗文皂村以工代赈农田水利建设项目、龙泉镇新孙仁堡村以工代赈农田水利建设项目、龙泉镇东南村以工代赈农田水利建设项目、古城镇古城村至扶贫产业园区道路建设项目。正在建设3个项目：下深井乡贾庄村以工代赈农田水利建设项目，完成投资60万元，打机井3眼，高压线架设和变压器安装完成；罗文皂镇许家园村以工代赈农田水利建设项目，完成投资140万元，砌石坝和河道疏浚完成；大白登镇潘寺村、闫家屯村以工代赈农田水利建设项目，完成投资77万元，打机井3眼，高压线架设和变压器安装完成，输水管灌完成7000米。

电力扶贫。县供电公司实施农网改造项目。（1）机井排灌通电项目，投资2186万元，10月开工，建成及改造鳌石村、下深井村等49个村154个机井台区。（2）提升电网供电能力，投资3152万元增容改造10千伏窑头线、35千伏王官屯变电站和10千伏下深井线路。（3）在城镇化中心村建设上，投资469万元升级改造友宰村、东关村两个中心村12个台区，工程于5月底完工。（4）新能源建设，投资90万元的古城上辛庄村6兆瓦扶贫光伏电站电源接入工程于5月底完工并投入运行。单户光伏低压并网有3户，共计228千瓦已完成备案和并网。

光伏扶贫。（1）集中建设64个村（原定51个村）的村级电站项目，发改、林业手续办理完成。（2）第一期移民搬迁屋顶光伏项目共涉及4个乡镇，建设房屋3803间，7.15兆瓦容量规模。其中，罗文皂、大白登、王官屯三镇由大同瑞亿绿色能源有限公司统一承建，建设房屋2679间，古城镇由山西敬天合创云能源有限公司承建，立项1124间，规模2兆瓦，完成210间移民搬迁屋顶光伏建设。

【规划编制开展】 2017年，阳高县发改局起草并经人大审议通过《阳高县2016年国民经济和社会发展计划与2017年国民经济和社会发展计划执行情况的报告》，编制《阳高县县域经济发展总体规划（2017—2020）》，编制《阳高县建立完善守信联合激励和失信联合惩戒制度加快推进社会诚信建设实施方案》和《在市场体系中建立公平竞争审查制度实施方案》，优化营商环境；编制《阳高县绿色产业发展示范县创建方案》和《阳高县国家农村产业融合试点示范县实施方案》，推动该县构建现代农业产业体系。

【物价管理】 2017年，阳高县发改局维护市场价格秩序，充分发挥12358价格举报平台作用，推动价格监管工作与互联网融合，畅通群众诉求渠道，有效规范市场价格秩序，维护市场价格稳定。强化价格认证中心职能，全年办理公安机关委托的涉案价格认证案件30件。推进价格改革，配合县人民政府起草出台《关于推进价格机制改革的实施方案》，推进水价、电价、热力价格医疗服务价格、交通运输价格、公共事业和公益性服务价格等方面的价格机制完善。

【粮食管理】 2017年，阳高县发改局开展粮食购销工作，实现时间任务“双过半”。加强粮食市场监管，严格执行粮食收购市场准入制度，有效维护全县粮食流通秩序。提升科学储粮水平，全县“一符六无”粮仓达标率98%以上，有效保障国家粮食储存安全。

国土资源管理

【耕地目标责任考核】 2017年，大同市政府下达阳高县耕地保有量考核指标99万亩、基本农田保护面积考核指标81.98万亩。阳高县实有耕地面积99.81万亩，全面完成市政府下达耕地保有量保护任务；原划定基本农田保护面积83.42万亩，同煤热电、省道长神线、大张高铁等重点项目占用面积核销后，该县上报永久基本农田库实际划定面积81.98万亩，全面完成市政府下达基本农田保护任务。签订市县两级耕地保护责任书1份，县乡（镇）两级耕地保护责任书13份。阳高县县实际基本农田保护目标为54650公顷（81.98万亩）。5月29日，把永久基本农田划定数据库报送国土资源部备案。

【建设用地报批】 2017年向省厅报批5宗单独选址项目用地，总面积202.30公顷。已批复用地2宗，总面积54.80公顷，已报未批用地3宗，总面积147.50公顷。已批复用地2宗分别为：阳高县省道长神线长城乡至县城段改建工程项目，用地总面积53.75公顷，其中：农用地33.73公顷（含耕地19.36公顷）、建设用地1.46公顷、未利用地18.55公顷。阳高县尉家小堡乱石村70兆瓦光伏发电项目，用地总面积1.06公顷，全部为未利用地。已报未批用地3宗分别为：大同市阳高县50兆瓦太阳能光伏发电项目用地总面积0.95公顷，全部为未利用地。国电阳高下深井4.8万千瓦风力发电项目用地总面积2.03公顷，其中农用地1.72公顷（含耕地0.35公顷）、未利用地0.32公顷。大同至张家口铁路客运专线（阳高段）项目用地总面积144.52公顷。其中，农用地131.07公顷（含耕地109.04公顷）、建设用地1.056公顷、未利用地12.40公顷。

【国有土地使用配置】 2017年，阳高县共配置国有土地9宗1109.21亩。其中，划拨土地4宗，面积73.05亩；公开出让国有土地5宗，面积1036.16亩，实现土地价款8104万元。划拨土地4宗分别为：划拨阳高县污水处理厂29.47亩土地，用于污水扩容工程项目；划拨阳高县利洁垃圾处理有限责任公司位12.23亩土地，用于西环路垃圾转用站项目；划拨阳高县利洁垃圾处理有限责任公司1.35亩土地，用于供热公司东垃圾转用站项目；划拨阳高县畜牧兽医服务中心30亩土地，用于病死畜禽无害化处理项目。公开出让土地5宗分别为：大同煤矿集团阳高热电有限公司以5951万元竞得王官屯镇王官屯村等4个村796.926亩工业用地，用于阳高2×350兆瓦低热值煤热电项目；大同市国腾生物有机肥有限公司以1570万元竞得下深井乡金家庄村193.903亩工业用地，用于生物有机肥项目；大同华润燃气有限公司以300万元竞得位于王官屯镇大安滩村14.319亩商业用地，用于龙泉工业园区天然气项目；山西阳和药业有限公司以300万元竞得下深井乡金家庄村30亩工业用地，用于阳和药业辅药生产项目；大同市吉亿牧业有限公司以10万元竞得位于友宰镇友宰村1.01亩工业用地，用于吉亿牧业办公楼建设项目。

【重点项目推进】 2017年，大同市市级重点工程古长城旅游公路（阳高段）项目涉及我县3个乡镇31个村，全线东起罗文皂镇席家湾村，西至长城乡镇边堡村，线路总长58公里。截至年底，把主线工程土地补偿及地上附着物补偿拨付完毕。

阳高县以公开招投标的方式确定征地统一年产值进行更新工作的中标单位为山西地山规划设计咨询有限公司，中标价19.17万元。

白登河生态康养小镇项目在龙泉镇八里台村完成征地2520亩，补偿坟165个。现已拨付征地补偿费8000万元，其他地上附着物补偿费需核定后按核定数额拨付；在大白登镇占地4860.45亩，完成征地3000亩，拨付土地补偿费8000万元，其他地上附着物补偿费需核定后按核定数额拨付。

【土地整治】 2017年，阳高县国土资源局验收2个高标准基本农田建设项目，改造中低产田2841.57公顷。其中省级阳高县友宰、鳌石2个乡镇等12个村基本农田整理项目建设规模2117.94公顷，实际完成投资6494.91万元；省级阳高县罗文皂镇陈家堡等四村基本农田整理项目建设规模为673.56公顷，实际完成投资1968.93万元。

【矿政管理】 2017年，阳高县国土资源局组织出让1宗河砂矿。受理审核到期的阳高县飞腾矿产品加工有限公司王官屯镇都司口花岗岩矿、大同市煤都贸易有限责任公司、阳高县猴儿路铁矿有限公司的采矿权。核查上报自然保护区内的阳高县水泥厂采矿权和阳高县友宰镇岩掌铁矿探矿权。

【两权市场建设】 2017年，阳高县国土资源局公开出让建筑用河砂采矿权1宗，面积0.019平方公里，收取矿业权价款16万元。土地转让33宗，收取土地转让费5.3295万元，抵押土地1宗；土地面积6666.7平方米，收取抵押费300元；公开出让国有建设用地5宗，出让面积1035.16亩，出让价款8104万元。

【地质灾害防治】 地质灾害宣传培训。2017年，“5·12”防灾减灾日，阳高县国土局和地震局、科协、气象局、消防队联合开展宣传咨询活动，共发放地质灾害宣传资料2000余份；6月16日，县安委会成员单位开展集中宣传活动，发放宣传资料4000余份；同日召开全县地质灾害防治暨培训工作会，会上就今年的地质灾害防治工作进行了安排部署，并颁发责任状。“6·25”土地日，国土局开展宣传咨询活动，共发放地质灾害宣传资料3000余份，同时举办“大地情怀”书画展。

开展地质灾害隐患大排查。两会期间，阳高县印发《关于积极开展2017年汛前地质灾害隐患排查的通知》，各乡镇、各有关单位组织人员对辖区内所有的地质灾害隐患点进行拉网式排查，掌握全县地质灾害隐患点的现状。6月26日，全县安全生产工作会召开，会上对该县地质灾害防治工作进行再动员再部署，组织全县各乡镇各有关部门进行一次隐患大排查，重点排查高陡边坡下的农户、泥流沟口和下游的村庄、河道内在建的水库和堤坝等。全年共发放防灾明白卡81张，防灾避险明白卡1123张。

地质灾害气象风险预警预报。县国土局与气象局建立预警预报合作制度，完善预警信息发布工作机制，加强汛期信息沟通，有效预防和减轻灾害天气造成损失。全年共发布三次黄色预警，发送预警短信3600条。

汛期应急值守工作。各乡镇及其成员单位安排坚持走样昼夜值班制度，带班领导和值班员保持昼夜在岗和通讯畅通，严格按照速报要求及时上报地质灾害险情灾情，保证监测预警和应急指挥系统昼夜正常运转。

开展地质灾害应急演练。9月20日，县国土资源局组织地质灾害防治领导组在罗文皂镇十九墩村开展2017年度突发地质灾害应急演练，参加人员120人，车辆15辆，演练分4个场景，7个科目，所有演练内容圆满完成。

地质灾害治理搬迁工作。2016年底阳

高县申请把龙泉镇义合村6户、颜家沟5户、长城乡堡子湾村7户、大白登镇上富家寨村1户、狮子屯乡下吾其村1户共计20户列入2017年度农村地质灾害治理搬迁计划。其中龙泉镇义合村5户在该村村东选址新建；龙泉镇义合村1户和颜家沟5户以购房方式安置；长城乡堡子湾村7户、大白登镇上富家寨村1户、狮子屯乡下吾其村1户以货币化补偿方式安置，年初县级配套资金列入年度预算。龙泉镇义合村选址新建5户主体竣工，其余购房方式安置6户和货币化补偿方式安置的9户均签订搬迁协议。

高标准“十有县”建设。完成高标准“十有县”建设印证资料的收集、汇总、组卷、自验工作，申报省厅通过验收。

【执法监察】 2017年，阳高县国土资源局开展土地卫片执法监督检查。上年度土地卫片执法监督检查印发阳高县166个图斑，涉及13个乡镇，73个自然村，监测面积5762亩（其中耕地面积2927.6亩）。违法用地图斑2个，占地面积5.8亩。依据卫片执法监督检查要求，2宗违法用地已立案查处，罚款19332元，下达处分建议书2份。开展矿产卫片执法监督检查。上年度矿产卫片执法监督检查下发该县3个图斑。通过核查，其中2个为合法图斑，1个为伪变化图斑。阳高县结合上年度土地矿产卫片执法监督检查与环保部门对该县的督查工作，在全县开展不间断巡查、检查，共巡查、检查80余次，夜间突查30余次，出动160车次430余人次。取缔违法采矿点2处，违法洗砂点3处，拆除彩钢厂房16间，查处违法占地案件3宗，罚款31107元，查处违法采矿4宗，罚款30360元。

【农村集体土地使用权确权登记】 2017年，阳高县国土资源局完成13个乡（镇）265个村52.23平方公里的地籍调查测量工作，埋设6263个控制点，制作265个村的工作底图。完成70692宗地（其中JC 63642宗，面积35.0806平方公里；JW6316宗，面积4.6762平方公里；JB 734宗，面积1.0433平方公里；虚宗面积11.4272平方公里）的调查工作，并通过市级验收。

【不动产登记】 2017年，阳高县国土资源局在县政务大厅设立不动产统一登记服务的办事窗口即权籍调查、申请受理、审核、登簿缮证、收费发证5个窗口。该县不动产登记工作的资料移交完成25064宗，其中土地纸质资料全部移交，共计12216宗，电子数据（验收通过的数据）全部移交；林业纸质资料全部移交，共计12848宗，电子数据（验收通过的数据）全部移交。数据整合工作已于2017年9月8日通过公开招标的方式进行招标，由山西紫峰科技有限公司以182.7万元中标整合。目前共完成了25064宗纸质档案扫描、录入全部完成，其中土地纸质档案扫描、录入共计12216宗；林业纸质档案扫描、录入共计12848宗。全年，该县颁发不动产证书443本、不动产登记证明6本。

市场和质量监督管理

【食品日常监管】 2017年，阳高县市场和质量监督管理局把辕门街46家特色经营户打造成“小餐饮示范一条街”，形成小餐饮经营单位统标准的经营格局；为56户食品小摊贩规划集中经营点，配置统一围裙，发放小摊贩登记证，办理健康证。

【药械安全检查】 2017年，阳高县市监局检查经营药品医疗器械企业40家，医疗器械使用单位18家，累计查处违法违规单位37家，责令整改经营11家，医疗器械使用单位责令整改8家，药品经营企业责令整改5家，处罚4家，对9家使用医疗器械单位移送同级卫计委。全年上报化妆品不良反应报告表22份，药品不良反应184起。

【特种设备安全监管】 2017年，阳高县市监局报送特种设备安全“重大问题”通报12期，与52家特种设备使用单位签订《特种设备使用单位安全主体责任承诺书》，特种作业人员持证上岗率100%，出动检查人数375人次，检查企业54家次，发现隐患22处，整改22处，建立《全县特种设备安全生产大检查隐患排查治理台账》，并按要求报送相关信息。全县特种设备使用单位共有62家，注册登记在用的特种设备611台（件）（不含约1万个气瓶）。在用锅炉定检率达到90%，压力容器定检率100%，电梯定检率100%，起重机械定检率97%，厂内机动车定检率80%，大型游乐设施定检率100%。

【专项执法开展】 2017年，阳高县市监局排查摸底全县11家直销店，包括玫琳凯、无限极、安利、荣格等，制定《打击传销规范直销工作方案》，与宾馆、酒店、招待所、娱乐场所、健康养生会所、直销店等经营场所负责人进行约谈，签订74份无传销责任书，并在县电视台播出《致传销人员的一封信》。

完成流通领域商品抽检任务。监管全县22个加油站点进行，规范3家加油站的食品经营行为，查处5家抽检不合格加油站，罚款4万余元。对食用农产品开展365次监督抽检工作，增加116批次具有节日食品及风险隐患较高的杏脯、食醋等食品的监督抽检，抽查检验结果在网上公示。

查处取缔无照经营工作，出动执法人员100余人次，执法车辆40余辆次，检查各类经营户800余户，查出无照经营户24户，限期办理营业执照23户，下发责令改正通知书7份，发放宣传材料600余份，依法取缔1户，立案查处29户，罚没款400元。

全年收缴各类未经审查小广告800余份。约谈广告发布单位6家，监测广告经营单位2家，监测广告204条，其中药品广告5条、食品广告19条、化妆品广告31条、医疗服务广告9条、房地产广告8条、家用电器广告20条及其他类广告100余条。

在阳高电视台的部分栏目联合开展“依法治霸、送法进社区”宣传活动，发放《条例》单行本1000余份，受理居民咨询、投诉30余件，收集到不平等合同格式条款10余条。办理登记动产抵押3件。

落实《网络交易管理办法》，网络监督管理系统共核实入库网络经营主体27户，核实入库网络经营主体网站2个。

【“放管服效”改革】 2017年，阳高县市监局推行“先照后证”登记制度改革，实行“五证合一、一照一码”登记制度，“五证合一”企业1015户，“二证整合”个体891户。实行住所（经营场所）登记便利化改革，最大限度放宽企业住所（经营场所）登记条件和限制，申请人只需提交住所（经营场所）信息申报承诺表，就可以登记，允许“一址多照”，办理企业住所156户。推进市场主体登记全程电子化和电子营业执照改革，优化线上服务。行政审批办办理企业365户，农民专业合作社280户，个体工商户760户，并全部实现全程电子化登记注册。

【执法信息录入精准化】 2017年，阳高县市监局在山西省工商局综合业务管理网录入3起商标侵权案件，在山西省信用信息平台录入16起无照经营案件，在县政府网公示上年案件情况，在县电视台滚动播出食品抽检结果。录入现场执法信息90余条，录入特种设备登记信息30余条，检查信息70余条。

【品牌建设】 2017年，阳高县市监局宣传《商标法》知识，引导企业打造驰（著、知）名商标，开展商标国际注册。为山纳公司、诺尔泰医院申报省级著名商标；为“阳高杏”“阳高杏脯”“阳高长城羊肉”申报地理标志证明商标，升级阳高特色产品品牌。创建商标企业联络员服务平台，通过手机短信平台向区域内商标企业联络员发送新商标法宣传材料，向杏韵、北天等驰（著名）名商标企业发送服务信息及信用风险提示警示。

【消费维权】 2017年，阳高县市监局受理消费者投诉举报221件，调节221件，其中受理县政府办转发的12345政府服务热线工单204件，受理山西省12315消费者投诉举报信息系统登记投诉8件，受理来人举报9件，调解成功率100%。“3·15”国际消费者权益日，该局发放宣传资料1000余份，并现场销毁假冒伪劣产品85个品种，案值7万余元。县消费者维权协会负责人薛瑞获“2016年度十大维权人物”。

【法制工作推进】 2017年，阳高县市监局对115起行政处罚案件进行核审，共罚没款项16.89万元。其中，质量问题案件22起，罚没款数5.93万元；工商行政处罚案件34起，罚没款数5.65万元；食品药品违法案件48起，罚没款数3.11万元；医疗器械使用单位违法案件11起，罚没款数2.2万元。

【“双随机一公开”监管制度化】 2017年，阳高县市监局办理移出异常名录86户，随机抽查3次，出动执法人员123名，在全县8056家市场主体中随机抽查145户，随机抽检人员293人次，抽检比例1.8%。

审　计

【概述】 2017年，阳高县审计局完成审计项目25个（预算执行审计1个，专项审计4个包括教育改薄、新农合并入人社部门、住房公积金、保障房跟踪审计，经济责任11个，基建审计9个）；在审项目6个（经济责任审计4个，专项审计1个稳增长，财务收支审计1个），审计期间查出主要问题金额6017.27万元，出具审计（结果）报告25篇，提出审计建议35条。开展罗文皂、卫计局、农业局、团委、阳高五中、招商局、房产管理局等15个单位的领导干部经济责任审计。全年，该局向上级审计机关和本级党政机关提交审计工作报告、审计综合报告13篇，提供本局审计信息及廉政建设信息6篇。

【专项资金审计调查】 2017年，阳高县审计局开展贫困地区义务教育薄弱学校基本办学条件专项审计、新型合作医疗机构整体移交人力资源社会保障部门审计，阳高县2015、2016年公积金专项审计和上年一、二、三季度稳增长促改革调结构惠民生跟踪审计，查出主要问题金额6017.27万元，主要是项目资金结余等问题。

【政府投资工程审计】 2017年，阳高县审计局审计9个单位基本建设项目资金，审计金额3358万元，经审计核减工程款336万元，为减少国家资金损失浪费和维护财经纪律发挥了审计监督作用。

统　计

【第三次全国农业普查登记】 2017年1—3月，阳高县1000余份普查表同时录入电子终端。登记结束后，县乡两级对反馈回的错误进行核实修改。5月，该县普查工作接受省局抽查，配合完成抽查任务。

【统计监测】 2017年，阳高县统计局全县生猪饲养和出栏情况以及日光温室蔬菜种植和销售情况进行跟踪监测，对全县33家“四上”企业经济运行及时分析，反映经济形势、产业发展。

【“统计改革创新年”活动】 2017年，阳高县统计局多次参加市局培训，对所涉及的投资项目单位分管领导和具体操作上报数据的相关专业人员进行培训，项目单位基本适应形象进度和财务支出法报表的“双轨制”。

开展重点检查，“双随机”抽查，严查各种统计违法违纪案件，严肃处理责任领导和责任人。上半年该局配合市局法规科、农业科对县部分乡镇农业普查工作的执法检查，整改发现的问题。

对“四上”企业统计负责人和统计人员进行了再培训，逐企业、逐项比对，把上级统计部门规范化的统计台账格式转发给企业，促进企业统计工作规范化。

安全生产监督管理

【安全生产责任落实】 2017年1—11月，县安监局、县消防大队、县交通运输局等重点行业部门已检查生产经营单位329家次，发现隐患676处，已整改673处，整改率99.55%。推进安全生产标准化建设，已有4家非煤矿山企业达到安全生产标准化三级、27家加油站、2家危险化学品生产企业、1家烟花爆竹批发企业达到安全生产标准化三级。

【风险隐患预防机制】 2017年，阳高县建立安全风险预防机制。企业全面开展安全风险点排查和评估，评定分级冶金工贸行业企业：“红级”企业1家；“橙级”企业1家；“黄级”企业1家；“蓝级”企业4家。对危险化学品和烟花爆竹企业评定分级：2家危险化学品生产企业、27家加油站、1家普通化工企业共30家评定为“黄级”；有7家烟花爆竹企业评定为“蓝级”。

加大隐患排查治理力度。县安监局所监管的企业自查问题隐患796条，全面完成整改；安监局出动执法人员103（冶35危52非16）余人次，车辆66（冶16危42非8）余台次，检查企业117（冶16危93非8）家次，发现问题200（冶29危160非11）余条，已整改200条，整改率100%；检查未发现重大隐患存在。

【安全生产大检查】 2017年7—10月，阳高县安监局在全县范围内开展安全生产大检查。按比例检查情况。按照大检查方案要求，全覆盖检查比例100%，县区部门重点监管企业检查比例100%、直接监管企业检查比例100%，乡镇（街道）监管企业检查比例100%。排查一般隐患158项，全部得以整改，整改率100%。领导亲自带头检查。书记冯晓雷带队检查企业3次，县长丁国华带队检查企业7次。

【安全专项整治】 道路交通方面。2017年，阳高县交警大队开展“两客一危”等重点营运车辆专项整治。重点排查辖区内企业的主体责任不落实等违法违规行为；检查“两类重点车”的交通安全隐患，危化品运输车重点排查是否存在“四非”行为，客运车辆重点排查是否存在“四违”行为。共排查出1辆“营转非”大客车，并督促其解体报废，查处“两客一危”车辆严重交通违法行为515起。

加强路面监管。全年处罚各类违法行为20638余起，其中无证驾驶26起、饮酒驾驶20起、醉酒驾驶2起，毒驾2起，吊销驾驶证5人，有效地净化了全县道路交通安全环境。

加强路面行车秩序安全管控隐患排查。全年大队查处大货车逆向行驶、不靠右行驶等相关交通违法行为3985起，机动车闯红灯2231起，大货车闯禁令275起，机动车乱停乱放551起。

强化路政巡查。路政巡查人员加强全县14条303.466公里的县道的巡查，全年开展路政巡查206次，拆除占道违章建筑2处，清理拆除非公路标志牌14块，清理非法占道经营62次，处理路政赔（补）偿案件1起，收取赔（补）偿费2700元，办理涉路行政许可4次，查处移交治超站点疑似超限超载车辆8辆，劝返绕行车辆237辆，清理占道打场晒粮96次，排除公路安全隐患19处。开展加强县道巡查保障公路安全畅通的专项整治行动和道路环境大整治行动，责令35辆不盖苫布的车辆，及时加盖苫布，减少对农村公路污染。

开展关于规范公路治超执法专项整治行动，执法人员检测货运车辆499245辆。加强路警联合治超，严格执行“一超四罚”，严厉打击闯卡、暴力抗法等违法行为。推进科技治超，2017年安装不进站电子抓拍设备，对货运车辆绕站直接通行，实时进行抓拍，由交警部门对绕站车辆处罚记分。

强化道路运输市场管理。2017年，全县公路运输客运量101.7万人次，客运周转量5693万人公里，货运量311万吨，货运周转量78320万吨公里。（1）开展各类专项整治活动强化安全意识。如春运、十九大等重要节假日的安全检查、冬春道路运输安全检查、反三违等整治活动。（2）加强客运安全监管。道路运输管理所与8家道路运输企业签订《安全生产责任书》，组织5期，对共166名客运驾驶员进行安全应急培训。（3）加强运政执法。运政执法人员加对旅客集散地、货运集中地客货车辆的监督检查。出动稽查人数400人次，出动稽查车辆96次，稽查各类车辆100部。（4）提升城市公共交通水平。城市公交公司措资2400万元，购置92辆新能源绿色纯电动公交车。（5）严厉打击非法客运。城客客运管理站设立举报电话，成立2个稽查队，查处非法营运车辆32辆，更新179辆巡游出租车。（6）源头治超有序开展。执法人员重点摸底排查县政府公示的2批32家货运源头企业，向县政府申请取缔10家非生产经营企业。组织开展源头企业评定信用等级活动，对获得"无双超信得过"的10家源头企业，实行1月巡查1次，对列入重点监管的11家源头企业，实行一周巡查一次。在巡查中发现3家未公示，但一直从事生产经营活动的企业，及时向县治超领导组上报，纳入监督范围。全年出动巡查人员1800人次，巡查源头企业525次，检查出厂货车638辆次，没有一辆超限超载车辆驶出源头企业。

化工和危险化学品。安全生产工作动员部署和大检查。企业自查问题隐患796条，全面完成整改；安监部门检查危化企业93家次，发现问题160条，整改160条；检查未发现重大隐患存在。"知责履责"活动和安全标准化工作情况。有30家危险化学品企业达到安全生产标准化三级。安全许可工作情况。春节期间，县安监局许可烟花爆竹临时销售企业42户，1月许可烟花爆竹零售经营企业（延期）换证1户，参与市局许可加油站延期换证和新建加油站安全设施设计审查各1户。

职业卫生方面。职业卫生"三同时"情况。该县改建项目13个，其中4个项目完成验收，防护设施设计审查完成4户，"三同时"工作总体进展顺利。年度监督执法情况。县安监局监督检查39家企业，发现问题或隐患52项，全部整改。职业卫生培训、职业病危害因素检测检验和人员体检工作进展情况。37户企业的主要负责人、安全管理人员共63人参加职业卫生培训，取得合格证书；企业进行职业卫生培训1100余人。

金属非金属矿山和尾矿库。县安监局对全县非煤矿山进行摸底，掌握2017年全县非煤矿山底数。4月，对已经取得安全生产许可的4家砖厂进行复工复产验收。5月，配合市安监局对大同市新荣区泉鑫实业公司阳高县狮子屯乡燕窝村片麻岩矿"三同时"进行验收。11月，对全县非煤矿山进行专项整治，上报市局堡子湾金矿尾矿库回采再利用项目开工建设。

建筑施工方面。2017年，该县有16项工程（房屋建筑工程7项，扶贫搬迁工程9项），共计32.8万平方米。开展春季质量安全复工大检查，从4月7日开始，对全县建筑工程进行春季质量安全复工和执法检查，对5家手续齐全符合开工条件的项目，下达春季复工文书。重点检查塔吊、吊篮、施工升降机、物料提升机、等建筑起重机械、基坑支护、高空设防、施工用电、“四口”“五临边”等安全防护。开展起重机械设备稽查，对12台塔吊进行检测备案，发放起重机械登记证，拆除2台超期使用的塔吊。监督检查在建工程项目，下达安全隐患通知书和现场检查记录共30余份，整改存在的73项隐患。对御泉华府、国新能源加气站2项工程未取得建设用地批准书，通报国土局。

市政运营方面。住建局组织专业人员，出动检查组52次，102人次，检查市政运营企业7家，饭店15家，发现隐患54条，全部整改，暂扣未检验钢瓶28个，无处罚企业。

消防安全方面。火灾基本情况：共发生火灾73起，抢险救援26起，其他出动19起，出动车辆145辆次，出动警力837人次，抢救被困人员21人，疏散被困人员66人，抢救财产价值186.4万元。执法情况：共检查单位1482家次，发现火灾隐患或违法行为2325处，督促整改火灾隐患或违法行为2259处，印发责令改正通知书808份、行政处罚决定书43份、临时查封决定书18份，责令“三停”单位19家，罚款31万元。战训工作情况：对辖区内65家消防安全重点单位制定六熟悉卡和灭火救援演练预案，今年以来组织40余次社会单位开展了演练。夯实消防基础设施建设，增加24个消火栓，1个消防水鹤，提高灭火救援能力。

特种设备方面。全县特种设备使用单位现有62家，已经注册登记在用的特种设备611台（件）（不含约1万个气瓶），其中锅炉31台、压力容器241台、电梯284部、起重机械46台、厂内机动车辆5辆、游乐设施4台、压力管道2.44千米。特种作业人员持证上岗率100%，在用锅炉定检率90%，压力容器定检率100%，电梯定检率100%，起重机械定检率97%，厂内机动车定检率80%，大型游乐设施定检率100%，在用压力管道有条件检验的已定期检验。开展15年以上老旧电梯主要零部件报废综合治理和20年以上压力管道风险评估工作。县市监局成立领导组，对人员密集场所和住宅小区的电梯分阶段、派专人落实。特种设备安全监察出动检查人数375人次，采取“四不两直方式”检查企业54家次，发现隐患22处，整改22处。

冶金工贸方面。熔融金属吊运专项治理情况。开展熔融金属吊运专项治理，对山西晋能集团金光铁合金有限公司进行执法检查，该公司2台32/5T桥式起重机及安全附件已检验合格，硅锰合金罐、渣灌永久编号并做探伤检测报告，人员聚集场所未设置在高温熔融金属吊运影响区域内。有限空间专项治理情况。县安监局监管的生产经营单位，涉及有限空间的有3家，共有有限空间37处，分别是发酵池34处，除尘箱体、球磨机、矿热炉各1处。在进行有限空间作业时，各企业均能执行先通风、再监测、后作业规定，确保安全生产。

联合检查情况。1月24日—25日，县安委办组织安监局、市监局、经信局、住建局、文化局、体育中心6个部门和有关乡镇组成联合执法检查组，对家佳玛、丰隆宾馆、九龙温泉等8家人口密集生产经营场所，以消防、特种设备为重点进行联合执法检查。本次检查共出动执法人员64人次，车辆5台次，检查生产经营单位8家，发现隐患3处，以整改3处，整改率100%。计划检查情况。县安监局出动人员35人次，检查生产经营单位16家次，发现隐患29处，整改20处，整改率68.96%。印发文书50份。

【违法生产经营惩罚】 2017年，阳高县住建局查处阳高一中教学楼建设项目部，安全员未到岗履行职责，处罚1000元。县消防大队下发“行政处罚决定书”43份，印发“临时查封决定书”18份，责令“三停”单位19家，罚款31万元。县交警大队全年处罚各类违法行为20638余起，其中无证驾驶26起、饮酒驾驶20起、醉酒驾驶2起，毒驾2起，吊销驾驶证5人。

【应急管理加强】 2017年3—4月，阳高县安监局在每月中旬，由县消防大队组织，分别在华林商场和华大商厦进行消防应急演练。5月下旬，全县13个乡镇和有关部门负责人及部分企业分管负责人参加全市安全生产应急管理人员培训培训。11月3日，山纳公司举办模拟氯气泄漏应急演练。

【安全生产目标责任考核】 2017年6月26日，在第二次安委会全会上，县政府向龙泉工业园区、13个乡镇、17个重点部门颁发2017年《安全生产目标责任书》；加大安全生产指标考核权重，把安全生产工作作为考核各级领导班子和领导干部政绩业绩的主要指标之一，严格执行安全生产“一票否决”制度。

根据安全生产目标责任考核结果，县安委会对在上年安全生产工作中3个乡（镇）、6个政府工作部门和3个企业进行表彰并颁发荣誉证书；对45名先进个人颁发荣誉证书。

重点工程建设办公室

【概述】 2017年，阳高县重点工程建设办公室坚持问题导向、改革创新、重点突破、注重实效的原则，扎实开展优化营商环境专项行动，全力服务省市两级重点项目。加大协调服务力度，优化建设环境，帮助协调重点工程存在的各类困难和问题，保障项目顺利推进。

【重点项目建设】 2017年，阳高县重点建设办公室根据《阳高县2017年政府工作报告》和《阳高县2017年国民经济和社会发展计划》中涉及全县2017年重点推进的42个项目进行汇总整理，与项目单位进行沟通对接，了解每个项目的详细情况，填写《阳高县2017年重点工程项目信息表》，建立并完善阳高县2017年重点项目库。根据项目建设情况和招商引资项目动态，把新引进的重大项目纳入项目库进行跟踪服务，实现对重点项目库的动态管理。

2017年，共纳入省、市重点工程项目26个，其中省级重点工程项目3个（新型农牧食品产业综合开发项目、佳润生态农林科技示范园项目、缘渊文化生态园暨红楼梦影视基地建设项目）。市级重点项目23个，包括产业转型项目6个，传统产业升级项目1个（同煤电厂），基础设施项目16个。1—11月，26个省、市重点工程项目中已开工25个，未开工项目1个（华润长城风电三期）。省、市重点工程项目累计完成投资21.71亿元，其中省重点项目完成投资4.77亿元，市重点项目完成投资16.94亿元，占同期全县固定资产完成额（32.7亿元）的66.4%，超市考核任务（占固定资产完成投资总额35%）31.4个百分点。预计省、市重点工程项目全年累计完成投资达到22.21亿元，占全年固定资产投资完成额（预计完成34亿元）的65.3%，超市考核任30.3个百分点。

【推进项目落实】 开展全县在建重点工程项目无障碍施工专项行动，打造“六最”营商环境，优化项目建设条件，为重点工程项目建设保驾护航。制定并印发《阳高县在建重点工程项目无障碍施工专项行动工作方案》和《县政府领导包联在建重点项目有关事项的通知》（阳政办发[2017]61号）文件。8月9日组织召开全县开展在建重点工程项目无障碍施工专项行动动员会，对开展专项行动工作进行安排部署。先后召开三次专项行动推进会、八次专项协调会。收集到在建重点工程项目存在的问题10个，已经解决5个，剩余5个问题的具体情况是：

1. 省道长神线长城乡至阳高县城段改建工程涉及66077部队（原51363部队）土地未征用问题。

2. 阳高县古长城沿线绿化项目部分造林地块涉及农民耕地问题。

3. 阳高县白登河大白登段河道治理工程王堡村征地问题。

4. 阳高县古长城沿线绿化项目资金问题。

5. 同煤阳高低热值煤热电项目提出的阳高县供热管线及配套热网设备需尽快施工问题。目前县政府正在积极寻求合作解决的方法。

【重点工程项目举荐】 2017年，总投资5亿元的佳润集团有限责任公司阳高县通用机场建设项目，机场等级为一类通用机场，跑道长1200米。主要建设内容有跑道、停机坪、机库、飞机维修车间、办公住宿、消防等设施。力争明年下半年开工。目前该项目已完成省重点项目网上申报工作。

已上报市重点项目10个，总投资112.65亿元。

（1）投资42.24亿元的阳高县阳和国有资产经营有限公司新型农牧食品产业综合开发项目，2018年计划完成投资9亿元，完成3个种猪场、24个育肥场和6个洗消中心建设任务。

（2）投资38亿元的山西净境文化旅游开发有限公司缘源文化生态园建设项目，计划完成投资2亿元。

（3）投资0.6亿元的阳高县国腾公司建设20万吨生物有机肥项目，计划完成投资0.36亿元，一期工程年底建成投产。

（4）投资2亿元的山西阳和制药有限公司药用原辅料生产基地建设项目，计划完成投资0.45亿元，一期工程计划年底建成投产。

（5）投资15.13亿元的阳高县新乐源文化旅游开发有限公司国家农村产业融合发展示范园项目，计划2018年4月开工，年内完成投资7.5亿元。

（6）投资1.1亿元阳高县普源环保科技有限公司建设废旧机油回收再利用项目，目前已完成公司注册和备案。计划明年开春后开工。

（7）投资2.3亿元的华润长城风电三期项目，已于2017年6月取得省发改委核准，计划明年春天开工，年底建成并网发电。

（8）投资3.7亿元的国电下深井风电二期项目，目前已报省发改委核准，预计2018年4月开工，年底建成并网发电。

（9）投资3.75亿元的阳高县金升新能

源有限公司鳌石乡50兆瓦风力发电项目，目前已取得县发改局路条，正在争取指标。

（10）投资3.83亿元的阳高县二期易地扶贫搬迁项目，今年开工以来已完成投资0.3亿元，计划明年完成投资3.53亿元。

招 商

【概述】 2017年，阳高县引进签约沈阳佳晔公司生物质有机肥及生物质天然气项目、山西净境文化旅游公司红楼梦产业文化园项目、德丰利达公司大同德丰影视基地建设项目、大同市经济建设投资有限公司阳高县高铁小镇土地整治项目、盈一财富（北京）公司文冠果种植产业链项目、大同市平城投资集团有限公司建设阳高县20万吨生物有机肥项目、北京泓信康源医药科技发展有限公司健康产业基地项目7个，总投资额60.88亿元。铺开续建项目4个，新建项目7个，到位资金16.1486亿元，占全年到位资金17亿元的94.99%。

【项目建设】 2017年，有7个项目实现落地开工。阳高县阳和国有资产经营有限公司新型农牧食品产业综合开发项目，于7月15日奠基开工，投资9500余万元；国电下深井风电项目一期工程，于5月25日奠基开工，升压站工程基本结束，风机基础浇铸完成19座，风机吊装完成5台；阳高县国腾公司20万吨生物有机物项目，于9月1日开工建设，投资2000余万元；山西阳和制药有限公司药用原辅料生产基地建设项目，于10月初开工；山西净境文化旅游开发有限公司缘源文化生态园建设项目，投资1.877亿元，道路路基建设40公里；盈一财富（北京）投资管理有限公司投资的文冠果种植产业链项目，投资300万元，在樊窑、芦窑、康窑三个村栽植文冠果树苗18万株；光伏扶贫51×100千瓦村级电站项目，于9月开工，光伏基座浇铸完成，面板安装完成50%。

简化办事程序 提供优质服务 招商引资成果喜人

工业经济

经济商务和信息化

【概述】 2017 年，阳高县规模以上工业总产值 17.97 亿元，同比增长 7.83%。工业增加值 4.48 亿元，同比增长 8.5%。其中，战略性新兴产业增加值占比 35.7%，高新技术产业增加值占比 18.9%。省级及以上技术中心企业 1 户。产学研企业 1 户。单位地区生产总值能耗降幅 3.6%。规模以上工业企业利税 1.43 亿元。万元规上工业增加值能耗降幅 4.58%。外贸出口总额 8004 万元。

【企业改造降责】 2017 年，阳高县经信局完成“通过鼓励和引导企业内部挖掘改造降成本”任务。（1）申报技术创新项目。确定阳高县晨昀碳素有限责任公司 5 万吨电极糊生产线项目为该县技术创新项目。（2）资源综合利用。主要是山纳橡胶公司排放的固体废物电石渣，排放量 6 万吨，利用量 4 万吨，利用率 66.7%。（3）降低企业用电费用。4 月，山纳合成橡胶公司被列入大用户直供电计划，享受大用户直供电优惠政策，每月交易电价 0.31 元左右，每月降低企业用电成本约 40 万元。（4）申报工业技改项目。阳高县瑞鑫塑业有限公司编织袋自动化改造项目和山西国润制药有限公司企业技术中心医疗器械产业化研究技术改造项目为该县技改项目。

【服务企业】 2017 年，阳高县经信局制定《阳高县深入推进服务企业常态化开展定向服务实施方案》，明确服务企业常态化办公室及其职责，办公室设在县经信局，服务企业办公室下设服务企业推进组、问题协调组、宣传报送组、综合协调组 4 个工作组，并指定专人负责小组具体工作，建立联席会制度。收集国务院和省、市有关促进企业发展的政策和措施，编印《全县服务企业政策汇编》和《政策解读资料》100 余本，发放给服务对象。成立 11 个定向服务小组，即企业用工服务组、金融服务组、税收优惠服务组、降费服务组、科技创新服务组、规划土地矿产服务组、安全生产服务组、要素保障服务组、环保专项服务组、项目建设服务组、法律服务组。梳理汇总全县规模以上企业反映问题14个。

【固定资产投资】 2017年，阳高县经信局完成县里下达固定资产投资任务1000万元。具体项目是山西国润制药有限公司医疗器械产业化研究技术改造，项目完成后，年产医疗器械3000万片，产品销售收入2100万元，实现利润840万元，企业获纯利润462万元，上交税金378万元，建设期限为2017年1月—2017年12月。

【安全生产大检查】 2017年，阳高县经信局制定《开展反“三违”专项行动工作方案》，印发《关于开展安全生产“职责履责、失职追责”活动的通知》和《关于立即开展安全生产大排查大整治专项行动的通知》。5月，开展为期一个月的电力安全生产检查。检查全县28家成品油经营企业的资质和设备情况、制度建设情况、成品油销售情况和历年检查中发现的问题。全面排查下属16家企业的废旧厂房、厂区防水、看厂职工住房。开展“反三违”（反对违章指挥、违章作业和违反劳动纪律）专项检查。安全生产挂牌责任制监管的企业挂牌96家。

【节能宣传】 2017年6月11日—17日。阳高县经信局开展节能宣传活动。分别在重点耗能企业、机关、学校、社区等场所进行节能宣传。向规模以上企业发放节能宣传条幅和节能宣传画报200余份。

城镇和集体经济

【企业资产管理】 2017年，阳高县二轻局鼓励企业对其下属关停企业的闲置房屋、库房和车间进行合理改造，利用出租费用解决护厂及部分留守人员生活费用，防止企业厂房、机器设备等遭到严重破坏毁坏和固定资产流失。

【安全生产管理】 2017年，阳高县二轻局落实安全生产责任制，健全和完善党政同责、一岗双责、齐抓共管的安全责任体系。（1）坚持谁主管谁负责的原则年初与下属企业签订《安全生产责任书》和《承诺书》，落实企业主体责任和法人第一责任人的责任。（2）制定每年安全生产监督检查计划，明确主要目标任务、检查对象、检查内容。（3）重点在抓好落实上下功夫。组织人员定期或不定期在全系统企业中开展安全生产大检查和隐患排查，积极发动群众，查找安全隐患，查找企业安全管理制度及安保制度不健全不规范等问题，并采取“四不两直”等多种形式对重点企业进行抽查和检查。尤其对有出租车间、厂房企业涉电涉火涉危的地方列为重点监督和检查对象，对检查出的问题和隐患，采取立即整改和限期整改等措施，若整改落实不到位，停止出租车间、厂房，对企业负责人问责。2017年，检查企业12家，检查35人次，发现一般隐患15处，消除13处。

龙泉工业园区

【概述】 2017年，阳高县龙泉工业园区落户企业18家，建成投产和具备生产能力的企业15家，开工建设的有3家。签约的项目有4家。规模以上企业7家，年产值上亿元的企业有3家。全年园区实现工业总产值16.4亿元，完成目标任务12亿元的142.5%，比上年同期增长108%，销售收入17.1亿元，上缴税金8989万元。

【申报省级经济技术开发区】 2017年，阳高县龙泉工业园区落实县委《县领导2017年深化改革责任分工》(阳办发[2017]13号)文件要求，落实深化机制体制改革，激活园区发展动力，加快园区转型升级。3月，完成编制可研工作，并上报市政府。4月，开发区可行性研究报告工作，并报请省政府批准。6月，编制完成《阳高经济技术开发区总体规划》，根据相关要求，园区功能区划由原来的“一园六区”调整为“一园四区”，调整后的产业功能有安全循环产业、新型冶金建材业、化工新材料业、农产品深加工业。9月，《阳高经济技术开发区改革创新发展实施方案》《阳高经济技术开发区管理委员会领导班子任期制管理办法（试行）》《关于深化阳高经济技术开发区管理委员会全员岗位聘用制和绩效工资制实施办法的意见》。确定“三化三制”的主要目标及方向。

省政府对“可研”报告进行了初评，园区根据初评意见，聘请山西省城乡规划设计研究院进行修改。

新修的“可研”报告把园区面积由原来的26平方公里调整为24.4平方公里，由原来涉及王官屯镇、下深井乡、大白登镇三个乡镇调整为只涉及王官屯镇、下深井乡两个乡镇。已报送省政府，等待评审。

【基础设施建设】 2017年，阳高县龙泉工业园区华润天然气有限公司为保证按时为企业供气，加快气站建设速度，铺设供气管道20余公里，从县城供气站铺设至园区供气管道6000余米，保证好医生制药、同煤通泰等企业按时用气。

【重点项目】 1.同煤集团低热值煤热电项目。项目规划建设4台35万千瓦低热值煤热电联产机组，分两期建设。其中一期工程总投资33亿元，规划占地386亩，建设规模为2×350兆瓦超临界循环流化床空冷供热机组，同步建设烟气除尘、脱硫、脱硝装置。项目建成投产后，年可发电35亿度，除上网输电外，还可向阳高县城及龙泉工业园区供热801万吉焦/年，年销售收入9.4亿元，实现利税1.2亿元。目前，2#机组锅炉中低温烘炉完成，已具备点火吹管条件；精处理系统调试完成；封闭母线安装完成，励磁系统安装调试完成。预计2017年底项目累计完成投资28.77亿元。

2.大同市国腾有限公司20万吨生物有机肥项目。本项目计划投资6亿元，规划用地面积约200亩，征用土地200亩。项目计划4年建成，其中一期项目投资1.2亿元，建设年产生物有机肥20万吨。项目全部建成投产后年产值可达5.2亿元，实现税金3000万元。

3.山西阳和药业有限公司关于建设健康产业基地项目。项目总投资2亿元，占地100亩。拟新建薄膜包衣粉生产线一条、医疗器械生产线一条、特殊医学配方食品一条，建设配套动力系统、上下水系统等。该项目建设周期为2017年5月—2018年8月，施工建设分为三期完成。一期计划占地30亩，建设用薄膜包衣粉生产车间、办公楼、原辅料仓库、成品仓库、研发中心等；二期计划占地30亩，建设医疗器械生产车间、仓库等；三期计划占地40亩，建设特殊医学配方食品生产车间、成品仓库等。工程已经完成外围围墙建设及地基的回填工作，工程计划在2018年10月全部完工。

4.大同京元锰业年产一万吨高锰酸钾项目。项目占地58亩，总投资8899万元，于2013年4月开工建设。目前，给水泵房、食堂、浴室、维修化验车间、五金库、成品库、门卫等已竣工完成；电解成品车间、压滤车间、氧化分离车间钢架厂房基础及设备基础完成。已完成投资5600万元。

中小企业

【概述】 2017年，阳高县中小微企业营业收入331015万元，同比增长4.77%；增加值完成105000万元，同比增长5.76%；实现税金17500万元，同比增长2.70%；新增小微企业208户，“小升规”企业6户，新增就业700余人，成长型工程固定资产投资完成6000万元，超额完成市经信委下达的各项经济指标；同时完成县固定资产投资1100万元，比下达的1000万元任务增长10%。

【中小微企业发展措施】 2017年，阳高县中小企业服务中心宣传扶持中小微企业政策。印发政策性宣传材料5000份，汇编扶持中小微企业最新政策读本300本，街头宣传全球首个“中小微企业日”活动，宣挂过街标语10条，并通过网络、新闻媒体、微信加大宣传力度。全年为企业申报省级专项奖励资金3块，其中“小升规”企业3家60万元，“专精特新”1家25万元，省著名商标1家5万元，共计90万元，各项奖励资金全部划拨到各企业手中。

实施中小微企业成长工程。推进小微企业创办、“小升规”企业成长，“小巨人”企业培育三项工作。全年重点培育6家“小升规”工业企业，全年企业收入突破2000万元，并入规入库。

实施中小微企业能力素质提升计划。着力推进企业技术创新。2017年山西好医生药业有限公司建立的技术中心被认定为山西省中小企业技术中心。成立阳高县中小企业管理人才服务站，力求在人才的引进使用上尽可能服务好小微企业。着力提升中小微企业管理素质。落实“3个1”培训工程，对该县小微企业主130余名人员进行培训。加强管理创新，引导中小微企业完善法人治理结构，鼓励该县北天粮油有限公司、北鑫生态牧业有限公司建立现代企业制度，帮助其改善财务、安全、用工、节能、环保等基础管理。加强品牌建设。帮助该县北鑫生态牧业有限公司申报山西省著名商标，“北鑫牌”长城羊肉取得“省级著名商标”，同时帮助该企业申报“长城羊肉”地理标志。发挥小微企业服务站功能，为全县发展民营经济和大力创办中小微企业的各项政策、各种服务融入企业提供支持。

【中小微企业服务平台搭建】 搭建多元化融资服务平台。2017 年，阳高县中小企业服务中心发挥小微企业贷款风险补偿资金的作用，鼓励和引导金融机构创新金融产品和服务，优化“政银企保”合作。加强融资项目库建设，组织开展多层次银企对接活动，推广“互保贷”“助保贷”等有效融资模式，加大中小微企业金融支持力度。年内，向天阳机动车检测检验有限公司发放贷款 170 万元。

搭建多形式市场开拓平台。挖掘电子商务蕴含的巨大商机，帮助杏脯、杂粮、医药等“专精特新”中小微企业建立网购平台，拓宽企业发展空间。

加强运行监测。对 10 家监测企业搞好统计，做好监测，定期分析经济运行情况，密切跟踪市场动态变化，了解企业生产经营状况，采取措施，推动全县中小微企业稳步增长。

搭建信息服务平台，在大同市中小企业公共服务平台核实录入该县中小微企业的各项基础信息资料。有 12 家企业和 2 家物流入驻平台，为企业家个体户免费提供网上店铺，开展线上线下互动营销服务。

风景宜人的龙泉工业园区

农林水利

农 业

【特色农业产业】 蔬菜产业。2017年，阳高县着力建设蔬菜产业园，促使蔬菜产业提档升级。（1）建设发展区域。在龙泉镇、大白登镇等蔬菜生产重点乡镇布局发展区域。生产叶菜类、果菜类等精品优质蔬菜。（2）建设休闲观光区域。在百里生态长廊沿线乡镇进一步调整优化棚内种植结构，种植瓜果珍稀品种，发展休闲观光设施农业。（3）建设特色生产区域。在传统种植区域的乡镇，加快基地升级改造、产品认证、发展大户，推进标准化生产，打造特色品牌。（4）建设农业示范区域。在龙泉镇道北、大白登镇周官屯村创建2个部级蔬菜标准园，在龙泉镇东关村、新和堡村、和富移民新村、古城镇新山庄、大白登潘寺村建设5个省级蔬菜标准园，推广普及无公害蔬菜标准化集成技术。（5）建设规模化种植区。在罗文皂镇、北徐屯乡、古城镇、下深井乡种植以生菜为主的叶菜类、以胡萝卜为主的根茎类的露地蔬菜，形成种植规模，体现地域特色。同时，在经济作物种植区域内，推广滴管、喷灌等高效节水技术，发展低压管灌、喷灌和水肥一体化技术，疏通田间“毛细血管”。（6）延伸蔬菜产业链条。在蔬菜生产集中区域龙泉镇、大白登镇等乡镇，加强蔬菜预冷库和脱水加工厂的建设，合理规划建设蔬菜交易市场。增加日光温室176栋、新建塑料大棚1234个，新发展黄花种植面积1943亩，胡萝卜1000亩。

杏果产业。在扩大杏树面积种植的基础上，在古城镇下辛庄村、鳌石乡乱石村示范种植寒富新苹果，杏树种植面积增加1731亩，寒富苹果种植面积增加3041亩。

中药材产业。依托林下种植中药材、边山峪口荒坡种植中药材的模式，全县中药材种植面积增加3414亩。

农产品加工产业。增加沙河台小杂粮、友宰玉米烘干、山西农资小杂粮加工3家。同时在长城建成千吨马铃薯储藏窖、下深井百吨蔬菜预冷库。农委对接省“8311”扶贫工程，争取项目资金1653万元，涉及项目18个，用于贫困村脱贫产业建设。

优质杂粮产业。2017年全县杂粮产业种植面积25.88万亩，比上年增加5.32万亩。县农委出台振兴杂粮产业的发展规划：（1）

培育示范基地。在古城镇寺塔村等6个村集体，通过流转农民旱坡地，由合作社统一经营模式，种植张杂谷子，引进新品种、运用新技术、机械化作业，秋后亩产杂粮400公斤以上，寺塔村可为农民分红1000余元。（2）创建品牌。县农委拿出奖励意见，新认证无公害农产品每个补助2万元，新认证绿色农产品每个补助3万元，新认证有机农产品每个补助4万元。（3）培育加工企业。培育三禾杂粮加工专业合作社、管家堡杂粮种植专业合作社、阳高县德胜杂粮加工有限公司，北天杂粮加工有限公司等农业新型经营主体，通过项目扶持做强做大小杂粮加工企业。

【人居环境改善】 2017年，阳高县投入资金154万元，建设市级美丽宜居示范村3个（东小村新村、友宰镇异地搬迁村、鳌石乡乱石新村）。建设省级美丽宜居示范村3个（正丰涧村、镇边村、狮子屯乡异地搬迁村）。对全县农村环境集中整治，投入资金84.7万元，集中整治安家皂村、大泉山村、镇边村、新团堡村、罗文皂村、新和堡村、上马涧村、正丰涧村等村环境。利用县级资金600余万元、乡镇清洁卫生款，集中整治上年脱贫的28个贫困村环境，对其他村“四堆”“三环三沿”“六道”，开展“六治”。全县244个村实现“四无”，达到环境整治目标。县农委利用省级农业生产服务项目托管资金50余万元，回收公路沿线、森林覆盖密集的大泉山等周边的秸秆。

【重点项目】 2017年，阳高县农委认证无公害农产品9个，涉及企业7家，面积0.87万亩；完成王官屯京杏地理标志登记认证；开展农产品产地例行监测，采集土样29个，农产品样品26个；铲除罗文皂镇席家湾村6300亩区域范围内刺萼龙葵。

果业种植面积增加4000余亩，中药材种植面积增加3400余亩。全年水果总产量1.4万吨，总收入107亿元，人均果品收入520元。

马铃薯高产高效创建项目，在罗岭村建设马铃薯高产高效创建原种繁育基地600亩，扩繁种植马铃薯新品种2个，推广适宜该县种植的稳产、高产马铃薯优良品种。指导阳高县农作物良种研发中心、长城乡的罗岭、镇边、大二对营、镇宏堡村完成2000亩脱毒马铃薯原种、优质鲜食马铃薯扩繁任务，覆盖贫困户120户。

农业科技推广，（1）在古城镇许家窑村、马家皂乡龙池堡村等建设6个小杂粮百亩片区和2个小杂粮千亩片区。（2）在大白登镇、东小村镇等建设3个农业科技推广项目基地，培训农民400人次，发放资料200余册。（3）依托基层农技推广补助项目培训农技指导员160人次，培育科技示范户279户。

重点完成全县13个乡镇262个行政村土地确权颁证登记扫尾工作。完成250个村48324户717713.3亩承包地确权工作。

全县农民专业合作社1455家，增加310家。大白登蔬菜有机专业合作社、长城马铃薯专业合作社、罗文皂宏祥杂粮专业合作社等3家合作社被评定为“省级示范社”，5家合作社被评定为“市级示范社”。

农村集体产权制度改革。2017年，阳

高县出台《阳高县农村集体产权制度改革试点方案》，印发到各单位、各乡镇。县产权办印制《农村集体产权制度改革资料汇编》1000余册，发放到农户手中。印制《致广大农民朋友的一封信》在村级公开栏内张贴，同时利用广播、媒体等广泛宣传。在13个试点村开展清产核资摸底工作。试点总结经验后全县推开。

农产品加工龙头企业年销售收入15.6亿元。

粮食生产。2017年全县农作物总播种面积89.91万亩，其中粮食作物播种面积68万亩，粮食产量5.4亿斤，2017年农村常住居民人均可支配收入7200元。

农业“三项补贴”。粮食作物补贴面积693939.09亩。其中，玉米491297.45亩，杂粮182940.41亩，薯类19701.23亩。补贴标准为：玉米59元/亩（综补44元/亩、直补5元/亩，良种10元/亩），杂粮79元/亩（综补44元/亩、直补25元/亩，良种10元/亩），薯类49元/亩（综补44元/亩、直补5元/亩）。

【农业服务体系建设】 农作物统防统治。2017年农药使用量95.76吨，较前三年农药平均使用量降低2.75%。全年共发布土蝗、草地螟、玉米红蜘蛛等主要作物病虫预报11期，预报的准确率95%以上，病虫发生面积55.5万亩次，防治面积97.22万亩次，其中绿色防控面积28.71万亩次，占防治面积的29.53%；马铃薯种植面积5.6万亩，病虫发生面积19.5万亩次，防治面积13.33万亩次，其中绿色防控面积4.01万亩次，占防治面积的30.08%；杂粮种植面积30.2万亩，病虫发生面积26万亩次，防治面积16万亩次，其中绿色防控面积4.81万亩次，占防治面积的30.06%。病虫草鼠防控挽回损失3.23万吨，挽回损失率11.96%；病虫草鼠危害损失1.59万吨，损失率5.89%。

农业行政综合执法。利用“3.15放心农资下乡进村宣传周”活动、春季农资打假专项整治行动、农产品质量安全宣传周活动等，发放《山西省农产品质量安全条例摘要》《国家禁用和限用农药名录》等宣传资料12200余份，接受群众现场咨询服务510余人，发放《阳高县设施蔬菜管理暨栽培技术》320本。举办农产品质量安全培训会，培训农民460人（次），发放各类宣传资料1300余份。巡查全县12个乡镇100余个行政村，检查农资销售门市225个/次，出动执法人员307人/次、出动执法车辆62辆次，查获假冒伪劣玉米种子1200公斤，劣质过期农药23公斤，立案3起，结案3起，罚款15000元。配合农业部、省、市例行监测抽查工作，种子抽检8个样品全部合格，农药共抽取三个部市20个样品，经鉴定合格率100%，蔬菜抽检30个样品，都没有发现有农药残留超标情况。

新型职业农民培育。农广校、阳高圆梦职业培训学校、阳高晋阳养殖专业合作社，培育新型经营主体带头人380人，其中建档立卡贫困户342人。

【“农民夜校”创办】 2017年，阳高县创办农民夜校255所，兼职教师398名，培训场次达1200余场，《经济日报》《大同日报》

《央广网》《人民日报》驻山西记者、《大同电视台》《黄河电视台》等多家新闻媒体和电台进行宣传报道。

农业产业发展中心

【概述】 截至2017年底，阳高县共发展日光温室14361栋（室内面积0.72亩）、塑料（移动）大棚30600栋（棚内面积约1亩），设施总面积4.09万亩，露地蔬菜种植面积7.2万亩，全县蔬菜种植总面积11.33万亩。年内全县蔬菜总产量51.27万吨，蔬菜总产值7.04亿元。设施蔬菜面积增加0.2万亩。建成龙泉镇东关村等千栋日光温室园区10个，大白登镇陈官屯村等千栋塑料大棚园区6个。

全县为980户建档立卡贫困户的2442人建设塑料大棚达1090栋（每栋种植面积1亩），日光温室135栋（每栋种植面积0.72亩）。设施蔬菜脱贫产业的贫困人口占到2017年脱贫人口的22%，实际占到有劳动能力、可承载后续产业贫困人口的52%。

【“一村一品一主体”建设】 2017年，中央现代农业生产发展资金设施蔬菜集中连片建设项目资金划拨到阳高500万元。支持大白登镇3个片（易地搬迁福泉村、陈官屯村、小白登村）的设施蔬菜建设项目；支持下深井乡西坨村建设塑料大棚；支持王官屯镇十里台村东北建设塑料大棚；支持狮子屯乡富安移民村建设日光温室。

设施农业建设资金200万元。其中，100万元用于东小村镇新东村移民村200栋塑料大棚建设，覆盖建档立卡贫困户188户510人，该项目完成招标工作；100万元用于大白登镇福泉移民村蔬菜预冷库建设，该项目可覆盖贫困户240户685人。

中央农业生产发展和农业资源及生态保护资金50万元，用于友宰镇783亩集中连片种植的黄花菜基地建设，该项目覆盖建档立卡贫困户852户2148人。

【智力支持精准脱贫】 2017年，为提高日光温室种植户的科技应用水平，特别是对移民搬迁户发展设施蔬菜这一支柱产业的需求，该中心印制了《日光温室实用技术手册》2000册，在春节期间为蔬菜专业合作社、育苗重点户、乡镇农技推广员发放600册。

通过开展“联合”“订单”“定向”对1000名贫困人口进行培训。10月，产业中心在阳光农业产业园区举办两期600人次的绿色蔬菜技术培训班。邀请山西农业大学的教授、山东寿光鑫悦乔老师培训中心的专家讲课，并搭建微信交流平台。全县参与微信交流和微信课堂的种植户有1200人，现场答疑、远程会诊。山西农业大学教授、科技副县长李灵芝，发挥技术专长，推动设施蔬菜的发展进行新品种引进、生物菌肥试验、水肥一体化推广等方面进行深刻讲解。大白登镇潘寺村，吸纳阳高县强农种植专业合作社，引来大棚种植能手王利军连片种植70亩塑料大棚，给潘寺村带来劳务收入16万元，同时带动全村104栋日光温室种植、管理、销售，并建立小型产地交易市场，帮助农民销售蔬菜1000吨。开展产销对接，大白登镇分管副镇长张兴多方联系，由市政府驻潘寺村第一书记刘中利举荐，在大同市西门外农贸市场开了直销店，向大同市民推荐火山生态蔬菜。为北京市配送100亩的火山生态、绿色蔬菜，下一步将和北京新发地、海南佳伟公司等进行合作，发展订单式种植。

【集约化育苗统计核实】 2017年4月，阳高县农业产业发展中心对全县13个育苗合作社进行集约化育苗统计核实工作，共育苗3100万株，可供全县及周边地区4500栋日光温室和9000栋塑料大棚种植。

【蔬菜新品种和新技术试验示范】 2017年，阳高县农业产业发展中心在龙泉镇绿园日光温室园区进行有机生物菌肥改良土壤试验示范。单一有机肥+碳能生物菌肥；两种有机肥+碳能生物菌肥；对照（传统施肥配方）充分腐熟粪肥+三铵复合肥；采用化学冲施肥与生物冲施肥相配合，大量元素冲施肥与中微量元素冲施肥相配合，长效肥与速效肥相配合。王官屯镇600亩南瓜的新品种示范，在正丰涧村集中连片示范20亩，主要品种有抗病红冠王、晋科三号、黑宝石等。马家皂乡安家皂村40亩胡萝卜新品种试验示范，主要品种为多良5号，依托北京市裕农优质农产品种植公司实施。

【省级蔬菜标准园挂牌】 2017年，阳高县6个省级蔬菜标准园挂牌。截至年底，有部级标准园2个，省级标准园10个。

农业综合开发

【土地治理项目建设】 2017年，阳高县完成2016年度罗文皂镇和大白登镇高标准农田建设项目，治理总面积1.2万亩，其中罗文皂镇高标准农田建设项目区0.7万亩，大白登镇高标准农田建设项目区0.5万亩，直接受益1445户4141人。项目完成总投资1410.10万元，结余财政资金16.10万元。其中，中央财政资金944万元，省财政资金444万元，市财政资金11.90万元，自筹资金10.2万元。打机井30眼，修复配套旧井23眼，输变电线路配套23.5公里，埋设管道58.21公里；渠系建筑物429座，改良土壤5227.56亩，整修硬化田间道路28.52公里，营造农田防护林274.1亩，技术培训1398人次。

【产业化发展项目建设】 2017年，阳高县完成年屠宰肉羊3万头改建项目。项目地址为古城镇赵石庄村南，实施单位为山西合创农业科技有限公司，总投资406.16万元。其中，中央财政资金134万元，省财政配套资金62.98万元，市财政配套资金4.02万元，自筹资金205.16万元。建成货物仓库698平方米，汽车预冷库218平方米，展示厅350.6平方米，地库东通道、西通道275平方米，地库东、西库门4套，污水处理综合间50平方米，污水处理池250立方米，修缮原车间1300平方米，购置设备7台（套），其中安装汽车预冷库成套设备1套，地库库门4套，购置安装日处理30立方米污水处理设施1套，购置大型切肉机1台。

年出栏450头优质肉牛养殖基地改建项目。项目地址为古城镇古城村北，实施单位为阳高县九牛生态牧业专业合作社，总投资124.17万元。其中，中央财政资金37万元，省财政配套资金17.39万元，市财政配套资金1.76万元，自筹资金68.02万元。项目拆除和建成标准化牛舍2栋1480.5平方米，硬化干草棚1060平方米，硬化道路816平方米，购置饲草打包机1台，拖拉机1台。

出栏7000头商品猪养殖基地扩建项目。项目地址为龙泉镇西北村武家坟，实施单位为阳高县龙泉养猪专业合作社，总投资116.51万元。其中，中央财政资金37万元，省财政配套资金17.39万元，市财政配套资金1.11万元，自筹资金60.77万元。在总投资中，固定资产投资97.91万元，流动资金投资18.6万元。项目购置设备332套，其中产床64套、保育床64套、定位栏200套、智能超声波雾化消毒设备2台、人工授精设备1台，变频无塔供水设备1台。引进新丹系大白纯种母猪150头、新丹系大白纯种公猪2头、新丹系长白纯种公猪4头、杜洛克公猪3头，共159头。

年出栏2000头商品猪养殖基地扩建项目。项目地址为大白登镇张园村，总投资122.78万元。其中，中央财政资金37万元，省财政配套资金17.39万元，市财政配套资金1.11万元，自筹资金67.28万元。在总投资中，固定资产投资113.28万元，流动资金投资9.5万元。建成育肥舍952.75平方米，改造产房仔猪保育舍256平方米、种猪舍390平方米、育肥舍448平方米、饲料加工车间170平方米，硬化通道680平方米，建成排污暗管90。购置各类设备90套，其中产床5套、保育床5套、定位栏15套、食槽65个。引进二元能繁母猪50头、杜洛克公猪1头。技术培训200人次。

农业机械化

【概述】 2017年，全县农业机械总动力21.5万千瓦，拥有大中型拖拉机1415台，小型拖拉机2135台，玉米收获机275台，各类配套机具6635台（件），机耕作业面积60万亩，机播作业面积57万亩，机收作业面积21万亩。

【农机购置补贴项目】 2017年，阳高县农机发展中心落实农机购置补贴资金900万元，占全市补贴资金总量的22%。已补贴各类农机具210台，其中拖拉机60台、收获机24台、耕整地机械119台、免耕播种机1台、饲料搅拌机4台、粮食烘干机2台，补贴机具种类涉及粮食生产的耕、种、收以及产后加工的各个环节。

【电动农机奖补示范项目】 2017年，阳高县被选定为全省20个电动农机奖补示范县之一，落实奖补资金700万元（全省5000万元），奖补资金额度位列全省第二。截至5月底，完成省局下达电动农机奖补任务。共计奖补电动农机 2374 台。其中，电动运输采摘机 202 台，日光温室大棚电动放风机 60 台，果蔬烘干机 3 台，电动拖拉机 1 台，电动中耕除草机 2108 台。

【农业机械化示范县创建项目】 2017 年，阳高县农机发展中心落实到项目资金 90 万元。建设机耕道 8072 米，机库棚 300 平方米，通过项目带动，建设和扶持一批农机专业合作社和农机大户，起到典型引领和示范推进作用。

【农机合作社资产收益扶贫项目】 2017 年，阳高县农机发展中心落实农机深松整地作业补助项目资金 50 万元、新型职业农民培育（农机操作手培训）项目资金 14 万元、农机社会化服务建设项目资金 15 万元、玉米生产全程机械化项目资金 20 万元，中央财政农业生产发展项目（农机深松整地作业补助项目）资金 200 万元，共计 299 万元被列入县脱贫规划统筹整合范围。

在下深井乡上堡村阳高县同禾利农机专业合作社，统筹整合资金 15 万元，在大白登镇潘寺村平顺养殖种植综合专业合作，统筹整合资金 45 万元，在狮子屯乡后营村全瑞农机专业合作社，统筹整合资金 39 万元，分别开展农机合作社资产收益扶贫项目。

【农机安全生产监管】 2017 年，阳高县农机发展中心开展农机安全生产大检查、打非治违专项整治、“反对违章指挥、违章作业和违反劳动纪律”专项行动，排查拖拉机、联合收割机 500 余台次，排查整改各类隐患 80 余起。开展农机安全生产月和咨询日活动，确保全年农机生产“零事故、零伤亡”。

【老年农机人员待遇问题解决】 2016 年 12 月 22 日，阳高县政府常务会议就县老年农机人员生活补助问题，成立专门工作领导组，启动老年农机人员摸底调查工作。最终全县共确定符合政策条件的老年农机人员 358 人。到 11 月底，完成上年度和 2017 年度的老年农机人员生活补助资金兑付工作。

畜牧业

【概述】 2017 年，全县生猪饲养量达到 104.5 万头，羊饲养量达到 80 万只，牛饲养量达 6 万头，其中奶牛存栏量达到 2.72 万头。

【畜牧业建设】 新建改扩建标准化养殖小区 23 家，全县发展标准化规模养殖小区 95 家，其中生猪 30 个、奶牛 28 个、肉羊 25 个、肉牛 6 个、蛋鸡 6 个。完成县下达固定资产投资任务 1000 万元。

农牧交错带建设。全县成立领导组，制定工作方案，收储全株青贮玉米 1.43 万亩 4.3 万吨，阳高县首创草业有限公司、山西农医生农业科技公司加工全株青贮玉米 1 万亩 3 万吨。探索出饲草经销、饲草加工和饲草贮用结合三种模式。

科技服务体系建设。依托 6 个基层中心站，完善成生猪良种繁育基地 6 个，猪人工授精点 34 个，奶牛人工授精点 28 个，羊人工授精点 10 个，构建以县级良种服务中心、人工授精网点、技术服务站和繁改员为基础的四级良种繁育体系，畜禽良种覆盖率达 90% 以上。推广羊人工授精技术、全株青贮玉米青贮技术、TMR 全日粮配制等技术，举办养殖技术培训班 5 次，印发技术资料 3 万余份。

重大动物疫病防控。完善县、乡、村、场（户）四级联防体系，强化责任落实和责任追究。启动 6 个冷藏室，加强疫苗全程冷链管理，实验室全面开展血清学监测工作

“两个确保”进一步强化。围绕“确保不发生重大动物疫情和确保不发生重大食品安全事故”工作目标，建立县、乡、村、场（户）四级联防体系，从饲养、流通、生产等环节进行全方位监控。推动阳高县永清畜禽无害化处理有限公司投产运营，处理病死猪 6 万余头，建设完成病死畜禽收集点 8 个。重点开展瘦肉精、生猪屠宰、病死猪随意丢弃整治专项行动，实现每两个月一次对全县养殖场（户）轮回检查一圈的目标，严厉打击病死畜禽丢弃和销售等不法行为。

【畜牧业重点项目】 2017 年，阳高县推进正大集团 100 万头生猪全产业链养殖项目。全年投资 3 亿元，建设 1 个养殖单元，1 个种猪场、8 个育肥场、2 个洗消中心，生猪饲养量达到 15 万头。县政府注册成立阳高县阳和国有资产经营有限责任公司成立平台公司，注入资本金 3000 万元，已在王官屯镇和下深井乡流转土地 1400 亩，于 7 月 14 日开工建设。

推进畜禽粪污处理和资源化利用工作。推进养殖企业粪污处理基础设施建设。完成 13 家养殖企业粪污设施建设任务。据统计，全县共建档立卡养殖场（户）71 家，累计完成 43 家养殖场（户）建设“三防堆粪场”。探索出五种粪污处理和资源化利用模式，4 家养殖企业与山西农医生农业科技公司有机肥厂签订加工处理协议，推广四季牧场实行放养模式、9 家养猪场（户）实行发酵床养猪。

完成京津风沙源治理草地建设任务。2017 年计划投资 630 万元，完成棚圈建设任务 3 万平方米，青贮窖 1.5 万立方米，建设工程基本完成。

农业开发中心

【玉米种植样方遥感动态监测】 2017 年 5—10 月，阳高县农业开发中心开展玉米种植样方遥感监测。利用地面样方技术对分布在各乡镇的 10 个玉米种植样方（友宰镇东册田样方、友宰镇王官掌样方、鳌石乡乱石样方、友宰镇贵仁样方、友宰镇大辛庄样方、北徐屯乡夏家场样方、罗文皂镇杨家堡样方、北徐屯乡沙河台样方、龙泉镇李官屯样方、大白登镇曹庄样方）进行地面监测和社会经济调查。5 月起，每月都对十个样点进行一次实地样方内植物的动态监测，了解样方内植物的长势、病虫害、自然灾害等情况，了解 2017 年样方内农作物种植结构的变化情况及其原因、土壤墒情、种植的投入产出比等情况。通过实地监测和

入户调查，把整理汇总的资料和影像资料上报省遥感中心，客观反映以农户为单位的零散种植现状，为省提供玉米种植结构变化资料。

林　业

【概述】　2017年，阳高县林业局完成营造林任务2.73万亩。其中，京津风沙源治理工程1.5万亩，环京津冀生态屏障区建设1.1万亩，新一轮退耕还林0.07万亩，植被恢复造林0.06万亩，任务完成率100%，森林覆盖率26.2%。

【林业脱贫攻坚】　2017年，阳高县林业局在林业治理保护方面助推脱贫攻坚，生态治理脱贫一批。组建贫困人口占到80%的扶贫攻坚造林专业合作社，采取议标的形式让贫困户参与生态建设增加劳务收入实现脱贫，全县共组建扶贫攻坚造林专业合作社25个，总户数862户，其中建档立卡贫困户721户1922人。2017年国家、省下达阳高县的荒山造林任务2.6万亩，封山育林任务0.5万亩，总投资1350万元。通过议标全部落实到各个专业合作社，并拨付资金637.9万元。截至2017年8月底，各合作社以“一卡通”方式支付贫困劳力的劳务收入160.6万元。

生态保护脱贫一批。利用国家、省生态保护资金，让建档立卡贫困人口参与森林资源管护工作，以稳定的工资性收入实现脱贫。2016、2017两年通过乡镇共选聘建档立卡贫困户护林员427名，管护面积32.52万亩，人均管护面积761亩左右，人均年工资6250元。工资已全部下拨到各乡镇，并按季打卡到户。

退耕还林脱贫一批。通过实施新一轮退耕还林工程，让贫困户获取生态补偿实现脱贫。2017国家、省下达阳高县新一轮退耕还林任务700亩，每亩种苗补助800元、生活补助1500元，共计2300元，分五年补完，工程任务已全部完成。第一批生活补助资金35万元已全部兑现到户，第二批种苗补助28万元正在拨付中。项目共涉及建档立卡贫困户48户114人。

林业产业脱贫一批。利用环京津冀生态屏障建设项目发展杏果产业带动贫困户脱贫。全年全县依托该项目共栽植杏果经济林2610亩（鳌石1230亩、友宰476亩、东小村904亩），其中涉及贫困户119户272人、面积1166亩，测算可带动310人贫困人口增收脱贫。

【重点绿化工程】　2017年，阳高县古长城沿线生态修复项目涉及罗文皂、龙泉、长城3个乡（镇）的30个村庄。包括大班块造林4.92万亩，节点造林0.9万亩，宽基底引导种植0.53万亩，通道绿化长度57.06公里。截至年底，完成大班造林7800亩，节点造林2200亩，宽基底引导种植1350亩。主要以挖坑整地修路为主，累计完成整地13000亩。大泉山重点区域绿化工程建设规模4083亩，建设期限2016—2018年。

【森林资源管理】　2017年，阳高县林业局强化林地用途管制，全面推进林地保护“一张图、一套数”的林地定额管理模式，坚守生态保护“红线”，遏制林地非法流失。上半年在县招商引资项目中，共办理征用林地审批手续并获得省林业厅核准的项目有4个，即同煤电厂铁路专用线项目永久性使用林地、国电下深井风力发电项目永久性使用林地和临时性使用林地、上年光伏扶贫村级电站项目临时性使用林地、鳌石乡易地扶贫搬迁项目永久性使用林地。2017年光伏扶贫村级电站采用林光互补项目得到市林业局的批复。

开展打击破坏森林资源专项行动，强化森林防火责任制落实，开展森林防火宣传预防工作，在全县主要进山路口、人员密集处设置固定宣传牌26座，重新刷写森林防火标语1200余条，在高火险天气，春节、元宵节、清明节等重要节日，出动防火宣传车辆50台（次），密织全县617名护林员巡山护林网络，确保森林生态安全。

加强监测，及时防控，森防站监测森林面积3万亩，购买“氟鼠灵”农药146件，在狮子乡、东小村镇经济林地，喷撒生物药剂，防治面积0.5万亩，实现森林病虫害受灾率、成灾率双下降。

水　利

【水利助推脱贫攻坚】 2017年，阳高县水务局完成投资1528万元，解决47个村37393口人的饮水安全问题，受益建档立卡贫困人口10645人。为正大集团养猪打井配套、古城镇寒富苹果安装管灌、友宰镇黄花产业安装喷灌，给全县600栋大棚安装滴灌，为马家皂乡东要泉村、古城镇上辛庄村各打出出水量60余吨的机井1眼。

【河长制工作推进】 2017年，阳高县成立河长制办公室，落实办公地点及人员。全县共完成河流及沟道清理14处，清淤清障量共计96万立方米，完成投资230万元。在五河两沟安装树立10块河长信息公示牌，河道名称、河长职责、治理目标、监督电话等内容规范明了，主动接受社会监督，在《阳高周讯》、阳高政府网站等媒体公示全县河长信息名单。

【民生水利工程】 2017年，阳高县堡子湾水库工程，完成投资5251万元。建设导流洞开挖、上下游围堰大坝砼浇筑、供电线路等工程。白登河大白登段河道治理工程，完成投资2326万元。建设堤防工程12.23公里，支流入河口工程8处，排水口工程9处，河道主槽疏浚工程5.9公里。京津风沙源治理水利水保项目，完成投资430万元。打井配套18眼，建成控制室16间、蓄水池1座，安装变台1座，铺设节水管道41.6公里。

住房和城乡建设

【农村危房改造】 2017年，阳高县住房保障和城乡建设管理局落实农村危房和危险土窑洞改造任务共计5576户，其中农村危房改造任务2544户，危险土窑洞改造任务3032户。根据实际情况，这两类任务的5107户与易地扶贫搬迁项目统筹整合实施，其余469户由4个乡（镇）分散实施，年底全部完成。

【县城道路建设】 2017年，阳高县北环路道路改造工程。全长2180米，道路红线宽度24米，其中机动车道15米，投资4900万元。工程包括道路工程、给水工程、排水工程、电力土建工程。6月9日开工建设，11月底竣工。

【街巷亮化工程】 2017年，阳高县投资316.8万元，在149条小街小巷安装完成1000盏LED太阳能路灯；投资200万元，在北环路安装路灯146盏。

【易地搬迁】 2017年，阳高县二期易地扶贫搬迁项目，涉及13个乡镇的4458户8555人，确定安置点22个，有21个安置点开工建设（长城乡镇边堡村因设计变更未开工）项目共征地2337.3亩，收取自筹款2529.236万元，规划建设房屋8178间。21个安置点完成“三通一平”，完成率95%；基础土方开挖5114间，完成率63%；砌筑浆砌石基础4697间，完成率57%；浇筑地梁2107间，完成率26%；主体完成1280间，完成率16%。

【棚户区改造】 2017年，阳高县第一期旧城棚户区改造房屋征收工作于上年10月31日启动实施，2017年3月底全部结束。涉征总户数298户，拆除房屋建筑面积22000平方米，回迁房屋314套。

第二期旧城棚户区改造房屋征收工作通过摸底报名登记，9月28日开始入户评估，10月23日编制完成评估报告书。评估总户数483户，10月25日在县体育场进行选房顺序抽签，10月27日开始与被征收户签订《房屋征收与补偿协议书》，截至11月14日，共与295户被征收户签订了补偿协议书，安置房屋410套。

住房公积金

【概述】2017年，阳高县住房公积金归集情况：建制单位累计220个，缴存人数达到7366人。8月底缴存7823.52万元，新系统截至11月缴存2507.25万元，合计10330.77万元，历年累计归集额达52125.11万元。

支取方面：2017年8月底支取737笔，提取金额达2020.46万元，新系统截至11月支取711笔1680.48万元，合计提取1448笔3700.94万元。

贷款发放：截至11月底发放住房贷款47户，发放金额808万元，其中新系统中发放12笔195万元。

【严格审批程序】　2017年，阳高县住房公积金中心堵塞漏洞，防止违规套取公积金。严格把关，完善住房公积金支取相关审批程序，按提取规定审批办理提取手续。对住房公积金性质认识不清，支取条件不足申领住房公积金等复杂情况，安排专人审核，规范发放，加强贷款后期管理。

接受监督，降低资金管理风险。对县财政、县审计、县纪检等监管部门按要求报送备案文件、统计报表、年度报告等有关资料，接受社会各界的监督检查。向县财政上交廉租房补充资金739.57万元。

市政公用事业

【县城环境管理】　2017年，阳高县市政公用局加强县城环境管理联合执法和综合整治。重点抓县城治“五乱”，加大县城市容市貌、环境卫生、交通秩序、环境保护、市场监管“五项整治”的治理力度。根据《中共阳高县委全面深化改革领导小组2017年工作要点》的通知，经政府专题会议研究并多方考察，召开听证会征求各方面的意见和建议，决定在县城实行环境卫生市场化运营，于8月初在中国山西政府采购网发布“阳高县县城环卫市场化运营政府购买服务项目《公开招标采购文件》”，9月5日进行开标，公开招标由北京清扫夫环保服务有限公司中标，并于9月8日下达《中标通知书》。从10月17日县城环卫市场化运营启动，进入试运行阶段。通过县城环境管理联合执法和综合整治，县城环卫市场化运作，创建省级卫生县城，市容和环境卫生取得明显成效。清理清运生活垃圾3万吨，日产日清。

【乡村环境管理】　2017年，阳高县创建全县行政村全部达到省级达标村，259个行政村申报到市城乡清洁办。为按期完成此项目标任务，建立乡村清洁长效管理机制，进行常态化管理。要求所有行政村在清扫保洁、垃圾清运、村容整饬等方面建立作业标准、监管体系和规章制度。对乡村重点区域、组织力量进行清理。全县13个乡（镇）747名清扫保洁人员，65名乡镇监管员，保证所有村庄的清扫保洁和监督管理。全县农村整治和清理“四堆”2.91万个（堆），清理积存垃圾4900余吨，清除农村野广告2500余处（条），同色覆盖粉刷墙体4847平方米。

【年度任务执行】 2017年，阳高县市政公用局印发《关于完成2017年住房和城乡建设工作（市政部分）目标任务的实施方案》文件。完成城乡清洁工程配套资金400万元，用于农村垃圾清理和“四堆”的整治；建设垃圾中转站5座；全县259个行政村全部达到省级达标村的标准；完成城乡清洁工程5年实施情况评估报告；建立非正规垃圾堆放点台账，完成非正规垃圾堆放点排查整治。

【卫生县城创建】 2017年，阳高县市政公用局爱国卫生运动在全县普遍开展。4月7日在县城巴黎广场举行第二十九个爱卫月宣传日活动，进行“除四害”知识图展和讲解，印发健康方式和传染病防治知识的宣传资料，并发放灭鼠、灭蟑药物。在全县城乡上下组织机关单位、企业、学校、社区、村民等开展环境卫生大扫除活动。5月10日开展“守护大同蓝，大家一起来”全民义务卫生日活动，县四套班子领导和县直机关干部职工出动1500余人，进行环境卫生清扫清理的全民义务卫生日活动。

【县城环境卫生管理】 加大县城环卫清扫保洁、垃圾收集清运能力，县城机械化道路清扫车5辆（台），实现了县城14条主干道的机械化清扫。1月“冬季行动”环境整治起，出动四轮车电瓶收集车12辆，使县城垃圾收集车达到18辆，在主街道配置果皮箱118个，沿街门店配备垃圾桶2800个，力求实现14条主干道垃圾不落地和按时收集。同时组建临时突击队。共清理城乡结合部和卫生死角50余处，清理小街小巷卫生40余条，对环城路（南环、西环、北环）和高速引道的环境卫生和白色污染物进行拾捡和清理。10月17日，县城环卫市场化运营启动，通过一个多月的试运行，环卫一线工人由原来162人增加到262人，新增车辆48辆（部），新增垃圾箱60个，新增果皮箱300个。

供　电

【概述】 2017年，国家电网阳高供电公司有全民员工135人，集体员工20人，社会化用工22人，众辉员工155人。下设6个部室：综合管理部、财务资产部、安全监察质量部、电力调度控制分中心、营销部（客户服务中心）、运维检修部（检修工区）；9个供电所。管辖220千伏变电站1座、主变3台，总容量36万千伏安；110千伏变电站3座，主变6台，总容量56万千伏安。

【运维管理】 2017年，国家电网阳高供电公司售电量2.29亿千瓦时，售电均价523.9元/千千瓦时，综合线损率7.71%。完成全年合表打开任务，接收煜龙家园、工商局家属楼、阳和首席西区用户共计2860户，移交变压器容量共计3150千伏安。全年新装4727户，增容45055千伏安。推广手机APP和95598网站电子化业扩受理渠道，共受理1211户。

供　水

【概述】 阳高县自来水公司成立于1982年，主要担负全县供水、安装及设施维护任务。管辖供水水源井10处，水塔5座、2座水厂及43公里输配水管线组成。供水规模为8000立方米/天，全县总用水户3万余户，年供水量270万立方米。按照国家《生活饮用水卫生标准》相关要求，10处水源井全部安装二氧化氯消毒发生器，并利用安装的远程无线网络自动控制及监测系统对城市供水系统实时监测，确保全县供水水质达到城市饮用水标准。

【供水管网维修】 2017年，阳高县自来水公司对供水管道改造，康明里50米、北环路1650米、站前街485米。维修、抢修破损的供水管道113处，更换闸阀16个；安装DN160、DN200闸门各1台，配合县城北环路道路改造工程，维修因工程施工挖断的供水管道20余处，确保县城安全供水。

【供水配套设备安装维修】 2017年，阳高县为保障御泉华府小区饮水安全，在一中西廉租房南新打121米水井1眼，配套井房1间、供水管网450米、电缆630米；更换派出所南水源井80-66水泵1台，更换按时巡查、维护各水源井机电设备；安装IC智能水表122块，无线远传水表150块，更换老旧普通表50余块，维修维护水表64块。

【供水重点项目实施】 阳高县供水改扩建工程正式开工，新铺设长青街段西门口至火车站配水主管网DN400球墨铸铁管533米、云林路段配水主管网DN500、DN300球墨铸铁管1436.4米。供水改扩建工程建成后，全县供水由分散式供水变为由二水厂集中式统一供水，极大地提高供水时效，确保供水水质安全可靠。

【水质检测】 2017年，县疾控中心和环保局抽检检验各类水样10份，合格率100%；该公司通过水质检测中心自检水样18份，合格率100%；该公司成立了能够承担42项常规水质指标检验的水质检测机构，可对县城出厂水、管网水、末梢水进行定期抽检，确保县城供水安全。

环境保护

【概述】 2017年，阳高县环境保护局开展“铁腕治污行动”，配合中央和省委环保督察组工作，强化大局服务意识，以保障群众环境权益为目标，扎实做好各项工作。全县空气质量累积天数分别为：一级天数52天、二级天数213天、三级天数44天、四级天数6天、五级天数7天、六级天数3天。二级以上优良天数265天，二级以上优良天数比例为81.54%，超过市考核阳高空气质量达到75%以上的任务；PM2.5平均浓度44μg/m^3，较上年同期相比下降2.22%；地表水白登河断面稳定达到Ⅳ类水质。

【环保行政处罚】 2017年，阳高县环境保护局整顿惩治环境违法行为，加大行政处罚力度，对山纳合成橡胶有限责任公司、鹏程小店种猪繁育有限责任公司等18家企业下达《行政处罚决定书》，罚款74.61万元；对胡窑砖厂等11家违法企业进行查封；停产整治6家企业。

【环境污染信访处理】 2017年，阳高县环境保护局接受环境污染信访事件37件，处理37件，处理率100%。其中“12369”环境举报热线包括：山纳合成橡胶有限责任公司气味、粉尘；阳高县得实榨油坊气味呛人；北城家园对面铁艺加工喷漆呛人；阳高县天石杰塑料制品厂冒黑烟；众和洗浴噪声；阳高县来发建材经销部噪音；阳高县保健洗浴城烟尘；罗文皂镇平山村选铁厂粉尘；阳高县广厦热力有限责任公司排放黄色浓烟等21件。查处“12345”市政府热线举报：佳家玛超市锅炉烟尘；山纳合成橡胶有限责任公司气味；大同同泰环保科技股份有限公司刺鼻气味；阳高县得实榨油坊刺鼻气味；山西国润制药有限公司噪音；阳高县青阳牛定点屠宰中心臭味等16件。

【环保项目评价审批】 2017年，阳高县环境保护局采取五项举措推进建设项目环保“三同时”监管常态化，提高环保“三同时”执行率，加强事前审批、事中、事后的环境监管，审批建设项目环评文件12个，建设项目竣工环保验收审批6个，排污许可证发放13个、审核13个。对符合产业政策的建设项目开辟“绿色环评通道”，实行提前介入和跟踪服务，提供环评咨询和业务指导。

【落实大气污染防治法】 2017年，阳高县环境保护局通过新闻媒体宣传大气污染防治法的重要意义，提高全社会对大气污染的认识。按照《山西省2017—2018年秋冬季大气污染综合治理攻坚行动方案》的要求，制定《阳高县大气污染2017年行动计划》《阳高县2017—2018年秋冬季大气污染综合治理攻坚行动方案》，分解任务，落实责任。

推进煤改电、煤改气清洁供暖工程。全县3台供暖燃煤锅炉实施煤改气清洁能源替代。进行“煤改电”的182户。建立“散乱污”企业清单，排查发现“散乱污”企业51家，取缔43家，停产8家。淘汰燃煤锅炉25家28台，其中建成区22家23台，工业企业3家5台，并建立了动态工作台账。两家重点行业挥发性有机气体治理年底前完成治理改造。

油气回收装置及油品质量监管。全县油品质量已全部达到国六标准，2015年底全县14家加油站完成油气回收治理，并通过验收。配合县农委严格控制秸秆焚烧工作。成立领导组，制定实施方案，与相关单位签订责任状，强化监管，做到责任落实。连续两年每年拨付56万元用于监察秸秆禁烧工作，力争做到“不燃一把火，不冒一处烟，不现一处黑斑”。调整县城高污染燃料禁燃区，严格控制在高污染燃料禁燃区内使用高污染燃料。

完成重污染天气应急预案修订工作，加

强扬尘管控。广厦热力公司的1万吨全封闭堆煤场，进行了煤堆场治理；山纳橡胶阳高热力分公司2台75吨锅炉和广厦热力公司的4台燃煤锅炉，配套建设静电除尘脱硫升级改造。重污染天气应急预案启动期间，县城建成区内停止各类建设工程土石方作业、房屋拆迁施工，停止道路施工、水利工程等土石方作业。渣土、沙石运输车辆要安装密闭装置，道路增加清扫次数并洒水降尘。

落实禁烧限放要求，制定烟花爆竹禁限放及燃煤旺火等严控方案，明确禁限放管控要求。严禁枯枝落叶、垃圾露天焚烧，禁烧有害物质。强化露天烧烤的管控，全县所有的烧烤摊点经过整治全部转入室内营业。

【落实水污染防治法】 2017年，阳高县环境保护局贯彻实施《中华人民共和国水污染防治法》，采取有力措施加强水环境保护，水环境质量地表水白登河断面稳定达到Ⅳ类水质。制定《阳高县水污染防治工作方案》和《阳高县水污染防治2017年行动计划》，出台《阳高县畜禽养殖禁养区划定方案》。组织执法人员对黑水河、黄水河、白登河、吾其河、桑干河5条河流进行巡河检查，保证沿河村庄生活垃圾、农业废弃物及污水禁入河流。

饮用水源地建设。县城水源地2个，乡镇水源地12个。每年委托第三方对县城水源地水质进行39项全分析监测和23项常规性监测。监测数据显示县城和乡镇水源地水质全部达到或优于Ⅲ类标准。

推行“河长制”。贯彻落实中共中央办公厅、国务院办公厅《关于全面推行河长制的意见》精神，加强水污染防治和水环境治理，河湖水域岸线管理保护，水资源管理，水生态修复等工作。建立健全河湖保护长效机制。根据省、市要求，结合本县实际，县委县政府制定《阳高县全面推行河长制实施方案》，明确职责，狠抓落实，确保白登河出水断面水质达到Ⅳ类标准。

以农村生活污水、生活垃圾、畜禽粪便等污染治理为重点，实施农村环境连片整治，改善农村人居环境。实施了大泉山、安家皂、马家皂、镇边堡等四个村污水治理项目。

【土壤污染防治工作】 2017年，阳高县环境保护局贯彻落实《国务院关于印发土壤污染防治行动计划的通知》和《山西省土壤污染工作方案》文件精神，根据《大同市环境保护局关于编制土壤环境保护等方案的通知》文件的要求，把这项工作列入2017年土壤污染防治目标任务书。根据上述文件的要求，完成土壤污染防治工作方案的编制并报市人民政府备案；完成全县的土壤污染治理与修复规划并上报市环保局备案。根据国家受污染耕地安全利用技术指南，制定《受污染耕地安全利用方案》。编制完成《阳高县土壤污染防治工作方案》和《阳高县土壤环境保护方案》。

【查处环保督查移交案件】 2017年4月28日至5月28日，中央环保督查组进驻山西省期间，阳高县共收到中央第二环保督查组移交群众反映案件8件，涉及生态、水、大气、噪声等问题，6件属实（除山纳合成橡胶有限责任公司刺鼻性气味正在整改中外，其余5件：温泉的环评竣工验收、鹏程小店猪场的污水清理、刘窑村铁选厂的取缔、好医生外排废水的达标排放、燕窝石料厂完善环保设施均办结），对环境违法企业进行行政处罚，累计处以罚款48.3万元。

2017年10月14日至11月14日，省委省政府环保第二督查组进驻大同市期间，下沉组到现场检查阳高县环保工作，检查了桑干河自然保护区、山纳合成橡胶有限责任公司及有关乡镇。进驻一个月期间内，阳高县收到第二环保督查组移交群众反映案件9件（重复2件），涉及生态、水、大气、固废等问题，均属实，对环境违法企业玉安生态岛及罗文皂平山村选厂进行行政处罚，共处以罚款3万元。

污水处理

【污水重点项目】 2017年，阳发改字［2016］48号文件《阳高县县城污水处理厂扩容工程可行性研究报告》批复立项，该项目总投资5105万元。设计日处理污水1万吨，污水处理采用A^2/O工艺，出水执行国家一级A类排放标准。在各级部门的支持下，完成可研批复、环评批复、节能批复、初步设计批复、建设工程用地批准书、建设用地选址意见书、建设用地规划许可证、建设工程规划许可证、设备、土建、安装招标等前期一切手续于8月31日完成。9月16日开工建设，完成“三通一平”工程，完成土方量6000立方米。

【尾水达标排放】 2017年，阳高县污水处理厂投加聚合硫酸铝6吨，次氯酸钠30吨，适时调整运行程序，保证处理系统正常运行，进出水水质经在线监测、市环境监测站监测、委托监测、自测各项检测指标均符合国家一级B类排放标准，全年累计处理生活污水563万吨，进水主要指标为：COD：326.7mg/L，BOD：107.2mg/L，SS：134mg/L，NH3—N：36.11mg/L，TN：44.25mg/L，TP：2.569mg/L。全年出水主要指标为：COD：15.9mg/L（标准值≤60mg/L），BOD：7.3mg/L（标准值≤20mg/L），SS：7mg/L（标准值≤20mg/L），NH3—N：2.29mg/L（标准值≤8mg/L），TN：16.85mg/L（标准值≤20mg/L），TP：0.752mg/L（标准值≤1mg/L），得到了环保部门的认可。

【设备维修保养】 2017年，阳高县污水处理厂完成设备保修及故障70余次。投资6万元购置提升泵4台，投资2.4万元购置回流污泥泵2台，投资3.8万元购置搅拌器2台，投资2万元购置污泥多极泵2台，投资7万元加工2#氧化沟转碟机7米长轴一套，投资1.5万元购置应急6寸泵2台、3寸泵2台，投资10万元更换在线COD、NH3—N监测仪部件，投资30万元安装总磷在线监测仪2台，返厂家大修轴碟机4台。全年设备利用率为97%，完好率为100%。

【水质化验分析】 2017年，阳高县污水处理厂进出水水质分析“四方”监测，分析项目21种，出资8.3万元委托第三方每月监测19项指标及出口维运。投资4万元采购水质分析专用试剂，为化验分析创造条件，做到化验数据按时上报，储存化验数据9000余个。全年无一例错误数据，无一次漏检水样，完成全年的水质分析工作。为确保污泥处理正常进行，调整污泥脱水车间班次，由轮岗改为专人专岗制。全年使用絮凝剂7吨，耗资21万元，使泥饼含水率控制在78%以下，生产泥饼折合成干泥560吨。

园林管理

【绿化工程】 2017年，阳高县园林管理处扎实推进园林管理工作，打造阳高“园林景观城市，生态宜居家园”。县城绿化覆盖面积127.21公顷，绿地面积115.73公顷，建成区公园绿地面积为40.50公顷，人均公园绿地面积4.82平方米。

投资10万元在党校院（旧政府）、旧政府广场新栽植各类草本花植被；投资10万元在云林公园新栽植各类草本花植被，并对云林公园死树进行补植；投资20万对各街道的枯死大树（主要有油松、国槐、云杉）进行补植补栽工作；投资37万元完成了孤山温泉路的绿化工程，绿化面积为3800平方米；投资20万元为阳和大道、旧政府广场绿化带安装防护栏3000余米；投资12万元为义和路、暄阳街、辕门街、政府院安装树池防护网900平方米；国庆期间投资8万元在云林公园广场、旧政府广场、火车站广场三处布置花卉盆景6200盆，供市民观赏。

【乡村绿化】 2017年，阳高县园林管理局投资17万元完成对精准扶贫村（龙泉镇砖楼村、旧堡）的绿化工程。投资4万元对砖楼村村委会大院、文化广场的硬化。

阳高县打造“园林景观城市，生态宜居家园”

交通 邮政 电信

交通运输

【概述】 2017年，阳高县交通运输局县完成固定资产投资12812万元。重点实施窄路基路面拓宽改造工程、“畅返不畅”工程、农村公路生命安全防护工程、农村旅游路建设、危桥改造工程、农村客运候车亭建设。

【贫困乡村交通设施建设】 2017年，阳高县交通运输局投资5330.7万元建设农村公路，实施69.86公里的建制村通硬化路工程和48.9公里的农村公路安全生命防护工程。

建制村通硬化路工程。1.窄路基路面拓宽改造工程。投资1634万元，建设里程34.65公里，拓宽改造11条乡村道路。其中，乱石—龙堡村线，建设里程5.5公里；西要泉—东雷庄线，建设里程4.5公里；长城—郭家坡线，建设里程5.02公里；东李家皂—正峰涧线，建设里程2.11公里；芦窑—北沙岭线，建设里程1.61公里；杨庄—樊窑线，建设里程1.8公里；永安堡—下马涧线，建设里程1.11公里；单家窑—大咀窑线，建设里程2.39公里；贾庄—深井洼线，建设里程1公里；东要泉—龙池堡线，建设里程5.61公里；马家皂—龙池堡村线，建设里程4公里。2.“畅返不畅”工程。投资2816万元，改建13条线路，总里程35.21公里。其中，高山屯—天马线，建设里程1.25公里；小白登—大大线，建设里程2.14公里；周官屯—陈官屯，建设里程3.44公里；张连庄—天马线，建设里程1.85公里；潘寺—赵家寨，建设里程2.93公里；狮子屯—古城，建设里程4公里；郝家窑—下辛庄，建设里程3.1公里；鲁家湾—水泉洼，建设里程1公里；东要泉—古城村，建设里程3.17公里；沙河台—天马线，建设里程3.7公里；八里台—柳家泉，建设里程3.92公里；南关—义合，建设里程2.5公里；新团堡—刘窑，建设里程2.2公里。

农村公路安全生命防护工程。投资880.7万元，对神友线、鳌镇线、北徐屯—夏家场线等76条县乡公路的安全隐患点安装波形防护栏，治处隐患里程48.9公里。

危桥改造工程。投资90万元，改造县道守狮线的太师庄桥、桥面、护栏。

农村客运候车亭。投资42万元，建设农村客运候车亭28个。

农村旅游公路建设。大同古长城旅游路（阳高段）工程项目，主线52.301公里，其中建设里程41.211公里，直接利用段11.090公里，支线5条，17.349公里。项目进展情况：桥梁 19 座，全部开工；涵洞 176 道，开工 144 道，完工 127 道；路基 58.6 公里，开工 48.754 公里，完工 42.913 公里，完成投资 10142 万元。

【农村公路养护管理】　2017 年，阳高县交通运输局使用专业养护队伍，优先养护 2014 年以后改建线路，重点养护路况较差、使用较长路线，对县道加强养护巡查，检查路况，把有限资金优先用在重点养护路段。全年修复水路路段 14 处，改建小桥 1 座，填补坑槽 2200 立方米，增补标志标识牌 48 块，喷涂标线 9210 平方米，在弯道、高填方等存在安全隐患路段安装波形防护栏 643 米，砌排水沟 1362 米，疏通边沟 28 公里，清理疏通涵洞 35 道。

【路政巡查】　2017 年，阳高县路政巡查人员加强全县 14 条 303.466 公里的县道的巡查，开展以“爱护公路、服务出行”为主题的路政宣传月活动，出动宣传车辆 6 台次，人员 78 人次，制作宣传展板 4 块，悬挂宣传横幅 7 幅，印发放宣传资料 1400 余份。编制执法巡查计划，全年开展路政巡查 206 次，执法人员拆除占道违章建筑 2 处，清理拆除非公路标志牌 14 块，清理非法占道经营 62 次，处理路政赔（补）偿案件 1 起，收取赔（补）偿费 2700 元，办理涉路行政许可 4 次，查处移交治超站点疑似超限超载车辆 8 辆，劝返绕行车辆 237 辆，清理占道打场晒粮 96 次，排除公路安全隐患 19 处。开展加强县道巡查保障公路安全畅通的专项整治行动和道路环境大整治行动，责令 35 辆不盖苫布的车辆，及时加盖苫布，减少农村公路污染。

【路警联合强化】　2017 年，阳高县交通运输局推进治超队伍正规化建设，开展规范公路治超执法专项整治行动，加强对执法人员监督检查。1 月至 11 月，路政治超执法人员检测货运车辆 499245 辆。加强路警联合治超，严格执行“一超四罚”，严厉打击闯卡、暴力抗法等违法行为。推进科技治超，安装不进站电子抓拍设备，对货运车辆绕站直接通行，实时进行抓拍，由交警部门对绕站车辆处罚记分，有效地强化了货运车辆接受检查的意识。

【道路运输市场管理】　2017 年，阳高县公路运输客运量 101.7 万人次，客运周转量 5693 万人公里，货运量 311 万吨，货运周转量 78320 万吨公里。开展各类专项整治活动强化安全意识。春运、端午、国庆、十九大等重要节点时段开展安全检查、冬春道路运输安全检查、节假日安全专项督导检查、安全稳定风险隐患大排查大整治、安全生产大检查、反三违、汛期、危险化学品安全综合治理等一系列整治活动。加强客运安全监管。道路运输管理所与 8 家道路运输企业签订“安全生产责任书”，对 166 名客运驾驶员进行安全应急培训。开展宣传教育活动，发放宣传材料 1000 余份，悬挂横幅 8 条。加强运政执法。全年运政执法人员加对旅客集散地、货运集中地客货车辆的监督检查。出动稽查人数 400 人次，出动稽查车辆 96 次，稽查各类车辆 100 部。提升城市公共交通水平。城市公交公司措资 2400 万元，购置 92 辆新能源绿色纯电动公交车，方便群众出行，解决排放污染物的问题。加强城市客运管理服务水平。城客客运管理站设立举报电话，成立2个稽查队，重点查处不打表、拒载、宰客等违规行为。2016年12月23日至2017年4月1日，开展严厉打击非法客运、规范客运市场专项整治行动，查处非法营运车辆32辆，维护客运市场经营秩序。更新179辆巡游出租车，提升巡游出租车形象。开展源头治超。源头治超执法人员重点对县政府公示的2批32家货运源头企业进行摸底排查，把发现其中10家已停产企业向县政府报告，申请取缔这10家非生产经营企业。组织开展源头企业评定信用等级活动，对获得"无双超信得过"的10家源头企业，实行1月巡查1次，对列入重点监管的11家源头企业，实行一周巡查一次。在巡查中发现3家未公示但一直从事生产经营活动的企业，向县治超领导组上报，纳入监督范围。全年出动巡查人员1800人次，巡查源头企业525次，检查出厂货车638辆次，没有一辆超限超载车辆驶出源头企业。

【水上交通安全监管】 2017年，阳高县交通运输局制定《水上交通搜救应急预案》。重点监管玉安生态岛度假水上游乐项目和小龙门水域，定期不定期检查水上营业项目，督促经营单位购置求生设备。开展"安全生产月"活动，悬挂标语14幅，制作宣传展板24块，发放安全手册和教育读本各300册、对所辖水域生产经营者发放各类宣传材料2500余份，普及水上基本安全教育。多次组织有关专业救援人员在玉安生态岛现场讲解示范小型船只的正确驾驶步骤及对溺水人员解救方式，重点对辖区内周边学校、人口密集区进行专题教育，提高人们安全意识。

公路管理

【路容路貌整治】 2017年，阳高县公路管理段落实路政养护联合巡查制度，构建路地联建联管模式，开展以过村镇路段、平交道口、违章建筑、非公路标志等为整治重点路域整治工作，清除所辖线路建筑红线内的非公路标志和违章建筑。加大路面清扫频率，做到"三清三无"，即路面常清扫、波形护栏常清洗、沿线标识常清理，时刻保持路面干净整洁，确保路面无障碍物、无抛洒物、无扬尘。全年清除路肩杂草60千米；修剪行道树20千米；清扫路面17516千米；清洗波形护栏5800米、百米桩369根、里程碑41块。清理路边杂土垃圾190立方米。

【路面养护】 2017年，阳高县公路管理段对积大线、109线进行贴带处理，长神线进行灌缝处理。路面灌缝8.7万米，贴缝3.6万米，修补路面3000平方米。

【路基养护】 2017年，阳高县公路管理段整平处理全线的土质边沟平台。在长神线青介山处，利用废弃的花岗岩片石，采用钢架结构修建护坡。全年修整高标准边坡25千米，花岗岩片石护坡1000米，边沟1000米。在五里台交界处采用滑模工艺建浅边沟200米。

阳高区位优势明显，交通便捷，铁路公路四通八达

【桥涵保养】 2017年，阳高县公路管理段清理涵洞32道，河床清淤1.5万立方米，桥涵每月定期检查2次。对吴家堡桥、十里台桥、王官屯桥进行三类桥改造。

【公路沿线设施完善】 2017年，阳高县公路管理段建设积大线文明示范路。修整积大线沿线平交道口，修复波形护栏300米，修复道口标柱60根，粉刷沿线设施3次，修复小矮墙5.8千米，改造平交道口89处，更换增设交通标志牌28块，补植绿化树木580株，施划标线153千米/3次。修整隔离墙2.9千米，防撞墩320米，修整路缘石485米，抢修水毁2处，修拦水带290米。

【安全生产防范】 2017年，阳高县公路管理段撒融雪剂130吨、防滑料1200立方米；完成打冰扫雪85万平方米；清理塌方1500立方米；组织应急演练1次；完善各种应急预案；修剪影响行车视线的行道树；配套应急机械、建立物资储备库各1个。全年零事故。

【路政管理】 2017年，阳高县公路管理段推进路域环境专项治理和开展“路政宣传月”活动，坚持养护、路政联合巡查。全年拆除违章建筑180平方米；路店分离设施修建600米；清理非公路标牌40块，清理非公路横幅10条（块）规范和整治加水处5处；发现查处和违章案件14起，依法收取上解路产赔（补）偿费22.37万元。路政案件的查处率、结案率100%。

铁路管理

【概述】 2017年，阳高县火车站旅发人数397577人，收入1281.74万元。

【车站管理制度化】 2017年，阳高县火车站以安全第一为基本目标，强化现场安全风险管控，成立车站安全管理组织机构，按照安全、职教、技术规章、自管设备、专项整治分项目建立健全各项管理台账，制定安全风险管理制度、会议制度、安全检查制度等23项。完善各种应急预案15项，结合车站实际修订30项常见突发情况应急处置流程图，完善车站17个工种的岗位作业指导书，修订各工种安全管理职责和岗位责任制。

【车站标准化建设】 2017年，阳高县火车站推进标准化建设，对车站行车、客运、货运各班组的工作环境、生产生活设备设施的运行状态进行排查，对客运候车室顶棚及站台和人行通道进行修建改造，搭建助理风雨棚3个，提升标准化作业水平。

【车站安全整治】 2017年，阳高县火车站开展安全专项整治活动，针对装载加固、货运计量安全检测、调车安全、行李包裹运输安全、防溜安全等10项安全内容进行整改加强，进行为期103天的安全生产大检查活动，发现解决问题15件，入段安全大检查隐患库问题4件。确保安全生产有序可控，加大对现场问题的整治，全年建立各类问题1797件。其中红线1件，指令书3件，事故苗子2件，红通356件，黄通249件，问题1185件，路局红通12件。

邮　政

【概述】 2017年，阳高县邮政分公司实现业务收入2270.45万元。其中，金融版块完成2228.28万元；包快版块完成73.72万元；集邮文化传媒版块完成208.81万元；渠道版块完成256.78万元；其他收入完成3.09万元。储蓄余额净增1.9977亿元，达到5年新高，净增全市排名第一。

【代理金融业务发展】 2017年，阳高县邮政分公司通过分户管户、外拓、创新方式、重点项目拓展、发展价值存款等手段，巩固老客户，发展新客户，加大活期及一年期存款发展力度，促进储蓄业务健康发展。（1）严格按照转型和产能提升要求，认真落实流程。从项目发展、基础管理、个人营销系统使用、服务质量提升等方面来保障储蓄业务发展。（2）注重重点项目发展，做实项目日常发展规划和发展后勤保障。（3）发展手机银行，县分公司指导各网点发展方向，协助网点出方案。全年手机银行完成3600余个。（4）提高营销系统利用，把日常客户维护与网点各种活动结合起来，提高营销成功率。（5）发展农村金融站点建设和利用，加快POS机商易通自助机具布放，提高邮政储蓄在农村的占有率。

【分销专业经营发展】 2017年，阳高县邮政分公司分销业务收入73.72万元。在分销业务发展中，与三农站、支局所联动发展，推进分销业务的发展。（1）集中精力抓好春季化肥营销工作，做强邮政农资销售规模。依托网络，扎根农村，服务“三农”，分销农资化肥。（2）调研农村市场，激励发动员工。（3）通过产品订货会，将产品信息、产品使用效果及售后服务进行重点宣传。全年销售化肥270吨。（4）加强化肥销售全程管控，合理调配销售额度，了解销售情况，保证化肥的销售和及时上划款。化肥无欠费。

【寄递专业发展】 2017年，阳高县邮政分公司分积极开拓寄递市场，通过主动联系客户分别与国润药业、好医生制药厂、铂润食品等多家单位签订长年收寄协议，1—4月，寄递业务收入24.26万元，同比增幅26.02%，绝对值增加5.01万元。身份证全年制证13934件，邮寄3998件，转化率28.69%。

【投递服务】 2017年，阳高县邮政分公司按照“邮路+站”（道段+站）的方式，重新邮路组划，加快邮件传递时限。县内汽车邮路由5条改成4条。由原来自行车投递改为电动车、摩托车投递合理整合投递线路，提高投递时限，投递段道由47条整合为23条。

通 信

·移动·

【概述】 2017年，阳高县移动通信用户12.25万，客户份额67.05%，增加用户2.02万户，增加份额53.64%，净增3984户，净增份额24.55%。宽带用户10163户，宽带客户份额29%，增加宽带用户2.02万户，增加宽带6149户，净增宽带5361户，有PON端口26162个，占比24%。2017年新增手机卖场2家，退出1家。

·联通·

【概述】 2017年，阳高县联通分公司业务收入完成2617.1万元，同比增加30万元。发展宽带3553户，融合用户1130户，G网用户10140户，4G用户3501户。集团和商务客户签定电路合同14户，发展IDC客户1户。

【设备设施巡查】 2017年阳高县联通分公司对干线机房、基站、铁塔、光电缆杆路进行排查，巡检机房56个网点，基站104个，配合处理干线系统障碍5次，整治杆路危杆30根，抢修线路80处，维修管道人井12个，消除网络安全隐患。移动网增加4G基站23个，完成广覆盖3G基站5个，宽带网通过合作分成形式对新建的2个小区740户进行全光覆盖。

·电信·

【概述】 2017年，阳高电信分公司全业务收入完成770万元，其中移动业务完成501万元，固网业务完成269万元；移动业务出账用户11237户，宽带业务出账用户4500户。

商　业

商　业

【**概述**】　2017年，阳高县商业局下设国有企业20个、事业单位2个、集体企业5个，基本处于停产、停业状态，多数企业靠出租资产维持运行，农副产品购销公司和蔬菜副食品有限公司、宏益昌商场、工业品商场、东风旅馆及5个集体企业无资产，96%职工下岗失业。

【**酒类监管**】　2017年，阳高县商业局对酒类经营许可证的批发企业和零售网点实行了免费换证和年检工作，抽调机关人员，领导带队，对全县13个乡镇、260个村的906户酒类经营者上门服务，半年时间出动车辆30余次，出动人数百人次，完成换证和检查工作，规范酒类经营市场。

供销合作

【**概况**】　2017年阳高县全社销售总额完成14836万元、实现利润80万元；农副产品购进总值完成4506万元；农业生产资料销售

加强酒类监管　规范市场秩序

2563万元。

【电子商务建设与培训】 2017年，阳高县建立县级“阳高县乡情电子商务有限公司”服务平台，配齐电脑及办公设施，充实工作人员。“阳高县乡情电子商务有限公司”与“山西大众商品交易中心有限公司”、省级“农芯乐”电子商务公司及全国供销e家签订合作协议，开通电子商务平台，2017年通过网上交易业务额80余万元。

举办第四期阳高县供销社农村电商产业扶贫培训班，对全县17个供销社主任和乡村体验店人员进行电子商务再培训，培训人员120余人。累计发放电商宣传资料3000份，电商工作人员深入体验店，手把手对店员进行业务指导培训。增加电子商务体验店43个，全县电子商务体验店达160家。

【供销基层建设】 2017年，阳高县改造长城基层供销社1个，依托长城供销合作社组建惠农服务中心1个、建“庄稼医院”1个，由罗文皂供销合作社引领创办惠农服务中心专业合作社1个、由下深井供销合作社引领创办东坨村200亩经济林专业合作社1个。通过以上惠农服务组织给予蔬菜大棚、露地蔬菜和经济林种植户进行统防统治、种植技术、苗木管理、销售渠道等服务。与17个基层供销社、19个社直属企业一把手签订“党建责任状”。采用对关键岗位、关键人员采用约谈、批评与自我批评等形式进行管理。全年共约谈18家企业一把手。

石油供销

【概述】 2017年，阳高县石油分公司实现零售8564吨，同比增加415吨，下降5.1%；非油品营业额564.5万元，同比增加288.64万元，增长104.6%；持卡消费比例43%，同比减少19个百分点。

协调地税局减免6座加油站消防用地、质检局强检7座加油站35条加油枪、烟草局延续7座加油站烟草证、食品药品监督管理局办理《食品流通许可证》、变更3座加油站土地证名称。

盘点和监督库存商品；开展资产盘点工作；执行发票开具和管理，明确发票管理职责；严禁用IC卡为客户套现；开展燃油宝销售和烟草销售。

烟草专卖

【概述】 2017年，阳高县烟草专卖局销售卷烟8406箱，同比降下5%。销售收入1.96亿元，同比降下97.3万元，卷烟销售条均价92.78元，同比提高4.63元/条。20条以下订单占总订单比重18.5%，销量前10%的客户销量占总销量比重27.93%。办理各类许可505项，新办119证，延续210证，停业申请1证，歇业52证，恢复营业6证，注销许可证112证，变更1户，责令整顿停业2户次。查处各类违法案件26起，查获各类违法卷烟375.9条，价值6.03万元。

【烟草市场监管】 2017年，阳高县烟草专卖局把县城5条街和13个乡镇的1000余名客户，全部划成监管网格。每个责任人对责任区内的市场净化率达标、申请新办实地核查、许可证后续监管、零售户库存信息采集负责。对县城范围内的无证户进行摸排，开展集中时段、集中转化。12户无证户已转化10户。开展季度巡查，发放本地串码卷烟查处告知书。选建优质终端，成立零售户价格自律小组。

财政 税收

财 政

【概述】 2017年，阳高县公共财政收入12352万元，占年度预算1.086亿元的110.5%，比上年同期1.0857亿元增长10.53%。公共财政收入增加的主要原因是：（1）随着营改增税收政策的全面实施，增值税县级分成比例增加到27.5%。（2）新增税源拉动税收增长：是增加外阜企业报验户，尤其是中铁九局；是山纳合成橡胶有限公司4月开始缴纳税款。（3）不可比收入增加。政府住房基金一次性收入777万元，公车拍卖收入一次性入库212万元。

全年公共财政支出235704万元，全县公教人员工资按时足额发放，各项民生事业和重点项目得到较好保障。

【组织财政收入】 2017年，阳高县培植财源，支持发展新型工业、绿色农业、康养产业、文化旅游等现代绿色产业。加强部门协调联动，每月协调联系国税、地税等执收部门，协调解决征收过程中存在的问题，强化税费征管措施，确保收入按时间和计划进度均衡入库。加大重点税源监控力度，加强系统数据采集、分析和监控，促进重点行业、重大工程、主体税种的征收管理。组织非税收入，严格执行“收支两条线”规定，加强财政票据电子化管理，开展非税收入专项检查。全年完成非税收入3969万元。2017年落实均衡性转移支付资金9800万元，用于政策性增支因素缺口。落实3800万元债券资金，用于县城北环路改造。

【民生投入】 2017年，阳高县支持教育事业发展。完善义务教育经费保障机制，全年筹集“两免一补”资金199.4万元；全年免除普通高中建档立卡等家庭经济困难学生学杂费，有557人享受到国家学生资助政策，拨付补助资金68.66万元；投资110万元用于城乡幼儿园设备设施购置；投资635.1万元采购烘烤食品和学生奶；投资1620万元用于阳高一中教学楼建设；投资52万元用于县职业技术学校建筑实训设备采购；投资34万元用于录播设备采购及安装；投资100万元用于计算机网络技术实训基地建设；投资100万元用于机电技术应用重点专业建设。

促进文化事业繁荣。投资44万元用于王官屯镇农民体育健身工程灯光篮球场及健身场地建设项目；投资86万元用于农家书屋图书采购；县级预算72万元并上级补助50万元用于支持地方二人台剧种发展；筹集96.8万元，免费送戏下乡。

支持卫生计生事业发展。积极推进公立医院改革，落实农村合作医疗筹资，落实乡村卫生院室实施基本药物制度补助经费，完善预防保健、重大传染病防治等公共卫生服务体系，保障城乡居民身体健康。支持中医事业发展，筹集专项资金1104万元用于中医院建设。全年预计医疗和计划生育经费支出1.2亿元。

加大社会保障力度。完善城镇职工、城乡居民养老保险制度和医疗保险制度，提高对城市和农村低保、社会救助以及优抚对象的保障水平，加大对职业培训和职业介绍的支持力度。全年预计社会保障和就业经费支出5.3亿元。

【重点项目建设】 2017年，阳高县财政局支持卫生旅游城市建设。投资1463.68万元用于污水处理厂污水处理扩容工程设备采购；投资72万元用于大泉山水土保持教育基地配厅及剧场装修工程；投资1463.68万元用于县城环卫市场化运营政府购买服务项目；筹集专项资金2503万元用于白登河流域治理。

支持平安县城建设。投资28万元用于公安局特通前端设备链路改造项目；投资134.62万元用于神泉堡公安检查站安检用房建设；投资467.57万元用于公安系统智能安全系统建设；投资31.54万元用于公安特警训练器材采购；投资12万元用于检察院监控设备安装项目；投资45万元用于人民法院办公自动化设备采购。确保政法部门其他办案经费和装备经费、县乡两级社会综合治理经费和信访维稳经费及时足额拨付，促进社会综合治理工作的有效开展。

交通道路建设。2017年，筹集农村公路建设资金6700万元；农村街巷硬化“全覆盖”资金946万元。

【财政助推脱贫攻坚】 2017年，阳高县财政局建立管理制度，制定《阳高县人民政府关于统筹整合使用财政资金实施精准扶贫的办法》《阳高县人民政府关于统筹整合使用财政资金实施精准扶贫的资金管理办法》《阳高县2017年度统筹整合使用财政资金开展脱贫攻坚实施方案》等规范性文件，促进资金使用精准度和资金使用效益。

下达资金。2017年，阳高县整合涉农资金30657万元。

创新扶贫方式。1.产业扶贫。重点扶持发展以寒富苹果、鲜食杏、仁用杏、绿色无公害蔬菜为主的果蔬产业；扶持发展以杂豆、谷子、黍子、高粱为主的小杂粮；扶持发展以黄芪为主的中药材产业；扶持发展以“龙头+基地+贫困户”模式为主的养殖产业；2.股权扶贫。依托农民专业合作等新型农业经营主体，贫困户以专项扶贫资金入股，合作社对贫困户按股分红。3.劳务扶贫。吸收贫困人口130人参与造林，人均实现劳务收入5000元。吸收贫困人口200人参与林木资源管护，年人均工资6250元。4.政策兜底。全年补助贫困家庭学生2135人、补助困难残疾人3422人。精准贫困户新纳入低保1381人，医疗救助4110人，贫困户的子女上学、医疗、社会救助的各项措施得到全面落实。

驻村帮扶扎实开展。2017年该局帮扶5个村，其中1个贫困村（狮子屯乡罗家屯村），4个非贫困村（狮子屯乡东双寨村、龙泉镇胡窑村、龙泉镇义合村、龙泉镇颜家沟村）。帮扶方面：开展技术扶贫。为提高贫困户的致富能力，给5个贫困村每一贫困户赠送“科技包”，涉及种植、养殖、惠农政策、农村经纪人等方面的书籍。并对罗家屯村部分贫困人口进行实用技术培训。完善村级基础设施。为颜家沟、胡窑两村修缮人畜饮水管道；为颜家沟建设1个晒场，为胡窑村更换人畜饮水主管道600米；为罗家屯村、东双寨修缮建设1处卫生室；联系交通局为义合村硬化通村道路1.5万平方米；修缮东双寨、罗家屯、义合三村村两委活动场所，并为5个帮扶村配备办公用品。

【“三基建设”】 2017年，阳高县财政局支持基层组织建设。筹集村级党建活动经费932万元，非公组织和社会组织党建专项经费35.15万元。保障基层基本运转。筹集乡镇运转经费949万元，村级运转经费1557万元（达到村均9.5万元）。安排社区补助资金257.5万元，提升社区服务能力。安排第一书记工作经费110万元和驻村工作队工作经费40万元。强化激励保障机制。筹集乡镇干部周转用房建设资金360万元，建房屋939平方米，维修改建6445平方米。拨付乡镇职工食堂补助资金81万元。拨付村级两委主干固定工资318.811万元，人均13460元。支持队伍能力全面提升。下达农村党员培训费12.81万元。

【供给侧结构性改革】 2017年，阳高县财政局围绕“去杠杆”，防范债务风险：1.助推中小企业发展。全年筹集中小企业发展专项资金65万元，用于支持中小企业发展。2.强化政府性债务管控。累计核销政府存量债务1164.92万元，置换政府债券2771万元，政府性债务余额2846万元，没有突破上级下达阳高县的政府债务余额限额。围绕“降成本”，落实财税政策：实施“营改增”税收政策。全面推开营改增试点改革，把所有企业新增不动产所含增值税纳入抵扣范围，主动落实中小企业税收优惠政策，切实减轻企业负担。落实收费减免缓政策。2017年，阳高县取消和停征涉企收费8项。

【财政体制改革】 2017年，阳高县财政局开展政府综合财务报告编制工作。6月，组织开展政府综合财务报告编制工作。推进财政票据电子化管理改革。上线票据电子化管理系统，实现电脑开票，加强非税收入源头管理。全县155个行政事业单位共安装财政票据管理系统159套。试行协议供货采购制度。制定《阳高县县级政府采购协议供货管理办法》，选择若干通用货物和服务，在全县试行协议供货制度。

【财政监管强化】 2017年，阳高县财政局加强扶贫资金管理。制定《阳高县2017年度统筹整合使用财政资金开展脱贫攻坚实施方案》。加强农业支持保护补贴资金管理。5月10日，阳高县财政局召开全县2017年农业支持保护补贴资金发放工作部署及培训会议。加强对全县种植保险补贴监督检查。加强对一事一议财政奖助的绩效考核。考核全县12个乡（镇）上年一事一议财政奖助项目25个，财政补助资金1241.90万元。加强财政票据年检工作。开展上年度财政票据年检工作，对各单位票据购领资格、票据管理和使用情况进行年度审验。指导融资担保公司开展自我评级工作。督促加快财政支出进度。督促全县各预算单位制定切实可行措施，加快财政支出进度，并对各预算单位每月财政支出序时进度进行通报。强化会计监督。通过加强对财务人员的业务培训，提高财务人员业务素质，更好发挥会计审核监督职能。11月，对全县农村309名财务人员进行集中培训，主要包括扶贫资金管理、廉洁教育等。12月，对全县行政事业单位190人进行实务操作培训，提升财务人员业务技能。

税 务

·国家税务·

【概述】 2017年，阳高县国税局实现收入18030万元。其中，增值税16889万元（营改增7271万元），企业所得税932万元，消费税5万元，车辆购置税224万元。

【税收宣传月活动】 2017年，阳高县国税局开展全国第26个“税收宣传月”活动，到社区开展税法大宣讲，发放宣传页2000余份；办税服务厅设立宣传资料台、税法政策咨询台，在办税中同步开展税法宣传，发放各类税收宣传资料1000余份，解答纳税户政策咨询100余人次。

【国税体制改革】 2017年，阳高县地税局成立风险防控工作组。涉国家税务总局6批次风险任务、管户17户次，完成13户次；省局任务申报提醒类风险2批次、风险应对任务4批次，管户60户次，完成风险应对任务6批次，应对户数60户次；市局风险任务4批次，管户33户次，完成风险应对7批次，应对户数33户次。开展风险应对5批次，涉及管户186户次。完成入库税款69万元，进项税额转出538万元。推进国地税联合办税体制改革。严格按照《国地税合作规范3.0》工作规范要求，逐项开展51项合作项目，37项基础合作事项全部完成，开展创新合作项目6项。除规定动作外，县国地税双方还就管户核查、数据质量治理、发票检查、邮政银行委托代征、新版三方协议签订、外管户信息管理等多项业务进行合作。推进国地税数据质量治理。通过金三优化版和征管信息管理平台，共接收省局、市局印发数据质量治理名单4批次、1460户次。针对名单提出的纳税人登记资料存在身份证异常、证照号码重复、组织机构代码无效、申报数据不符等问题，进行逐户核对，逐户修正。针对国地税双方共同存在的数据信息问题，启动国地税建立联合办公机制，互派专人进驻，深化合作。开展企业所得税后续管理、打击发票违法犯罪税收专项整治活动。检查发票户数20户次，查处发票违法7户次，违法发票109份，查补税额12.2万元，加收滞纳金及罚款3.33万元。

【税收优惠政策落实】 2017年，阳高县国税局开展税收执法督查及"回头看"工作。接收疑点数据132条，整改124条，报单6条，税收优惠政策覆盖率100%。开展"营改增"政策辅导。抽调18名业务骨干组成营改增政策辅导组，举办培训班8期，辅导纳税人312户次，培训税务干部34人次。推行惠民服务。推广电子发票和网上购票服务，鼓励生活服务业、鉴证咨询业增值税小规模纳税人通过增值税发票管理新系统自行开具增值税专用发票，配送各类发票2500余份。落实"六项减税"政策。利用微信公众号、电视广播、12366短信平台和办税服务厅等多渠道开展政策宣传，印发宣传资料2000余份，培训纳税人220余户次。做好企业所得税管理工作。

【纳税服务优化】 2017年，阳高县国税局营造公平税务。开展纳税应用等级评价工作，强化纳税信用管理运用，与县信用联社、建行、兴都村镇银行分别签署《税银合作协议》，推行办税积分制，探索建立信用管税工作机制。深化便民税务。严格实行分类审批、流程控制，落实同城通办、一窗办结和AB岗服务制度；开展邮储代开发票、代征税款"双代"合作试点，实现代征税款14余万元；完成办公楼"无线网全覆盖"项目，实现纳税人上网无死角。打造效能税务。8小时自助办税区建成运行，申请代开增值税专用发票150余份，纳税申报400户次左右；筹备与地税局共驻政务服务大厅，扩大业务范围。完善智慧税务。印发3大种类80项业务的办税软件操作辅导宣传页，启用"表e填"系列智能涉税文书。山西省局国地税联合申报平台运行后，覆盖该局所有管户，申报使用率、专用发票代开业务网上申请率均接近100%。

【"一局一品"活动开展】 2017年，阳高县国税局召集各股室业务骨干对"一局一品"创新活动议题进行选项目、定方案，将"涉农企业抵扣流程规范"项目确定为该局主推活动，从政策宣传、实地查验、发票使用、资金流向、报表分析五大模块规范涉农企业管理。推进科学化、精细化、专业化管理，召开税企座谈会3次，征求纳税人意见和建议，出台《阳高县国家税务局农产品收购及抵扣增值税管理办法》，规范涉农企业抵扣流程规范项目。提高管理水平。推广《阳高县国家税务局农产品收购及抵扣增值税管理办法》，注重在实际工作中查找发现问题、研究解决问题。

·地方税务·

【概述】 2017年，阳高县地税局完成各项税收收入5779万元，其他规费收入完成1372万元，其中市、县级公共财政收入完成4041万元，占年计划3670万元110%。

【依法治税】 2017年，阳高县地税局加强欠税管理工作，召开欠税企业约谈会，约谈全县欠税10万元以上企业22家。截至年底，共清缴各项税费494万元。对全县所有房地产项目进行摸排，对符合清算条件项目印发《土地增值税清算通知书》。强化国地税联合办公，与县国税局配合，明确代开票环节地税窗口应征收税费。截至年底，国、地税联合办税共征收税款1390余万元。加强小税种管理，做好“以地控税，以税节地”工作，运用GPS测量仪在必要时对纳税人的土地信息进行实地测量，并与国土资源局共同协商，获取2015年—2017年21宗土地用地信息，安排各管理单位进行核实比对。安排部署房产税土地使用税信息排查工作，落实房产税土地使用税欠税信息，加强房产税土地使用税的征收管理。发挥稽查查遗补漏作用。全年，全局查处纳税户5户，抽查各类发票325份，罚款1600元；补缴税款50.23万元，补缴滞纳金10.30万元，合计60.53万元。

【征管体制改革】 2017年，阳高县地税局加强国地税合作，强化各税种征管，深化大企业服务与管理，提升征管质效。（1）夯实征管基础，狠抓数据质量修改工作。及时修改不符合考核指标及国地税不一致数据。（2）强化国地税沟通。落实《税务系统优化税收营商环境服务经济转型发展实施意见》，加强与国税涉税信息交换互联互通，共享涉税信息、联合开展税收调查，提高运用第三方涉税信息加强税收征管的能力。（3）深化大企业服务与管理。完成“金三系统”千户集团大企业信息审核及大企业信息系统纳税人信息审核，实时监控全县大企业涉税信息调整变动情况。（4）大力规范欠税管理。把所有欠缴税款全部纳入金税三期管理系统进行监控管理。（5）强化风险应对。全年完成省级、市级风险管理任务379条。（6）迎接省局巡视组和审计组执法督查，整改问题，有效防范管理和执法中的风险点。（7）抓好信息安全防范工作。安装“360杀毒套装系统”，开展网络与信息系统安全检查，加强内网病毒监控，严控违规外联。

【税收便民服务】 2017年，阳高县地税局严格落实“五项制度”，继续推行导税服务、“免填单”服务等。制作管理机关工作人员联系牌，把税收管理员联系电话公布上墙，便于纳税人沟通和联系。把常见业务流程及办理时限制作公示牌上墙。开展纳税人信用等级评定工作及纳税人需求专项调查工作。开展税法宣传活动，参加县司法局举办的“12·4”宪法宣传日活动。开展大调研大讨论活动，成立调研小组，开展税干入企服务，印制《造环境促转型税收优惠政策摘编》400本、118号文件500份等资料，送到纳税人手中，并结合企业实际情况，讲解可适用的优惠政策。活动开展以后，享受到各项税收优惠政策的纳税户668户，共计减免税款44.68万元。邀请税务师事务所老师对企业财务人员进行税收业务培训，参加培训人员共计300余人次。

【执法管理】 2017年，阳高县地税局规范管理执法，深化依法行政工作。（1）清理和落实行政权力清单制度。（2）加强财务管理，落实财务制度，组织上年度财务内审工作，整改省审计组提出的问题。制定《阳高县地税局扶贫资金使用和监督管理办法》，监督管理扶贫资金。（3）强化法制教育培训。全年组织纳税服务规范、风险应对、廉政和预防职务犯罪等知识讲座10余次。（4）做好企业所得税汇算清缴工作，共汇算所得税户198户，汇算率100%。（5）大力推进个人所得税全员全额明细申报扣缴工作。10月，总局在金三系统考核个人所得税全员全额明细申报情况，阳高县地税局管户申报率100%，申报准确率100%。（6）推进水资源税试点及环境保护税改革工作。

【作风建设】 加强组织领导统筹推进。2017年，阳高县地税局组织召开局党建暨党风廉政建设工作会议，制定《县局党组关于进一步落实全面从严治党主体责任的通知》，印发《阳高县地税局全面从严治党主体责任清单（试行）》，从制度上落实主体责任。抓好主体责任台账建设，发现和督促解决各类问题14个。

运用“四种形态”严肃执纪问责。一是大力抓好廉政约谈工作，全年该局进行任职任期约谈21人次，工作推进约谈13人次，重点岗位约谈3人次。在1月、5月初和9月，又针对“两节”期间纪律作风提升，组织3次专题工作推进约谈。二是加强工作人员非工作时间监督管理。及时明确管理办法，重新编印请销假表。加强管理“五类人员”，筛查出具体的五类人员名单，由上一级负责人开展问题导向约谈。

推进党风廉政建设加强纪律作风建设。一是落实八项规定自查自纠和逐条梳理工作。细化公车使用管理，落实婚丧嫁娶备案制度，开展办公用房再次清理工作，确保每个人办公室面积都在规定数值之下。二是认真处置各类问题线索。明确监督责任问题线索台账管理办法，要求将市长热线、12366热线、巡视监督内审等各部门反馈的问题，全部登记监督台账，同时，与县组织部、工商、公安、法院等部门建立联席制度，又在局内部，与人教股、计会股、稽查局等建立内部联席制度。三是严肃追责问责。通报7名开会着装不规范职工，组织处理和经济惩戒12名累计两次不在岗干部职工，组织处理1名违反工作纪律的临时人员以及负责人，通报批评8个股所落实主体责任不到位。

金融

金融监管

·中国人民银行阳高县支行·

【概述】 2017年，全县金融机构各项存款余额93.99亿元，较年初增加15.24亿元，增长19.35%。全县金融机构各项贷款余额27.87亿元（包括票据融资1.10亿元），较年初增加4.34亿元，增长18.44%。其中，农业银行较年初增加32212.12万元，主要发放给大同煤矿集团阳高热电有限公司单位贷款32000万元，兴都村镇银行较年初增加6015.13万元，主要用于发放个人信用贷款，农村信用联社较年初增加7577.19万元，主要用于发放扶贫贷款。

【扶贫贷款】 2017年，中国人民银行阳高县支行加强货币政策与产业政策、财政政策等宏观经济政策协调配合，运用“窗口指导”和再贷款的货币政策工具，引导金融机构支持“三农”，推动涉农金融机构精准扶贫。全年为县信用联社和兴都村镇银行发放扶贫再贷款余额11150万元。地方政府部门划拨扶贫小额贷款风险补偿资金3057万元。截至年底，全县金融机构共发放扶贫贷款4252笔，金额21034.30万元。增加小额扶贫贷款19830.30万元，占年度任务的243%。主要是农村信用社新增小额扶贫贷款18759万元，占年度任务的383%。扶贫贷款余额和增速全市排名第一。推动县信用联社与县政府、正大集团、贫困户协商，开创“政府+正大+信用社+贫困户”四位一体的金融扶贫新模式，以“组织推动、产业拉动、联社驱动、企业带动、农户联动”方式实施金融精准扶贫。5月，该行为新型农牧产业综合开发项目（正大集团项目）申请3000万元扶贫再贷款。7月末，3000万元扶贫再贷款全部用于该项目上。11月末，县信用联社为正大集团项目发放扶贫贷款18240万元，扶持3648户贫困户。

【金融监管】 2017年，中国人民银行阳高县支行加强金融风险监测与分析，依法履行维护金融稳定职能，确保县域金融业稳定运行。（1）监督阳高县兴都村镇银行和阳高县农村信用合作联社2家法人机构，完成缴存存款保险工作。（2）按月核查高风险法人机构报表并进行风险分析。（3）

针对农村信用社不良贷款比例偏高问题，对高管约见谈话，并发出风险提示三次。（4）配合中支完成对农村信用社风险监控，掌握农村信用社不良资产情况。（5）开展综合执法检查工作。7月21日开始，对中国农业银行阳高县支行进行综合执法检查。检查内容包括人民币管理、反假货币管理、国库业务、支付结算和清算、反洗钱、金融统计、征信管理等。要求农行及时整改发现的问题。

【金融服务】 2017年，中国人民银行阳高县支行加强支付结算管理。推进农村金融服务站建设。12月末，全县农村金融综合服务站243家，覆盖行政村240个，覆盖率93.75%，高于全市平均水平5.45个百分点。做好账户管理和年检工作。核准人民币银行结算账户632户，其中基本存款账户570户、专用存款账户52户、临时存款账户10户。备案一般户48户，非预算单位专户12户。杜绝开立违规账户，当场核发资料齐全的账户。

做好经理国库业务。支库办理中央、省、市、县四级次的一般预算收入28018万元，县级预算支出236514万元，退库61笔，金额425万元。开展国库文化建设“五个一”活动，参与“讲国库故事、抒国库情怀”主题演讲活动，展示书画剪纸、摄影、国债宣传、获得荣誉等图片。4月，组织各金融机构开展储蓄国债知识集中宣传活动，发放宣传册1000余份，接受群众咨询300余人次，使城乡居民了解和掌握国债。采取现场培训和剪纸艺术相结合的宣传形式组织开展国库知识宣传月活动，增强国库人员责任感。

加强征信服务与管理。组织全县金融机构开展“3·15征信宣传”“6·14信用记录关爱日”及“金融扶贫（慰问）+征信”宣传活动。在集中宣传活动现场及信用报告查询网点张贴宣传海报，摆放宣传资料，同时通过微博、微信等形式广泛宣传征信知识，提高全社会的征信意识。6月20日，开展“征信教育进校园，关爱未来献爱心”征信宣传教育活动。在阳高县大白登镇小学，为115名品学兼优、诚实守信的学生发放书包、文具盒、铅笔、笔记本等奖品。该次金融知识进校园得到县电视台全方位报道，活动动态被《山西征信工作简报》（2017年第12期）编发。重视征信系统运行及信息主体权益保护工作。7月，对县农业银行开展征信现场检查。截至12月末，共查询个人信用报告2029笔，企业信用报告28笔，录入农户信用信息22.6万户。发放机构信用代码证731户。

做好金融统计工作。做好全县经济金融形势的分析、货币监测，反馈经济金融运行中的新情况、新问题，并针对当前经济运行中的突出问题开展调查研究；按要求收集中小企业信用信息，确保数据上报的及时、准确，加强对入库数据的管理、核查工作，为地方政府、全县金融机构和上级行提供良好的金融服务。

加强人民币和反洗钱管理。组织各金融机构对残损人民币进行回收，督促缴收假币485张，金额38950元。举办反洗钱培训，学习和熟悉反洗钱相关业务，提高可疑交易报告分析甄别能力。把县兴都村镇银行作为反洗钱重点监督机构。与大同银行阳高支行联合制作反洗钱宣传微电影《一声虚惊》，拓展反洗钱宣传新模式。

加强法律事务和金融消费权益保护工作。制定《构建行政处罚自由裁量权基准试点工作实施方案》和《金融知识纳入国民教育体系试点方案》。开展“3·15”金融消费者权益保护日宣传活动、2017年“普及金融知识，守住‘钱袋子’”金融知识普及活动、“国家宪法日暨全国法制宣传日”法制宣传等活动。开展普惠金融调查并完成指标调查表填报工作。参加金融消费权益保护法规培训、依法行政暨保密知识培训。开展《2017年支付服务领域金融消费权益保护专项检查》，金融消费权益保护工作和法律事务工作进一步推进。

开展调研信息工作。全年上报调研信息选题20个，上报政务信息和调研文章8篇，被中支《大同金融信息》采用政务信息1篇，《情况通报》1篇；调研文章6篇，其中被中支《调查研究》采用6篇，《山西金融》采用1篇，《山西金融调查与统计》采用1篇。

·银监办·

【依法监管履责】2017年，大同银监分局阳高办事处召开全县金融工作会议，贯彻落实各级监管工作会议精神和阳高县经济工作会议精神，坚持以深化供给侧结构性改革为主线，坚持把防控金融风险放到更加重要的位置，依法监管。督促各金融机构极积履行社会责任，加强金融助力脱贫攻坚。根据《大同银监分局关于印发〈大同银行业金融机构扶贫小额信贷工作督导方案〉的通知》（同银监办〔2017〕28号）文件，对阳高县信用合作联社、阳高兴都村镇银行、阳高邮储银行信贷小额扶贫情况进行督导。

【风险化解监督】 2017年，按照分局要求阳高办事处于5月3日—6月30日对阳高联社检查“三违反”“三套利”“四不当”及银行业市场乱象4大块内容，通过检查发现问题6个，涉及金额5.84亿元，提出整改意见5条。加强对阳高兴都村镇银行监管督促其完善法人治理结构和党组织的建立，对“三三四乱”检查中存在的问题进行跟踪督查，直至问题全部进行整改，规范机构经营行为，使阳高兴都村镇银行逐步走上规范稳健的发展轨道。2017年存款10068.27万元，贷款达6015.13万元。

针对阳高信用联社高风险工作的化解，办事处先后两次以文件报送阳高县政府关于阳高县联社经营风险情况报告，取得县委、县政府对阳高联社的大力帮扶，在存款方面大力支持；办事处督促阳高联社制定落实高风险处置化解实施方案、报送化解高风险月度工作计划，并按月报送化解风险工作旬报，与阳高联社研究高风险成因及应对措施，并前往基层网点查看工作情况，同时要求阳高联社对高风险化解升级的相关工作进展情况进行定期汇报。年末，阳高信用联社各项存款余额283058.32万元，各项贷款为182249.05万元。

【非现场监管分析研判】 2017年，阳高监管办事处加强对法人机构存在的风险进行分析，对年内存在的经营风险印发监管意见书4份；完成对阳高县兴都村镇银行月报季报的审核以及对阳高县信用联社的报表审核和分析。对阳高信用联社召开2次审慎监管会议，下发监管意见书9份，要求即时整改。与邮储银行阳高县支行行长进行任职资格谈话。

银 行

·中国农业发展银行阳高县支行·

【概述】 2017年，中国农业发展银行阳高县支行存款余额84429万元，较年初增加70448万元，日均存款余额31581万元；各项贷款余额34142元，其中，政策指令性贷款余额11642万元，市级统贷棚改贷款22500万元。全年实现各项收入1362万元，支出602万元，盈利760万元。

【中长期贷款项目】 2017年，中国农业发展银行阳高县支行中长期贷款营销及办贷情况。支持县域棚户区改造项目，上年度棚户区改造项目总投资1.3亿元，申请该行贷款9800万元（市统贷），该笔贷款于6月26日投放，实现该行中长期贷款业务“零突破”；2017年度棚户区改造项目总投资4.97亿元，申请该行贷款3.9亿元(市统贷)，10月发放1.27亿元。

扶贫贷款业务开展情况。支持易地扶贫搬迁项目。上年，该行投放易地扶贫搬迁贷款511.2万元（省统贷）（上年余额75.7万元），带动建档立卡贫困人口300人。2017年，该行易地扶贫搬迁贷款到位5.2亿元，项目带动建档立卡贫困人口16285人。

【粮棉油收储业务】 2017年，中国农业发展银行阳高县支行向大同市国丰粮油收储有限公司发放省级储备贷款325万元，收购玉米250万公斤。同时，国丰粮油收储有限公司轮换市级储备玉米50万公斤，收回贷款60万元，阳高县罗文皂粮站轮换县级储备玉米100万公斤，收回贷款170万元。由于年末财政下拨消化资金，粮食局收回其他政策性亏损挂账占用贷款346.85万元。

【基础管理】 2017年，中国农业发展银行阳高县支行开展贷后管理年活动。自查信用审批放款监督贷后管理及押品专项检查工作。按照《关于开展信用审批放款监督贷后管理及押品专项检查工作的通知》，明确信贷人员认真学习检查依据，开展专项检查击破。对2017年审批贷款的纸质档案进行真实性、完整性、合规性审查；自查重点落实在放款监督岗位设置情况、贷前条件落实制度执行情况、资金支付制度执行情况、二次支付情况、贷后检查开展情况以及押品管理整体情况等方面。边整边改，在自查结束后我行立即召开会议，要求信用部门建立信用审批放款监督贷后管理及押品专项检查问题台账和监测台账。

开展档案管理。2017年，该行完成整理归档2016年度文书档案54件，永久13件，30年30件，10年11件。同时不断加强信贷、会计专业档案规范化整理，提升支行档案达标等级。

【业务借贷经营】 贷款收贷收息。截至2017年底，中国农业发展银行阳高县支行各类贷款余额34142万元。其中省级储备贷款1585万元，市、县级储备贷款3160万元，市县级储备粮油扶贫贷款4073万元，政策性财务挂账贷款2824万元，棚改贷款（市统贷）22500万元。收息情况为：截至12月31日，各类贷款应收利息520万元，其中，省级储备贷款67万元，市、县级储备贷款139万元，市县级储备粮油扶贫贷款188万元，其他政策性财务挂账贷款79万元，新增财务挂账贷款47万元，棚改贷款（市统贷）295万元。往年欠息41万元。实收525万元，其中，省级储备贷款，市、县级储备贷款，市、县级储备粮油扶贫贷款，其他政策性财务挂账贷款，棚改贷款（市统贷）利息全部收回，新增财务挂账贷款收回52万元，累计欠息36万元（省级储备贷款欠息23万元，新增财务挂账贷款欠息13万元）。上年欠息41万元。该行正在与财政部门协商，尽快将利息拨补到位。

历年财政补贴拨补到位情况。在财政补贴资金管理工作中，该行按照上级行的要求，做好财政补贴资金管理工作。一是提高认识、规范操作。财政补贴资金是该行收取粮食储备贷款利息的主要来源，我行按照《中国农业发展银行财政补贴资金管理办法》《中国农业发展银行粮食风险基金操作规程》的要求，认真履行岗位职责，切实做好财政补贴资金管理工作。二是加强与粮食和财政部门的联系，搞好财政补贴资金拨付工作。该行多次与财政和粮食部门主要领导人进行联系沟通、协调，督促财政部门把贴息资金拨补到位，确保该行收息任务完成。截至12月31日，财政补贴资金到位情况为：本年应补520万元，其中省级储备应补67万元，市、县级储备应补327万元，其他政策性亏损挂账应补79万元，新增粮食财务挂账应补47万元。上年欠补41万元。实补525万元，其中省级储备，市、县级储备，其他政策性亏损挂账补贴全部到位，新增粮食财务挂账实补本年52万元。欠补36万元，其中：省级储备欠补23万元，新增粮食财务挂账（中央）欠补13万元。上年欠息41万元，其中中央欠补18万元，省储欠补23万元。

利润计划完成情况。2017年，该行实现各项收入1362万元，支出602万元，实现盈利760万元。

·中国工商银行阳高县支行·

【概述】 中国工商银行阳高支行成立于1985年1月，位于阳高县城新华南街1号。支行管理模式分为二部一室，即“综合管理部、营业室、客户部”。全行现有员工39人，其中正式员工36人，柜员工3人。2017年，各项存款余额77398万元，较年初增加3134万元。其中储蓄存款61841万元，较年初增加4771万元，对公存款15557元，较年初减少1637万元。各项贷款余额10508万元，其中，小企业贷款全部归还，余额为零，个人贷款10508万元。较年初增加78万元，个人住房按揭贷款当年发放1845.5万元，其中精准扶贫贷款260万元。实现中间业务收入375万元，净利润 739 万元，拔备前利润 999 万元。

【夯实基础管理】 2017 年，中国工商银行阳高支行开展网点运营标准化管理改革，合理设置柜口和人员、机具布局，取消倒班制，实行弹性与一班制相结合的工作模式，开展岗位梳理及业务培训，切实做好每一个岗位的人员配备，将合适的人配置在合适的岗位上，支行整体运营效率和服务水平均有较大改善。结合岗位设置和工作模式，对各个岗位的业务操作分解细化，做到每一项业务明确规定，每一个流程明确制度，每一个岗位明确责任，规范操作，严格考核，支行风险暴露水平大幅下降，运营质量明显改善。

【信贷业务发展】 2017 年，中国工商银行阳高支行开展市场调查和业务宣传，把业务发展重点放在县域优势特色企业，重点营销医药、食品加工、旅游、房地产等产业优质客户。与县城及天镇多家房地产开发商进行合作，办理住房按揭贷款的项目 10 余个。截至 2017 年底，发放个人住房按揭贷款 172 笔，金额 1845.5 万元，其中发放精准扶贫贷款 52 笔，金额 260 万元。发放个人住房公积金委托贷款 47 笔，金额 808 万元，余额 7500 万元。

【内控管理加强】 2017 年，中国工商银行阳高支行强化内控管理，防范金融风险，严防案件发生。一是制定《阳高支行内控工作考核管理办法》《阳高支行风险事件奖惩办法》两个办法，在支行的绩效考核办法中加大内控制度的执行以及违规和风险事件责任人的奖惩力度。二是落实风险防控制度和措施。针对关键部位与关键环节，提出具体防控措施，及时对各类风险事件进行责任认定和处理，检查与处罚并重，强化员工合规意识，从制度上杜绝风险漏洞；对易发生风险事件的责任人采取一对一重点关注，指派专人帮扶、监督。三是加强晨会、例会、工作会等各种形式的学习宣传。风险事件由 26 笔控制到 13 笔。四是在内控案防日常管理上， 定期召开内控案防会议方面，坚持依照规定每两个月召开内控案件形势分析会，通过进一步完善考核机制，加大对各类案件和风险事件的考核力度，做好日常安全保卫检查，确保安全无事故。

【“四个到位”工作法】 2017 年，中国工商银行阳高支行结合支行自身特点，提高客户满意度。一是服务理念到位。组织员工认真学习提高员工服务意识同时，积极开展案例警示教育，借鉴学习新的服务方法。二是服务措施到位。注重细节，推行负责人坐班制，中午阶梯式接班制，晚上结账确立制，真正做到满时点服务，推行弹性工作制，预约服务制，吸引中高端客户。三是服务检查到位。采取“一日三查”即柜员自查、营业经理日查、网点负责人抽查，对五个方面进行全面检查。四是服务奖罚到位。坚持检查中发现问题，即时处理不跨班，严格推行一票否决制，即员工因服务问题造成有效投诉，除按有关规定予以处罚外，营销产品奖励全部扣除。窗口的开工率得到有效保证，客户平均排队等候时间由年初 21 分钟，压缩到 6.5 分钟，满意度由78.6%上升到99.82%。

·中国建设银行阳高县支行·

【概述】 截至2017年底，中国建设银行阳高县支行一般性存款余额43155万元，较年初时点增加1357万元。其中企业存款余额5350万元，日均余额8917万元，较年初时点增加4846万元；个人存款余额37805万元，日均余额37226万元，比年初时点增加3489万元；中间业务收入87万元。各项贷款余额24806万元。其中对公贷款23638万元，个人类贷款1168万元，不良贷款为零，信用卡分期168万元。增加对公账户61户，办理借记卡2810张、贷记卡发卡621张。

·中国农业银行阳高县支行·

【概述】 2017年，中国农业银行阳高县支行各项存款余额20.08亿元，较年初净增5789.61万元。其中，对公存款余额3.91亿元，较年初减少2365.56万元；个人核心存款余额16.17亿元，较年初净增8155.17万元。核心存款日均增量2.02亿元。

【贷款指标】 各项贷款余额3.49亿元，较年初增加3.22亿元。其中，发放法人贷款大同煤矿集团阳高热电有限公司3.2亿元，发放精准扶贫小额贷款81户405万元。存贷比17.5%。较年初增加15.8个百分点。

【电子银行类指标】 信用卡有效客户增加808户，有效收单客户12户，分期消费671.46万元，掌上银行活跃客户增加1803户。

【金融服务方式多元化】 全县布放自助取款机12台，网上银行、电话银行、手机银行、短信通知等多种金融服务手段，满足群众7×24小时全天候金融服务要求。推广贵金属销售、理财产品，为群众分享改革红利，实现资产理财增值。

【对公账户指标】 单位结算卡当年新增198张，新开对公有效账户98户。2017年将阳高县医疗保险管理专户（支出、收入户）落户该行，深化与社保合作关系。

【经营利润指标】 实现中间业务收入116万元，除去企业所得税，实现营业利润1564万元。

【代缴代收费业务】 累计代缴电费10360笔，代缴金额1971.48万元，分别占全市代缴费6.5%的和25%。推进通用代收付平台建设，与县新农保、新农合签订代收协议，截至年底，三农代缴费代收新农保、城乡居民医疗保险共计184390笔，代收金额3700余万元。

·阳高县农村信用合作联社·

【概述】 2017年，阳高县农村信用合作联社各项存款281526万元，增长11.12%，占省联社下达任务22000万元的128.02%，占市办下达全年任务47352万元的59.48%。储蓄存款余额215238万元，较年初增加 10076 万元，增长 4.91%；对公存款余额 66288 万元，较年初增加 18089 万元，增长为 37.53%。

各项贷款为 180138 万元（其中转贴现 11000 万元），较年初增加 5466 万元，增幅为 3.13%，占市办下达任务 20000 万元的 27.33%，主要是转贴现余额较年初下降 12000 万元。剔除转贴现后贷款余额为 169138 万元，实际贷款余额较年初增加 17466 万元，增长为 11.52%。

扶贫贷款发放。个人精准扶贫贷款余额 34987 万元，较年初增加 19252 万元，占市办下达全年任务 5600 万元的 343.78%，其中扶贫小额贷款余额 19310 万元，较年初增加 18750 万元，完成全年任务 4900 万元的 382.65%，单位精准扶贫贷款余额 10654 万元，占全年任务的 10000 万元的 -19.96%。

不良贷款。不良贷款余额 101726 万元，较年初下降 1055 万元，不良贷款率达到 56.47%，较年初下降 2.37 个百分点。剔除转贴现后，不良率为 60.14%，较年初下降 7.62 个百分点。利息逾期 90 天，本金正常的贷款 9599.61 万元，实际不良贷款余额 111325.61 万元，占比 65.82%。

【经营效益指标】 经营效益各项收入 7851.30 万元，其中：利息收入 3737.77 万元、占比 47.61%；金融机构往来收入 2077.60 万元、占比 26.46%；投资收益 1941.60 万元、占比 24.73%；手续费及佣金收入 89.33 万元，占比，1.14%。各项支出总额 7906.81 万元。其中利息支出 3914.60 万元；金融机构往来支出 805.68 万元；手续费及佣金支出 126.21 万元；业务及管理费用 2984 万元。全县实现经营利润 -65.26 万元。

银行卡和电子银行经营指标。银行发卡量达到 16.77 万张，余额 2.29 亿元，其中：IC 发卡 8.47 万张，IC 卡占比达到 60.29%，占市办三季度 40% 任务的 150.73%；银行卡活卡率 83.78%，完成市办任务的 75% 的 111.71%；银行卡手续费收入达到 46.98 万元，占市办任务 44 万元的 106.77%。利农商城开通商户数 10 户，提前完成全年利农商城任务。开通创新性业务 1 项，占市办全年任务的 100%。

中间业务收入。中间业务收入 20.35 万元，占市办全年任务 42 万元的 48.45%。

·中国邮政储蓄银行阳高县支行·

【概述】 2017 年，中国邮政储蓄银行阳高县支行收入 1073.74 万元。其中，储蓄业务实现收入 451.4 万元，占比 42%；信贷业务收入 372.73 万元，占比 34.7%；公司业务收入 225.17 万元，占比 20.98%；代理业务收入 21.26 万元，占比 2%。

【个金业务】 储蓄业务方面。截至 2017 年 12 月底，中国邮政储蓄银行阳高县支行净增 1932.42 万元。储蓄日均余额 33692.72 万元，较年初净增 2284.72 万元；储蓄时点余额 33856.08 万元。其中，活期余额 10220.14 万元，占比 30.1%；定期余额 23635.94 万元，占比 69.9%。信用卡业务方面，信用卡进件 1087 张，增加发卡 813 张。代理类业务方面，人民币理财销售 5205 万元。销售代理保险完成 518 万元。销售代理基金 174 万元。电子银行业务方面，发展电子银行 1600 户。

【公司业务】 截至 2017 年底，中国邮政储蓄银行阳高县支行存款时点余额 8206.41 万元，日均余额 9668.84 万元。

【信贷业务】 2017 年，中国邮政储蓄银行阳高县支行发放小额贷款 204 笔，金额 2167.7 万元。其中，传统小额投放 75 笔，金额 1010 万；家庭农场投放 12 笔，金额 414 万；扶贫贷款投放 107 笔，金额 535 万；其他类投放 10 笔，金额 208.7 万元。小额贷款净增 -1312.94 万元。小额贷款结余 472 笔，金额 2928.14 万元。其中，传统小额金额 791.52 万元，占比 27%；扶贫贷款金额 1159.29 万元，占比 34.6%；经营性车辆金额 484.8 万元，占比 16.5%；家庭农产金额 492.53 万元，占比 16.82%。个商贷款业务放款 18 笔，金额 1721 万元，净增 563.98 万元。个商贷款结余 108 笔，金额 2758.97 万元。消费贷款放款 70 笔，金额 526.81 万元，净增 84.35 万元。消费贷款结余 215 笔，金额 1453.97 万元。

【专项公关提高营销率】 2017 年，中国邮政储蓄银行阳高县支行针对政务类资金和公共事业类资金进行专项公关，提高营销率。在水利局开发小水库项目时，提前介入及时获得项目开发动态，使项目成功落地。带领团队营销国土资源局，进账 5000 万元。大白登土地整改项目成功营销进账 1880 万元。白登河生态公园整治项目进账 2500 万元。“影视基地”项目进账 1000 万元。国库集中收付业务成功落地。

【个商贷款】 2017 年，个商三项活动开展以后，中国邮政储蓄银行阳高县支行实现个商放款 6 笔，金额 1099 万元，并在 11 月实现个商新客户放款 1 笔，小额新客户放款 1 笔。另有 2 笔个商贷款通过审批。

·阳高县兴都村镇银行·

【概述】 阳高县兴都村镇银行有限责任公司于 2016 年 6 月成立，注册资本 2000 万元。由尧都农商银行出资 35% 控股，与阳高县当地 3 家非金融机构企业法人和 4 位自然人共同组建，营业办公地址设在阳高县政府街 D 区 1-5 号商铺。公司设六部一室，即营业部、信贷部、拓展部、财务部、风险部、安保部以及综合办公室。共有员工 35 名。其中，营业部 13 人，信贷部 7 人，拓展部 2 人，财务部 3 人，风险部 1 人，安保部 2 人，综合办公室 3 人，董事长 1 人，副行长 1 人，监事长 1 人，财务总监 1 人。

【存款和贷款】 2017 年，各项存款余额 10068.27 万元，较上年增加 4965.07 万元，占全县金融机构新增存款 15.68 亿元的 3.13%，其中储蓄存款较上年增加 4087 万元，占全县储蓄存款增浮 6.85 亿元的 5.97%。

2017 年，各项贷款余额 6015.13 万元，较上年增加 4204.56 万元，占全县金融机构新增贷款 4.02 亿元的 10.45%，其中农户贷款增加 4471 万元，占全县新增农业贷款 2.36 亿元的 18.95%。

2017 年累计投放涉农贷款 6984 万元，累计收回贷款 2779.44 万元，各项贷款收息实现435.09万元，无一笔不良贷款。

【金融服务理念】 2017年，阳高县兴都村镇银行找准定位，发挥自身“灵活、方便、快捷”的优势，在服务方式上提供更贴近百姓需求的金融服务。设立以“三农服务”为主的客户经理队伍，实行定向服务，包村到人，建立客户经理走村串户工作日记，实现村村都有兴都人的身影。建立农户小额贷款联系点，推广“一站式”服务，满足农民资金需求；逐步强化对种养殖大户、农民专业合作社、生态家庭农场等新型农业生产经营主体的信贷支持力度，对农业部门推介的各类产业化经营主体，简化贷款手续，优先予以重点支持。对农耕所需化肥、农药、种子、机具等生产资金优先发放，对农业产业项目资金优先安排，随到随办、快审快放、限时办结，确保资金按时到位、按时投放，不误农时。

【管理培训】 2017年，阳高县兴都村镇银行对全辖员工进行定期、不定期培训12次，专业考试5次，集中考试8次，使员工专业水平和综合素质得到全面提升。参照该部门各项规章制度、银行管理办法和金融法律法规，编制该行的考试题库四大类岗位近1000道考题。在财务管理方面严格按照费用审批流程审批费用，认真审查每笔报销票据，做到票据合规合法、科目使用正确。按季财务管理工作进行分析、总结，及时查找问题、解决问题。

【安全工作管控】 2017年，阳高县兴都村镇银行对安全保卫工作予以足够的重视，常规检查48次、不定期检查3次。根据相关物防、技防的要求，对消防设施、报警监控、视频监控、用电安全等逐一检查，不符合要求的及时进行整改。消除事故苗头及各种安全隐患。

保　险

·中国人财保险阳高县支公司·

【概述】 2017年，中国人财保险阳高支公司收入保费2434.1万元，超出年初计划307.1万元，增长14.43个百分点。其中，车险1725.49万元，农险643.46万元，非车险65.15万元。全年支出赔款1496.29万元，总赔付率61%。其中，车险支付赔款925.67万元，赔付率53.6%。非车险支付赔款7.45万元。农险支付赔款563.17万元，赔付率87.5%。阳高支公司全年利润364万元。

·中国人寿保险阳高县支公司·

【概述】 2017年，阳高支公司在编员工9人，销售人员136人，设立业管中心，个险销售部，银保部，团险部，综合管理部，下深井乡桥头村营销服务部等部门。全年收取保费4856万元，承保人数6.9万人，赔款金额409万元，处理赔案453起。

科　教

【办学条件改善】 2017年，阳高县科教局在校舍建设，改善教学条件方面，投资1940余万元用于义务教育阶段学校新建校舍及维修改造。其中，投资180万元建设狮子屯小学，投资1000万元建设马家皂中学教学楼、宿舍楼，投资400万元建设太平堡小学；投资360余万元维修改造金光小学、东关小学、北徐屯小学、罗文皂小学、罗文皂中学、大白登中学、大白登希望小学等18所学校的围墙、厕所、取暖设备、屋顶。2017年，阳高三中等8个大型建设项目、13个乡（镇）17所学校小型新建项目、31所学校的维修项目全部开工。其中，新建平房8525平方米，新建楼房25408平方米，新建校门15座，新建厕所9个，维修厕所7个，新建围墙1720米，维修校舍20364平方米，硬化校园68400平方米，资金总概算9742.41万元。

为全县63所中小学开通校园内网，实现“班班通”“校校通”。投资849.28万元，配备教师计算机2044台；投资684.74万元，建成32个云课堂教室系统；投资449.78万元，配备多媒体互动教学设备240套；投资146.68万元，新建精品录播5个；投资1104.86万元，为全县52所学校安装监控系统；投资158.26万元，为49所学校安装校园广播系统；投资78.58万元，为县城两所小学建成特色实验室；投资118.49万元，为县城4所学校建成心理咨询室；投资572.6万元，为全县学校配置教学资源同步系统。全县教育信息化与教育技术装备资金总概算4466万元。

投资282.4万元，购置图书19.262万册；投资93.26万元，为学校购置音体美卫器材和各类教学仪器；投资1160.7万元，增添课桌凳、床铺、图书柜、仪器柜、试验台、安全防爆器材、消防器具等；投资428.28万元，购置橱柜、饮水设备等。

【教学质量提升】 2017年，阳高县参加高考人数1483人，二本B类以上达线411人，比上年增加98人，达线率由上年17.9%提高到27.7%。其中，文理一本达线64人，文理二本达线268人，艺体一本达线18人，艺体二本达线61人。全县理科最高分583分，文科最高分561分，再次实现高考成绩稳步提升目标。全县12所初中中考巩固参考率

94.2%，比上年提高8.9个百分点。达线率47.9%，较上年提高3.3个百分点。

【评教赛讲活动】 2017年，阳高县组织参加山西省第六届基础教育“三优工程”评选，全县中小学教师15人获奖，其中，一等奖1人，二等奖14人。组织开展“一师一课”晒课评比活动，并向省市电教部门进行推优工作，全县有23名教师所报课例获市级“优课”，5名教师所报课例获省级“优课”，1名教师所报课例获国家级“优课”。组织参加2017年山西省小学生“中华经典”阅读表达能力大赛，11名教师获优秀辅导奖。

组织参加大同市第六届基础教育“三优工程”评选，全县共66名中小学教师获奖。组织全县小学教师75人到大同市卫生学校参加“中国教育梦‘课堂转型的方向与策略’全国小学语数英名师课堂教学观摩”活动。

组织开展针对全县一线教学的“双基测评”工作，涉及33所中小学的935名学生。通过测评，有效提高学校对学生基础知识掌握、基本技能形成的重视程度，对提升教学水平起到直接的推动和促进作用。组织召开全县九年级101名教师参加的“2017年中考备考研讨会”，传达上级中考精神，分析中考形势，探讨复习策略。组织全体教研员赴全县各中小学开展推门听课调研活动，共听推门课70余节，参与教师600余人。组织举行全县中小学联盟校教研活动16场次，涉及全县中小学28家，授课教师65人，作课68节，参与教师580余人。组织42名中小学骨干教师到全县13所中心校、8所农村初中，开展“国培计划”送教下乡活动，通过示范教学、问题研讨等多种形式，有效促进农村教师专业成长。组织开展“阳高县第十届中小学教学能手评选及教学观摩活动”，评选出阳高县第十届中小学教学能手65名，推荐参加大同市第十一届教学能手评选31人。组织举行“阳高县第四届中小学名师评选活动”，经过赛课答辩，评选出中小学名师18名，其中，高中5人、初中5人、小学8人。

【教育扶贫政策落实】 截至2017年11月，阳高县享受到资助的建档立卡贫困学生共2480人，其中幼儿424人，小学585人，初中707人，高中623人（一中388人，四中235人）职中141人。

1. 学前教育资助情况。2017年，共有1098名幼儿享受到幼儿贫困资助，资助标准每人1000元/年，资助总额共计109.3万元。其中建档立卡幼儿424名，资助金额31.2万元（有的享受500元，有的享受1000元），由科教局工作人员亲自发放到每名受助幼儿家长手中。

2. 义务教育阶段寄宿生资助情况。2017年，724名小学寄宿制贫困学生享受到“一补”资助，资助标准每人1000元/年，共计金额72.4万元。其中建档立卡贫困学生585名，父母在档、学生不在档37名。1016名初中寄宿制贫困学生享受到“一补”资助，资助标准每人1250元/年，共计金额127万元。其中涉及建档立卡贫困学生707名，父母在档、学生不在档34名。

“一补资金”共计受助学生1740名，拨付资金199.4万元，其中建档立卡受助学生1292名，金额146.875万元，超出部分由县财政拨付资金16.125万元，实现了义务教育阶段建档立卡寄宿制贫困学生全覆盖。

3. 普通高中免学费、助学金资助贫困学生情况。2017年上半年，阳高一中有411名贫困学生享受免学费，标准为每生700元，共计免学费金额28.77万元，其中建档立卡贫困学生304名。有500名贫困学生享受到助学金资助，标准为每生1000元，共计金额50万元，其中建档立卡贫困学生271名。

阳高四中有208名贫困学生享受免学费，标准为每生400元，共计免学费金额8.32万元，其中建档立卡贫困学生123名。有362名贫困学生享受到助学金资助，标准为每生1000元，共计金额36.2万元，其中建档立卡贫困学生153名。

2017年下半年，阳高一中共有497名贫困学生享受免学费，免学费标准为每生700元，免学费金额34.79万元，其中建档立卡贫困学生388名。对550名贫困学生进行助学金资助，助学金标准每生1000元，共计金额55万元，其中建档立卡贫困学生388名。

阳高四中有283名贫困学生享受免学费，免学费标准为每生400元，共计免学费金额11.32万元，其中建档立卡贫困学生235名。对286名贫困学生进行助学金资助，助学金标准为每生1000元，共计金额28.6万元，其中建档立卡贫困学生235名。

4. 县职业技术学校免学费、助学金资助贫困学生情况。2017年上半年，共为1457名学生享受到免学费，标准为每生1000元，共计免学费金额145.7万元，其中建档立卡贫困学生141名。共有880名学生享受到助学金资助，助学金标准为每生1000元，共计金额88万元，其中建档立卡贫困学生85名。

2017年下半年，为1287名学生免学费，标准为每生1000元，共计免学费128.7万元，其中建档立卡贫困学生102名。对836名学生进行助学金资助，助学金标准为每生1000元，共计金额83.6万元，其中涉及建档立卡贫困学生71名。

5. “雨露计划”资助贫困学生落实情况。2017年，经县扶贫办审核通过，对759名贫困大学生给予每人2000元的资助，共计发放资金151.8万元。对2017年高考达二本分数线以上的106名贫困应届生，每人给予一次性资助5000元，共计发放资金53万元。以上两项共发放资金204.8万元。

6. 高等教育贫困学生助学贷款办理情况。2017年7月10日—9月20日，县教育局资助中心受理生源地大学生助学贷款业务，共受理4642名在校大学生贷款。贷款金额2922.7376万元，由政府贴息。其中，本、专科学生最高贷款上线8000元/年，研究生12000元/年（含学费、住宿费）。历年来累计贷款学生总数10315人，累计合同数22983笔，累计发放贷款总额13501.9181万元，为困难家庭学生解除后顾之忧。

7. 普通高校家庭经济困难新生入学资助工作。山西省继续实施普通高校家庭经济困难新生入学资助项目，下达该县资助资金共38500元，资助考取省外高校的大学新生24人，资助金额每人1000元，资助考取省内高校的大学新生29人，资助金额每人500元。

8. 义务教育阶段学生营养改善计划。农村义务教育营养餐食堂供餐、企业供餐模式运行良好，严格执行每生每天4元的国家标准。各学校在完善制度、实名管理、饭菜质量、采购环节、价格标准、食堂卫生、食品留样、账务公开等方面加强监督管理，营养改善计划惠及全县义务教育阶段的所有中小学生17880人（其中小学12503人，初中5377人），截至2017年10月（含），该县累计使用中央营养改善计划专项资金1126.72143万元。

9. 社会力量资助贫困学生情况。“韩基金”（个人设立公益性基金）2017年仍将对该县35名贫困学生进行跟踪捐助，其中小学生2000元/年，初中生3000元/年，高中生5000元/年。

大同市红十字会对该县在校贫困大学一年级学生进行捐助，受助学生17名，每生2000元，共计3.4万元。大同市红十字会和县红十字会对该县大学一年级一本贫困新生进行捐助，受助学生15名，每生2000元，共计3万元。

县人民银行为大白登小学捐助100套学习用品（包括：书包、文具盒、笔、橡皮、作业本等），受助学生100名。

中国人民健康保险有限责任公司大同分公司为大白登小学300名学生和大白登中学350名学生投保“学平”险，每人最多赔付6.5万元，受助学生共计650名。

由大同市政府办刘忠利处长（慈善总会名誉会长、潘寺村第一书记）联系大同现代家居两家单位（嘉宾瓷砖和臻品瓷砖），为大白登中心校小学生（包括教学点）每人捐助一套语文、数学单元测试卷和一本国学经典读本，为大白登中学生每人捐助一套数学、英语单元测试卷和共380套国学经典读本。

高山屯扶贫工作队对大白登中心校2名贫困学生进行捐助，每生500元，共计1000元。

县红十字会携手伊利集团为该县友宰中心校、鳌石中心校、王官屯中心校、五中、南关小学五所学校捐赠学生奶2000箱，价值12万元。

上海兴华教育扶贫基金会、大同供电公司等社会团体为该县中小学捐款48.7万元。

北京中科华世图书公司、阳高南方眼镜城等社会团体捐助了价值10.5万多元的图书、眼镜、学习用具、体育用品等，惠及全县5000多名中小学生。

科教局团委向全县广大师生发出倡议书，为患有骨肉瘤的新建路小学宋哲募捐5.8万元。

省妇女儿童发展基金会为全县14周岁以下贫困儿童发放救助金36人次，共计36000元。

10. 患病及家属患重特大疾病的职工帮扶慰问工作。通过县工会，为全县91名进入“全国总工会帮扶系统”的困难教职工，发放慰问金38700元，为全县教职工中患病及家属患重特大疾病的职工发放慰问金，共计228人次，74700元。

【科技扶贫】 1. 科技产业扶贫工作。在友宰村实施黄花菜丰产栽培技术研究开发和特色山鸡高效养殖技术研究开发两个项目，县科教局科技支持资金40万元，其中黄花菜丰产栽培技术研究与开发项目30万元，种植黄花800亩。特色山鸡高效养殖技术研究与开发项目10万元，年出栏山鸡6000只。这两个项目涉及友宰村建档立卡贫困户共403户。通过这两个项目的实施，能够带动友宰村建档立卡贫困户通过黄花种植和山鸡养鸡增加收入，早日实现脱贫致富。

由中国农业大学高灵旺教授，在该县大白登镇小白登村火山生态蔬菜示范园实施温室黄瓜病虫害绿色防控技术集成应用研究项目获得市级科技资金支持15万元，项目涉及当地建档立卡贫困户22户。项目引进国内蔬菜生产最先进的绿色防控关键技术，形成系统科学的温室黄瓜绿色生产关键技术体系。目前该园区生产的黄瓜平均每斤比周边园区收入增加0.2元，经济效益、生态效益和社会效益已初步显现。

2.“三区”人才科技专项行动项目。2017年该县向省科技厅申报三项“三区”人才专项计划，共争取省级科技资金26万元。（1）由山西农大教授李灵芝（阳高县挂职副县长）在龙泉镇绿园现代农业园区主持实施的有机生态型蔬菜高效栽培技术示范推广项目，省级支持资金8万元，示范蔬菜面积400亩，培训、培养科技乡土人才10人，培植示范户200户，示范户人均增收3000—5000元，培训人员200人次。（2）由省农科院蔬菜研究所专家王秀英在龙泉镇主持实施的高寒区大白菜高效栽培技术项目，省级支持资金9万元，种植面积1万亩，计划引进春白菜、夏白菜及秋白菜新品种5个，建立新品种示范展示田，进行大白菜高效栽培技术培训，提高农民种植大白菜技术水平，推广大白菜高效无公害栽培技术，提高大白菜产量和品质。（3）由省高寒作物研究所副所长王梦飞在下深井乡、长城乡、龙泉镇主持实施的马铃薯旱地综合高产栽培技术推广项目，省级支持资金9万元。推广种植脱毒马铃薯“同薯23号”“晋薯16号”等品种，配套旱地高垄密植等高产栽培技术，由高寒所科技人员通过现场指导、农技人员座谈、发放技术资料等方式开展高产栽培技术培训。

【科技供给服务】 市级科技项目的申报工作。2017年阳高县科教局筛选7家企业，向市科技局申报市级科技项目，其中成果推广项目4项，农业重点研发项目3项，共计申请市级科技资金370万元。该县2017年获得市级科技项目6项，共获市级科技资金135万元。科技培训工作。1.联系省农科院高寒区作物研究所研究员梁秀芝、副研究员刘支平到友宰村进行小杂粮方面的技术培训。2.按照一村一品一主体，聘请大同市畜牧兽医科学研究所高级兽医师武志军和大同县农委高级农艺师杨宝义，在友宰村对如何科学养鸡和黄花种植进行培训。3.聘请县专家闫振国到友宰镇友宰村日光温室实地进行现场指导。4.在大白登镇潘寺村、高山屯村，狮子屯乡后营村、侯官屯村、潘家屯村等进行科技培训活动。全年共举办培训班6场，实地培训2场，培训农民500人次，发放农村扶贫实用科技资料4800余册。

【科普工作】 2017年，阳高县科教局利用暑假假期在南关小学举办为期10天的国家科技馆巡回展出活动，对该县中小学生进行科学普及，参观的中小学生达5000人次。

2. 在云林公园办了以创新驱动发展，科学破除愚昧为主题的2017年全国科普日宣传活动，发放科技资料300份。

3. 在阳高二中举办科普报告会，邀请中国科学院地球物理所退休专家王成凤老师，对学生进行地震方面的科普讲座，提高安全预防意识。

【专利申报】 2017年，阳高县科教局组织企业和个人积极进行专利申报工作，截至11月底，该县共完成专利申请50件，发明专利20件。

地　震

【防震减灾法制宣传】 2017年，阳高县地震局建立健全防震减灾法规大众教育机制，开展防震减灾法规大众普及活动。利用有线电视、广播、报纸等大众传媒进行法规宣传。利用展板、咨询台、印发宣传资料等形式进行大众宣传。向机关、乡（镇）、村、企业、学校印发《中华人民共和国防震减灾法》挂图300幅，发放《防震减灾百题解答》1万余册。

【地震监测预报】 2017年，阳高县地震局印发《阳高县2017年度震情跟踪工作方案》，安排部署该县年度震情监视跟踪工作。地震监测设备有效运行。地震监测设备由专人负责管护，地震电磁波仪器全年正常运行率95%以上，增加1台数字倾斜仪并投入运行。保护地震监测设施和观测环境。开展地震监测设施和观测环境保护专项执法检查，未发现破坏地震监测设施和观测环境的现象。加强群测群防网络建设。建成县、乡、村三级防震减灾联络网，县地震局成立联络中心，乡镇成立联络站，行政村成立联络点，全县共有防震减灾信息联络员357人，动物宏观观测员14人。坚持震情会商制度，加强震情监测和日报告。强化震情监测和值班工作，坚持向市局“日报告”制度。

【地震灾害预防】 2017年，阳高县地震局制宣传工作方案，在防震减灾宣传月、防震减灾宣传周、全国科普日、大阳地震纪念日、全国安全宣传日等期间，开展5次集中科普宣传活动。制作展板17块，悬挂过街标语100余条，发放宣传资料1万余册。开展防震减灾示范县、阳高一中省级防震减灾示范学校、阳和·首席市级防震减灾示范社区等创建工作。

【地震应急救援】 2017年，阳高县地震局督促乡镇、村、机关、企业、学校等单位调整防震减灾领导组，及时修订地震应急预案。

充实应急救援设备。全县各类专业救援队伍共配备救援装备625台（件）；县地震局应急专用电台和卫星电话各1部，保持正常运行。

开展应急演练。参与中国地震局组织开展“震安-2017”地震应急演练。这次演练成立9个现场工作组，参演人员150人，车辆90余辆。演练持续时间约30个小时。

推进应急避难场所建设。依托阳高县一中操场，按照国标Ⅲ类标准建成一处地震应急避难场所，面积3.8万平方米，设置功能分区标识牌和固定永久性应急避难场所标识牌。全共设置避险场所 20 处，面积 20.8 万平方米。

加强地震灾害救援队伍建设。全县组建各类专业地震救援队伍 20 支 389 人，乡镇地震救助志愿者队伍 13 支 650 人，村级地震救助志愿者队伍 94 支 1880 人，全部登记造册。

开展应急专项检查。3 月 1—10 日，全县各乡镇、县防震减灾领导组各成员单位以及华润燃气阳高分公司等相关单位，对交通、电力、油气管道、通讯等重要基础设施或农村危房、学校、地质灾害等易产生次生灾害的重点部位进行隐患排查，对应急救援物资储备、应急避难场所设置，工程抢修，医疗救护装备，专业救援队伍人员培训等进行专项自查。

3 月 13 日，阳高县地震局与武警阳高县中队签订情报信息互通共享协议书，并进行海事卫星电话互联互通。

气　象

【概述】 2017 年，阳高县气候特点：气温偏高，降水量正常，风速、日照时间正常。年内各种极端天气频发，月平均最高气温、月极端最高、最低气温出现有气象记录以来的极值。

【气温】 2017 年，阳高县平均气温 8.9℃，比历年平均值高 1.7℃，全年平均气温属偏高，但各月平均气温与历年平均相差波动幅度较大，其中 1、2、4、5、7、9 月平均气温比历年同期平均值分别高 2.6℃、2.7℃、2.4℃、2.8℃、2.2℃、2.7℃，属特高。

冬季(12 月和 1—2 月)平均气温 -5.2℃，比历年同期平均值高 2.7℃。其中 12 月平均气温 -4.8℃，比历年同期平均值高 2.9℃；1 月平均气温 -7.5℃，比历年同期平均值高 2.6℃；2 月平均气温 -3.3℃，比历年同期平均值高 2.7℃。全年极端最低气温 -21.7℃，出现在 1 月 30 日。

春季（3—5 月）平均气温 11.1℃，比历年平均值高 2.2℃。其中，3 月平均气温 2.2℃，比历年同期平均值高 1.3℃；4 月平均气温 11.9℃，比历年同期平均值高 2.4℃；5 月平均气温 19.1℃，比历年同期平均值高 2.8℃。

夏季（6—8 月）平均气温 22.1℃，比历年平均值高 1.4℃。其中，6 月平均气温 21.2℃，比历年同期平均值高 0.9℃；7 月平均气温 24.1℃，比历年同期平均值高 2.2℃；8 月平均气温 20.9℃，比历年同期平均值高 0.9℃。

秋季（9—11 月）平均气温 8.1℃，比历年平均值高 0.9℃。其中，9 月平均气温 17.4℃，比历年同期平均值高 2.7℃；10 月平均气温为 7.9℃，与历年同期值相同；11 月平均气温 -0.9℃，比历年同期平均值高 0.1℃。

全年日最高气温在 30.0℃及以上的天数有 18 天，分别为：5 月 7 天、6 月 8 天、7 月 19 天、8 月 4 天。

【降水量】 2017 年，阳高县降水量 309.9 毫米，比历年降水平均值少 71.2 毫米，属正常，但时空分布非常不均匀，出现春季比历年值偏少，而冬、夏、秋季属正常的现象。

冬季（12月和1—2月）降水量9.8毫米，比历年冬季降水量多1.3毫米，属正常。1月降水量0.9毫米，比历年降水同期值少1.4毫米，属明显偏少；2月降水量8.3毫米，比历年降水同期值多4.6毫米，属异常偏多；12月降水量0.6毫米，比历年降水同期值少1.9毫米，属明显偏少。

春季（3—5月）降水量42.3毫米，比历年春季降水量少17.8毫米，属偏少。3月降水量21.0毫米，比历年降水同期值多11.4毫米，属异常偏多；4月降水量2.7毫米，比历年降水同期值少15.2毫米，属异常偏少；5月降水量18.6毫米，比历年降水同期值少14.0毫米，属偏少。

夏季（6—8月）降水量193.2毫米，比历年夏季降水量少42.9毫米，属正常。6月降水量27.0毫米，比历年降水同期值少28.6毫米，属明显偏少；7月降水量60.9毫米，比历年降水同期值少36.1毫米，属偏少；8月降水量105.3毫米，比历年降水同期值多21.8毫米，属偏多。

秋季（9—11月）降水量65.2毫米，比历年秋季降水量少11.2毫米，属正常。9月降水量15.1毫米，比历年降水同期值少38.4毫米，属明显偏少；10月降水量50.1毫米，比历年降水同期值多33.1毫米，属异常偏多；11月降水量0.0毫米，比历年降水同期值少5.9毫米，属异常偏少。

【日照时数】 2017年，阳高县日照时数2767.8小时，比历年平均多146.3小时。

【初、终霜及无霜期】 2017年，阳高县年内终霜（地面最低温度小于等于0℃）出现在3月31日，初霜出现在10月11日，无霜期193天。

【气候对农业的影响】 2017年，阳高县气象对农业影响最大的是大田作物，大田作物以玉米和马铃薯为主要作物。

1. 玉米：玉米4月中旬平均气温较历年特高2.4℃，4月上旬降水显著偏少，播种后虽未出现大的有效降水过程，但未影响玉米正常出苗。

出苗到拔节期：5月气温特高，降水偏少；6月气温略高，降水显著偏少。适宜的气温、充足的日照，使幼苗生长良好，发育期早于历年平均出现日期12—14天。

拔节到吐丝期：7月上旬气温特高，降水偏少，此时玉米正处于拔节期，发育期明显推迟，接近历年平均出现日期。7月中旬气温特高，降水显著偏少，对玉米生长造成不利影响。

灌浆成熟期：8月气温略高，日照充足，降水偏多，能满足玉米灌浆期对水分的需求；9月上中旬天气晴好，气温特高有利于玉米的灌浆成熟。初霜冻未对玉米品质的提高造成影响。

总的来看，2017年玉米生育期间气温特高，日照充足，能够促进玉米正常生长，确保基本产量，全县又无大范围的灾害发生，但生育期内干旱少雨，对玉米生长造成不利影响。综合评价2017年玉米生育期农业气象条件为中等偏上年份。

2. 马铃薯 马铃薯5月中旬播种，9月中旬成熟，全生育期129天。期间≥0℃积温2766.2℃，比上年低85.1℃，较常年高311.6℃；降水214.9毫米，比上年少88.4

毫米；日照时数 1065.1 小时，比去年少 161.1 小时。

播种出苗期：5 月中旬平均气温较历年特高 4.1℃，播种后，5 月下旬降水正常，日照充足，使马铃薯出苗顺利，幼苗生长良好。分枝到开花期：6 月气温略高，降水显著偏少，7 月上旬气温特高，降水偏少，马铃薯正处于营养生长关键期，持续的干旱，对马铃薯生长造成不利影响。进入开花期后，适宜的温度，充足的光照，有利于马铃薯生长发育，发育期早于历年平均出现日期 6–8 天。成熟期：8 月，气温略高，日照充足，降水偏多，土壤墒情适宜，对马铃薯的生长发育较有利，较大的昼夜温差，有利于马铃薯的块茎膨大。

2017 年马铃薯生育期间气温偏高，日照充足，能够促进马铃薯正常生长，确保基本产量，但生育期内干旱少雨，对马铃薯的生长造成不利影响，综合评价 2017 年马铃薯生育期农业气象条件为中等偏上年份。

【气象灾害】 2017 年，阳高县出现的气象灾害主要是干旱、暴雨、冰雹灾害，部分乡镇农作物受灾比较严重，给全年农业经济造成一定损失。

5 月 29 日 8 时至 30 日 8 时，13 个乡（镇）普降小到中雨，但龙泉、长城、罗文皂、北徐屯、狮子屯、大白登、王官屯等 7 个乡（镇）降水偏少，旱情仍严重，其他 6 个乡镇旱情得到缓解。经民政局统计，全县约 1.1 万公顷农作物受旱灾影响，涉及 7.68 万人，造成农业直接经济损失 6390 万元。

7 月 3 日 16 时，东小村镇发生强降水，伴有短时大风、冰雹，短时间降雨量 56.0 毫米。洪水冲毁道路 6 处计 4.8 公里，水淹农作物 118 公顷，其中 40 公顷黍子绝收，镇集中供水站水淹，烧毁自动阀门控制器 2 个，管道下沉多处，同时 4 个村 14 公顷杏果被冰雹打坏。灾害造成直接经济损失 360 万元，其中农业 95 万元，经济林 200 万元，其他 65 万元。当日 17 时，古城镇单家窑村遭受雷电及暴雨侵害等灾情，村民张成 34 只羊遭雷击死亡，其他村民 100 多亩庄稼遭水淹。

7 月 23 日 4 时—11 时，大白登镇部分村降雨量达 46.7 毫米，因降水时间长，降水集中，致使该镇福泉移民新村 245 栋钢架塑料大棚全部遭雨水倒灌，受灾面积 24 公顷，涉及农户 240 户，685 口人，直接经济损失 320 万元，其中农业经济损失 210 万元。

8 月 9 日 13 时受对流云系影响，北徐屯乡南徐屯、北徐屯、马家庄、乔家坊、姚家庄、王家庄、纪家庄、沙河台、柳家泉等 9 个村遭受严重冰雹灾害，持续时间 20 分钟左右，最大冰雹 1.5—2 厘米左右，由于持续时间长、冰雹密集，导致以上各村农作物大面积受灾，经统计 2250 公顷农作物受灾，其中玉米 1830 公顷、杂粮 280 公顷、蔬菜 56 公顷、其他 84 公顷，造成农业直接经济损失 1700 余万元。

8 月 12 日 15 时 30 分—17 时 30 分，阳高县北徐屯乡发生短时大风、强降水、冰雹等强对流天气，造成该乡 10 个村农作物受灾。据民政局统计，受灾人口约 1.2 万人，受灾农作物面积约 3000 公顷，成灾面积约 1900 公顷，绝收面积约 1167 公顷，18 栋移动大棚损坏，造成直接经济损失 2700 万元。

2017 年阳高县各月气象要素资料

月份	1	2	3	4	5	6	7	8	9	10	11	12	全年
平均气温（℃）	−7.5	−3.3	2.2	11.9	19.1	21.2	24.1	20.9	17.4	7.9	−0.9	−6.0	8.9
最高气温（℃）	−0.1	3.8	8.8	18.6	26.1	27.8	30.2	27.2	24.8	14.4	6.3	−0.1	15.7
最低气温（℃）	−13.3	−9.7	−3.9	4.9	11.2	14.7	18.4	15.4	10.4	2.5	−6.8	−10.9	2.7
降水量（mm）	0.9	8.3	21.0	2.7	18.6	27.0	60.9	105.3	15.1	50.1		0.0	309.9
日照时数（h）	212.9	209.3	242.3	257.3	295.3	257.2	221.7	252.2	245.6	167.8	204.7	201.5	2767.8

2017 年阳高县各月气象要素平均值

月份	1	2	3	4	5	6	7	8	9	10	11	12	全年
平均气温（℃）	−10.1	−6.0	0.9	9.5	16.6	20.3	21.9	20.0	14.7	7.9	−1.0	−7.7	7.2
平均降水（mm）	2.3	3.7	9.6	17.9	32.6	55.6	97.0	83.5	53.5	17.0	5.9	2.5	381.1

文　化

【概述】 2017 年，阳高县文化局“送戏下乡”演出 80 场；完成旅游总收入 15.3 亿元，同比增长 47.68%，全市排名第五；组建阳高县旅游发展委员会、阳高县文化旅游有限公司。

【乡村旅游扶贫行动】 2017 年，阳高县文化局拨付罗文皂镇、大白登镇、王官屯镇、友宰镇、长城乡 5 个乡镇旅游文化体系建设补助资金 26.03 万元，用于乡村旅游厕所建设、维修及旅游基础设施建设。截至年底，龙泉镇乳头山村、罗文皂孤山村建成旅游厕所 2 个。整合“2016 年国家旅游发展基金补助景区厕所建设资金”1 万元，用于古城镇乡村旅游公厕建设。拨付大白登镇公共文化服务体系建设绩效奖励资金 84 万元，用于大泉山展览馆设施设备配套工程建设。成功举办杏花节。全村旅游总收入 68.6 万元，人均收入 687 元。其中贫困户中 7 户 21 人，通过打工、土地流转、服务，人均收入 4000 余元，年底脱贫。

【文化和信息扶贫行动】 2017 年，阳高县文化馆、图书馆、13 个乡镇综合文化站、262 个村农家书屋“两馆一站一屋”免费开放公共文化服务正常开展，满足城乡群众的文化需求。在文化和信息综合服务平台建设上，投资近 80 万元，为全县 262 个行政村农家书屋配送图书 32000 余册；投资 202 万元，为 101 个行政村印发省市配发的文化活动器材 3000 余件（套）。积极开展文化惠民活动。县二人台剧团、晋剧团在农村演出230多场（次），观众人数近20万人（次）。其中，投资66.8万元为全县贫困村“送戏下乡”80余场。12个农村公益电影放映队放映电影3200余场，观众人数30万余人，覆盖全县所有行政村。

【二人台剧团排演新创现代戏《杏泉沟》】 2017年，阳高县文化局为了配合脱贫攻坚，阳高县二人台剧团排练由阳高县作家景彦斌和省文化厅耿志仙、王勇慧合作编剧的现代戏《杏泉沟》剧目。该剧特邀北京曲剧团席凯执导，乔振峰主演。同年12月，该剧通过“国家艺术基金2018年度大型舞台剧”项目资助初评。

【项目建设】 2017年，阳高县文化局投资133万元完成云林寺消防工程；投资100万元建设云林寺山门；投资33万元完成杨塔砖塔抢险加固工程；投资20万元完成谢家屯古戏台修缮工程；投资30万元完成下梁源胡神庙修缮工程；与省、市文物部门对接，修缮旧县衙项目获准省、市文物局批复。

【群众文化活动】 2017年阳高县文化局完成大同市春节文化庙会、古都灯会民俗文化大展演活动及元宵节全县城乡戏曲展演活动任务；完成全县杏花节期间文艺演出任务；配合省委宣传部、省文化厅完成“群星耀三晋、新风进万家”文艺演出活动任务；完成大同市“德尔美客杯”首届全国万人广场舞大赛活动。4月23日，县图书馆成功举办世界读书日全民阅读月活动，活动期间参与阅读人数达1万余人（次）。

【文化市场综合执法】 2017年，阳高县文化局协同公安、消防、市监、教育等相关部门进行专项治理6次，排除安全隐患1处。

档　案

【概述】 2017年，阳高县档案局行政执法37次，下达档案执法检查通知书17份。继续录入利用率较高的县委、政府永久档案，婚姻户口底册，馆存资料等文件，全年完成27.5万条，累计37.7万条。全年接待群众及机关单位530余人次，提档380卷，提供复印件400余件。

【档案安全体系建设】 2017年，阳高县档案局完成新馆改建工程并完成验收，290平方米档案库房配齐密集架。新馆建设投资1321.58万元。其中，房屋购置及改建工程投资1282.96万元，档案及办公设备购置投资38.62万元（含上年投入）。档案馆历时55天完成搬迁，4月15日开始办公。在搬迁前，把馆藏全部资料重新归类、装盒，目录数字化。

【档案资源体系建设】 2017年，阳高县档案局指导县扶贫办整理上年前扶贫档案300多卷；指导友宰镇、鳌石乡农村土地确权颁证6000余户档案的试点整理工作；把公安局户政大队、及其他派出所户口资料4005卷收集进馆、并完成整理；收集医保中心新农合档案5279卷，其他档案合计652卷，全年新入馆档案9936卷。

文联

【概述】 2017年，阳高县文联被市文联评为“2017年度先进单位”，先进事迹材料选入《2017中国文联知识大全》一书。

承办3场大型活动：承办2017年阳高县首届春节联欢晚会，全县500余名文艺人才骨干参与排练演出，8000余人现场观看联欢会；承办迎新春书画展，展出该县书画家各类书法绘画作品100余幅；承办广场舞汇演，9月30日，一场“喜迎十九大，欢乐庆丰收”广场舞汇演，在县体育场隆重举行，全县有18支城乡代表队、近千人广场舞爱好者参加汇演。

组织县书法家到社区居委会、狮子屯乡董屯村、鳌石乡、大白登镇大泉山村、古城镇古城村、罗文皂镇罗文皂村等村为群众写春联。组织书法家为全县困难群众和职工写春联1000余幅。

1月，组织参加大同市“迎新春书画展”并获优秀组织奖；8月，参加河北省尚义县主办的“晋冀蒙”三省区8市县书画展获组织奖。

全年出刊《杏苑》杂志4期，《大泉山》报3期，为全县文学爱好者提供园地，提升阳高知名度。

举办“作家六棱山采风”“书画家大泉山采风”“全县作家助力脱贫攻坚文艺采风”等文学交流活动。

筹办阳高县首届杏花节；举办第2届活力阳高消夏晚会；参与并协助电影《李司法的冬暖夏凉》在阳高的场景拍摄；同团县委联合开展全县中小学生“中国梦——书法美”大赛；同县国土局联合举办“6·25”国土宣传日书画交流笔会。

坚持“联”字当头，加强同周边晋冀蒙三省区十县区市的文艺交流。结成友好文联，组织交流活动，成立了“闻三省”书画院，在大同、张家口、乌兰察布市三地率先实现了县级文化一体化，提升了阳高县的知名度和影响力。

巩固发展各文艺协会，发展各协会会员160余人。组织文艺志愿者到帮扶村罗文皂镇柳林村慰问演出。

新闻中心

【新闻宣传】 2017年，阳高县新闻中心在《新华每日电讯》《新华网》《人民网》《中新网》《央广网》《中国日报网》《农民日报》《山西日报》《山西经济日报》《山西卫视新闻联播》《大同日报》等中央、省、市主流媒体发表各类新闻稿件510件。其中，在中央级媒体刊发稿件45件、在省级媒体刊发稿件290件、在市级媒体刊发稿件175件；新闻稿件《合力战贫困——阳高县运用“五个五”工作法大打脱贫攻坚战》《杏花为媒幸福来——2017阳高杏花节系列活动带来阳高好光景》《“一园”引得小康来》在《大同日报》头版头条发表。发表脱贫攻坚稿件稿171篇。其中，国家级18篇、省级108篇、市级45篇。

接待新华社、《人民日报》《农民日报》《新华网》《中国文化报》《山西日报》《山西经济日报》《山西卫视》《大同日报》、大同广播电视台、大同市新闻中心等媒体记者90余次400余人次，借助上级媒体宣传阳高。

编发《阳高发布》330余期，出版《阳高周讯》30期。在《阳高发布》《阳高周讯》开设《全面学习贯彻落实党的十九大精神》《坚决打好脱贫攻坚战》《脱贫攻坚人物篇》《脱贫攻坚驻村记者手记》《脱贫攻坚基层行》《新时代、新气象、新作为、打胜脱贫攻坚战》《“两学一做”在阳高》《学好讲话，维护核心，讲好故事》等专栏。开展“脱贫攻坚基层行”“打胜脱贫攻坚战”等采访活动，累计在《阳高周讯》《阳高发布》以及市以上新闻媒体发表脱贫攻坚新闻报道80余篇。

【网信工作开展】 2017年，阳高县新闻中心网络舆情监控平稳。加强组织。县委宣传部、县网信办联合召开全县各乡镇、各部门、各单位、驻阳单位主要负责人参加的有关会议2次；建立健全各乡镇、各部门、各单位、驻阳单位网络舆情员队伍，实行专人负责。年内该县发生各类网络舆情31起，其中县网信办对较有影响的下发告知卡20次。

网络宣传形式多样。县网信办利用“阳高发布”“阳高县人民政府网站”平台，加强网络宣传。党的十九大召开时和召开后，《阳高发布》连续刊登党的十九大、十九届一中全会会议新闻、《人民日报》学习贯彻十九大精神评论员文章和《山西日报》学习贯彻十九大精神评论员文章，宣传了十九大精神。9月，组织有关部门开展以“网络安全为人民，网络安全靠人民”为主题的网络安全宣传周活动，提高全社会网络安全意识。

开展网络评论。县网信办撰写各类网评文章15篇，完成网络评论1000余条，转发相关内容700余次。组建网络评论员队伍，为开展网评工作打下基础。

电视台

【媒体宣传】 2017年，阳高县广播电视台在突出“三个重点”、建设“五型阳高”、实现“六大提升”等工作宣传报道。在原有《脱贫攻坚、决胜小康》等专题栏目基础上，开辟《阳高政法》《十九大时光》等专栏。全年播发新闻稿件1500余件，其中，主题新闻占播发新闻总件数88%以上。大同电视台播发阳高县选送的新闻稿件68件，为更好宣传阳高发挥积极作用。

【栏目设置优化】 2017年，阳高县广播电视台增设《中国通史》《每日说法》《专家来了》《生活一点通》4个栏目；播出电视剧230部、7300集，文艺小品600小时，讲坛类节目310余小时。

【县城有线电视升级改造工程】 2017年，阳高县广播电视台启动县城有线电视升级改造。5月，与高斯贝尔数字科技公司签订供货合同。9月，全面启动县城有线电视升级改造。

卫生　体育

卫　生

·综　述·

【**概述**】　2017年，阳高县卫计局落实奖励扶助政策，全县奖扶总人数10161人户，累计享受奖扶资金649.414万元。实施计划生育特殊家庭扶助关怀政策。对计生特殊家庭开通了医疗卫生服务“绿色通道”，为特殊家庭14户18人免费体检。建立县、乡、村“三岗”联系人制度，了解掌握特殊家庭联系对象的身体状况、精神状态和利益诉求。对计生特殊家庭扶助对象，以人为单位，一次性给予5000元扶助，共有计生特殊家庭扶助对象18人，扶助资金9万元全部拨付个人账户。

审查验收全县57家单位卫生许可证，监督覆盖率100%。监督检查2家集中供水单位和11家学校自备水源，监督覆盖率100%。监督检查全县中、小学学校传染病防控措施落实情况和学校饮用水设施卫生，监督覆盖率100%。开展传染病疫情报告和放射卫生监督检查，重点对县人民医院、县中医院、诺尔泰医院、宏惠医院、明泽医院、御胜中医医院和13家乡镇卫生院进行监督检查，监督覆盖率100%。对全县具备资质的348家医疗机构进行经常性监督，监督覆盖率100%。

全县居民健康档案累计建档223641人份，建档率80.16%；高血压患者管理18146人，规范管理17654人，规范管理率97.29%；Ⅱ型糖尿病患者管理6808人，规范管理6689人，规范管理率98.25%；65岁以上老年人健康管理25094人，管理率78.19%；重性精神病患者登记管理1093人；孕产妇系统管理1178人，系统管理率88.23%，早孕建册1213人，早孕建册率91%，产后访视1213人，产后访视率90.86%；0—6岁儿童健康应管理12971人，实管理11025人，管理率85%，新生儿访视人数1213人，新生儿访视率达90.86%。

马家皂、北徐屯、鳌石3个乡的卫生院和周转宿舍改扩建项目，总投资270万元，全部竣工并投入使用；为出列的98个贫困村建设村卫生计生服务室。

【县乡医疗机构一体化改革】 2017年，阳高县成立由县政府主要领导担任主任，县财政、卫计、人社、发改、编办、民政等相关部门为成员的县公立医院管理委员会，管委会下设办公室，设在县卫计局，办公室主任由县卫计局局长兼任，具体承办管委会日常运行管理工作。制订出台《阳高县县乡医疗卫生机构一体化改革实施方案》，明确工作目标、主要任务和工作要求。辖区内县人民医院、13所乡（镇）卫生院和7所分院组建成立阳高县医疗集团，8月11日县医疗集团挂牌运行。成立县医疗集团领导班子，组建县医疗集团财务资产、人力资源、医疗质量、医保、科教、药品器械采购、公共卫生服务、后勤保障八大管理中心和医学检验、医学影像、远程会诊、消毒供应、信息管理、分级诊疗、健康管理、急诊急救八大业务中心，制定《阳高县医疗集团“六统一”管理实施方案》，实行行政、人员、资金、业务、绩效、药械“六统一”管理。县医保管理中心制定《关于医保支付方式改革医疗机构打包付费的实施办法》，与县医疗集团签订协议。

【健康扶贫】 2017年，阳高县卫计局在全县医疗机构开通贫困人口就医绿色通道，减免门诊挂号费和一般诊疗费3589元；为17名贫困孕产妇累计免除住院分娩费用26286元；为14名建档立卡贫困户白内障患者免费手术，免除费用39411元；规范各定点医疗机构贫困人口医疗保障“一站式”综合服务窗口；制定《农村贫困住院患者县域内先诊疗后付费工作方案》，在县定点医疗机构全面实行“先诊疗，后付费”政策；县人民医院组建2支健康扶贫巡回医疗服务队，于每周星期二和星期五到边远贫困村开展巡回医疗服务。派出专家249人次，车次32次，为1100余名建档立卡贫困人免费体检。

制定《阳高县健康扶贫工程“三个一批”行动计划实施方案》，在农村贫困人口中开展“大病集中救治一批、慢病签约服务管理一批、重病兜底保障一批”行动。建立大病集中救治管理台账、慢病签约管理台账和重病兜底管理台账，实行动态追踪、上下转诊、分类救治。查实县贫困人口中24种大病集中救治388人，慢病签约2901人，重病兜底保障58人。县人民医院每月免费为49名患者进行透析治疗，全年共免除费用548.8万元。

制定《关于开展健康扶贫“双签约”活动的通知》和《阳高县建档立卡农村贫困人口健康扶贫“双签约”服务实施方案》，各乡镇按照辖区建档立卡贫困人口分布，组织2支服务团队，按照统一印制的《阳高县健康扶贫“双签约”服务协议书》，实施签约服务，建立台账，记录每一户因病致贫、因病返贫信息。全县建档立卡贫困人口除死亡和长期外出无法联系的，实现应签尽签。

免费为全县建档立卡贫困人口建立健康档案，并按照《国家基本公共卫生服务规范（2017年版）》的要求，实行分类管理和动态管理。组建阳高县“1+1+1”家庭医生签约服务团队40个，共60余名专科医生到农村开展“家庭医生”签约服务，加强慢性病、老年人等重点人群的管理服务。

开展规范诊疗、合理用药、基本公共卫生服务等业务培训，累计培训村医523人次。为解决乡村医生“人荒”问题，选派6名应届中学生前往山西省中医学院参加全日制医学培训，学制三年，毕业后全部充实到村卫生室。在贫困村第三方评估后，为124个贫困村配齐乡村医生，每个贫困村达到村村有村医。开展“山西护工”培训工作，向市卫计委推送有培训需求的建档立卡贫困人口204人。

【妇幼保健服务】 2017年，县卫计局按照“3+1模式”统计全县活产数1335人，产妇1333人。实施增补叶酸预防神经管缺陷项目，发放叶酸10687瓶，发放率197%，叶酸服用依从人数2495，服用依存率89.6%。开展贫困地区儿童营养改善项目，发放26196盒营养包，有效服用率89%。开展新生儿疾病筛查工作，县人民医院活产数1126人，新生儿疾病筛查人数1043人，筛查率92.63%，未发现苯丙酮尿症（PKU）、甲低和肾上腺皮质增生症患者。加强艾梅乙母婴传播阻断监测工作，有958名孕产妇接受艾滋病、梅毒、乙肝咨询及检测服务，发现梅毒阳性3例，及时进行母婴阻断用药，为19名乙肝阳性母亲所生新生儿免费注射乙肝免疫球蛋白，干预率100%。为11293名贫困妇女免费开展“两癌”筛查任务，为1000对夫妇孕前优生免费体检。为825名怀孕妇女免费进行了产前筛查和诊断，高风险转诊26人。开展托幼机构体检工作，完成全县33所幼儿园6730名儿童的体检任务。

·阳高县疾控中心·

【传染病监测】 2017年，阳高县疾控中心根据“疾病监测信息报告管理系统”（2017年1月1日—2017年11月15日）统计，该县共报告各种传染病病例488例，报告发病率170/十万。其中，乙类传染病296例，丙类传染病175例，其他传染病17例。报告的乙类传染病中，艾滋病3例，HIV2例，肝炎83例（甲肝3例、乙肝69例、丙肝7例，戊肝1例，未分型3例），痢疾2例，肺结核96例（涂阳25例、菌阴70例、未痰检1例），伤寒+副伤寒2例，猩红热5例，布病54例，淋病7例，梅毒44例（1期梅毒4例，隐形40例）。在报告的丙类传染病中，流行性感冒41例，流行性腮腺炎13例，手足口病79例，其他感染性腹泻42例。在报告的其它传染病中，水痘6例，结核性胸膜炎5例，尖锐湿疣3例，生殖道沙眼衣原体感染2例，非淋菌性尿道炎1例。该县发病数前五位分别为肺结核、肝炎、手足口、布病和梅毒。

【重点传染病防控】 截至2017年11月16日，县疾控中心结核病门接诊238人，登记治疗管理结核病人104人。其中，初治涂阳病人21人，初治涂阴病人74人，复治涂阳病人1人，结核病胸膜炎病人4人，重症涂阴4人。发现艾滋病病人和感染者17人。接收治疗9人、死亡2人、未治疗6人。对9名管理的艾滋病病人提供CD4+细胞检测、随访和治疗，并给予关怀救助。对330人开展VCT自愿咨询和检测，检测330人，检测咨询者中HIV抗体筛查均为阴性。对县看守所的50名羁押人员进行HIV抗体检测，检测结果全部为阴性。

【国家免疫规划】 2017年，阳高县基础免疫和加强免疫接种率均达98%以上，扩大免疫新增疫苗接种率均达98%以上。免疫规划监测系统有效运转，全县接种率均达95%以上。全县有22家接种单位，全部进行信息化管理，监测系统覆盖率100%。开展AFP病例、新生儿破伤风、麻疹三种传染病常规监测工作，对脊灰、麻疹、新生儿破伤风等实行“零病例”报告，定期对县医院开展病例主动搜索工作。加强冷链管理，对冷链设备按规程存放，实行专物专用。对各乡镇卫生院接种门诊进行验收，全县共有13家接种门诊通过验收达标。开展儿童入托入学查验预防接种证和疫苗补种。托幼机构61家，累计查验儿童数为1645人；小学校42家，累计查验1995人；中学校12家，累计查验1608人；高中3家，累计查验1850人。查验率达100%，疫苗补种率93%。开展麻风疫苗查漏补种工作，共查14个年龄组23332人，补种率达93.2%。

【地方病防治】 2017年，县疾控中心开展鼠疫监测工作，共检黄鼠血清200份，均为阴性。开展基本情况调查和布病防控工作，发现布病患者54例。针对54例布病患者，全部开展流行病学调查、建立档案、规范治疗，调查率、建档率、治疗率均达100%。开展碘盐监测，抽检300份食盐（299份为精制盐，1份粗盐），其中2份不合格碘盐，2份无碘盐。碘盐覆盖率99.33%，合格碘盐食用率98.67%。每个乡（镇、街道办事处）选择5个食盐零售点，共监测24个食盐零售点，全部是精制盐，碘盐覆盖率100%，合格碘盐食用率100%。开展饮水型地方性氟中毒监测，共监测3个村，全部改水，改水率100%。东小村和孙启庄，共同使用同一改水工程，且正常运转；水氟含量1.03毫/克升，占监测工程的66.67%，覆盖人口0.58万人。古城镇赵村，虽然改水，但是不能正常运转，居民饮用水水氟含量2.62毫/克升（供水工程水氟含量1.85毫/克升），占改水监测村的33.33%，覆盖人口0.19万人。开展氟斑牙病情监测，3个村监测8—12岁氟斑牙情况：检查8—12岁儿童79人，检出氟斑牙患者24例，氟斑牙检出率30.38%，氟斑牙指数0.61。其中正常30例，占全部受检儿童的37.97%；可疑病例25例，占全部受检儿童的31.65%；极轻度14例，占全部受检儿童的17.72%；轻度8例，占全部受检儿童的10.13%；中度2例，占全部受检儿童的2.53%。

开展健康巡讲、艾滋病反歧视宣传活动、饮水型氟中毒健康教育活动、普及鼠疫防控知识等主题宣传活动。同时，利用“3.24”“4.25”“5.15”“5.31”“9.1”

等宣传活动日进行宣传有关传染病防治知识，共计13次，发放各种卫生知识传资料10余万份。同时，通过单位网站和全民健康生活方式网站有计划、有组织地开展健康教育活动。

【严重精神障碍患者管理】 救治救助专项行动，截至2017年11月16日，阳高县共登记严重精神障碍患者1251人，在管患者1093人（其中住院14人），非在管患者19人，死亡91人，失访48人，其中：3—5级病人32人，病情不稳定24人。管理率93.83%，服药率48.38%，在管严重精神障碍患者及家属接受健康教育率80%以上免费治疗22名严重精神障碍患者。

【环境卫生监测】 2017年，阳高县疾控中心开展饮用水卫生监测。枯水期：监测13个乡镇计划采样56份水样，实际采样56份。其中，市政供水6份，乡镇水41份，学校水样4份，平行样5份。每份水样实验室按常规42项检验（根据消毒剂的使用选择消毒检验项目，放射项目不开展，实际检验33项）。录入上报51份水样（平行样数据不上报），采样56份，合格45份，合格率80.36%。丰水期：监测13个乡镇计划采样56份水样，实际采样56份。其中市政供水6份，乡镇水41份，学校水样4份，平行样5份。每份水样实验室按常规42项检验（根据消毒剂的使用选择消毒检验项目，放射项目不开展，实际检验33项）。录入上报51份水样（平行样数据不上报），采样56份，合格43份，合格率76.79%。开展农村环境卫生监测，对5个乡（镇）100个农户进行监测；对5个乡（镇）10所学校卫生状况监测，采集土壤样本20份，完成项目监测工作报告。监测内容：基本资料、农村环境卫生 、病媒生物情况调查、农村学校环境卫生、土壤卫生。完成国家和省级的实验室考核,艾滋病盲样考核为优秀，饮水型氟中毒检测达标，碘盐实验室达到国家考核标准。对各类从业人员开展预防性健康体检，从业人员体检数4200余人。

·阳高县人民医院·

【概述】 2017年，阳高县人民医院门诊人次52839人次，门诊均次费用314.09元，急诊人次3615人；入院7111人次（其中新农合入院人3561次，城镇职工、居民基本医疗保险入院人809次），出院6607人次；转院135人次；治愈率90%；住院均次费用5140.58元；病床使用率66.6%；平均住院日8.35天；完成各类手术852例；化验检查76169人次；C T检查5836人次；检查阳性率74.3%；心电检查18087人次；B超检查16276人次；检查阳性率为64.3%；妇科顺产936例，剖腹产240例，产妇的平均住院日3.5天;围产期保健人数2950人次;透析人次6300人次；传染病网上上报例数279例；病案室对出院病历按时回收、整理、装订、编码、归档，上年共收回出院病历6224份，住院病历提取正确率100%，病案借阅归还率100%，共接待复印病历患者

4356人次。

对参加基本医疗保险的透析患者实行免费治疗，患者的治疗费在基本医疗保险和大病医疗保险报销后，剩余部分由政府和该院共同承担，并实施“一站式”服务。开通120急救中心，购置2辆新救护车和车载救治设备，配齐全部人员。传染病区建设项目开工建设。4月2日“阳高县人民医院传染病区建设项目”开工建设。

【义诊活动】　2017年，阳高县人民医院开展免费义诊活动，派精准扶贫下乡义诊专家组共计249人次，巡回医疗车2辆，共计车次60次；义诊人次共计2286余人次，发放健康资料5000份（册），免费发药20个品种，价值约3000元，免除患者检验检查费用136500元。为全县建档立卡贫困人员减免门诊挂号费、为建档立卡贫困孕产妇减免平产住院费用。

【人才培养】　2017年，县人民医院组织业务培训38次（其中院内专家培训8次，院外专家培训30次），该院医师外出学习23次，培训医师共40人；派出参加继续教育培训19次，培训医师共38人。继续教育制卡人数增加到265人（初级卫生技术人员190人，中级卫生技术人员66人，高级卫生技术人员9人），继续教育参学人数229人，参学率86.42%，同比增长53.82%，合格人数123人，达标率46.42%，同比增长36.92%。全年共接收乡镇卫生院进修人员2人；该院共派出骨干医师培训4人，大同市三医院2人，山西大医院1人。

山西大医院和大同市第三人民医院组成15人精准扶贫医疗队驻扎阳高县人民医院指导科室日常工作；参加疑难危重病历讨论，指导诊治；协助门诊病人诊疗；指导手术病人诊治。

【临床路径管理和抗菌药物临床应用】
2017年，县人民医院开展临床路径10个专业，50个病种；进入临床路径相关病种数2479例，进入临床路径2242例，入组率90.43%；变异数111例，变异率5%，退出临床路径103例，完成率95.4%。

内一科抗生素使用率41.38%；内二科抗生素使用率50.45%；外科抗生素使用率97%；妇产科抗生素使用率35.41%；儿科抗生素使用率97.16%；骨一科抗生素使用率84%；骨二科抗生素使用率83.33%；全院抗生素平均使用率78.93%；

内一科药占比56.28%；内二科药占比60.18%；外科药占比53.8%；妇产科药占比12.15%；儿科药占比43.2%；骨一科药占比51.34%；骨二科药占比46.53%；肛肠科药占比42.05%；透析科药占比17.82%；全院的药占比47.2%。

体　育

【概述】　2017年，阳高县体育运动管理中心配合县委宣传部开展“迎新春，庆佳节”中国象棋、擢龙、拔河、乒乓球、羽毛球比赛；

组队参加大同市体育总会、大同市妇女联合会举办的“庆三八，展风采”2017大同市妇女毽球比赛；组织举办2017阳高杏花节“金融杯”乒乓球邀请赛；组队参加“三利杯”2017中国·保定第九届国际空竹艺术节和大同市全运会健身气功选拔赛；配合省体育总会在阳高县开展2017山西省体育总会送健身舞（广场舞）下基层活动；配合市体育局、市体育总会开展以“强健体魄·阳光生活·共享青运”为主题的“体育三下乡”城乡优秀健身项目联谊展示活动暨杏泉峪探险健走活动；配合省体育局社会体育指导中心在阳光99温泉养生度假区召开山西省门球协会第六届委员会换届大会；参加德丰阳光门球场馆落成剪彩和山西省门球训练基地揭牌仪式；配合县委老干部局在“七一”前夕联合开展健身舞（广场舞）项目展演活动。联合阳高邮政分公司举办“幸福生活在三晋·广场舞艺术节”阳高海选活动；联合阳高县社区工作领导组办公室举办以“全民参与创和谐，携手共建宜居园”为主题的2017年体育进社区暨全民健身广场舞大赛；配合山西省门球协会，在阳光99温泉养身度假区举办2017年“申体杯”全国老年门球系列（山西站）暨山西省老年门球赛，来自全国各地的42支队伍参加这次比赛。协助老体协召开阳高县老年人体育协会第三届委员会换届大会。11月，配合山西省门球协会在阳光99温泉养身度假区举办“德丰利达杯”2017年中国门球公开赛，36支队伍参加。12月，配合科教局开展迎新年教职工乒乓球公开赛。

利用体彩公益金15万元集中采购的户外体育健身器材落实到具体单位。从市体育局落实回19套户外健身器材。上级投资300万元的11人制标准足球场项目和800万元的社区全民健身中心项目资金已全部到位，县体育管理中心按照项目建设要求，组织开展图纸设计和招投标工作。

【青少年竞训体育】 2017年3月17日，国家体育总局正式发文命名阳高县少体校为“国家高水平体育后备人才基地（2017—2020）”，为全省县（区）级少体校获此命名的两所之一。为保障学员文化与竞技整体素质的同步发展，县少体校和阳高云阳学校签订联合办学协议。恢复和新开摔跤、跆拳道两个项目和原有的武术、乒乓球共有4个项目。乒乓球队参加2017大同市“迪卡侬”杯少年儿童乒乓球比赛，取得较好成绩。

2017年，在全省运动会上，武术队曹然获男子甲组刀+棍第六名。在全省武术锦标赛上，曹俊豪获男子C组太极拳冠军；李浩通获男子C组查拳冠军。曹然获男子B组查拳亚军；杨梦冉获男子C组查拳亚军；郑宏宇获女子C组查拳亚军；杨梦冉获男子C组棍术季军；王杰获男子C组查拳季军；张晋玮获男子B组八级拳季军；谢玉冉获女子C组太极拳第四名；谢玉龙获男子C组查拳第五名。

参加市体育局举办的2017大同市青少年武术比赛，武术队获5个冠军、1个亚军，1个季军、1个第四名和丙组团体第二名、甲组团体第三名。

人力资源和社会保障

【概述】 2017年，阳高县人社局开展“春风行动”“就业援助月”“民营企业招聘周”活动，建立完善劳务输出前考察、输出中援助和输出后维权制度，与30余家企业达成用工意向，搜集就业岗位6000余个。截至年底，举办电脑、刺绣、家政月嫂、创业培训等就业培训，免费培训各类人员4606人，城镇实现新增就业1541人，创业带动就业人数369人，城镇失业人员再就业1389人，转移农村劳动力4438人，城镇登记失业率2.35%。

【社会养老保障事业】 2017年，阳高县机关事业单位养老保险接收并导入业务系统审核312家单位，在职6668人，退休3553人，合计10221人。全民参保导入数据库人数306752人。全县企业养老保险参保人数15402人，城乡居民社会养老保险参保人数169352人，全县城镇职工基本医疗保险参保人数19888人，全县城镇居民基本医疗保险参保人数20333人，失业保险参保人数9209人，工伤保险参保人数12793人，全县生育保险参保人数15010人，全县农村居民基本医疗保险参保人数193437人，养老保险基金征缴收入1.05亿元，城乡居民基本养老保险基金征缴收入1593.6万元，城镇职工医疗保险金征缴收入3050万元，城镇居民医疗保险金征缴收入319.2万元，失业保险金征缴收入203.48万元，工伤保险基金征缴收入94万元，生育保险基金征缴收入91.66万元，农村居民基本医疗保险基金征缴收入2901.56万元。为全县9799名离退休人员发放2017年冬季取暖费3292万元，并为符合条件的离退休人员补调2016年度冬季取暖费。

【培训与人事】 2017年，阳高县公开招录公务员13人、事业单位工作人员27人、三支一扶工作人员13人，引进硕士研究生17名、“千人百县”专家服务基层人才14人，并全部与服务单位对接，送科技、送知识下乡培训新型职业农民146人。借助“山西省2016海外高层次人才对接会”，为县医院引进在美国宾夕法尼亚州立大学攻读博士的段世昭。更新完善人才数据库，为960名高校毕业生档案进行实名制登记造册，截至年底登记3354名高校毕业生档案，有1547名高校毕业生实现就业或灵活就业。整理库存档案963册，档案袋统一换为档案盒。

【劳动用工监管】 2017年，阳高县人社局主动检查用人单位1505户次；下达劳动保障监察责令改正决定书246份；补签劳动合同2063人；劳动合同备案2063人；督促企业为3851名职工补缴社会保险费111.61万元；督促建筑工程项目（企业）参加工伤保险33户，涉及人数1197人，涉及金额31.91万元；协调处理案件101起；受理投诉案件29起，为746名农民工追回工资635.8万元，案件结案率100%，所有投诉案件都实现网上办案。2017年，阳高县劳动保障监察大队被人社部办公厅和国家工商总局办公厅授予“2017年全国清理整顿人力资源市场秩序专项行动取得突出成绩单位”称号。2017年，受理劳动争议案件8起，其中劳动报酬类争议4起，确认劳动关系2起，因工死亡待遇1起，养老保险争议1起。调解成功率60%，仲裁结案率90%。2017年财政预算300万元做为欠薪应急周转金，全年收取27家建筑企业工资保证金499万元。建立处置无故拖欠克扣职工工资突发事件应急预案、举报投诉接待等制度，采取树维权公示牌、发放工资支付卡等形式，规范建筑企业工资发放流程，减少劳动报酬争议。制订《阳高县人力资源和社会保障局重大突发信访事件应急预案》，及时就地处理群众的合理诉求。受理县政府12345政府热线批办单223件，涉及到政策咨询方面的问题均已明确答复，其他问题经过归口处理。

对1名单位负责人在局党组会上做出深刻检查，对2名工作人员开展批评教育，对1名工作人员进行约谈，办理初核时限2件。

【人社局脱贫攻坚】 脱贫攻坚“八大工程二十四项行动”中，主要承担“培训就业扶贫行动”。截至10月底，完成培训1999人。培训机构选用阳高县社会就业培训中心、大同市正大职业培训学校、大同市星光职业培训学校、大同市互立工程车辆职业培训学校、大同市宏鑫职业培训学校、大同市成利煤质化验职业培训学校、大同市博森职业培训学校等8家培训机构，全县分片开办各类技能培训班29期，涉及12个乡（镇）108个村。其中，培训民间工艺品制作工707人，培训农艺工56人，培训家政服务员534人，创业基础知识培训150人，培训中式烹调师175人，培训道路客运汽车驾驶员377人。通过培训，1590人取得相应合格证书，掌握了就业必备的劳动技能，实现就业280余人。

阳高县医疗保险管理服务中心承担原新农合门诊慢性病特殊补偿、孕产妇在县域内实行免费住院分娩、重大疾病补偿、大病保险报销比例提高四项健康扶贫政策的落实。1.门诊慢性病特殊补偿。2017年1—10月，阳高县医保中心救助建档立卡贫困人口门诊慢性病5590人次，医药总费用1930105.26元，其中可报销费用1869936.04元，报销1096642元。2.重大疾病补偿。2017年1—10月，县建档立卡贫困人口重大疾病救助131人次，医药总费用3407810.34元，其中可报销费用2581857.1元，共报销1906262元。3.大病保险报销。2017年1—10月，全县大病保险理赔建档立卡贫困患者128人次，实际支出金额5682493.59元，大病保险报销797782.5286元。

全县享受报销政策的贫困人口46351人，包括2014、2015年脱贫人口。截至到11月中旬全县为农村建档立卡贫困人口报销15人次，报销金额22100元，其中补差报销2人。7月1日至10月31日，全县农村建档立卡贫困人口住院1559人次，医疗总费用907.69万元，保内费用734.46万元，医保报销475.99万元。门诊慢性病就诊2429人次，医疗总费用79.75万元，保内费用77.87万元，医保报销45.87万元。

民　政

【城乡低保】 2017年，阳高县民政局发放城乡低保资金。阳高县共有城乡低保对象22258户27489人。其中城市低保对象2755户5888人，全年发放资金2171万元，人均月补差237元；农村低保对象19503户21601人，全年发放资金5629.6万元，人均月补差247元，城乡低保对象的基本生活得到保障。全年全县建档立卡贫困户中低保户共计6591户7378人，全年新增农村低保户1697户1726人，其中建档立卡户1453户1561人。提高城乡低保标准，实现“两线合一”。城乡低保保障标准每人每月分别提高20元、23元，城市低保标准达到378元/月/人，农村低保标准达到3174元/年/人。从10月1日起，农村低保再次提标15元，保障标准达到3354元。全县有五保供养对象3054人，全年共下拨五保供养金1229万元。为五保对象缴纳合作医疗费44.45万元。

【民政福利事业】 2017年，阳高县民政局与县消防部门配合，对全县9所中心敬老院进行消防安全检查，各敬老院新增消防设备，制定出台《阳高县民政福利机构突发事故应急预案》，完善规章制度。开展以“全面落实安全生产主体责任”为主题的全县民政系统2017年“安全生产月”暨“民政服务机构安全管理月”活动，树立红线意识，普及安全知识。开展养老服务质量专项行动，检查养老院服务质量的运营管理、生活服务、健康服务、社会工作服务、安全管理。接受省厅委托第三方开展养老服务质量评估，得到好评。对10家民政福利机构行安全生产挂牌责任制，监督各家单位的安全生产。

创新社会救助模式，改被动救助为主动救助。全年累计救助困难家庭3000人次，发放救助金200万元。组织开展流浪乞讨人员救助和主动救助服务工作，全年共救助流浪乞讨人员279人，发放救助资金3.2万元。开通市、县两级共12家医疗机构“一站式”救助工作。全年对3794户次困难家庭给予医疗救助，救助资金450.5万元。

【特殊群体救助】 2017年，阳高县民政局经过摸底排查，全县有留守老人3463人，附近的日间照料中心为这些留守老人提供照料服务；有留守妇女1036名，对建档立卡贫困户中患病住院的留守妇女进行医疗救助；有留守儿童660名，其中对无人监护或父母无监护能力的377名进行专项行动计划，与其亲属及村委会联系全部落实有人监护，其中3名失学辍学学生与教育局协调已入学，28名无户籍的与公安部门协调有20名已经上户。

全年为农村经济困难的高龄老人3604户，3661人发放补贴141.9万元，失能老人222人发放15.7万元。其中建档立卡户中高龄老人1406户1425人，失能老人57户57人。农村困难残疾人3111户3189人发放生活补贴195.8万元。其中建档立卡户有1146户。为分散孤残儿童168人，发放生活费127万元；集中供养孤残儿童51人，发放费61.2万元。为全县建国前老党员55人发放生活补贴37.99万元。

【灾害应急救助】 2017年，阳高县民政局制定冬春灾民生活救助方案，及时下达冬春救助资金380万元，应急救灾资金390万元。通过政府采购救灾物资320万元，其中，采购面粉220万元，食用油50万元，棉被褥20万元，毛毯30万元，共救助灾民6.3万人。

【双拥优抚安置】 2017年，阳高县民政局开展双拥优抚工作，发放各类抚恤补助款826.35万元，有1462名优抚对象按时足额领取各类款项。妥善安置退役士兵，其中安置到县环卫处综合执法大队转业士官14名；安置到县污水处理厂下属国有企业“洁海污水处理服务公司”城镇退役士兵34名，每月按时足额发放工资，缴纳“五险”，工龄工资每月20元，军龄和待安置时间计算为工龄。发放待安置期间生活补助费60万元。对39名下岗转业士官补缴了450余万元的保险金。为132名退役士兵办理城乡低保，临时救助12万元，为59名退役人员发放医疗救助金13.35万元。为2名参战退役志愿兵调整工作。

县财政拨款12万元，慰问全县259名“两参”人员。全县共发放“光荣烈属”“光荣军属”和“光荣之家”牌匾4204块。

为360名1999年以来的军队退役人员发放待安置期间的生活费155.4万元，为18名现役军人发放立功奖励1.15万元，为142名参试退役人员缴纳商业保险36.92万元，为596名重点优抚对象缴纳医疗保险10.73万元。

【社区管理】 2017年，阳高县民政局在全县范围内开展了城镇低保对象的审核工作，对不符合低保条件的81户190人取消了低保资格；加大投资力度，改善居委会的办公、活动条件。

【村委会换届选举】 2017年11月1日，阳高县民政局组织指导第十一届村委会换届选举工作，先期组织人员参加市局的培训，召开动员大会，制定实施方案，举办培训班。保证换届选举工作圆满完成。

【社会专项事务管理】 2017年，阳高县民政局依法依规登记管理社会组织，把好审批登记关，完成全县民办非企业16家、社会团体18家的年检工作。新登记2家社会团体和1家民办非企业单位。

【地名公共服务工程】 2017年，阳高县民政局据国务院《行政区域界线管理条例》的规定，按照民政部全国勘界工作办公室及山西省民政厅《关于做好排查并妥善处置边界纠纷隐患的通知》（晋民电［2017］5号）的通知精神，为落实2017年全国民政工作会议及民政部“排查并妥善处置边界纠纷隐患”工作要求，加强边界管理和平安边界建设，通过开展排查并妥善处置边界纠纷隐患工作，全面掌握全县边界地区基本情况，对边界地区存在的纠纷隐患，及时发现、及时研究、及时解决，做到抓小、抓早、抓苗头，切实将纠纷隐患消除在萌芽状态，防止演变成边界纠纷群体性事件，推动平安边界创建工作深入持续开展，完成与大同县的行政区域界线联检工作。

第二次全国地名普查工作稳步推进，完成普查和检查验收工作，对地名普查成果进行修改完善。

【婚姻登记】 2017年，阳高县民政局办理结婚登记2025对，离婚登记373例，补领结婚登记证304对，无一例违法登记事件发生，无有效投诉，登记合格率100%。实现网上预约登记，完成1997年后的婚姻登记信息历史数据补录工作。

【养老服务】 2017年，阳高县民政局按照以居家养老为基础，社区照料为依托，机构养老为补充的总体思路，建成日间照料中心53个。全年新建8个日间照料中心，全部竣工。

根据省、市有关加快城市社区公益用房建设的要求，县政府出资468万元购置的原新华亿商场二楼（2400平方米）划拨给社区作为居民公益用房，落实资金230万元进行房屋改建和装修，年底投入运行。

制定《阳高县养老院服务质量建设专项行动实施方案》，以“五查五改、对标达标”为主要内容，对照影响养老院服务质量的运营管理、生活服务、健康服务、社会工作服务、安全管理五个方面开展养老院服务质量大检查、大整治，推进养老院服务质量大转变，运用全国养老机构业务管理系统，实时监控养老院服务质量动态，加强养老院运营管理及服务质量管理。建立以质量和效益为导向的养老院服务发展机制，塑造养老院“安全、诚信、优质”的服务品质，全面提升养老院的服务质量，打造人民群众住得起、住得好的养老院。

扶贫开发

【概述】 2017年，阳高县成立脱贫攻坚指挥部，各乡镇均成立工作站，各贫困村均设立作战室。实行“责任双签”，县委书记、县长与乡镇党委书记、乡镇长签订主体责任状；包村县级领导、包村单位、驻村扶贫工作队和第一书记与所包村签订帮扶责任书。成立县脱贫攻坚督查组，以问题为导向，开展跟踪督查。

【资金投入管理】 2017年，阳高县在扶贫资金使用、监管上下功夫，拓宽扶贫资金使用统筹整合力度，全县统筹各级财政资金3.05亿元，90%以上资金落实到村到户项目，资金拨付率70%以上，对统筹上级财政资金用于脱贫攻坚项目的申报、审批、招投标、实施、验收和资金拨付等环节，全程监督。在扶贫项目需求、受益户、实施方案的确定及资金使用上采取县、乡、村“一公示两公告”制度（村级对村民代表大会上确定的建档立卡贫困户项目需求进行公示，乡镇对确定的项目实施方案进行公告，县级对项目投资情况、实施情况，受益户情况进行公告）。

【扶贫项目实施】 2017年，阳高县实施易地搬迁：上年和2017年一期易地扶贫搬迁项目建房工程全部竣工，搬迁户实现分房到户，涉及搬迁户3296户8030人（包含上年126户300人）。易地扶贫搬迁安置点全部规划后续产业，在龙泉镇、大白登镇、王官屯镇、东小村镇、下深井乡5个易地扶贫搬迁安置点发展设施蔬菜为主的传统产业基地；在古城镇、罗文皂镇、鳌石乡、友宰镇4个易地扶贫搬迁安置点建设寒富苹果、林药套种、黄花等特色种植扶贫基地；依托龙头企业、农民专业合作社等新型经营主体建起产业扶贫基地，采取屋顶光伏、金融小额贷款分红、入企就业等新模式。为把易地扶贫搬迁项目打造成廉洁工程，县委、县政府建立有效监督机制。由县监委牵头，对工程建设项目招标投标进行全面监督，对资金使用管理进行全程监督。由县普惠城乡经济建设投资有限公司通过招投标，为每个工地配备

全县扶贫观摩学习交流

1名专业监理工程师和2名监理员，对工程项目实施全过程、全方位监督。由县乡村成立联合巡查小组，定期对关键工序、关键部位、竣工验收等重要环节进行监督。由搬迁户推选出3—5名村民监督代表，参与材料进购价格、用料规格、房屋结构标准确定等环节，确保施工项目各个环节、各个阶段及验收结果透明公开。

产业扶贫：增加日光温室135栋，塑料移动大棚1090栋；寒富苹果、杏果经济林2800亩；黄花1100亩；中草药5155亩；特色露地蔬菜、小杂粮3900亩；千吨马铃薯储藏窖和蔬菜恒温库、育苗基地各1处；正大集团百万生猪产业链扶贫项目一期工程开工建设，到位资金2.1185亿元。集中连片60×100千瓦村级光伏电站实现并网发电，按照村级光伏电站收益分配方案，首批72万元收益资金注入11个乡镇60个村，890户1663人深度贫困人口实现收益分红。以举办杏花节为平台，吸引桃花源（北京）投资基金管理有限公司投资5亿元建设守口堡文化旅游产业区，盈一财富（北京）投资管理有限公司投资1.93亿元发展文冠果种植产业链等6个项目签约，协议金额16.13亿元。扶贫攻坚造林专业合作社吸收建档立卡贫困人口272人参与造林；选聘建档立卡贫困人口护林员125名；新一轮退耕还林工程覆盖建档立卡贫困户48户114人。

多方位夯实脱贫基础：完成技能培训2469人。其中，家政服务、民间工艺品制作、驾驶等技能培训1859人，种植、养殖实用技术培训610人；完成农村创业致富带头人培训50人。全县享受到资助的建档立卡贫困学生共3538人。其中，幼儿783人、小学585人、初中707人，高中457人、职中141人、雨露计划扶持759人、教育扶贫扶持106人。县民政部门增加1144名低保对象，民政医疗救助516人，涉及金额77.792万元。人社部门救助建档立卡贫困人口重大疾病131人，涉及金额190.6262万元。按照“政府支持、银行投放、实施主体使用、贫困户承贷并获益”四位一体模式发放金融扶贫小额贷款3876笔19380万元，覆盖建档立卡贫困户3876户9690人。建立“扶贫超市”，企业认领78个扶贫项目，帮扶资金493万元，实施完成46个。

老　龄

【概述】 2017年，阳高县老龄委落实全县高龄老人补贴发放工作。搞好高龄津贴发放工作。为198名95虚岁及以上百岁以下高龄老人每月发放100元高龄津贴。为25名百岁及以上老人发放省、市长寿补贴金3600元，县财政安排为每名百岁老人发放3600元。

【宣传弘扬孝星】 2017年，阳高县老龄委利用“九九”重阳节等传统节日契机，采取在县电视台、《阳高周讯》开展专题宣传、街头悬挂标语、发放宣传资料等多形式多样的方式，宣传《老年人权益保障法》和《山西省实施〈中华人民共和国老人权益保障法〉办法》等法规，累计发放1000余册。该县董存梅被评为全省“十大孝星”之一，许生义被评为“全省孝星”提名奖，郭海、王秉令两名老人获全市“健康之星”和“健康老人”。在县城举办为期一周的山西省十大孝星事迹巡展活动，全县近3000名干部群众，及中小学生参观学习孝星事迹。

【老年文化活动】 2017年，阳高县老龄委组织老来红合唱团到乡村、社区和敬老院开展慰问演出，围绕庆祝党的十九大、助力脱贫攻坚、喜迎九九重阳节等主题在社区和农村演出8场。购买轮椅、坐便椅、拐杖等辅助器具，免费向360位老年人发放。在“敬老月”等节点，开展困难老年人的生活救助和慰问活动，通过发放救助金等形式，累计慰问救助困难老年人186余人。省老龄办为县新和敬老院20名失能、半失能老人每人补助生活费2000元。

按照全国老龄办随机抽样，该县龙泉镇、罗文皂镇、大白登镇、马家皂乡4个乡（镇）的16个村96名老人被列入2017年中国城乡老年人生活状况监测调查对象。为搞好这一项工作，组织督导员、调查员到太原进行集中培训后，开展入户调查工作，完成监测调查任务。

民族宗教

【概述】 2017年，阳高县宗教局配合部分乡（镇）和村委会、派出所做好大型宗教活动期间的安全工作。该局全体人员到宗教活动场所指导镇门堡城隍庙、孤山奶奶庙、玄云寺、云中寺、青云寺、城隍庙大型庙会活动，基督教堂献堂活动，圣诞节活动等，直到活动安全结束。要求各佛教寺庙开展好阴历二月十九观音菩萨诞辰日、六月十九观音菩萨成道日、九月十九观音菩萨出家日、四月初八佛诞日庙会活动安全工作，确保宗教活动安全。参加指导部分佛教开光活动，基督教堂献堂活动，保证全方位安全。

【宗教事务管理调研】 2017年，阳高县宗教局开展消防安全大检查和宗教领域安全风险隐患大排查大整治活动。到36个依法登记的宗教活动场所进行安全隐患大排查，在检查过程中，要求各场所在完善各项制度的前提下，落实好宗教活动场所的防火设施及防火通道建设情况；安全用电、用火、用气情况；房屋建筑安全情况；防盗措施情况；卫生防疫措施情况；应急措施及落实情况；大型宗教活动上报情况。

上半年解决各类矛盾纠纷28起，实现宗教领域零上访。

举办基督教活动场所负责人培训班，参加培训人员80余人，16所依法登记的场所负责人全部参加。完成县宗教活动场所地名普查工作，未登记的基督教活动场所41处，家庭聚会点16处。在县城佳佳玛广场前面，开展宗教法律法规学习月大型宣传活动，散发宣传资料3000份，宣传读本1000册。举办宗教活动场所负责人培训班，全县近100名宗教活动场所负责人及重点讲道人参加培训，培训班上，县委宣传部副部长、县十九大精神宣讲团成员尉建飞讲解十九大知识，市宗教局宗教科科长郭珍秀讲解相关宗教方针政策、法律法规、新的《宗教事务条例》等相关知识。

市宗教局局长杜福一行深入到阳高县检查就资金重大决策部署落实情况进行调研，政府分管副县长王爱党陪同，听取宗教局负责人工作汇报，到部分佛教寺庙、基督教堂、天主教堂、少数民族聚居村进行实地调研，对县宗教工作给予肯定。

残疾人保障

【概述】 2017年，阳高县残联召开全县乡（镇）、社区办残联工作会议，部署实施省政府民生实事残疾预防重点干预和残疾儿童抢救性康复项目：初筛阳性0—6岁儿童提供复筛和诊断服务9名；为612名疑似残疾人提供残疾评定服务；对0—6岁残疾儿童开展抢救性康复服务26名。确定定点康复评估机构和定点康复服务机构，全国残疾人服务状况和需求信息数据动态更新数据库有需求的残疾人3516名，其中建档立卡残疾人1235人。县残联为1632名残疾人开展精准康复服务，其中建档立卡残疾人690人，发放辅助器具224人，精准康复服务率50.57%。县残联修缮残疾人康复训练部（社区康复示范站）设施，训练方法、规章制度、工作职责上墙，有40余人次残疾人在训练部免费参加康复训练。

【公益助残】 2017年，阳高县残联实施2015年度山西省国家彩票公益金低视力残疾人辅助器具适配服务项目配发器具63件；2015年度残疾儿童康复救助“七彩梦行动计划”辅助器具适配服务项目配发器具6件；2015年度山西省实施国家“十二五”残疾人事业专项彩票公益金贫困残疾人免费配发辅助器具项目配发器具98件；2016年度山西省彩票公益金贫困残疾人康复救助项目辅助器具配发180件；2016年中央财政转移支付残疾人基本康复服务项目配发器具155件；2017年中央财政转移支付肢体残疾人辅助器具113件，低视力残疾人辅助器具配发85件；市残联辅助器具配发2016年度46件、2017年度16件；2017年县残联贫困残疾人辅助器具配发220件。全年共计免费为残疾人配发辅助器具982件。山西省贫困残疾人假肢装配救助项目为3名肢体残疾人装配假肢，其中建档立卡贫困残疾人2名。

县图书馆开设残疾人阅览室，购买残疾人书籍1000余册，积善爱心书屋图书2000册；为6名8—15岁重度残疾儿童发放2016—2017年度山西省“阳光伴我行”集善明门儿童轮椅6辆。

【普惠残疾人】 2017年，阳高县财政预算2017年度护理补贴资金61.36万元，省级重度残疾人护理补贴资金下达109.23万元，市级重度残疾人护理补贴资金下达57.465万元。县残联把全县持证一级、二级残疾人4091人名单印发各乡镇残联，由各乡镇残联组织各村对新增办证、死亡、户口迁移的残疾人筛查、审核、上报。全县上报申请护理补贴残疾人3435人，护理补贴资金通过银行打卡发放2660人。开展2017年度残疾人机动轮椅车燃油补贴的申报和审核工作，共计补贴对象13人，每人补贴260元，发放补贴资金3380元。

政府民生实事项目为190名边远地区

和行动不便的疑似残疾人开展上门残疾评定服务。上级残联拨付资金为184名贫困智力精神障碍和重度残疾人进行残疾评定，每人补贴150元，减轻了贫困残疾人家庭的负担。县残联邀请大同市第六人民医院精神残疾评定专家组残疾评定26名精神病人。实施“阳光家园计划”购买残疾人托养服务,集中对北徐屯乡70名精神、智力和重度肢体残疾人提供托养服务。

县残联依托阳高县春雨职业培训学校，举办2期残疾人扫盲培训班，为北徐屯乡4名、社区15名文盲残疾人开展扫盲培训，免费发放文化学习基础入门知识教材，聘请专业优秀教师进行文化知识授课。

县残联组织大白登镇20名、狮子屯乡40名残疾人开展残疾人文化进家庭“五个一”活动，活动内容包括：每人发放《张海迪作品精选》《绝顶》等图书、观看《人在征途》电影、游览大泉山森林公园、参观大泉山展览馆、参加村里文化活动。实施残疾人康复体育关爱进家庭计划，为50户不易出户或家庭困难的重度残疾人家庭开展康复体育家庭关爱服务，县残联为他们购置小型康复体育器材。在全县学校开展三类残疾（视力、听力、智力）儿童少年入学就读情况调查，共审核登记50名适龄儿童少年残疾学生就读情况。

【一店三基地】 2017年，阳高县燕龙按摩院、阳高县妙手康理疗中心、阳高县农泉大南滩奶牛养殖专业合作社被确定为2017年度盲人按摩示范店、农村残疾人扶贫基地。阳高县农泉大南滩奶牛养殖专业合作社安置10名残疾人就业，辐射带动25名农村残疾人发展种植业、养殖业。市财政局下达2017年“一店三基地”补助资金10万元，阳高县燕龙按摩院、阳高县妙手康理疗中心分别补助资金1万元，阳高县龙泉大南滩奶牛养殖专业合作社补助资金8万元。

【全国残疾人服务状况与需求信息数据动态更新】 2017年，阳高县残联成立残疾人信息数据动态更新工作领导组，召开乡镇残联理事长会议对全县残疾人数据动态更新工作进行安排部署，分2期对295名乡村两级动态更新工作人员进行业务培训。从7月1日起，县乡村三级残疾人工作者经50余天完成全县2017年全国残疾人基本服务状况与需求信息数据动态更新调查工作。共调查残疾人9481人，其中搬迁、外出、死亡注销、空挂户等情况残疾人共200人；调查填表9281人，入户调查8964人，电话调查317人，入户率96.58%，符合中国残联调查工作要求。登记录入全县271个村和社区涉及残疾人文化体育、无障碍建设等方面信息，完善全县268名残疾人专职委员个人信息，确定残疾人干部26人。县残联把乡镇上报的《残疾人调查表》41项调查内容全部录入中国残联“动态更新”系统，向市残联报送动态更新数据信息。

【第18次全国“爱耳日”宣传教育活动】 2017年3月3日，在第18次全国“爱耳日”期间，按照省、市残联要求，县残联围绕活动主题，安排部署第18次全国“爱耳日”宣传教育活动。在县广播电视台、《阳高周讯》等新闻媒体开展“爱耳日”

主题宣传。在县城主要街道悬挂宣传横幅标语 5 条，发放宣传资料 1000 份。

【第 27 次“全国助残日”主题宣传活动】 2017 年 5 月 21 日，县残联在佳家玛广场开展第 27 次“全国助残日”主题宣传活动，悬挂第 27 次“全国助残日”主题“推进残疾预防，健康成就小康”宣传条幅，摆放包含助残日介绍、残疾预防和康复知识等内容的宣传展板，向过往行人发放《残疾人服务指南与康复知识》宣传资料 300 余册，为咨询人们解答了办理《残疾人证》、残疾人优惠政策、生活补贴护理补贴等问题。县残联还通过“阳高发布”微信公众号和县电视台对全国助残日活动报道 27 次。“助残日”期间，县残联发放轮椅、助行器、拐杖，坐便椅等辅具 80 余件。县残联工作人员到县农泉大南滩奶牛养殖专业合作社和燕龙盲人按摩院，与残疾人就工作、生活情况进行亲切交谈，鼓励残疾人学习养殖种植业和盲人按摩专业技术，勤奋劳动、自强不息，服务社会，增收致富。

【残联脱贫攻坚】 2017 年，县残联落实“农村基层党组织助残扶贫工程”任务，召开全县农村基层党组织助残扶贫工程工作会议，组织乡镇残联开展摸底调查，确定罗文皂镇、狮子屯乡、马家皂乡 3 个乡镇 30 户贫困残疾人家庭为帮扶对象。省级、市级分别下达农村基层党组织助残扶贫资金 3 万元，每户补助资金 2000 元。对长城乡 30 名、马家皂乡 50 名、下深井乡 60 名、东小村镇 41 名建档立卡、有劳动能力、动态更新调查有培训需求的残疾人，进行种植业、养殖业实用技术培训。残疾人就业和职业培训信息实名制管理系统全年完成新增培训任务 114 人，实际培训录入 157 人，完成率 137.72%。为 3 名肢体残疾人申请发放残疾人驾驶培训补贴 6000 元。残疾人就业保障金本年度由地税局代为征收 94 万元。协调县民政、各乡镇“低保”“五保”政策向残疾人倾斜，全县农村残疾人有 3826 人纳入“低保”“五保”范畴；城镇有 527 人纳入“低保”范畴。春节前夕，市残联下达解困资金 3.5 万元，县残联自筹资金 0.5 万元，慰问全县 50 户特困残疾人，发放白面 50 袋，慰问金 10400 元。慰问东小村镇东营村 147 户村民，每户发放大米、白面各 1 袋。共计慰问资金 4 万元。

新任县级领导

李灵芝 女，1972年3月出生，山西襄垣人，教授，农学博士，硕士研究生导师，民盟盟员，1996年9月参加工作。曾任山西农业大学园艺学院讲师、副教授、教授。2006年10月至2007年11月在荷兰瓦赫宁恩大学留学。2010年10月至2012年7月在非洲埃塞俄比亚援非工作两年。2017年1月任阳高县副县长（挂职）。

贾春生 男，1968年4月出生，山西太原人，大学本科学历，2009年7月入党，1991年7月参加工作。曾任中国信达资产管理公司太原办事处财务部高级副经理、中国信达资产管理公司山西分公司计财部高级经理、中国信达资产管理公司山西分公司计财处处长。2017年9月任阳高县副县长（挂职）。

龙泉镇

【概述】 龙泉镇位于阳高县城中心，全镇总面积183.4平方公里。2016年末，总户数38576户、总人口90897人。龙泉镇下辖：东南、西北、西南、南关、东关、八里台、青顺堡、颜家沟、义合、花窑、胡窑、张小村、太师庄、守口堡、鹿角沟、小龙王庙、砖楼、乳头山、虎头山、旧孙仁堡、新孙仁堡、燕家堡、谢家屯、李官屯、龙泉寺、富贵、兴隆巷、景家庙、新和堡、富园、青和、和富新村32个行政村。

【脱贫攻坚】 2017年，龙泉镇坚持用脱贫攻坚统揽全局，拿出绣花功夫，用足钉钉子精神，深入践行"五个五"工作法，围绕八大工程24项专项行动，完成508户1006人的年度减贫任务。

产业扶贫。投资260万元的塑料大棚项目，7月2日开工，9月底扣棚并分棚到户，为131户搬迁户提供占地1亩的塑料大棚，镇政府针对搬迁户专门组织共发放小额扶贫信用贷款1360万元，涉及贫困户272户，超额完成全年1000万元的任务。

光伏扶贫。把833户贫困户培训蔬菜种植技术。

金融扶贫。2017年，龙泉镇纳入到光伏电站扶贫项目。引进太原合创自动化科技公司，在移民搬迁户屋顶实施安装光伏发电全部纳入项目。

生态扶贫。在县林业局的支持下，抓住环长城旅游公路建设机遇，为230户350人贫困人口，每亩投资800元栽种仁用杏630亩，生态林370亩；赵伟造林合作社，春季为建档立卡贫困户63人提供就业岗位，每人平均工资3200元的收入。镇政府聘用44人建档立卡贫困户为护林员，每年工资6250元。

保险保障扶贫。为1364户建档立卡户每人缴纳健康意外险48元。

政策兜底。全年为223户建档立卡户新办理低保，五保户3户，发放临时救助款23万元。

【驻村工作队扶贫】 2017年，阳高县扶贫办工作队为东关村新打机井3眼；财政局工作队为胡窑村硬化道路5000平方米；为义和村铺设管灌2000米；园林处投资5万元，绿化砖楼村主街道，栽油松120棵，杨树100棵；发改局为新堡新打机井1眼，为东南村投资5.8万元购置水泵、电缆；疾控中心为旧堡村村委会更新办公条件、安装暖气，为每位贫困户赠送了小夜灯；县卫计局、人民医院在帮扶的景家庙、虎头山、张小村进行了义诊；市监局为乳头山、守口堡村每户送去一箱月饼一塑料壶麻油。

【平安龙泉建设】 2017年，龙泉镇党委、政府紧紧围绕县委、县政府重点工作，主动作为、敢于担当，针对龙泉镇人口多和城中村多，信访维稳压力大的实际状况，推动信访工作法制化、制度化；引导信访者走法律途径，杜绝缠访、闹访，同时采取变上访为下访，镇干部每周利用一天时间坐班村里，镇主要领导天天坚守信访接待室接受群众信访，化解矛盾、解决突出问题，增强防控风险的能力，对7名退伍军人和75名重点人员采取“五包一”的工作方法，把矛盾化解在当地。两会、十九大期间全镇没有发生一起非访事件。

发展乡村旅游，配合全县杏花节的举行，打造守口堡景区。杏花节开幕当天及周六、周日三天，客流量7万余人次，日均交易额15万元。“五一”三天假期，守口堡景区日均客流量5000余人，四家农家乐日均收入4000元，十多家小卖铺日均收入1200元。

【支持项目落实】 2017年，龙泉镇完成九项征地任务。白登河生态康养小镇占地2520亩，征收2280亩；站前广场占地410亩，征收380亩；污水厂扩容征地31亩；西北村、南关村垃圾转运站征地13.52亩，项目已顺利实施；完成环长城旅游公路主线全长16公里，占地328亩的征地任务；完成花窑村85亩移民搬迁用地；解决移民搬迁发展产业配套建设的226亩大棚用地；完成占地44.3亩的足球场和劳动培训大楼的土地征收；完成230亩土地流转，确保杏花节举办。

全力保障安全度汛。全镇境内“两河一沟”河道总长31.9公里，影响到县城、京包铁路、四大蔬菜园区、13个村4万余亩农作物安全。投资182万元完成2.3公里河道除冰，31公里河道清淤，828米护堤坝加固。

协调和川旅游开发有限公司的规划指导，投资2000万元推进石韵古村建设，打造特色旅游景点，投资1300余万元。

引进投资1000万元病死畜禽无害化处理项目落户胡窑村，并投入运营，年可处理有害动物尸体1000吨，生产附属产品工业油脂50吨、有机肥料200吨，成为晋北地区唯一的畜禽无害化处理标杆企业。

【环境整治】 2017年，龙泉镇采取大规模专业队伍整治和村级日常治理相结合的办法，投资261万元重点围绕新和堡、和富、八里台、虎头山等10个村进行大规模、无死角集中治理，拆除违建8处，粉刷墙壁4.8万平方米，书写文化墙12000平方米，清理河道7.6公里，清运垃圾1320车次。

罗文皂镇

【概述】 罗文皂镇总面积175.1平方千米，镇政府所在地罗文皂村。2016年末，总户数11755户、总人口28575人。罗文皂镇下辖：罗文皂、吴家堡、莫家堡、杨家堡、柳林、孤山、平山、许家园、管家堡、镇门堡、陈家堡、太平堡、席家湾、十九墩、三墩、七墩、谢家庄、二墩、五和村19个行政村。

【脱贫攻坚】 2017年，罗文皂镇968户2232人建档立卡贫困户脱贫，其中二墩、三墩村两个贫困村整村脱贫，上年回退户中313户585人全部稳定退出，未脱贫人口974户1969人，其中八不进人员有13户34人。通过两次动态调整，共新识别建档立卡贫困户56户141人，人口自然增加190户220人，人口自然减少321户348人，7月删除"八不进"人员319户821人，12月通过村民主测评共核查八不进出列人员50户136人。

项目扶贫。投资114万元，在谢家庄村种植寒富苹果3万余株、360亩，涉及贫困户53户116人；投资65万元，在太平堡村和许家园村种植中药材黄芪1300亩。其中，太平堡村1000亩、许家园村300亩，涉及贫困户100户215人；通过大同大学驻村工作队的帮扶，为谢家庄村和十九墩村分别新建养羊场一座，共计4900平方米，涉及贫困户125户248人；按照"政府补助+贫困户自筹"的原则，涉及9个村620户建档立卡贫困户的620栋集中新建移动冷棚，已完成土地调换工作；在上年把21名贫困人口聘用为护林员的基础上，新聘用19名贫困户人员作为护林员，每人增收6250元；通过阳高县骄阳、华雨和顺天三家扶贫攻坚造林合作社带动105户建档立卡贫困户实现增收22.56万元；通过"雨露计划"共对68户建档立卡贫困户17名考取二本院校以上贫困家庭学生每人给予5000元帮扶资金；全镇建档立卡贫困户中有低保户645户、五保户125户，其中为142户建档立卡贫困户办理低保。金融扶贫。在上年为101户建档立卡贫困户办理金融贷款的基础上，2017年又为472户建档立卡贫困户办理金融贷款，每户每年增收3000元。光伏扶贫。全镇有9个贫困村的179户建档立卡贫困户享受光伏扶贫帮扶户均增收800元。

移民搬迁推进。全镇分两期实施3017人贫困人口易地搬迁。第一期总投资6903万元，通过动态调整，核查比对确定689户1607人，分罗文皂、太平堡两个安置点建设，新建房屋1510间，占地450亩。第一轮分房到户525户，1308人。第二期移民搬迁总投资5470.8万元，占地352亩，涉及搬迁对象610户1410人，分罗文皂、平山、席家湾、管家堡4个安置点建设，在土地征收、规划设计等前期工作已经完成，工程完成1008间房屋基础建造。

【社会民生事业】 2017年，罗文皂镇投资800万元的夏孤路下穿铁路涵洞工程已完工通车；推进康养旅游产业健康发展，投资1000余万元的阳光99山西省门球训练基地项目于6月启动；投资120万元为平山村修坝900米，道路硬化1900平方米，安装太阳能路灯50盏，新建垃圾池10个；以围地造坝、以工代赈项目为依托，投资150万元为许家园村修坝650米，造地75亩，保护耕地600亩；投资20万元，维修许家园村文化活动室12间，修路434米；投资100万元，在平山村建大众浴室，新建维修村卫生室2个，改善群众生活和就近就医困难问题。

生态环境改善。推行"河长制"，对重点河段进行有效治理，投资42万元，对20公里河道进行清淤和污染治理，确保安全度汛和河道清洁。

铺开8600余亩沿长城两边荒山绿化工程，完成绿化1100亩。严厉打击私挖乱采、违法占地等破坏生环境的行为，实现整治工作常态化。投资200余万元，新建一处垃圾转运站。

民生保障，做到应保尽保，进行全民参保登记工作，对全镇95%以上的人员全部进行登记，做到政策落实全覆盖；累计投入60万元，保障五保、低保、残疾等特困群体救助金按时发放，临时困难群众及时救助到位。推进农村合作医疗缴费工作，确保实现参合率90%以上，保证广大群众都能享受到基本医疗服务和大病救助。

【安全维稳】 2017年，罗文皂镇社会治理前移，维护社会秩序稳定有序。全镇以“小事不出村，大事不出镇”为目标，特别是党的十九大召开期间，做好信访维稳工作，把各类社会矛盾化解在萌芽状态。把涉军群体和信访重点人员作为维稳重点，沟通了解思想动态，宣讲法律政策，并帮助其解决生产生活中遇到的实际困难，有效确保没有发生一起重大上访事件。

做好社会治安综合治理，加大对违法犯罪行为的打击力度，以全县开展的“净化社会风气，助力脱贫攻坚”严打专项整治为抓手，严厉打击乡痞村霸、缠访、闹访、非法上访和阻挠破坏重点项目建设等违法行为，在各村开展重点人员排摸，刷写标语，张贴宣传海报，发放各类宣传资料1000份，社会治安环境得到明显好转，全镇未发生一起重大治安刑事案件。

落实安全生产责任制，建立健全各项应急机制，加大对重点行业、领域的安全隐患排查和安全整治，对全镇辖区内所有企业全部进行备案登记和安全责任挂牌。与此同时，教育、文化、卫生、宗教以及驻镇各单位的工作扎实推进，呈现出经济发展，社会稳定的良好局面。

王官屯镇

【概述】 王官屯镇位于阳高县西南部，西起采凉山巅，东至白登河畔，南与大同县和本县下深井乡毗邻，北和龙泉镇相连。全镇总面积197.3平方千米。镇政府驻地王官屯村，集镇面积2平方千米。2016年末，总户数10616户、总人口24678人。下辖：北唐窑、南唐窑、刘窑、芦窑、许窑、康窑、恶石、都司口、樊窑、杨官屯、十里台、张庄、小安滩、北沙岭、大安滩、杨庄、南沙岭、王官屯、重兴镇、邢家堡、闫家坊、半坡、东常安堡、西常安堡、河儿屯、马官屯、上泉、钱家堡、月家台、随士营、柳沟、两家营、朱家窑头、正峰涧、东李家皂、兴苑村36个行政村。

【脱贫攻坚】 2017年，王官屯镇强化脱贫攻坚的首位意识，以主要精力全程抓脱贫，镇村脱贫领导组和工作站、室配齐，550多名的市县帮扶责任人顺利完成调整、补充、结对帮扶，签定各类责任书500余份，出台全镇《干部驻村帮扶实施意见》，组织干部帮扶述职考核。对10个贫困村开展脱贫档案集中整理工作，在26个非贫困村中率先自行开展第三方模拟评估工作；专题开展“回头看”、补短板活动，新印制扶贫手册4000份，规范、压缩档案种类数量，组建4个工作组20人的档案整理队伍，逐村开展档案整理工作；结合省、县第三方评估活动，开展档案查漏补缺工作，组织专项检查验收、评比排队通报等活动。接受全县建档立卡、中国扶贫杂志社、灵丘县红石楞乡现场观摩和省、市、县领导的检查。

易地移民搬迁。一期、二期工程统筹推进，确定易地移民搬迁对象十里台移民村，397户862人，占地309亩，完成新建房屋544间和在建的135间，后续产业200栋蔬菜塑料大棚的建设任务。

光伏扶贫。完成10个贫困村152户光伏扶贫对象民主评议、公示、确认工作，申办光伏扶贫合作社10个，刘窑、东李家皂2个100千瓦的村级光伏电站建成。

金融扶贫。累计完成253户贫困户金融扶贫小额贷款，发放贷款1446万元，年内实现分红到户。

产业扶贫。制定“一户一亩苗圃、一人一亩杏果”的产业规划，投资333.88万元建设正峰涧村占地350亩的“农业科技扶贫示范园”，培育各类苗木近90万株，种植小杂粮示范田110亩，投资73.5万元购置大型农机具14台，成为带动周边210户贫困户脱贫的好平台，有关经验被《大同日报》头版头条刊发报道。

贫困人口动态管理。完成动态调整，新识别贫困户19户57人，最近的扶贫对象动态管理中，采取入户测算与镇党委核查相结合，初步确定退出人口602人，并于近日完成贫困退出村级民主评议、公示工作，年底计划退出贫困村2个。

帮扶措施到户到人。针对不同致贫原因，靶向精准落实帮扶措施。对因学致贫群体，实施雨露计划193名，资助农村贫困大学生教育补贴19名，社会力量捐资助学37名，落实“两免一补”和各类教育补贴230名；对因病致贫人群，落实健康“双签约”456户，大病救助63户，兜底解决参加合作医疗90户；对住房不安全贫困人口，实施农村危房改造105户；对有创业意愿的贫困户，组织创业培训90人，劳务输出85人，吸纳贫困户组建农机、种植、造林各类合作社14个；对有劳动能力的，发出倡议书驻镇企业就业安置80人，安排清洁员58名、生态护林员73名；对深度贫困人群，办理低保277个、五保21个，社会临时救助105人。年内，省委副书记黄晓薇，省委常委、省政法委书记商黎光，市委组织部长宋涛、国家审计组、省脱贫攻坚督导组、市明察暗访组到王官屯镇检查指导脱贫工作，该镇还在全市脱贫攻坚大会上做了经验介绍。

【重点项目】 2017年，王官屯镇落实重点项目落实。（1）大张高铁项目。设立征地指挥部，完成高铁所占6个村693亩土地征收，拆迁房屋17间，配合做好高铁“三电”迁改，栽铁塔121个，协调移交市政府法制办处理邢家堡与闫家坊土地纠纷，确保工程进度。（2）同煤阳高热电厂项目。完成126亩运煤管线土地征收，配合做好输水管线施工，协调做好电厂起动线、输出线，栽铁塔256个，并督促落实相关占地补偿，电厂年底已并网试运行。（3）正大集团种猪繁育项目。集中2个月时间，完成半坡、东堡、西堡、东李等6个村占地近720亩土地流转工作，并协助完成场地调整、土地勘察测量等工作。（4）启动小城镇提质工程。完成总投资117万元的镇政府干部周转性住宅楼主体建设，完成投资148万元镇区街道拓宽改造、美化、亮化工程。配合做好康窑村土地整理、省道301线路面整修维护、神丰线改道、华润燃气管道铺设等工程。

【招商引资】 2017年，王官屯镇促成北京盈一财富投资管理有限责任公司文冠果种植产业链整体开发项目签约，总投资1.93亿元，已在西山坡栽种文冠果17万株，建设项目办公区30亩；协助大同绿苑饮品有限责任公司与美同圣丹斯饮料公司签订总投资1.2亿元的8000吨杏浓缩浆项目。会同玉安生态岛承办阳高杏花节活动，与杏泉峪区合办全市“体育三下乡”城乡优秀健身项目联谊展示活动，推出多个旅游新产品，掀起全镇旅游小高峰，年累计入境游达到5万人次，旅游业创400万元。发展乡村第三产业，农家饭馆、路边农家宾馆突破20多家；中小企业发展壮大。全镇中小企业总数657个，从业人数3120人，规模企业收入1.72亿元，经济总量比上年增加9.5%。

【社会民生事业】 2017年，王官屯镇抓好“六项民生工程”。（1）危房改造工程。分类开展土窑洞、土坯房危房、建档立卡户危房摸底工作，民主评议危改对象355户，主体工程基本完工。（2）农村环境整治工程。累计投入经费300万元，集中整治马官屯、上泉、西堡等15个中心村、大村、交通要点村，拓宽道路3.2公里，铺设辅路28600平方米，粉刷墙壁14700平方米，清理“四堆”垃圾680处，清除“野广告”4200多条，增加清洁保洁人员75名。（3）特色村庄创建工程。启动北沙岭、大安滩、柳沟等5个村省级“绿色村庄”申报创建工作，展开王官屯、重兴镇等6个“省级清洁达标村”创建工作，规划启动正峰涧村美丽乡村建设试点，编制柳沟村“全国乡村旅游扶贫重点村”发展规划。（4）文体提质工程。投资6万元整修东堡村戏台，为6个村配备文体健身器材，新增村卫生室4个，整修村文化图书室5个，配发补充“农家书屋”书籍6000余册，新增广播器材5个村，组织“二人台”下乡慰问演出2次。（5）社会保障工程。全年劳动力就业500人，新建老年人日间照料中心2个，处办拖欠农民工工资案件3起，完成全民参保登记统计工作，土地确权工作接近尾声，城乡居民基本养老保险完成240万元缴费工作，农村合作医疗参保率95%以上，两项参保率均位居全县前列。（6）环境保护工程。严肃落实环保责任，签订村级责任书，组建36支村防火队，加大秸秆禁烧宣传、制止工作；摸底全镇锅炉、砖厂、化工等易污环节台账，经常性入厂上门监督检查。严厉打击私挖乱采行为，组建经常性巡查队伍，履行发现报告制止职能，与县联合执法关停拆除私挖乱采点4个，以“零容忍”严打私挖乱采，切实保护生态环境。

【安全维稳】 2017年，王官屯镇以“人、林、矿、水”重点环节，全程强化安全维稳工作。（1）做好信访维稳。落实机关日常接访、班子成员下访、信访案件回访、“12345热线”分管督办制度，做好涉军、政府购岗大学生人员的监控预防工作；集中力量抓十九大召开期间维稳工作，班子成员集体反思发生的小安滩村民社会面排查上访事件，组建6个维稳小组，到在相关重要位置，排查上访人员，确保无越级上访问题。（2）严抓森林防火。以“三山”森林防火为重点，先后投资24万元，配备电子监控、望远镜、灭火器等防火器具，新增护林防火员29名，落实“三山”进出口登记管理制度，清明等防火关键时期全员住山巡查，构建防火隔离带3公里，悬挂防火标语20条，张贴防火海报50张，及时扑灭零星小火灾数10起，确保森林安全无火灾。（3）预防山洪灾害。以防洪工作为预防点，摸排上报地质隐患点2个，配齐重点村防洪警报器材，整修西山坡防洪堤坝800余米，清淤河道2100米，有效预防雨季洪灾发生。

大白登镇

【概述】 大白登镇位于阳高县中部，全镇总面积110平方千米。2016年末，总户数7791户，总人口19298人。全镇下辖大白登、曹庄、石庄、王家堡、小白登、高官屯、大泉山、南杨官屯、四百户、陈官屯、高山屯、周官屯、普家梁、四姓庄、张园、潘寺、赵家寨、张连庄、上富家寨、下富家寨、贺塔、赏家庄、闫家屯、田家屯、刘指挥庄、杏园、吴家屯、田家寨、腰庄29个行政村和南杏园1个自然村。

【脱贫攻坚】 2017年，大白登镇经过动态调整后有贫困人口874户1695人，脱贫5个村，分别是田屯、赏庄、腰庄、高山屯、高官屯，脱贫233户478人。

移民搬迁。一期易地移民搬迁任务242户685人，涉及12个村，占地200亩，新建民居242套、624间房屋，其中140户为1套3间，102户为1套2间。工程于6月16日开工，房屋、院墙大门、上下水工程全部完成，完成双签约工作，于11月11日进行分房到户。二期易地移民搬迁任务528户797人，涉及27个村，占地200亩。工程于9月10日开工，住宅浆砌石基础砌做完成380间。

蔬菜产业帮扶。针对一期移民有一定劳动力的贫困户，配套建设设施蔬菜产业脱贫园区，新建钢架塑料大棚245栋，实现移民搬迁与产业帮扶深度融合发展。覆盖贫困户240户685人，与分房同步分棚到户，发放股权证。针对无劳动力和无技术的贫困户，在陈官屯村采取“合作社+贫困户”模式新建钢架塑料大棚66栋，覆盖贫困户66户分红到户，股权证填写规范，发放到户。

经济林产业帮扶。在大泉山、杨官屯、田屯三个村栽植大苗大接杏、寒富苹果309亩，大白登和大泉山村124亩到户，发放股权证，其余属到村产业。在潘寺村栽植京杏、大接李210亩，为社会捐赠苗木，个人种植。

光伏发电帮扶。上年为大泉山等6个村建设集中式光伏电站，每个村收益12814元，全镇7.6884万元，39户分红，剩余资金用于公益岗位和公益事业。2017年赵家寨等7个村光伏资产性收益14万元，上报受益户名单。

金融贷款帮扶。2017年累计发放金融扶贫贷款1200万元，覆盖贫困户240户，占任务的100%。入股正大分红到户，全部发放股权证。

落实到县直各部门、各单位各类资金5000余万元，促进脱贫攻坚。

【重点项目引进】 2017年，大白登镇重点项目，白登河二期治理及白登河公园项目，需征地5200余亩。已完成征地近4000亩，兑现资金6700万元。投资111万元完成大泉山村污水处理站建设项目。投资80万元硬化潘寺村日光温室园区道路1.8公里。投资20万元硬化小白登日光温室园区通往神丰路0.5公里。投资30万元在田屯村进行美丽乡村建设，硬化街巷3675平方米。招商引资3000多万元，技改了殿宝砖厂，新建新义奶牛养殖场。

古城镇

【概述】 古城镇位于阳高县中部丘陵地区，距县城30公里。全镇总面积150平方公里。2016年末，总户数7119户、总人口18138人。下辖古城、赵家、许家窑、鲁家湾、单家窑、东靳家洼、西靳家洼、下娘城、靳娘城、下辛庄、郝家窑、上辛庄、新山庄、西要泉、寺塔、砻娘城、上娘城、水泉洼、碾儿屯、靳家窑、东雷庄、西雷庄、下神峪、彭家窑、麦早、南仁窑、赵石庄、箭插、上神峪29个行政村。

【脱贫攻坚】 产业扶贫。2017年，古城镇围绕易地搬迁配套产业，投入扶贫资金160万元，集中连片栽植寒富苹果700亩，项目覆盖26个村529户1052贫困人口，全镇寒富苹果种植面积达到942亩，实现除五保户以外的建档立卡贫困户人均一份寒富苹果股份的目标。实施中华黑土猪养殖项目覆盖贫困人口158人。其中，8户13人通过自养黑土猪，人均增收1000元，56户145人通过代养黑土猪，人均增收550元。实施西门塔尔牛养殖项目覆盖357户669人，人均分红300元。

易地搬迁扶贫。2017年，古城镇分两期易地搬迁578户1073人。把易地扶贫搬迁项目作为“一把手”工程，严把项目“进度关”“质量关”，项目规划投资4232.8万元，选址在镇政府所在地古城村，占地300亩，建住宅房1058间。配套水、电、路、林、灯等基础设施和医、教、卫、养、体等公共设施。项目分两期进行，一期占地55亩，建住宅房273间，搬迁91户213人。工程5月开工，11月15日分配到搬迁户。二期工程7月20日开工，完成工程量的50%，日间照料中心、村委会、商业街铺等公共设施建设工程同时开工，完成框架浇注1400平方米。

金融生态教育扶贫。与信用社、县扶贫办等部门对接协调，发放贷款347户800人1735万元；利用林业局天然林保护资金新聘贫困人口35人为护林员，人均增收6000元；帮助97名大中专学生申请“雨露计划”项目补助19.4万元，12户考入大学二本以上人员申请每人5000元的扶助资金。

【集镇建设】 2017年，古城镇总投资170.65万元，古城村集镇建设工程和东雷庄村文化广场工程2个子项目。项目建设包括道路硬化、村庄绿化、街道亮化、下水管道、人畜饮水、卫生清洁和墙面美化等7项内容。

【以工代赈项目】 2017年，古城镇项目总投资386万元，其中修筑护田堤坝2030米、疏浚河道10105米、硬化漫水路面4900平方米，新修堤顶田间路1400米，加固河床5道，项目已全部竣工，增加农民收入60万元，确保2000亩耕地安全度汛。

【社会管理】 2017年，古城镇完善矛盾纠纷化解机制，落实镇干部包村分片责任制，排查化解各类矛盾纠纷，解决好影响社会治安的苗头性、倾向性问题，做好十九大期间等重要时间节点信访维稳工作，实现“零上访”。在古城派出所的配合下，解决四干渠与建铁塔因占地、压地等引发的多村群体矛盾事件。针对下神峪村信访问题多发的情况，开展综合治理大整治活动，对重复上访人员进行说服教育，帮助解决生产生活困难。

开展“净化社会风气，助推脱贫攻坚”专项行动，配合派出所破获盗抢案件1起，打击吸毒贩毒行动3次，捉捕聚众吸毒人员7名，强制戒毒2人。打击私挖乱采，政治处理私挖乱采问题2起，扣押装载机等设备3台。

【综合施政】 2017年，古城镇全面铺开古城村西主街道两侧拆迁改造工程，拆迁破旧房屋20户42间。实施护村护地坝工程，清理河道淤泥2000米，在郝家窑村投资20万元建成护坝120米。以开展农村环境集中整治行动为契机，结合新农村建设需要，开展农村环境重点整治，清扫路面20万平方米，粉刷树木1万余棵，清理“四堆”2000余堆，拆除违章建筑物60平方米。发挥农村党建“1+6”的作用，帮助群众解决住房、子女上学、生活等实际问题40余件，有针对性的举办实用技术培训班1期，培训30多人次。

东小村镇

【概述】 东小村镇位于阳高县中南部，东与河北阳原县接壤，西与大同县许堡乡相邻，南接该县友宰镇，北接古城镇。全镇总面积101.1平方千米。2016年末，总户数4874户、总人口10943人。全镇下辖东小村、西小村、东营、西营、峪家窑、上马涧、下马涧、大咀窑、第十其、黄庄、永安堡、神泉堡、神泉寺、神泉窑、尉家小堡、讲理、孙启庄17个行政村和韩家梁1个自然村。

【脱贫攻坚】 2017年，东小村镇实现下马涧、东营、讲理、神泉窑、神泉寺5个村整体脱贫，全镇再脱贫1000余人。

移民搬迁扶贫。一期易地扶贫移民搬迁对象564户1152人，同步搬迁196户450人。已完成房屋主体467间，11月14日第一批分房完成，确保上年300人按期搬迁入住。在项目推进过程中，严格标准、严格程序、严格监督，专门吸收21名易地扶贫搬迁户代表担任监督员，全程参与监督，保证工程质量和进度。为村民方便出行，从神丰公路到移民新村，修建一条长1.6公里，宽6米的水泥路。

设施农业帮扶。在东小村集中安置区北，流转土地280亩，采用“统一规划、统一建设，主体带动、贫户参股，自主经营、固定分红，优先打工、劳务增收”的模式，建设200栋蔬菜塑料大棚，总投资662万元，188户搬迁户510人受益。

光伏产业帮扶。利用老区帮扶资金和省民政厅帮扶资金，在东小村、神泉堡、上马涧、下马涧、第十其5个村率先建设屋顶光伏电站。投资190万元，实施分布式屋顶光伏发电项目，总装机容量190千瓦，可为5个村集体每年产生经济效益34万余元，能够进一步壮大村集体经济。

金融扶贫。2016年至2017年该镇共为贫困户办理金融贷款277户，贷款金额1385万元，第一年的分红给贷款贫困户发放。

项目生态扶贫。发展杏果业。该镇新栽仁用杏树700亩，其中第十其村650亩，下马涧村50亩。同时在第十其、上马涧、大咀窑三个村实施2000亩中低产果园改造项目，覆盖119户234人贫困人口。发展寒富苹果。全镇新种植寒富苹果350亩，其中第十其村260亩，下马涧村90亩，覆盖120户260人贫困人口。加快生态造林。该镇生态造林4000亩，带动210名贫困人口参加植树造林，聘用26名贫困户担任护林员，每人年工资收入6250元，增加贫困户的劳务收入。

健康扶贫。投资55万元，在11个贫困村建设11个村级卫生室，全部投入使用，为村民提供良好的就医环境。

光伏扶贫。全镇13个贫困村成立光伏扶贫专业合作社，使116户深度贫困户脱贫。

教育扶贫。2017年全镇“雨露计划”资助59人，每人补助2000元，资助考取二本以上的学生5人，每人5000元。

驻村工作队帮扶。省民政厅扶贫工作队筹资32万元，为东小村、神泉堡村搭建彩钢瓦屋顶154间；投资21.75万元，为下马涧村灌溉井配套变压器，新修1500米防渗渠；投资34.2万元硬化神泉堡、东小村的街道。

【社会赞助和健康扶贫】 2017年，省福彩中心出资3.5万元，为东小村镇东小村明德小学食堂屋顶搭建彩钢瓦450平方米，捐了价值2.1万元的物品；省荣军医院、省荣军康宁医院的医疗专家，为5个村的2800余名贫困村民进行义诊，免费发放价值20万元的常用药品。阳高县委组织部组织阳高县人民医院医生为东营村的村民进行义诊。县通局投资120万元，为永安堡村修建长3.5公里、宽4米的水泥路。县农委投资90万元在移民新村新建蔬菜交易中心1个，安装太阳能路灯90盏。县总工会给孙启庄村配置电脑1台、广播设备1套，为全镇40名清洁员每人购买清洁服1套，总价值1.5万元。大同市长城山林场为西小村绿化了主街道，栽植2.5—3米的油松326棵。

【社会管理】 2017年，东小村镇推进农村环境集中整治工作。坚持问题导向，加大力度，每天出动75人，投入10辆垃圾清运车，从根本上解决农村脏、乱、差的问题，完成神泉窑、上马涧、东小村、神泉堡、尉家小堡5个村神丰路沿线整治工程。在西小村实施村庄绿化、美化工程，在第十其村实施村庄硬化、绿化工程。

贯彻落实中央、省、市、县系列信访维稳工作会议精神，抓矛盾纠纷与不安定因素的排查调处，重点抓好历史遗留信访积案和老信访户的化解工作，确保全镇和谐稳定。

友宰镇

【概述】 友宰镇位于阳高最南端，全镇总面积149.6平方千米。2016年末，总户数4937户、总人口10601人。下辖：友宰、西团堡、东册田、秋林、坊城、后贵仁、前贵仁、大辛庄、东团堡、大峪口、王官掌、黄土坡、富民新村13个行政村，镇政府驻地友宰村。

【脱贫攻坚】 践行县委脱贫攻坚“五个五”工作法，用足绣花功夫，精准施策，抓好易地搬迁、产业扶贫、金融扶贫等重点工作。2017年底，王官掌、大辛庄、后贵仁、东册田、东团堡5个贫困村实现整体脱贫，脱贫人口1274户2916人，其中巩固户583户999人。

项目带动。投资300万元，发展黄花产业1100亩，受益建档立卡贫困户969户2461人。在秋林村发展种植干果经济林370.7亩，受益85户202人，其中建档立卡户64户154人。

合作社引领。阳高县盛世鸿图种植专业合作社通过联系大同市高寒作物研究所建设100亩绿豆高标准示范种植基地，带动农户种植绿豆5285亩，受益768户1920人；阳高县马耳山种植专业合作社，通过签订订单农业，保价收购，带动农户种植高粱3470亩，受益614户1535人。

小额扶贫贷款项目。县农村信用联社为544户贫困户办理入股分红贷款2720万元（每户贷款5万元入股），每户每年可享受入股分红3000元（暂定3年），落实分红163.2万元。

激发自主创业。举办劳动力就业培训四期，共培训460人，其中驾驶员204人，家政手工艺培训256人，外出务工496人。全镇从建档立卡贫困户中选调公益护林员29人，年薪6250元；选调城乡清洁保洁员33人，年薪5160元。

易地扶贫搬迁。总投资10400.56万元，建房2116间，搬迁建档立卡贫困户951户2307人，同步搬迁18户83人，11月房屋全部分配到户，12月7日已完成基础设施、公共建筑工程项目的招标工作。为了确保贫困户有稳定的产业扶持而搬得来、稳得住、能致富，在搬迁村东种植黄花780亩，户均0.92亩，由友宰镇利群种植专业合作社统一管理经营。

教育扶贫。2017年，雨露计划受助贫困学生58人，享受帮扶资金11.6万元；二本以上大学生资助4人，享受帮扶资金2万元；“两免一补”补助共发放17.975万元，其中，为75名初中在校生每人补助1250元，为52名小学在校生每人补助1000元，为68名幼儿园幼儿每人补助500元。上半年，普通高中减免学杂费受助学生33人，每人补助1000元。

社会保障兜底。新办理低保65户，五保户4户4人，建档立卡低保贫困户894户1730人，五保贫困户165户201人。为友宰、西团堡、东团堡、黄土坡、大峪口5个村100户（每村20户）深度贫困户落实光伏扶贫分红，每户600元，后贵仁、大辛庄、王官掌、东册田、坊城、秋林等6个村120户（每村20户）深度贫困户落实光伏扶贫工程资产收益补贴资金12万元，每户补贴1000元。

健康扶贫。大同市凤凰医院、大同市五医院、县妇幼保健站、县民泽医院开展免费义诊2次，孕检1次，大病筛查1次；9月，镇卫生院与建档立卡扶贫户签订双签约或家庭医生签约，保障贫困人口都有家庭医生服务；11月，落实省政府政策，为全镇建档立卡扶贫对象2046户4617人免去2018年度城乡居民医疗保险农户自筹费用83.106万元

（每人 180 元），宣传落实省委省政府医疗救助“136”工程，解决贫困人口因病致贫、因病返贫问题。

社会扶贫。1.2017 年，由县政协牵头，联系市政协委员筹资 22 万元，实施“扶贫超市”项目，为大辛庄村主街道安装太阳能路灯 20 盏；新建防渗渠 500 米（砖砌）；新建公共厕所 1 座；购变压器一台（240K）。2. 盛世鸿图合作社在前贵仁、后贵仁两村有偿流转贫困户土地 1000 亩（每亩租金 300 元），租赁 14 年，并吸收贫困户 70 余人务工。3. 黄土坡村第一书记联系民营企业筹资 30 万元为该村 17 户贫困户免费提供黄花种苗，发展庭院经济 10 亩，并打吃水机井一眼、铺设全覆盖人畜吃水及庭院灌溉管网 4000 米。4. 县民政局投资 10 万元，利用后贵仁村闲置校舍，建起了老年人日间照料中心 8 间。5. 县国土资源局投资 70 万元为西团堡村空巢老人集中安置点“慈乐小区”硬化水泥路（3.5 米宽）200 米，栽电杆 9 根，配套架设高压线路 900 余米，埋设自来水管道 1050 米，修建公厕 1 座，在村东铺设灌溉管网 1000 米。6. 省人寿保险公司为王官掌村 52 户贫困户住房免费入保险，为因病致贫户捐赠医药。多数村驻村工作队、第一书记、帮扶责任人都能自筹资金购买米、面、油等慰问贫困户。

【基础设施建设】 2017 年，友宰镇联系南干渠管理处投资 35 万元，为前贵仁、大辛庄新修水渠 1.5 公里；新建和维修秋林、东册田等 6 个村医疗室，维修友宰村剧场；落实以工代赈资金 12.7 万元新修前贵仁村 4 米宽田间路 2.5 公里；“一事一议”财政奖补项目友宰村街道硬化亮化工程。硬化主干道两侧铺面 6500 平米，安装路灯 126 盏，安装垃圾箱 20 个，工程经全部竣工。

【招商引资与环境治理】 2017 年，友宰镇完成总投资 500 万元的阳高县戴曼润滑材料有限责任公司防冻液生产加工项目；总投资 500 万元的阳高县鼎诚伟业种植养殖综合专业合作社的玉米小杂粮深加工项目，占地 9 亩，完成投资 200 万元，车间基础等已完成。项目建成后，年加工玉米 600 吨，杂粮 100 吨。

硬化友宰村街道两侧 6500 平方米，共粉刷街道外墙 16238 平方米；清理所有村庄垃圾和村通道路两侧垃圾，全镇清理“四堆”112 处，约 213 吨。13 个村全部达标；专门规划地块，把友宰村占道经营摊位全部规范到指定地点。

长城乡

【概述】 长城乡背靠明代年间古长城，脚蹬避暑胜地采凉山，位于阳高县西北部，全乡总面积 175.4 平方千米。2016 年末，总户数 2488 户、总人口 5750 人。下辖：二十六、十墩、镇边堡、罗岭、镇宏堡、堡子湾、十九梁、大二对营、范家窑 9 个行政村。

【脱贫攻坚】 2017 年，长城乡动态调整，确定贫困户为 447 户 887 人。低保户 551 户、五保户 125 户，贫困户中低保户 216 户、五保户 55 户。全年我乡预脱贫 1 个贫困村堡子湾村，预脱贫人口 340 人。

移民搬迁项目。按照县委、县政府关于易地扶贫搬迁会议精神，长城乡除砖墩洼、天桥、小二对营三个自然村不整体搬迁外，剩下13个自然村全部实现搬迁，搬迁人数确定为185户383人。

特色产业项目。中草药种植基地。十墩村已种植黄芪700亩，经与河北华都药业洽谈合作，该公司计划投资6000万元，在长城乡建设中草药材加工厂，并落实种植黄芪1万亩。马铃薯贮存基地。投资340万元规划在镇宏堡村建设1000吨马铃薯贮存库，实现全乡马铃薯秋贮春销，打好季节差，实现增收。该项目现已被列入2017年精准扶贫到村到户项目，县分配资金80万元，项目主体工程全部完成。小杂粮和油料种植基地。发动农民种植油料和小杂粮，打造小杂粮品牌和优质小杂粮及油料生产—加工—销售一条龙格局。苗木种植基地。以镇边堡为中心，种植各种苗木2000亩。镇边堡40户贫困户加入阳高县绿景扶贫攻坚专业合作社打工种植苗木，每户贫困户每年约增收1.2万元。

【专项扶贫】 金融扶贫。2017年长城乡乡完成贷款463万元，上年有54户贫困户完成贷款，当年分红2000元，分五年。挂靠阳高长城养殖专业合作社、金澜宾馆。全年有39户贫困户获得贷款，挂靠正大集团，每人每年可分红3000元，分三年。

生态补偿。上年共聘请24名精准扶贫户任护林员，2017年又新增护林员30名，年收入6250元。

健康扶贫。利用县卫计局资金20万元，在4个贫困村建设4个村级卫生室，全部投入使用。与因病致贫的贫困户241户459人实行健康扶贫双签，县扶贫办为每个贫困户办理商业补充险，解决了贫困户看病就医困难问题。

【乡村旅游】 借助长城乡深厚的文化底蕴和独特的人文景观优势，推进乡村旅游发展，主要以镇边堡明代一条街创业孵化基地为平台，创优发展环境。招商引资，开发采凉山风光，建设小型滑雪场、生态康养之都、边塞运动康养休闲园、水上乐园、生态停车场等项目，有八个项目资料报送县发改局。与九天玄宫旅游公司签订开发长城旅游框架协议，该公司计划投资5000万元打造“九天玄宫”、滑雪场等项目。

【重点项目】 2017年，长城乡神丰公路长城乡段改线工程建设完成，将为长城乡的经济发展发挥积极的作用，极大地方便周边村民和过往车辆的出行。长城旅游公路2017年重点工程项目路基等基础工作已全部完成。在镇边堡村村西实施一事一议项目，投资40万元修筑护村、护地石坝1200米，新建四孔管涵桥一座。县环保局投资100万元，用于镇边堡村污水处理项目。

二十六村至范家窑村的乡村道路拓宽修复项目，全面竣工。

【社会综治治理】 2017年，长城乡为做好党的十九大期间信访维稳工作，长城乡成立信访稳控领导小组，制定应急预案，早期化解重点信访矛盾隐患，维护社会稳定。对全乡的安全稳定风险隐患进行大排查大整治，投资26万元在全乡各村主要街道和路口安装高清监控摄像头。

防火工作。做好春节、清明两个重点时节防火工作力度，增加防火队员数量，制定应急预案，严格执行好上级下达的信息报送工作。

防汛工作。由于地形关系，该乡的防汛形势非常严峻，上半年不是汛情高发时期，该乡依然提前做好了相关防汛措施。在镇边堡等几个有洪灾隐患的村庄新修护堤坝，并对年久破损的坝体进行维修。

北徐屯乡

【概述】 北徐屯乡位于阳高县城东10千米处，全乡总面积67.2平方千米。2016年末，总户数6235户、总人口16286人。全乡下辖：北徐屯、南徐屯、纪家庄、夏家场、马家庄、姚家庄、王家庄、沙河台、柳家泉、乔家坊10个行政村，北徐屯村为乡政府所驻地。

【脱贫攻坚】 2017年，北徐屯乡未脱贫户114户195人，贫困发生率降到1.19%。

在扶贫产业发展上，实施了3个项目。（1）特色杂粮蔬菜提质增效种植项目。即“115”工程，对上年以来的建档立卡贫困户，根据群众自愿原则，平均每人发展高粱1亩、谷子1亩、露地蔬菜0.5亩，在种子、化肥、薄膜等农业生产资料上，共投入财政扶贫资金40.3万元，扶持种植高粱797.5亩、谷子512亩，露地蔬菜157亩。（2）日光温室特色瓜果种植项目。已返租维修日光温室20栋，采取“党支部＋合作社＋贫困户”方式，统一经营，贫困户参与，入股分红。（3）扶贫基地示范项目。依托当地能人，组建“马家庄村种植专业合作社”，流转农民土地经营权1000亩，一方面在调整种植业结构上做示范，同时，吸收贫困户入股和务工，增加其股金分红和工资性收入。

在脱贫攻坚资料的完善方面，通过对2014、2015、2016三个年度的脱贫攻坚工作“回头看”，各类基础资料更加完善，各类错误信息都得到更正，乡村两级有专人管理档案资料，为精准脱贫奠定了基础。

在金融扶贫贷款方面，为220户建档立卡贫困户贷资入股阳和国有资产经营有限公司，每户每年获收益3000元。卫生教育扶助工作。全乡建档立卡贫困户全部参加农村合作医疗、意外伤害保险和大病补充保险，参加率100%。针对贫困户子女的学前教育、义务教育、高中教育和“雨露计划”等各项优惠政策都得到了有效落实。

【农村经济建设】 1.基础设施建设。投资138万元，维修乡村道路25公里，对全乡高低压线路和变台进行了全面检修，维修水利设施33处，其中架设高低压线路3000米、增设变台3处、维修和购买水泵15套、维修灌溉渠系11处5200米、耕地排涝2300亩。

实施耕地开发基金项目。项目涉及姚庄、沙河台、柳家泉、王家庄、南徐屯村，总面积91.718公顷（1375.77亩），项目总投资350万元。主要工程包括土地平整工程、农田水利工程、田间道工程，项目区新打机井3眼，其中姚庄村2眼，王家庄村1眼，配套110PE管道6549.62米，新架高压线1762.6米，50千伏变压器3台，铺设地埋线180米，5米田间道路1194.56米，4米田间道路2187米，3米田间道路1446米。通过项目实施，新增耕地44.47

公顷（667.05 亩）。

2. 项目建设。(1)通过乡政府牵线搭桥，北京仟亿达集团与县相关部门就林业碳汇项目达成合作。马家庄村的双峰混凝土搅拌站项目、路通沥青搅拌站项目已经投产。位于沙河台村的广灵画眉驴养殖项目，围墙、圈舍及管理房已建成。（2）对阳高县温泉路下穿京包线铁路工程建设项目，开展了土地征收和施工期间的矛盾协调处理，保证了工程顺利进行。（3）协调大张高铁项目部完成纪家庄村鱼塘、姚家庄村牛场、王家庄村羊场的征收拆迁工作。

【防汛固堤】 2017 年北徐屯乡对全乡所涉黑水河和正大沟两条河流进行清淤及河堤加固，清淤总长度 14.5 公里，河堤局部加固 3 公里，为安全渡汛奠定了基础。按照河长制的要求，党委、政府主要领导开展经常性的河道巡查，保证境内河道安全通畅。

狮子屯乡

【概述】 狮子屯乡位于天阳盆地南端 18 公里，境域东西宽约 4 公里，南北长约 7.5 公里，全乡总面积 108 平方公里。2016 年末，总户数 7147 户、总人口 18281 人。乡政府驻狮子屯村，下辖东双寨、西双寨、汪家屯、狮子屯、下梁源、上梁源、吴家河、潘家屯、罗家屯、水泉窑、任家窑、苏家窑、侯官屯、后营、前营、燕窝、青介山、上吾其、下吾其、鞍马沟、新杨塔、旧杨塔、董家屯 23 个行政村。

【脱贫攻坚】 2017 年，狮子屯乡实施易地扶贫搬迁工程，一期工程总占地 113 亩，位于侯官屯村北。新盖 120 个院落，337 间房。共安置 10 个村 157 户 377 人贫困户。10 月 8 日率先分房到户，并且与全部搬迁户签订了旧房拆除协议。项目总投资 1432 万元，其中住房投资 834 万元，公建 212 万元，基础设施投资 386 万元。

二期易地扶贫搬迁工程。二期易地扶贫搬迁工程涉及集中安置点 4 个，占地 522.9 亩，安置 14 个村 777 户 1696 人贫困搬迁户，拟建房屋 1591 间。盖好样本房 25 间，下毛石基础 1408 间。

产业扶贫。2017 年县扶贫办下达产业扶贫资金 450 万元，安排实施 2 个项目。(1)富安移民新村日光温室大棚项目。投入 430 万元，新建土制日光温室 26 个，砖制日光温室 7 个。项目于 6 月 27 日完成招投标，确定施工单位，7 月 3 日正式开工建设。目前 33 个日光温室主体已全部建成，正在安装棚膜和卷帘机。（2）上吾其村中药材种植项目。该项目于 5 月 25 日已全部实施完毕，经乡村两级验收，种植中药材 380.2 亩。该项目实施农户自种，财政补贴的模式。财政补贴资金 19.01 万元，全部直接打卡发放到 58 户贫困户手中。

教育扶贫。2017 年为 20 名考入二本 B 类以上农村贫困大学生发放资助款 10 万元；为 97 名贫困大中专、职技校学生发放助学资金 19.7 万元；为 120 名初中寄宿生发放“两免一补”资金 15 万元；为 112 名小学寄宿生发放“两免一补”资金 11.2 万元。

金融扶贫。2017 年，乡政府组织专门机构，协助信用社开展金融扶贫小额贷款工作，为符合条件的 351 户贫困户发放贷款

1755万元，全部入股阳和投资平台，每户每年可获3000元分红，两年共计为461户贫困户发放贷款2305万元。

定点扶贫。2017年国家安监总局投入160万元，在侯官屯村实施高产奶牛托养项目和后营村规模化生猪养殖场项目。为侯官屯村贫困户购入高产奶牛40头，全部托养在阳高县瑞清奶牛养殖专业合作社，预计12月20日前为贫困户提前分红，103户贫困户每户分红480元。后营村规模化生猪养殖项目完成主体建设。

驻村工作队扶贫。全乡有帮扶单位18个，其中市级单位6个。派出驻村工作队17支22人；市、县两级第一书记21人，其中市派9人，国家派1人；包村干部35人。驻村工作队、第一书记、包村干部在驻村帮扶上下真功夫，县财政局、政府办、水务局、地税局、审计局、国税局等帮扶单位，为燕窝、下梁源、西双寨等5个村新打机井6眼，盖井房3个，铺设管道6000余米，配套水泵6套，安装监控设备2套。

市委政研室、市委法制办、大同日报社、市委党史办等6个市级帮扶单位共引回资金100余万元，配备电脑打印机等办公设备、购置锣鼓、健身服等文化用具，安装太阳能路灯50盏。

【助推现代农业】 2017年，狮子屯乡以发展现代农业为目标，创新思路，调整结构，千方百计增加农民收入。（1）发展旱作农业，在后营村运用全膜双垄沟技术种植玉米1400亩，新技术增产增收使该村68户190人精准贫困户每户纯收入4900余元。（2）发展效益农业。由粮经二元结构逐步向粮经饲三元结构转变。全乡种植水果玉米、青玉米共5000余亩，亩均增收150余元；（3）发展特色农业。在侯官屯村发展的高科技大棚，专门种植葡萄、樱桃、油桃、大接杏等稀有果品，杏花节系列活动期间，一盒樱桃100元，吸引周边城市众多游客，产品供不应求。

【社会民生事业】 2017年狮子屯乡改善人畜饮水。对燕窝村人畜饮水主管道进行更换；投资30万元，在汪屯村新建水塔一座，配套人畜饮水工程；投资7万元在下梁源村新打人畜饮水机井一眼；青介山、燕窝、任家窑村更换水泵3套；西双寨村新打机井2眼；对全乡22个村进行了饮水水质安全检查。

河道清淤。投资7万元对全长5.6公里的下梁源大沙渠进行清理；投资6.5万元，对上吾其村东南护地坝河段和燕窝村小河沟段共清淤2.7公里；投资0.9万元，对白登河吴家河村北段1.5公里沿村护坝进行冬汇地堵口维护；投资4.7万元，对侯官屯村西吾其河段进行清淤。

民政救助。为13名涉核军人发放生活补助款9万元；为20名孤寡特困人员办理五保，每月发放316元的生活补助；为5名重特大疾病晚期患者关爱救助2.5万元；为一、二级重度残疾193人办理护理补贴。

文化教育。给五个村增添文化音像设备，更新每个村农家书屋书籍123册。把后营村列为全乡文化示范试点村。恢复下梁源、吴家河和罗屯三个教学点。下梁源教学点有3名学生，1名专职教师。罗家屯教学点有2名学生，1名专职教师。吴家河教学点有16

名学生，1名专职教师，1名生活教师。为61名建档立卡贫困户住校学生提供住宿补助，每人每年1000元。

【农村环境治理】 2017年狮子屯乡组织专业队伍对暴露性垃圾、乱堆乱放杂物、杂草等进行集中清除，共清理料堆、粪堆、柴堆等卫生死角1000多处，清运垃圾杂草130余吨。整治臭沙坑、臭水沟32处，整治规范生活污水街巷乱排乱流139处，收集无害化处理废弃农膜3.9吨，整治村内乱搭乱建13处，整治村内乱写乱画、乱贴、乱挂146处，整饰、美化临路、临街墙体立面3500平方米，农村公厕卫生5处、农村中小学校公厕卫生4处。新建美化墙四处，80平方米。完成侯官屯、青介山、后营、前营、狮子屯、潘屯、罗屯、苏家窑8个村的整治工作，其余15个村按照整治要求相继续推进。

投资43万元，为潘家屯村新修护村坝1100米。投资22.5万元，为后营村铺设面包砖2500平方米。为8户五保户进行了房屋加固和修复。

下深井乡

【概述】 下深井乡地处阳高县中部，距县城4千米，全乡总面积156平方千米。2016年末，总户数7035户、总人口16323人。下深井乡下辖：新团堡、金家庄、官庄、桥头、张官屯、王千户岭、董家庄、滴滴水、贾峰、砖井、下佃、新佃、东坨、西坨、东水头、丰稔山、下堡、上堡、上深井、深井洼、贾庄、孙家港、观上23个行政村。

【脱贫攻坚】 2017年，下深井乡共有贫困村13个，2017年全乡共有贫困人口建档立卡规模为1688户3976人，其中已脱贫764户1934人，未脱贫924户2042人。

移民搬迁。下深井乡移民搬迁项目一期工程建设地点在下深井乡下堡村北。项目总占地92亩，建设房屋300间，总建筑面积9594平方米。项目总投资1649.10万元，完成投资739.64万元，完成住宅建筑面积6975平方米，建设房屋300间，确定搬迁贫困户134户，房屋分配工作已经完毕，房屋腾退和复垦协议双签工作完成。二期移民工作地基建设已经完成总工程量的75%。

移民村配套塑料冷棚建设工程。该项目共投资160万元，建设冷棚100栋，移民村有劳动力的贫困户租赁生产，无劳动力的合作社分红增加收入。

产业帮扶。观上村精准扶贫造林工程项目投资52.8万元，由大同市杨树局帮助实施，该项目由贫困户具体参与，在观上村实施扶贫造林660亩7.26万株，其中298亩属于18户贫困户退耕还林地。贫困户参与造林有15户23人，当年劳务收益7.5万元，户均5000元。苗木长大后，杨树局把回购树苗以增加贫困户收入。

东坨村经济林栽植项目由阳高县富坨经济林专业合作社组织实施，通过流转东坨村村民72户、243亩村东沟弯地作为备用土地，用于栽植寒富苹果、槟果、西梅李等经济林。工程已经全面完工，共投资35万元，可带动该村8户23口人贫困户，3年后进入初果期亩可增收2250元，5年后进入盛果期亩可增收5625元。

丰稔山村肉驴养殖项目。该项目由阳高

县金胜养殖专业合作社牵头实施，总投资20万元。其中，向上级争取资金15万元，自筹资金5万元。购买肉驴20头，修建驴舍300平方米。

张官屯村奶牛养殖场建设项目。张官屯村奶牛养殖场建设项目由山西礼记春天农牧生态科技有限责任公司投资建设，主要产业涉及奶牛养殖、有机肥加工、乳制品加工等。该项目位于张官屯村西，占地310亩，总投资1.7亿元。规划建设现代化奶站1座，占地6400平方米奶牛养殖车间1处，容量21000立方米青贮池1处，种植牧草200亩，可养殖奶牛3000头。目前规划设计等前期准备工作已基本完成。项目建成后，通过流转土地、实施订单农业、种植苜蓿、青贮玉米等可带动贫困户200户，户均增收3000元。同时可吸呐贫困户直接就业150人。

新团堡村黄花种植项目。新团堡村黄花种植项目共投资10万元，参与贫困户共12户16人，种植黄花43亩，成活率达到90%以上。

贾庄村贫困户农田提升工程。该项目总投资90万元。目前该工程已完工，共打井及配套3眼，架设100千伏安变压器1台，架设10千伏输电线路0.52千瓦，铺设低压线0.75千瓦；铺设塑料灌溉管道4500米；修田间路1千米。项目建成后可新增灌溉面积750亩，有效灌溉有了保障，农业种植结构得到调整。项目区410人，人均净收入可提高548元。

董家庄村胡萝卜种植项目。董家庄村胡萝卜种植项目由阳高县曙光种植专业合作社实施，该项目共种植优质胡萝卜1000余亩，亩投资2000元；投资80万元，建设预冷库1座，共投资280万元。专业种植冷藏胡萝卜等农作物，产品远销韩国、日本、马来西亚等地。带动农户150户，其中贫困户17户。

专项扶贫。2017年，全乡生态造林4800亩，带动300余名贫困户参加植树造林，增加了贫困户生态造林劳务收入。聘用39名贫困户担任护林员，每人年工资收入6250元。

健康扶贫。利用县卫计委资金，投资60万元，在11个贫困村新设立11个村级卫生室，对全乡1138名妇女进行“两癌”体检。

【重点项目建设】 国电电力山西新能源开发有限公司阳高下深井风电场一期项目规划容量装机5万千瓦，新建一座220kV升压站。项目总投资3.8亿元，预计年发电量1.1亿千瓦.时。项目征林、征地、村民补偿工作已全部完成。目前工程已全面开工建设，升压站及生产综合接地星工程、风场道路及风机基础工程正在进行。

由大同市磊鑫林业有限公司建设文冠果生物质能源林种植基地项目，地点位于丰稔山村，该项目总投资6000万元，目前完成投资3200万元，新修道路25公里，种植文冠果5000亩，种植黑枸杞1000亩，加工厂1处。

由阳高县万海利种植养殖农业合作社投资建设孙家港村规模化种植养殖厂，该项目总占地面积476亩，项目总投资3800万元，完成投资1000万元。项目分三期建设，已完成一期工程建设，共建成生猪养殖车间2处，肉羊养殖车间1处，蔬菜大棚1栋，种植豆类、土豆作物400亩，并吸纳周边贫困户34人就业。目前全乡共有规模养殖场12个，养羊、养猪专业村7个，年出栏生猪2.45万头，出栏肉羊1.2万只。

【产业助推】 2017年，下深井乡引进正大集团生猪养殖项目投资580万元，建设生猪养殖场5个，洗消站1处，共涉及孙家港、贾庄、上深井、深井洼、贾峰、董家庄6个村，目前已完成流转土地586.49亩，涉及120户。争取产业项目，分别为新佃、下佃、新团堡、官庄、丰稔山、孙家港6个村光伏帮扶87户，低保落实35户，生态帮扶5户。为观上村打造林苗一体化项目落实林地700余亩。为新团堡村试种黄花50亩，72户贫困户脱贫。

蔬菜产业。依托下堡、西坨、新佃3个村，共投资360万元，建设冷棚300栋，通过种植优质青椒360亩，平均亩产7000余斤，最高亩产1万余斤，亩纯收入在7000余元。

依托砖井、孙家港、贾庄、深井洼、上深井、丰稔山6个村，打造小杂粮生产区，种植面积在1万亩，重点以黍、绿豆、小米为主。完成土地征集和产业论证工作。

【社会民生事业】 投资8万元，对下堡村戏台和戏台广场1000平方米的修建工程。新建及修缮医疗卫生室26间。信访维稳工作，落实完善各项制度，坚持党政领导信访接待日、带案下访和信访隐患排查制度，及时处置化解各类矛盾纠纷，全乡没有发生越级上访等事件。投资10万元，在丰稔山村实施引水安全巩固提升工程，更换地下管网1000米，解决人畜吃水安全问题。开展严打整治，乡村两级全部成立领导组，设立举报电话、7个举报箱，发放宣传资料1000份，刷写标语、悬挂横幅26条。重视社会保障工作，抓好居民养老保险扩面征缴，收缴社会养老保险费83万元。做好农村五保、低保动态调整和生活救助工作。

马家皂乡

【概述】 马家皂乡地处阳高县东南部，位于阳高、天镇、阳原三县交界处，全乡总面积80.9平方千米。2016年末，总户数5561户、总人口14305人。政府驻地马家皂村，距阳高县城45千米。下辖马家皂、安家皂、定安营、龙池堡、兴隆堡、强家营、东要泉、袁家皂、西一柳营、东一柳营、张家窑、同庆窑、右所窑13个行政村。

【脱贫攻坚】 2017年，马家皂全乡共有建档立卡贫困户1304户2588人，截至2017年底已脱贫656户1555人，其中金融扶贫贷款项目发放230户，发放资金1150万元，光伏发电项目帮扶69户117人。在全乡主轴线上，实施安家皂百亩干果经济林项目，推动佳润休闲观光农业园区建设；充分利用省军区扶贫资金，对安家皂移民新村商贸一条街及古堡文化旅游园规划设计已经完成，其中古堡文化正在申请全国历史文化名村，已上报国家住建部。在两翼上，实施定安营百亩防风、柴胡中药材种植项目，东要泉、东一柳、西一柳百亩干果经济林项目，兴隆堡、龙池堡两村百亩育苗基地项目，右所夭肉驴养殖项目等等。该乡在精准扶贫方面还实施了以领导包村、干部包户、工作队包项目的帮扶方法，并开展了种植、养殖、劳务、光伏、股份等产业帮扶措施，确保一户至少一个增收项目，一户至少落实一名帮扶人员，推进脱贫攻坚工作，为全乡未脱贫648户1033人实现脱贫致富提供强有力的产业支撑。

以易地移民搬迁工作为契机，强化经济建设。马家皂乡易地移民搬迁集中安置有459户708人、需建住房688间；同步搬迁的189户715人、需建住房359间；拆迁户25户、需建住房84间，共计需建房1131间。分别在安家皂村、龙池堡村设两个移民搬迁安置点，开工建设。在安家皂移民搬迁点规划占地面积5万平方米的农村集贸市场建设项目和安家皂村100头种肉驴养殖场项目；在龙池堡村规划1000头种肉驴养殖基地项目，新建移动冷棚及日光温室大棚项目，已建成移动冷棚18栋。

通过外引内联，推进教育帮扶。马家皂乡积极配合县科技局和万科集团在安家皂村投资3000余万元，对安家皂村学校进行改扩建工程。教学楼工程已完工，现已开学正式启用。图书室大楼即其他配套工程已开工建设。

【社会保障事业】 配合县民政局为马家皂、定安营和张家窑等村203户贫困户办理了社会最低生活保障；配合县残联为全乡残疾人办理了56个残疾证，为弱势群体提供生活保障。

农村环境集中整治。通过广播宣传、悬挂横幅、写标语等，在全乡掀起声势浩大的村容村貌整治活动，彻底清除“脏、乱、差”现象。共投入机动车辆25台次、装载机3台次、挖掘机6台次，累计出动人工800余人次，清理料堆、粪堆、煤堆、草堆150余处，清理村内乱堆、乱倒垃圾70余处，整治村内乱写、乱画、乱贴、乱挂56处，美化临街墙体40余处，清理“一王”公路沿线垃圾10处。

【安全维稳】 2017年，马家皂乡党委、政府加强社会治安综合治理、维护社会稳定、防范和处理邪教问题等工作，制定计划，分解任务，加大依法治乡、治村力度，围绕“打防控”一体化建设，扎实开展治安防范和“净化社会风气，助推脱贫攻坚”专项严打行动，做好信访工作，严格落实“五包一”工作责任制，层层落实责任到人，对重点人员实行24小时稳控；包村干部和村两委干部及时掌握各村具体情况信息，排查矛盾纠纷，发现各类苗头性问题要及时化解，严格执行零报告制度，确保在国家、省、市、县重大会议和重要活动期间无非访问题的发生。

强化安全生产管理。乡党委、政府把安全生产工作摆上重要议事日程，按照谁分管谁负责的原则，层层落实责任，做好安全隐患大排查。多次组织力量对水库、护村坝、道路、烟花爆竹销售点等重点领域和地方进行安全大检查，确保无安全生产问题的发生。

鳌石乡

【概述】 鳌石乡地处两省三县交汇处，南与广灵县以六棱山为界，北与本县东小村镇隔河相望，东与河北省阳原县揣骨疃镇毗邻，西与本县友宰镇接壤，全乡总面积63.2平方千米。2016年末，总户数5071户、总人口11511人。乡政府驻地为鳌石村。全乡下辖鳌石、南徐、东马营、西马营、南曹庄、梁营、乱石、龙堡、榆林9个行政村。

【脱贫攻坚】 2017年，鳌石乡聚焦县委、县政府“三年脱贫两年巩固”脱贫目标，以“五个一批”脱贫路径为抓手，认真落实“六个精准”脱贫要求，坚定树立打赢脱贫攻坚战的信心和决心，积极对接全县脱贫攻坚八大工程24项专项扶贫行动。围绕“一村一品一主体”，落实各类资金674万元，其中寒富苹果投资281万元，中药材投资393万元。在乱石村规划实施了“双千亩”林药套种项目，集中连片新栽植寒富苹果1147亩，总面积达到2114亩；林下套种中药材1755亩。其中，套种移栽黄芪436亩、育苗黄芪372亩、板蓝根292亩、丹参70亩、知母332亩、射干168亩、党参45亩、7种中药材示范园40亩，寒富苹果覆盖乱石村贫困人口178户439人；中药材覆盖除五保户外的258户560人搬迁人口。板蓝根、黄芪中药材已采收完成。

项目扶贫。寒富苹果由子信养殖种植综合专业合作社统一栽植，合同服务期为一年，期满后交与贫困户自行管理，但合作社仍负责管理技术的培训和营销市场的拓展。中药材项目采取合作社＋农户＋基地的模式，贫困户把按人平均折股量化到自己人头上的扶贫资金以户入股合作社，扶贫资金变为股金，贫困户变股民，资金不足部分由合作社自筹解决，合作社负责土地流转、苗木种植、日常管理和产品销售。

利用县农委“一村一品”项目资金30万元，在东马营、梁营两个村新种植黄花208亩，覆盖贫困户87户197人。

易地搬迁扶贫。一期项目规划总投资2373.72万元，建住房633间，搬迁安置344户685人。其中，建档立卡贫困户301户579人，同步搬迁安置43户106人。村委会、综合服务中心、幼儿园、浴室、村内主道路已完成。一期移民安置房于11月11日、12日，分六批次分房到户。利用县农委美丽乡村建设项目资金30万元在搬迁新村安装80盏太阳能路灯。利用县交通部门项目资金210万元铺设通移民村水泥路6公里。二期移民搬迁规划投资481.12万元，建住房124间，搬迁建档立卡贫困户97户124人。目前完成毛石基础和砖砌基础工程，地圈梁浇筑完成50%。

【重点项目】 山西净境文化旅游开发有限公司投资8亿元的阳高县缘源文化生态园项目。该项目正在改制评估审计中，改制后，公司把成为国有控股企业，总股本金为2.3亿元，股东为大同经发投集团（文旅集团）和大同平城投资集团等。市财政牵头成立了“大同市六棱山文化产业基金”，总规模30亿，已把整个项目的基础设施打包成PPP项目，规模为6亿至10亿，方案初稿已通过；文旅集团引进的田园综合体项目合同已签订，等保证金到账后即可入驻。

2. 世界红楼梦文化集团投资30亿元的红楼梦世界城项目。该项目是缘源文化生态园的“园中城”项目。目前，景区规划已完成，项目投资由原来的社会投资改为政府产业基金投资。

3. 阳高天顺种植养殖综合专业合作社投资300万元上马黄花加工项目。目前，67万元的杀青和冷藏设备已购置到场。项目建成后，每天可加工鲜黄花30吨，基本能满足本乡黄花的加工和处理，还可解决本乡50名贫困户就近就业。

4.县电力公司计划投资247万元改造神泉堡220千伏变电站至乱石村高压线路项目。目前，项目已上报省电力公司，待批复后，明春开始实施。此项目实施后，为移民搬迁新村分布式光伏发电项目和煤改电项目落地奠定了坚实基础。

【社会民生】 2017年，鳌石乡投资85万元改扩建乡卫生院工程建设完成。投资300余万元改善办学教学环境，拆除梁营、龙堡、西马营小学D级危房28间560平米，建设龙堡小学、西马营小学新校舍，硬化、维修南徐小学、梁营小学、鳌石学校校园等工程。投资1003.95万元为龙堡、榆林、曹庄、南徐4个村四类重点户为主的690户土窑（房）进行改造；启动2017年危房改造工程，计划投资392.83万元在东马营、梁营两村为326户四类重点危房户进行危房改造，现正在进行对危改对象资格审核。

【乡村面貌】 2017年，鳌石乡结合美丽乡村建设、脱贫攻坚，大力开展以六道六治为重点的环境整治工作，先后治乱治违11处，整治面积1650平方米；清理整治垃圾堆放点210处，清运垃圾1400吨；整治污水不合理排放56处，减少污染面积785平方米；排查养殖场32家，取缔31家，整改1家；村容村貌整治临街墙体粉刷13202平方米。建成达标村9个，示范村4个。利用财政公益事业一事一议项目资金40余万元，对榆林进行硬化美化绿化，清理、清除粪坑18处，硬化广场2000平米，铺设道路1.5公里，绿化树木2000株。开展大气污染攻坚行动和大同蓝行动，生态环境、森林防火、秸秆禁烧全面加强，与农户签订秸秆禁烧承诺书4500余份。开展了清河专项行动，共清理河道5处，清理河道垃圾440吨。加大取缔"散乱污"企业力度，取缔养猪场31家，取缔煤场1家，取缔选砂厂1家，打击私挖乱采河沙1起，对2000头生猪养殖整改尿液分离，建设尿液池、干粪池。

阳高县2017年国民经济和社会发展统计资料

2017年阳高县主要农产品产量统计表

产品名称	计量单位	产量	比上年增长（%）
粮食	吨	273835	3.5
其中：玉米	吨	228449	0.0
油料	吨	3680	-5.4
蔬菜	吨	215243	-2.9
瓜类	吨	11536	2.2
水果	吨	18325	28.7

2017年阳高县畜牧业生产情况统计表

指标名称	计量单位	数量	比上年增长（%）
大牲畜年末存栏	头	38816	-5.1
猪年末存栏	头	268645	8.0
羊年末存栏	只	315219	3.3
家禽年末存栏	万只	44.7	6.4
猪年内出栏	头	385202	0.8
羊年内出栏	只	214622	14.2
家禽年内出栏	万只	33.5	8.0
肉类总产量	吨	37392	-1.4
奶产量	吨	53015	0.4

2017 年阳高县规模以上工业企业产品产量统计表

产品名称	计量单位	本年生产量
饲料	吨	4800
混合饲料	吨	3704
配合饲料	吨	1096
饮料	吨	40928
蛋白饮料	吨	40928
盐酸（氯化氢，含量 31%）	吨	3427
烧碱（折 100%）	吨	17721
合成橡胶	吨	30047
石墨及炭素制品	吨	19998
铁合金	吨	5630
锰硅合金（折合含锰硅量合计 82%）	吨	5630
发电量	万千瓦时	44563.47
风力发电量	万千瓦时	35048.73
山西华电阳高风力发电有限公司	万千瓦时	11283.93
华润新能源（大同阳高）风能有限公司	万千瓦时	23764.8
太阳能发电量	万千瓦时	9514.74
大同阿特斯新能源开发有限公司	万千瓦时	9514.74

2017 年阳高县社会消费品零售总额统计表

单位：万元

季度 指标名称	一季度	上半年	前三季度	全 年
社会消费品零售总额	31510	56310	90400	123173
按城乡分	–	–	–	–
城镇	23718	41942	66995	87006
乡村	7792	14368	23405	36167
按消费形态分	–	–	–	–
餐饮收入	1656	3439	5343	7537
商品零售	29854	52871	85057	115636

2017 年阳高县财政收入统计表

单位：万元

项　　目	金　　额
公共财政收入	12352
一、税收收入	8383
其中：增值税	4312
营业税	35
企业所得税	392
企业所得税退税	-
个人所得税	300
资源税	6
城市维护建设税	901
房产税	221
印花税	241
城镇土地使用税	387
土地增值税	129
车船税	236
耕地占用税	250
契税	973
烟叶税	-
其他税收收入	-
二、非税收入	3969
其中：专项收入	1337
行政事业性收费收入	309
罚没收入	611
国有资本经营收入	-
国有资源（资产）有偿使用收入	596
捐赠收入	19
政府住房基金收入	1067
其它收入	30

2017年阳高县财政支出统计表

单位：万元

项目	金额
合计	235704
一、一般公共服务支出	13834
二、外交支出	–
三、国防支出	96
四、公共安全支出	7855
五、教育支出	41679
六、科学技术支出	825
七、文化体育与传媒支出	2814
八、社会保障和就业支出	46402
九、医疗卫生与计划生育支出	15572
十、节能环保支出	14210
十一、城乡社区支出	4500
十二、农林水支出	57191
十三、交通运输支出	7118
十四、资源勘探信息等支出	318
十五、商业服务业等支出	356
十六、金融支出	–
十七、援助其他地区支出	–
十八、国土海洋气象等支出	5213
十九、住房保障支出	15292
二十、粮油物资储备支出	279
二十一、预备费	–
二十二、其他支出	2150
二十三、债务付息支出	–
二十四、债务发行费用支出	–

2017年阳高县金融机构各项存款统计表

单位：万元

存款项目	余额
合计	939942.35
单位存款	120240.94
其中：活期存款	117783.85
定期存款	2457.09
保证金存款	2393.81
个人存款	702483.16
其中：储蓄存款	702093.16
结构性存款	390.00
财政性存款	117218.25
临时性存款	–
其他存款	–

2017年阳高县金融机构各项贷款统计表

单位：万元

贷款项目	余额
合计	278678.06
一、短期贷款	70315.71
1. 个人贷款及透支	40218.35
2. 单位普通贷款及透支	30097.36
其中：经营贷款	30097.36
二、中长期贷款	208362.35
1. 个人贷款	112003.47
其中：个人消费贷款	14412.61
2. 单位普通贷款	85344.01
其中：经营贷款	29876.04
固定资产贷款	55467.97
3. 票据融资	11014.87
其中：贴现	–

2017 年阳高县各类学校学生数统计表

项　　目	计算单位	合计	其中		
			高中	初中	小学
各类学校数	所	45	2	11	32
其中：省重点学校	所	1	1	–	–
招收学生数	人	5250	1503	1774	1973
存校学生数	人	22670	4252	5824	12594
其中：省重点学校	人	2850	2850	–	–
毕业学生数	人	6149	1494	2467	2188
教学班数	个	658	144	83	431

注：该表各类学校数不包括教学点

2017 年阳高县中小学教职员工人数统计表

单位：人

项　目	合计	专职教师					行政人员	工勤人员	其它人员	教辅人员
		小计	小学	中学	高中	农职中				
教育部门办	4476	2382	1224	680	369	109	72	35	1713	274
其中：重点学校	327	211	–	–	211	–	4	10	69	33

注：其他人员指离退休、少体校、教育局等人员

2017年阳高县卫生医疗单位情况统计表

项　目	计算单位	数　量
一、卫生机构合计	个	324
其中：医疗机构	个	321
医院	个	8
县人民医院	个	1
县中医院	个	1
县商业职工医院	个	1
民营医院	个	5
卫生院	个	20
乡镇卫生院	个	13
乡镇卫生院分院	个	7
门诊部	个	1
诊所	个	31
村卫生室	个	261
县疾病预防控制中心	个	1
县妇幼保健和计划生育服务中心	个	1
县卫生监督所	个	1
二、病床床位合计	张	1056
其中：医院	张	588
其中：综合医院	张	518
中医医院	张	60
专科医院	张	10
基层医疗卫生机构	张	448
其中：乡镇卫生院	张	373
其中：乡镇卫生院分院	张	75
专业公共卫生机构	张	20
妇幼保健和计划生育服务中心	张	20
附：全县个体有证从医人员	人	35
村卫生室医护人员	人	378

2017年阳高县气象情况统计表

月份	平均相对湿度（%）	日照时数（小时）	降水量（毫米）	风速（米/秒）			
				平均风速	最大风速	最大风速日期	最大风向
一月	46	212.9	0.9	2.6	10.9	19	西
二月	40	209.3	8.3	2.6	8.6	10	西北偏西
三月	42	242.3	21.0	2.9	9.6	5	西北偏西
四月	29	257.3	2.7	3.5	10.5	22	西北偏西
五月	30	295.3	18.6	3.7	13.7	5	西北偏西
六月	46	257.2	27.0	2.9	9.9	5	东
七月	63	221.7	60.9	2.3	12.5	8	东
八月	66	252.2	105.3	2.4	11.7	31	西北
九月	51	245.6	15.1	2.4	9.9	5	西北偏西
十月	67	167.8	50.1	2.2	10.6	21	西北偏西
十一月	40	204.7	–	2.7	10.8	13	西北偏西
十二月	37	201.5	0.0	2.7	10.3	16	西
平均（合计）	46	2767.8	309.9	2.7	–	–	–

注：日照时数、降水量最后一行为全年合计数

附录

2017年阳高县气温情况统计表

月份	气温				
	平均气温	极端高温	最高温日期	极端最低温	最低温日期
一月	–7.5	8.4	25	–21.7	30
二月	–3.3	15.2	15	–18.5	1
三月	2.2	14.7	29	–10.6	7
四月	11.9	27.7	29	–1.1	3
五月	19.1	36.1	27	4.0	5
六月	21.2	32.4	13、7（2天）	10.4	3
七月	24.1	37.1	13	15.6	30
八月	20.9	32.7	10	8.3	29
九月	17.4	30.1	7	2.0	28
十月	7.9	20.0	1	–6.8	30、1（2天）
十一月	–0.9	17.8	6	–16.5	29
十二月	–6.0	5.3	21	–16.8	13
平均	8.9	–	–	–	1月23、24日 –

注：年内终霜期3月31日，初霜期10月11日，全年无霜期193天

索 引

说 明 ●该索引采用主题分析方法，标目按汉语拼音音序排序，汉字打头的标目按首字的音序音调依次排列，首字相同时，则以第二字排序，依此类推。

●该索引的文字部分为标目，标目之后的阿拉伯数字表示该标目所在正文中的页码，其后的小写英文字母（a、b）表示正文中的栏别（即版面的1、2栏）。

●文中的分目用黑体字加色标明，其余用书宋字排印。

●单列“乡镇索引”，13个乡镇按其在正文中的先后顺序排列。

●特载、年度要闻、大事记、县情概况、附录不在索引范围内。

附录

E

F

附录

G

附录

附录

附录

乡镇索引

龙泉镇

罗文皂镇

王官屯镇

大白登镇

古城镇

东小村镇